*Über dieses Buch*

In der Familie als dem sozial normierten Rahmen individueller Reproduktion und der Kinderaufzucht werden in der kapitalistischen Gesellschaft wesentliche Anteile menschlichen Kommunikationsbedürfnisses und menschlicher Kooperationsbereitschaft politisch unproduktiv gebunden. Das Individuum interpretiert seine gesellschaftliche Abhängigkeit von seinem privaten Lebensbereich her, es nimmt sie privat wahr, akzeptiert sie privat und trachtet, seine Lebensbedingungen privat zu verbessern.
Ausgehend von dieser Überlegung bekommt die Frage nach den politischen Konsequenzen familialer Sozialisation einen äußerst komplexen Charakter. Sie richtet sich auf die Formbarkeit der menschlichen Bedürfnisstruktur und des menschlichen Bewußtseins allgemein wie auf die sozio-ökonomischen und psychologischen Bedingungen, die das Denken und die Affekte des bürgerlich-kapitalistisch sozialisierten Menschen (schichtspezifisch variierend) prägen.
Politisch-ökonomische wie psychoanalytische bzw. sozialisationstheoretische Kategorien werden dementsprechend herangezogen, um das durch die isolierte familiale Reproduktionsform vermittelte Verhältnis von Individuum und Gesellschaft zu erfassen.
Der Untersuchung liegt die Auffassung vom Menschen als ökonomisch *und* psychophysisch von einem bestimmten Stand historischer Entfaltung der Gesellschaft abhängigem Wesen zugrunde. Mit Rücksicht auf die historische Bedingtheit und die systematische Verflochtenheit aller gesellschaftlichen Gebilde wird daher im Wechsel zwischen Darstellung und Kritik herrschender Theorien zur familialen Sozialisation dem Problem nachgespürt, welchen Beitrag die Familie als eine Lebensform, die Regeneration und Erziehung als Privatsache erscheinen läßt, zur Verschleierung der gesellschaftlichen Abhängigkeit und der damit verbundenen politischen Verantwortlichkeit des Individuums leistet.
Der notwendig hypothetische und theoretisierende Charakter der Arbeit deckt einmal mehr die große Lücke auf, die die empirische Sozialforschung bisher in der BRD zu den hier angeschnittenen Fragen läßt.

*Die Autorin*

Petra Milhoffer, geb. 1946, Dipl.-Soz., Dr. rer. pol., studierte Soziologie, Psychologie, Ökonomie und Pädagogik am Frankfurter Institut für Sozialforschung (1965–1968) und am Institut für Soziologie der Freien Universität Berlin. Nach einem Forschungsauftrag am Soziologischen Forschungsinstitut Göttingen, Lehrveranstaltungen an der FU und der PH Berlin und in der Erwachsenenbildung des Westberliner Senats hat sie sich der Lehrerbildung als wesentlichem Aufgabenbereich zugewendet.
Wissenschaftliche Publikationen aus den Themenbereichen frühkindlicher Sozialisation, Familiensoziologie, Sozialkunde der Bundesrepublik und der Arbeiterbewegung.

Texte zur politischen
Theorie und Praxis

Herausgegeben von:

Elmar Altvater
Hans-Eckehard Bahr
Wilfried Gottschalch
Klaus Holzkamp
Urs Jaeggi
Rudolf Wiethölter

Redaktion:
Klaus Kamberger

Fischer
Taschenbuch
Verlag

Petra Milhoffer

# Familie und Klasse

## Ein Beitrag zu den politischen Konsequenzen familialer Sozialisation

Fischer
Taschenbuch
Verlag

Originalausgabe

Fischer Taschenbuch Verlag
1.–22. Tausend: Oktober 1973
23.–27. Tausend: August 1975
28.–32. Tausend: April 1977

Umschlagentwurf: Jan Buchholz/Reni Hinsch

Fischer Taschenbuch Verlag GmbH, Frankfurt am Main

Gesamtherstellung: Hanseatische Druckanstalt GmbH, Hamburg
Printed in Germany
6515-580-ISBN-3-436-01766-3

# Inhalt

»Die Familie leidet an demselben wie alles Partikulare, das nach seiner Befreiung drängt: es gibt keine Emanzipation der Familie ohne die Emanzipation des Ganzen. Wohl aber ist in einer freien Welt eine Familie aus Freiheit vorstellbar, gesellschaftliche Sublimierung des bloßen Naturverhältnisses in dem, was im Wilhelm Meister der ›bestätigte Gedanke der Dauer‹ heißt; eine Form nahen und glückvollen Zusammenlebens Einzelner, die vor der Barbarei behütet, ohne der Natur, die in ihr aufgehoben, Gewalt anzutun.«

*T. W. Adorno*

# I. Problemstellung und Erkenntnisinteresse

Das Wesen der bürgerlich-kapitalistischen Gesellschaft, ihre antagonistische Klassenstruktur, verbirgt sich für ihre Mitglieder hinter einem institutionell aufgegliederten System, dessen gleichberechtigte Staatsbürger in familialen Verbänden oder auch als Individuen in Privathaushalten leben.
Die existentielle Norm, die die familiale Lebensform für die Mehrheit der Bürger darstellt – 1972 zählte die Statistik 15275 Mio. Ehen oder Familien und 6106 Mio. Einpersonenhaushalte –, die rechtliche Institutionalisierung und staatliche Stützung der Familie, verdeutlichen ein Ausmaß an individueller und gesellschaftlicher Funktionalität dieser Institution, das die Frage aufwirft, worin der Anteil der familialen Lebensform an dem verkehrten Bewußtsein bürgerlicher Individuen von ihrer gesellschaftlichen Abhängigkeit besteht.
Warum ist der in lohnabhängiger Stellung beschäftigte Teil der Bevölkerung, die politisch und ökonomisch wesentliche Mehrheit also, so selbstverständlich bereit, sein historisch gebrochenes Verhältnis zur menschlichen Gattung schicksalhaft hinzunehmen und gar in einer Weise zu verteidigen, die aufklärerische Argumente wirkungslos bleiben läßt?
Häufig werden zur Erläuterung für die spezifische Funktionalität der Familie die stabilisierenden affektiven und emotionalen Befriedigungsmöglichkeiten angeführt, die innerhalb der ›versachlichten‹ Industriegesellschaft einzig noch in der geschlechtlichen Partnerschaft und der familialen Aufzucht von Kindern geboten würden. Das ist zwar für sich genommen nicht verkehrt, läßt aber außer acht, daß der Bestand gesellschaftlicher Einrichtungen gegenwärtig weniger direkt von den Bedürfnissen der Menschen gesteuert wird, als von dem politischen und ökonomischen Nutzen, den sie für die Sicherung und Entlastung der wirtschaftlichen Produktionsbedingungen haben, allenfalls aber davon, daß sie das herrschende System nicht ökonomisch überlasten oder gar politisch in Frage stellen.
Aus der historischen Kontinuität und der empirischen Häufigkeit familialer Existenzsicherung darf daher keinesfalls auf die anthropologische oder biologische Notwendigkeit der monogam-patriarchalischen Institution für die menschliche Entfaltung und Vermehrung geschlossen werden.

Schon die oberflächliche Betrachtung der heute typischen Familienform offenbart aus dieser Sicht Widersprüchliches:
Einerseits scheint sie in ihrer nach wie vor wesentlich monogampatriarchalischen Struktur und ihren spezifischen Sozialisationsfunktionen unabdingbarer Bestandteil zur Reproduktion von Individuen wie der Gesellschaft zu sein, andererseits weisen eben die staatlichen Stützungsmaßnahmen, zunehmende Tendenzen zur Vergesellschaftung auch der Kleinkindererziehung, hohe Scheidungsziffern, Abnahme der Geburtenziffern und zunehmende Erwerbstätigkeit von Müttern darauf hin, daß die strukturell und funktional zunehmend reduzierte Familie tendenziell dysfunktional zu werden droht.
Der Fortbestand der Familie in ihrer gegenwärtigen Form, gekennzeichnet durch private Haushaltsführung, Kleinkinderversorgung und -aufzucht bei allmählich aufbrechender geschlechtsspezifischer Arbeitsteilung, ist nicht einseitig damit erklärbar, was sie für die in lohnabhängiger Stellung beschäftigten Mitglieder der Gesellschaft gemäß ihren emotionalen Bedürfnissen und ihrer ideologischen Zurichtung bedeutet; sie muß auf ihre bislang nicht ersetzbaren Entlastungsfunktionen hin untersucht werden, die sie ökonomisch und politisch für die kapitalistisch organisierte Reproduktion des Gesellschaftssystems erfüllt.
Das wesentliche Interesse der vorliegenden Erörterungen besteht daher darin, in der Vermittlung der angedeuteten subjektiven und objektiven Aspekte familialer Lebensformen aufzuweisen, inwiefern die Familie als durch die bürgerlich-kapitalistischen Produktionsverhältnisse geformte Sozialisations- und Produktionsinstanz zur fraglosen Hinnahme dessen beiträgt, daß die gesellschaftliche Bewegung für die Menschen die Form einer Bewegung von Sachen besitzt, »unter deren Kontrolle sie stehen, statt sie zu kontrollieren«[1].
Im Rahmen der Problematik der geschichtlichen Dialektik von Sein und Bewußtsein liegt der Akzent der vorliegenden Fragestellung auf der Formbarkeit und Geformtheit des Bewußtseins; ausgegangen wird dabei vom Menschen als materiell, d. h. aber ökonomisch *und* biologisch von der Gesellschaft abhängigem Wesen. Die Allgemeinheit dieser doppelt bestimmten Abhängigkeit zu berücksichtigen, heißt aber, die konkreten Formen zu untersuchen, innerhalb deren sie bewältigt wird.
Hier liegt die Rechtfertigung für die strukturelle und genetische Analyse der Institution Familie, wobei polit-ökonomische wie sozialisationstheoretische Kategorien zur Analyse herangezogen werden sollen.
Nicht zu trennen nämlich von dem sinnlich-bedürftigen Verhältnis des Menschen zu sich selbst, zu seiner ›inneren Natur‹ und dem

[1] K. Marx: Das Kapital, Bd. I, Berlin 1965, S. 89.

daraus folgenden ›aggressiven‹ Verhältnis zu seiner ihn umgebenden äußeren Natur ist,

»daß die Menschen, die ihr eignes Leben täglich neu machen, anfangen andere Menschen zu machen, sich fortzupflanzen, – das Verhältnis zwischen Mann und Weib, Eltern und Kindern, die *Familie* [...]. Die Produktion des Lebens, sowohl des eignen in der Arbeit, wie des fremden in der Zeugung, erscheint nun sogleich als ein doppeltes Verhältnis – einerseits als ein natürliches, andrerseits als ein gesellschaftliches Verhältnis – gesellschaftlich in dem Sinne, als hierunter das Zusammenwirken mehrerer Individuen, gleichviel unter welchen Bedingungen, auf welche Weise und zu welchem Zweck verstanden wird.«[2]

Als Engels die Familie als »Zellenform« der zivilisierten Gesellschaft beschrieb, »an der wir schon die Natur der in dieser sich voll entfaltenden Gegensätze und Widersprüche studieren können«[3], tat er dies unter historisch-genetischen Gesichtspunkten. Seine Auffassung, in der die Dialektik von natürlicher und gesellschaftlicher Arbeitsteilung zum Ausdruck gebracht wird, muß stark von derjenigen bürgerlicher Ideologen abgehoben werden, die die Familie aus ethischen oder biogenetischen Gründen zur Keimzelle der Gesellschaft machen.

Was an der heute gesellschaftlich typischen Form der Familie derart ideologisch verbrämt wird, zeigt sich im historischen Vergleich lediglich als institutionelles Relikt aus einer Phase unentwickelter gesellschaftlicher Arbeitsteilung, für die die Einheit von familialer Produktion und Reproduktion, familiales Eigentum an Produktionsmitteln, väterliche Anleitung zur Produktion der Subsistenzmittel und ein spezifisches Verhältnis zwischen den Generationen, zwischen Mann und Weib bestimmend waren.

Obschon sich mit zunehmender Vergesellschaftung der Arbeit Form und Stellenwert der Familie für den gesellschaftlichen Reproduktionsprozeß entscheidend verändert haben, besitzen die ihr verbliebenen strukturellen Eigenschaften wie die in ihr vollzogene Primärsozialisation zweifellos bislang unersetzbare produktive und integrative Bedeutung.

Nichts gilt der überwiegenden Mehrheit der Bevölkerung als natürlicher (und stellt für den Rest häufig einen sehnlichen Wunsch dar), als in einer Familie aufgewachsen zu sein und später selbst eine Familie zu gründen. Aus dem ›natürlichen‹ Vorgang ehelicher Kinderproduktion leitet sich für bürgerliche Denkstrukturen die Auffassung ab, daß unabhängig von ihrer historischen Entwicklung die Familie in ihrer heutigen Erscheinungsform als Grundlage gesellschaftlichen Bestandes und gesellschaftlicher Entfaltung zu gelten habe. Bringt sie doch die nachfolgenden Generationen

[2] K. Marx: Deutsche Ideologie (1845/46), in: S. Landshut (Hg.): Die Frühschriften, Stuttgart 1964, S. 355 f. (MEW 3, S. 29 f.).

[3] F. Engels: Über den Ursprung der Familie, des Privateigentums und des Staates, in: Marx/Engels: Ausgewählte Schriften, Bd. II, Berlin 1964, S. 206.

hervor, erlangen doch die Individuen in ihr ihre soziale Reife, ihre moralische und – schichtspezifisch freilich höchst unterschiedliche – bildungsmäßige und materielle ›Aussteuer‹, damit aber nahezu alles, was über ihren späteren Platz in der Gesellschaft entscheidet und sie zu sozial ›nützlichen‹ oder produktiven Mitgliedern machen soll.

Wo die gesellschaftlichen Unterschiede individuell gedeutet werden, kommt es daher um vieles häufiger als zu adäquater politischer Kritik zu resignativer Ergebenheit, zu Akzentuierung von Fleiß und Willensstärke als für den gesellschaftlichen Status entscheidende Charaktereigenschaften, zu Sündenbockvorstellungen und selbstzerstörerischen Anwandlungen, wie sie sich im Alkoholismus und der Drogenabhängigkeit äußern. Die Mechanismen der gesellschaftlichen Reproduktion werden, gerade was ihre klassenspezifischen Implikationen für die materielle und soziale Lage der Individuen betrifft, notwendig vom individuellen Lebensbereich her interpretiert, also privat realisiert, privat akzeptiert und privat zu verbessern getrachtet.

Die Ursache für dieses Interpretationsraster, das die Möglichkeit kollektiven Handelns und organisierter politischer Praxis so selten ins Blickfeld gerade der Benachteiligten rücken läßt, liegt nach der hier zur Diskussion stehenden Hypothese zu einem nicht zu vernachlässigenden Teil in der privaten Sozialisation und Reproduktion des Menschen in der ›Zelle‹ Familie. Der für den Kapitalismus wesentliche Widerspruch zwischen gesellschaftlicher Produktion, Vergesellschaftung der Arbeit also, und privater Aneignung wird verfestigt durch eine Lebensform, die Erziehung und Regeneration als Privatsache erscheinen läßt und damit zur strukturellen Verschleierung des eigentlichen politischen Status der Menschen sowie ihrer gesellschaftlichen Verantwortlichkeit beiträgt.

Ist die traditionelle Form der Familie, die ökonomisch auf dem Prinzip der autarkischen Selbstversorgung und der Verwaltung und Vergrößerung ererbten Besitzes basierte, durch die kapitalistische Vergesellschaftung der Produktion längst zerstört und dort, wo sie sich (wie auf dem Land) zu erhalten vermeint, längst zum Anachronismus geworden, so hat das, was heute unter dem Begriff der Familie zu fassen ist, nichtsdestoweniger wesentliche ökonomische Funktionen.

Diese sind wohl hauptsächlich daran ausgerichtet, die zur Auflösung treibenden kapitalistischen Widersprüche zwischen Produktivkräften und Produktionsverhältnissen zu retardieren. An der gewandelten Struktur und den heutigen Funktionen der Familie kann abgelesen werden, was dem Kapitalismus an der familialen Lebensform aufrechtzuerhalten wert ist und wo er korrigierend und ersetzend einzugreifen gezwungen ist, um den sich zunehmend erschwerenden Verwertungsbedingungen Rechnung zu tragen.

Den systemintegrativen Charakter familialer Sozialisationsfunktionen richtig zu erfassen, heißt daher zu untersuchen, welche objektiven Konsequenzen die Einkommenslage der Familien der lohnabhängigen Klasse für ihre Angehörigen hat, und wie die materiellen und sozialen Begleiterscheinungen der Klassenlage subjektiv verarbeitet werden. Aus diesen von der Sozialisationsforschung kategorial als ›Schichtunterschiede‹ klassifizierten unterschiedlichen Verhaltens- und Lebensformen, denen bei 81 Prozent der Bevölkerung der mehr oder minder drastisch erfahrene Status der Lohnabhängigkeit zugrunde liegt, ist zu erfahren, wie die empirisch bestätigten Selbstrekrutierungsfunktionen der Familie für die Schichtzugehörigkeit aussehen, welche Beziehung also zwischen schichtgebundenen familialen Sozialisationsbedingungen und -stilen und der geringen Aufstiegsmobilität zwischen den proletarischen und den mittleren Schichten besteht.

Auf der Grundlage dieser Überlegungen soll zumindest hypothetisch der Frage nachgegangen werden, inwiefern Erfahrungen und Lernprozesse, die als notwendige subjektive Voraussetzungen für das Erkennen der Klassenlage und damit als individuelle Bedingung für gesellschaftliches Bewußtsein zu gelten haben, in der Familie erstens durch die ökonomisch und ideologisch faßbaren Konsequenzen ihrer Struktur und zweitens durch die ihr verbliebenen, psychoanalytisch aufzuschlüsselnden Sozialisationsfunktionen gehemmt oder verhindert werden.

Positiv formuliert verlangt damit die Frage sowohl nach den familial erzeugten Dispositionen für demokratische Grundhaltungen als auch nach der Fähigkeit familial sozialisierter Individuen, die hemmenden Spuren privat verantworteter individualisierender Erziehung abzustreifen, eine klärende Antwort.

# II. Erkenntniskritische Überlegungen

## 1. Zur Begründung des analytischen Ansatzes

Gemessen an der der historischen Entwicklung geschuldeten Entfaltung der Kritik der Politischen Ökonomie, der analytischen Bestimmung des monopolkapitalistischen Gesellschaftszustandes also, kann die Beschäftigung mit der materialistischen Interpretation bürgerlich-kapitalistischer Bedingungen familialer Sozialisation nur nebengeordnete Bedeutung haben, sind jene doch entscheidend vom Stand der Vergesellschaftung der Arbeit und der Erziehung bestimmt.

Dennoch erscheint eine sozialisationswissenschaftlich orientierte Rezeption der Kritik der Politischen Ökonomie, die nicht nur die von Marx für den Wirtschaftsprozeß entfalteten Kategorien bruchlos auf die Erziehungsverhältnisse überträgt, sondern es sich zur Aufgabe macht, angemessene sozialpsychologische und soziologische Kategorien aus den widersprüchlichen ökonomischen Verhältnissen abzuleiten, als sinnvolle Ergänzung materialistischer Gesellschaftskritik bewertbar.

Nur die Wissenschaft ist nach Adorno kritisch, die der Wahrheit und Unwahrheit dessen inne wird, was das betrachtete Phänomen *von sich aus* sein will; wissenschaftliche Arbeit heißt daher »Anstrengung des Begriffs«.[1]

Ein wissenschaftlicher Beitrag zum politischen Stellenwert familialer Sozialisation, der mehr zu sein beansprucht als phänomenologische Bestandsaufnahme, muß daher eine Vorgehensweise wählen, die der jedem soziologischen Phänomen der bürgerlich-kapitalistischen Gesellschaft innewohnenden Spannung zwischen Erscheinungsform und Wesen, d. h. aber dem Bruch zwischen gesellschaftlicher Wirklichkeit und Möglichkeit, gerecht wird.

Was Marx als reflexive Schranke der bürgerlichen Ökonomie bezeichnete:

»Die Formen, welche Arbeitsprodukte zu Waren stempeln und daher der Warenzirkulation vorausgesetzt sind, besitzen bereits die Festigkeit von Naturformen des gesellschaftlichen Lebens, bevor die Menschen sich Rechenschaft zu geben suchen nicht über den historischen Charakter dieser Formen, die ihnen vielmehr bereits als unwandelbar gelten, sondern über deren Gehalt«[2] –

[1] T. W. Adorno: Soziologie und empirische Forschung, in: Logik der Sozialwissenschaften, hg. v. Ernst Topitsch, Köln/Berlin 1967, S. 522.
[2] Marx: Kapital, Bd. I, a.a.O., S. 89 f.

und was er – die Hegelschule kritisierend – für die wissenschaftliche Behandlung der Familie vorschlug:
»Diese Familie, die im Anfang das einige soziale Verhältnis ist, wird späterhin, wo die vermehrten Bedürfnisse neue gesellschaftliche Verhältnisse und die vermehrte Menschenzahl neue Bedürfnisse erzeugen, zu einem untergeordneten (ausgenommen in Deutschland) und muß alsdann nach den existierenden empirischen Daten, nicht nach dem ›Begriff der Familie‹, wie man in Deutschland zu tun pflegt, behandelt und entwickelt werden«[3] – weist methodologisch die Richtung, wie über den bürgerlichen Familienbegriff als ein den Klassencharakter dieser Institution notwendig nur deskriptiv (nämlich in der Klassifikation schichtspezifischer Sozialisationsmerkmale) erfassender hinauszugelangen ist.
Die analytische Durchdringung von ›Familie‹ in ihrem Doppelcharakter als empirisch-konkretes Phänomen und Konstrukt bürgerlicher Ideologie erfordert in einem: die Reflexion über ihre politischen und ökonomischen Funktionen im Rahmen kapitalistischer Produktion und Reproduktion, die Darstellung ihrer geschichtlichen Entwicklung und die Kritik der herrschenden Gedanken über Familie, da diese Aspekte in systematischem Zusammenhang stehen. Auch für gesellschaftliche Gebilde, deren Form gleichsam als Nebenprodukt der Auseinandersetzung zwischen Produktivkräften und Produktionsverhältnissen verstanden werden muß, ist folglich die Verschränkung systematischer und historischer Darstellungsweise unerläßlich.
Der kritische Begriff gesellschaftlicher Phänomene ist, wie Adorno hervorhebt, von der »Polarität des Institutionellen und Naturalen« nicht loszulösen: »Nur soweit das Zusammenleben der Menschen sich vermittelt, objektiviert, ›institutionalisiert‹ hat, ist es eigentlich zur Vergesellschaftung gekommen. Umgekehrt aber sind die Institutionen selbst Epiphänomene der lebendigen Arbeit der Menschen.«[4]
Dies gilt im besonderen für die familiale Institution. Wird sie als ein im Rahmen der Erhaltung des Lebens der Gesamtheit wirksames soziales Verhältnis, »als Tun eher denn als Sein«, visiert, dann muß ihr Begriff ein wesentlich dynamischer sein.[5] Als abgeleitetes Phänomen menschlicher Arbeitsteilung ist sie ein vom Stand der Entwicklung der gesellschaftlichen Arbeitsteilung historisch abhängiges Gebilde und als solches nur im Verhältnis zur gegebenen gesellschaftlichen Form der Reproduktion richtig zu deuten.
Die Organisation der Fortpflanzung und Aufzucht der Nachkommen spielt zweifellos als Teil dieses Lebensprozesses eine wesentliche Rolle für die Bewußtseinsbildung. In diesem Sinn ist die Familie als historisch sich verändernde Organisationsform dieser Funk-

[3] Marx: Deutsche Ideologie, a.a.O., S. 355 (MEW 3, S. 29).
[4] T. W. Adorno, M. Horkheimer: Gesellschaft, in: Soziologische Exkurse, hg. v. T. W. Adorno u. Walter Dirks, Frankfurter Beiträge Bd. 4, Frankfurt 1967, S. 28.
[5] Ebd.

tion auf den Bedeutungswandel hin zu untersuchen, den sie im Rahmen der Auseinandersetzung des Menschen mit der Natur erfahren hat und von dem Inhalt und Qualität ihrer Sozialisationsleistungen entschieden werden.
Dabei müssen vor allem die Veränderungen berücksichtigt werden, denen die Familienform im Übergang von der einfachen Warenproduktion zur kapitalistischen Produktion unterliegt.
Die derzeitig gesellschaftspolitisch beklagten Zerfallstendenzen der Familie sind ohne das Wissen um ihre Genesis innerhalb vorkapitalistischer Produktionsformen und ihre gegenwärtige strukturelle und funktionale Beanspruchung im monopolkapitalistischen Gesellschaftssystem nicht zureichend erklärbar.
Nur dieses Wissen erschließt, inwiefern die bürgerliche Familieninstitution wie jedes andere gesellschaftliche Phänomen im Kapitalismus ein »dem geschichtlichen Werden in jeder Hinsicht unterworfene(s) also auch zum geschichtlichen Untergang vorherbestimmte(s) Gebilde«[6] zu begreifen ist.

## 2. Zur historisch-materialistischen Einordnung der Psychoanalyse und ihrer Bedeutung für die Analyse primärer familialer Sozialisationseinflüsse

Als grundlegende Agentur des primären Sozialisationsprozesses stellt die Familie unbestritten das wesentliche Vermittlungsglied zwischen dem reifenden Menschen und seiner sozialen Umwelt dar. Wie im ›Familienbericht‹[7] formuliert, ist sie ›personprägend und gesellschaftsbildend zugleich‹. Ihre Funktionen sind folglich soziologisch wie psychologisch zu fassen. Für die Problematik der politischen Konsequenzen privat verantworteter Primärsozialisation im entfalteten kapitalistischen Gesellschaftssystem muß der Bedingtheit und der Wirkungsweise familialer Funktionen unter beiden Aspekten nachgegangen werden. Dies zumal, wenn die von Marx am Verhältnis von gesellschaftlicher Produktion und privater Aneignung gewonnene Kategorisierung aller sozialen Beziehungen als ›verdinglicht‹ und dem menschlichen Wesen ›entfremdet‹ auf ihren subjektiven Niederschlag hin konkretisiert werden soll.
Die Frage: »Warum handeln unterdrückte Klassen gegen ihre Interessen?«[8], die sich marxistisch orientierte Psychoanalytiker schon in den zwanziger Jahren stellten; die Frage nach der Empfänglichkeit der Individuen für die Ideologie der kapitalistischen

[6] G. Lukàcs: Geschichte und Klassenbewußtsein (Raubdruck), Berlin 1923, S. 58.
[7] Bericht der Bundesregierung zur Lage der Familien in der Bundesrepublik Deutschland. Bundestagsdrucksache V/2523 Bonn/Bad Godesberg 1968.
[8] H. Dahmer: Psychoanalyse und Historischer Materialismus, in: A. Lorenzer, H. Dahmer, K. Horn u. a. (Hg.), Psychoanalyse als Sozialwissenschaft, Frankfurt 1971, S. 68.

Klassengesellschaft, nach den derart stabilen Verankerungen des gesellschaftlichen Scheins der Trennung zwischen Produktions- und Konsumtionsbedingungen im Einzelbewußtsein also, kann ohne Berücksichtigung der in der Familie früh erworbenen und durch die private familiale Lebensform ständig reaktivierten psychischen Dispositionen nicht adäquat angegangen werden.
Ist einerseits unabdingbar, das Phänomen privater familialer Reproduktion unter historischen wie systematischen Gesichtspunkten auf seine ›gesellschaftsbildenden‹ Funktionen hin zu befragen – die Kritik der politischen Ökonomie liefert dafür das analytische Rüstzeug –, so stellen die psychoanalytischen Kategorien der Freudschen Tiefenpsychologie wichtige theoretische Instrumente dar, wenn es darum geht, das historisch gebrochene Verhältnis des Menschen zu seiner Gattung, das Verhältnis des bürgerlichen Individuums zur kapitalistisch organisierten Gesellschaft in seinen psychischen Bewältigungsformen zu erfassen.
Allerdings darf das nicht dazu führen, Psychoanalyse und Marxismus als ›kritische Pendants‹[9] von Psychologie und Soziologie auf eine wissenschaftlogische Ebene zu stellen. Angeregt durch die emanzipatorischen Intentionen dieser Methoden – hier Befreiung der Lohnabhängigen durch die Vergesellschaftung der Produktionsmittel, dort Befreiung des durch verinnerlichte Kontrollmechanismen unnötig gehemmten, von irrationalen Ansprüchen getriebenen Individuums – wird leicht der Fehler gemacht, sie als komplementäre theoretische Konzeptionen gleichen Erklärungswerts zu begreifen.
Die Tatsache der Auseinandersetzung der Psychoanalyse mit der ›inneren Natur‹ des Menschen darf nicht dazu verführen, Psychoanalyse als Kritik zivilisatorischer Lebensbedingungen symmetrisch zur Kritik der Politischen Ökonomie zu verstehen.
»Eine solche Zweiteilung in differente Richtungen (Auseinandersetzung mit innerer Natur versus Auseinandersetzung mit äußerer Natur) verfiele zumindest der Gefahr eben der schlechten Aufteilung in Biologismus auf der einen und Ökonomismus auf der anderen Seite; sie geriete in jene Disjunktion, die der Praxisbegriff umfassen soll durch Vermittlung der biologischen und der gesellschaftlichen Bedingungen menschlicher Selbstdarstellung.«[10]
Was die beiden Methoden zur Erfassung hier gesellschaftlicher, dort psychischer Prozesse eint, ist der besondere Charakter ihrer Theoriebildung: dadurch, daß sie ihren Untersuchungsgegenstand geschichtlich begreifen und ihre Methodologie an dessen spezifischer Prozeßhaftigkeit ausrichten, geraten sie in Widerspruch zu ihrer jeweiligen wissenschaftlichen Forschungstradition. Ihre Methodologien stellen, wie noch auszuführen ist, die traditionelle

[9] Ebd., S. 63.
[10] A. Lorenzer, Symbol, Interaktion und Praxis, in: Psychoanalyse als Sozialwissenschaft, a.a.O., S. 54.

Trennung von Natur- und Geisteswissenschaften infrage und haben damit den Vorzug, der Dynamik sozialer bzw. psychischer Prozesse angemessener zu begegnen als die arbeitsteilig verfahrenden bürgerlichen Disziplinen. Diese sicherlich wesentliche Gemeinsamkeit darf aber nicht dazu verleiten, Psychoanalyse als ›Grundwissenschaft‹ mit dem historischen Materialismus auf eine Stufe zu stellen.

Nach Marx gibt es nur eine einzige Wissenschaft: die Wissenschaft von der Geschichte. »Die Geschichte kann von zwei Seiten aus betrachtet, in die Geschichte der Natur und die Geschichte der Menschen abgeteilt werden. Beide Seiten sind indes von der Zeit nicht zu trennen; solange Menschen existieren, bedingen sich Geschichte der Natur und Geschichte der Menschen gegenseitig.«[11]

Die Psychoanalyse beschäftigt sich als Spezialwissenschaft vom Menschen zwar mit der jeweiligen Ontogenese der menschlichen Psyche, packt dabei ihren Gegenstand aber nur bei der individualgeschichtlichen, familial vermittelten, nicht bei der diese wiederum determinierenden politisch-ökonomischen Wurzel. Die Konsequenzen der wechselseitigen Bedingtheit der Geschichte der Natur und der Geschichte des Menschen als einem Stück der Natur, allgemeiner, das dialektische Verhältnis von Individuum und Gesellschaft, gehen in ihre Konstruktion psychischer Entwicklungsgesetzlichkeiten nicht ein. Wo Freud die soziale Abhängigkeit des Menschen untersucht, richtet sich sein Blick auf die Familie, nicht auf die kapitalistisch produzierende Klassengesellschaft. So erfaßt er nur die libidinösen Implikationen der geschlechtlichen, nicht aber die ebenso sich psychisch niederschlagenden Auswirkungen der materiellen Arbeitsteilung, die die gesellschaftliche wie die individuelle Reproduktion fundiert.

Die Differenz im wissenschaftslogischen Status von Psychoanalyse und Historischem Materialismus ist demnach begründet in der Spezialisierung auf einen Forschungsgegenstand, der nach materialistischer Auffassung nicht immanent analysierbar ist; sie darf nicht in etwaigen Unzulänglichkeiten der empirischen Methodik gesucht werden. Für Marx sind Bewußtsein so gut wie Empfindungen von vornherein gesellschaftliche und als solche historische Produkte und werden es bleiben, solange überhaupt Menschen existieren: »Die *Bildung* der fünf Sinne ist eine Arbeit der ganzen bisherigen Weltgeschichte.«[12] Von dieser Position aus kritisiert er solche Wissenschaft vom Menschen, für die »die Geschichte der *Industrie* und das gewordene *gegenständliche* Dasein der Industrie«[13] nicht schon »die sinnlich vorliegende menschliche *Psychologie*«[14] ist.

[11] Marx: Deutsche Ideologie, a.a.O., S. 346 (MEW 3, S. 18).
[12] K. Marx: Nationalökonomie und Philosophie, in: S. Landshut (Hg.), Die Frühschriften, a.a.O., S. 242.
[13] Ebd., S. 243.
[14] Ebd.

»Eine Psychologie, für welche dies Buch, also gerade der sinnlich gegenwärtigste, zugänglichste Teil der Geschichte zugeschlagen ist, kann nicht zur wirklich inhaltvollen und *reellen* Wissenschaft werden. *Was* soll man überhaupt zu einer Wissenschaft denken, die von diesem Teil der menschlichen Arbeit vornehm abstrahiert und nicht in sich selbst ihre Unvollständigkeit fühlt, so lange ein so ausgebreiteter Reichtum des menschlichen Wirkens ihr nichts sagt, als etwa, was man in einem Wort sagen kann: *›Bedürfnis‹*, *›gemeines Bedürfnis‹*.«[15]

Freuds theoretisches Konzept hebt sich zwar insofern von der von Marx kritisierten Psychologie ab, als er Arbeit durchaus als Vorbedingung und Motor kultureller und zivilisatorischer Entwicklung begreift, doch kommt in seinen Erörterungen immer wieder zum Ausdruck, daß Arbeit prinzipiell im Widerspruch zu individueller Primärbefriedigung steht. Ohne sich dessen gewahr zu sein, setzt er Arbeit mit entfremdeter Tätigkeit gleich und hypostasiert damit einen historischen Zustand, in dem gesellschaftliche Entfaltung und individuelle Befriedigung gerade auch, was geschlechtliche Bedürfnisse angeht, in antagonistischem Widerspruch stehen. Zwei weit verbreitete Eigenschaften der Menschen seien es, »die es verschulden, daß die kulturellen Einrichtungen nur durch ein gewisses Maß von Zwang gehalten werden können, nämlich, daß sie spontan nicht arbeitslustig sind, und daß Argumente nichts gegen ihre Leidenschaften vermögen.«[16]

Nach Marx erfordert Arbeit dagegen nicht naturgesetzlich destruktiven Triebverzicht, sondern stellt das entscheidende Mittel zur Entfaltung der gesellschaftlichen Produktivkräfte und damit der menschlichen Wesenskräfte dar.[17] Dies vollends, sobald durch die Vergesellschaftung der Produktionsmittel, die Aufhebung des Privateigentums, manifest wird, daß der Mensch durch die produktive Auseinandersetzung mit der äußeren und – davon abhängig – seiner inneren Natur die Menschlichkeit seines Wesens, d. h. aber auch seines Geschlechtstriebes selbst schafft.

Ein ausführliches Zitat aus den Ökonomisch-Philosophischen Manuskripten mag veranschaulichen, wie Marx die Auswirkungen der Auseinandersetzung des Menschen mit der Natur auf sein sinnliches Verhältnis zu seiner Gattung sieht: »In dem Verhältnis zum Weib, als dem Raub und der Magd der gemeinschaftlichen Wollust ist die unendliche Degradation ausgesprochen, in welcher

[15] Ebd., S. 244.

[16] Vgl. S. Freud: Die Zukunft einer Illusion, GW XIV, S. 329, vgl. auch S. 331ff.

[17] »Die Arbeit ist zunächst ein Prozeß zwischen Mensch und Natur, ein Prozeß, worin der Mensch seinen Stoffwechsel mit der Natur durch seine eigne Tat vermittelt, regelt und kontrolliert. Er tritt dem Naturstoff selbst als eine Naturmacht gegenüber. Die seiner Leiblichkeit angehörigen Naturkräfte, Arme und Beine, Kopf und Hand, setzt er in Bewegung, um sich den Naturstoff in einer für sein eigenes Leben brauchbaren Form anzueignen. Indem er durch diese Bewegung auf die Natur außer ihm wirkt und sie verändert, verändert er zugleich seine eigne Natur. Er entwickelt die in ihr schlummernden Potenzen und unterwirft das Spiel ihrer Kräfte seiner eignen Botmäßigkeit.« (Marx: Kapital, Bd. I, a.a.O., S. 192).

der Mensch für sich selbst existiert, denn das Geheimnis dieses Verhältnisses hat seinen *unzweideutigen*, entschiedenen, *offenbaren* enthüllten Ausdruck in dem Verhältnis des *Mannes* zum *Weibe* und in der Weise, wie das *unmittelbare*, natürliche Gattungsverhältnis gefaßt wird. Das unmittelbare, natürliche, notwendige Verhältnis des Menschen zum Menschen ist das *Verhältnis* des *Mannes* zum Weibe. In diesem *natürlichen* Gattungsverhältnis ist das Verhältnis des Menschen zur Natur unmittelbar sein Verhältnis zum Menschen, wie das Verhältnis zum Menschen unmittelbar sein Verhältnis zum Anfang seiner eigenen *natürlichen* Bestimmung ist. In diesem Verhältnis *erscheint* also *sinnlich*, auf ein anschauliches *Faktum* reduziert, inwieweit dem Menschen das menschliche Wesen zur Natur, oder die Natur zum menschlichen Wesen des Menschen geworden ist. Aus diesem Verhältnis kann man also die ganzen Bildungsstufen des Menschen beurteilen. Aus dem Charakter dieses Verhältnisses folgt, inwieweit der Mensch als Gattungswesen, als *Mensch* sich geworden (?) ist und erfaßt hat; das Verhältnis des Mannes zum Weibe ist das *natürlichste* Verhältnis des Menschen zum Menschen. In ihm zeigt sich also, inwieweit das *natürliche* Verhalten des Menschen *menschlich* oder inwieweit das *menschliche* Wesen ihm zum *natürlichen* Wesen, inwieweit seine *menschliche Natur* ihm zur *Natur* geworden ist. In diesem Verhältnis zeigt sich auch, inwieweit das *Bedürfnis* des Menschen zum *menschlichen* Bedürfnis, inwieweit ihm also der *andere* Mensch als Mensch zum Bedürfnis geworden ist, inwieweit er in seinem individuellsten Dasein zugleich Gemeinwesen ist.«[18]

Indem Freud die spezifischen Auswirkungen kapitalistischer Reproduktion, für die die naturwüchsige Objektbeziehung des Mannes zur Frau den sinnlichen Ausdruck liefert, spezialwissenschaftlich ausspart, d. h. aber die politisch-ökonomische Determiniertheit von Herrschaftsverhältnissen nicht berücksichtigt, verstellt er sich, was die Analyse der psychischen Auswirkungen des Konflikts zwischen Lustprinzip und Realitätsprinzip angeht, die Erkenntnis, daß seine empirischen Daten »durch Selbstabdankung der Subjekte unter dem Druck familial vermittelter, gesellschaftlicher Herrschaft« erst entstehen.[19] Wenn die Psychoanalyse in den bürgerlichen Wissenschaftszweigen auch eine kritische Außenseiterrolle beanspruchen darf, so kann sie aus oben ausgeführten Gründen doch nicht den Rahmen des herrschenden Wissensgebäudes sprengen. Zu Recht manifestiert sich für Adorno »in dem nur allzu widerleglichen Bestreben, an unwiderleglichen Fakten Halt zu finden«, ein »unbesehen bejahtes Gesellschaftliches«. Freud sitzt seiner Meinung nach dem Glauben an die üblichen Kriterien derjenigen Wissenschaft auf, die er herausforderte. Ist doch

[18] Marx: Nationalökonomie und Philosophie, a.a.O., S. 234.
[19] Dahmer, a.a.O., S. 85.

diesen Kriterien zuliebe »das Freudsche Kind ein kleiner Mann und seine Welt die des Mannes«[20].

Als Spezialwissenschaft kann Psychoanalyse also, obschon sie als Erfahrungswissenschaft methodisch und inhaltlich berechtigt eine Sonderrolle in der Erfassung tiefenpsychologischer Prozesse bürgerlich sozialisierter Individuen spielt, der Dialektik widersprüchlicher gesellschaftlicher Reproduktionsformen nicht entkommen. Sie förderte zwar die Verwissenschaftlichung der ›inneren Natur‹ und spiegelt damit den Stand der Entfaltung der menschlichen Wesenskräfte, trägt aber andererseits kategorial zur Affirmation der bestehenden gesellschaftlichen Zustände bei.

Das darin zum Ausdruck kommende wissenschaftstheoretische wie auch politisch-praktische Problem fordert im Rahmen der vorliegenden Fragestellung eine Reflexion über die Verbindung eines historisch-materialistischen und psychoanalytischen Erklärungsansatzes.

Vollständig ausgeführt hieße dies, die Konzentration des Freudschen Erkenntnisinteresses auf die ich-konstituierende Wechselwirkung zwischen dem menschlichen Triebpotential, dem »phylogenetische(n) Erbe: polymorph-perverse(r) Sexualität und diffuse(r) Aggressivität«[21] und den Ansprüchen der gesellschaftlichen Wirklichkeit an die sozialen Komponenten des menschlichen Wesens in ihrer historisch-genetischen Bestimmtheit zu beschreiben. Folglich steht, was für den Historischen Materialismus abgeklärt ist, da integraler Bestandteil seiner erkenntnistheoretischen Konzeption, für die Psychoanalyse ihr historischer Bezug zur gesellschaftlichen Realität und die daraus entspringende Vermittlung von Forschungsgegenstand und Forschungsmethode zur Diskussion. Sollen Aussagen über den materialistischen Gehalt der Beiträge Freuds zur ›Natur‹ des Menschen, genauer: über den Erklärungswert psychoanalytischer Kategorien, im Rahmen einer sozialwissenschaftlichen Kritik bürgerlich familialer Verkehrs- und Reproduktionsformen gemacht werden, sind die umrissenen erkenntniskritischen Überlegungen nicht zu umgehen. Nur durch sie läßt sich die Behauptung fundieren, daß eine Kritik familialer Sozialisationsbedingungen auf die Freudschen Erkenntnisse tiefenpsychologischer Prozesse nicht verzichten kann, wenn es darum geht, die affektiven Aspekte politischer Verhaltensbereitschaft in der bürgerlich-kapitalistischen Klassengesellschaft zu untersuchen.

Darüber hinaus erzwingt die von Freud selbst[22] eingeleitete Geschichte der Auseinandersetzungen zwischen Theoretikern des

[20] T. W. Adorno: Zum Verhältnis von Soziologie und Psychologie, in: Sociologica. Aufsätze, Max Horkheimer zum 50. Geburtstag gewidmet, Frankfurt 1955, S. 26.
[21] K. Horn: Psychoanalyse – Anpassungslehre oder kritische Theorie des Subjekts? In: Marxismus, Psychoanalyse, Sexpol II, hg. v. H.-P. Gente, Frankfurt 1972, S. 143.
[22] Vgl. S. Freud: Neue Folge der Vorlesungen zur Einführung in die Psychoanalyse: XXXV. Vorlesung ›Über eine Weltanschauung‹, GW XV, S. 170 ff.

Marxismus und der Psychoanalyse einen wissenschaftstheoretischen Exkurs. Hat sich doch allem Anschein nach das »von beiden Seiten organisierte Mißverständnis«[23] in der Kontroverse um das Verhältnis von Historischem Materialismus und Psychoanalyse derart verfestigt (die bisherige kategorische Ablehnung in der herrschenden Lehrmeinung sozialistisch organisierter Länder sowie die liquidatorische Diskussion der Psychoanalyse an vielen westlichen Universitäten mag das ihre dazu beitragen)[24], daß der kritische Anspruch der vorliegenden Erörterungen durch eine nicht weiter begründete Verwendung der Freudschen Kategorien vorab infrage gestellt zu werden droht.
Es scheint in diesem Zusammenhang nicht nötig, die Auseinandersetzung zwischen Anhängern des Marxismus-Leninismus und marxistisch orientierten Psychoanalytikern ausführlich wiederzugeben. Die dort herrschende Polemik, in der hauptsächlich der wechselseitige Vorwurf metaphysischer Postulate und einseitiger Betrachtungsweise des gesellschaftlichen Reproduktionszusammenhangs auftritt, wird nach der hier zugrunde liegenden Meinung schon ausreichend entkräftet, wenn der wissenschaftliche und politische Anspruch von Marx und Freud, wie das aus ihrem Wissenschaftsverständnis und ihrem Forschungsgegenstand resultierende methodologische Diktat verglichen und der analytische Status ihrer Konzeptionen auf dieser Grundlage als notwendig divergent erkannt wird.
Im folgenden soll durch Reflexion auf den historischen Rahmen und die wissenschaftstheoretischen Voraussetzungen psychoanalytischer Theoriebildung der Versuch unternommen werden, die historische Vermitteltheit ihres Substrates bzw. die Grenzen der Gültigkeit ihrer erfahrungswissenschaftlich gewonnenen Resultate über die menschliche Triebdynamik und die daraus abgeleiteten kulturtheoretischen Hypothesen aufzuweisen. Damit ist allerdings nicht der heuristische Wert der von Freud erforschten Bewegungsgesetzlichkeiten des menschlichen Triebpotentials infrage gestellt.
Es geht vielmehr darum, durch einen Vergleich der anthropologischen Voraussetzungen psychoanalytischer und marxistischer Theorie eine Entscheidung über die Brauchbarkeit psychoanalytischer Erkenntnisse für eine Kritik privater familialer Sozialisation zu treffen.
Vorab scheint klärenswert, welche Auffassung Marx von Wissenschaft und Wissenschaftlichkeit vertrat. Wie er in einem Brief an Kugelmann[25] ausführt, besteht die wesentliche Aufgabe der Wissenschaft darin, zu erkennen und zu entwickeln, wie Naturgesetze

[23] Dahmer, a.a.O., S. 64 f.
[24] Vgl. dazu J. Habermas, H. Blumenberg (Hg.): Psychoanalyse und Marxismus. Dokumentation einer Kontroverse, Frankfurt 1970.
[25] Marx an Kugelmann, 11. Juli 1868, in: K. Marx, Fr. Engels: Ausgewählte Briefe, Berlin 1953, S. 241 f. (MEW 32, S. 552 f.).

sich durchsetzen. Wissenschaft habe davon auszugehen, daß Naturgesetze nicht aufgehoben werden können; was sich in historisch verschiedenen Zuständen ändern könne, sei die *Form* (Hervorh. PM), worin jene Gesetze sich durchsetzen. Genetische Bedingung für Wissenschaft sei der Denkprozeß als ein aus den Verhältnissen herauswachsender Naturprozeß. Selbst der wissenschaftliche Sozialismus, der als Kritik der Politischen Ökonomie die Reflexion auf seine Entstehungsbedingungen mit einbegreife, könne daher als »wirklich begreifendes Denken« auch nichts anderes sein und »nur graduell, nach der Reife der Entwicklung auch des Organs, womit gedacht wird, sich unterscheiden«[26].
Diese zentralen erkenntnistheoretischen Voraussetzungen marxistischer Methodologie bezeichnen, an welchen Kriterien die von bürgerlichen Theoretikern wie dialektischen Materialisten ähnlich angegriffene Wissenschaftlichkeit der Psychoanalyse gemessen werden müßte. Die Frage stellt sich daher so: Welchen historischen Verhältnissen entwächst der Freudsche Denkprozeß als ›Naturprozeß‹, inwiefern ist der kategoriale Ansatz der Psychoanalyse zur Erfassung der Formen, in denen sich die Naturgesetzlichkeit menschlicher Bedürftigkeit und Antriebe ausdrückt, ein ›wirklich begreifender‹?
Historisch betrachtet ist die Tiefenpsychologie Freuds ein spätes Produkt des zu seiner Zeit in Deutschland ungefähr 150 Jahre bestehenden psychiatrischen Denkens. Sie steht in der Tradition des im Rahmen der Differenzierung der bürgerlichen Wissenschaften (Soziologie, Psychologie, Ökonomie, Philosophie) lange angelaufenen Ablösungsprozesses der Psychiatrie einerseits von der Moralphilosophie (›somatische‹ Richtung) und andererseits der Medizin (›psychische‹ Richtung).[27]
Dafür, daß die Genese der Freudschen Tiefenpsychologie im Widerspruch zur herrschenden Psychiatrie verläuft, sind politische wie wissenschaftsimmanente Gründe zu nennen. In der ersten Hälfte des 19. Jahrhunderts war es aufgrund der politischen Unterdrückung der Juden in Deutschland besonders für jüdische Ärzte, die sich auf Nervenheilkunde spezialisiert hatten, kaum möglich, im psychiatrischen Bereich zu Ansehen und zu Gehör zu gelangen, da die Psychiatrie eine staatlich geförderte und in staatlicher Regie entwickelte Heilkunde und Disziplinierungsmethode war.
Frühestens ab 1870 waren Juden zu öffentlichen Positionen in der Medizin zugelassen worden, galten aber nach wie vor als Außenseiter und hatten entsprechende Schwierigkeiten, wissenschaftlich anerkannt zu werden. Überdies entwickelte sich die Neurologie erst allmählich zu einer eigenständigen wissenschaftlichen Disziplin, die ihre Existenzberechtigung der Inneren Medizin wie der Psychiatrie abtrotzen mußte.

[26] Marx an Kugelmann, ebd., S. 242.
[27] Vgl. zur wissenschaftshistorischen Entstehung der Psychiatrie: K. Dörner: Bürger und Irre, Frankfurt 1969; Michel Foucault: Wahnsinn und Gesellschaft, Frankfurt 1969.

In der Wissenssoziologie wird dies als wesentlicher Grund dafür angeführt, daß gerade jüdische Ärzte in der Neurologie eher als in der staatstragenden Psychiatrie erfolgreich waren und auf diesem Gebiet erhebliche Beiträge zur Weiterentwicklung der Forschung geleistet haben. Juden waren zwar formal Aufstiegs- und Wirkungsmöglichkeiten zugesichert, doch die nicht abgebauten sozialen Barrieren zwangen jüdische Neurologen, sich weitgehend auf die Möglichkeiten neurologischer Untersuchungen in der freien Arztpraxis zu konzentrieren. Ihr wissenschaftliches und therapeutisches Interesse richtete sich daher insbesondere auf leichtere psychische Störungen wie hysterische und zwangsneurotische Symptome, Krankheitsformen, die keine stationäre Behandlung erforderten.

Die Bestätigungsprobleme, mit denen Freud in Österreich konfrontiert wurde, bezeichneten in dieser Hinsicht keine Sondersituation.[28] Freud hatte sein Studium der Medizin und der Physiologie in einer Zeit abgeschlossen, in der mit dem Beginn der imperialistischen Ära des Deutschen Reiches der niemals ganz verschwundene Antisemitismus stärker auflebte, und die öffentlich genährten Vorurteile gegen den sogenannten ›jüdischen Materialismus‹ zu massiver Ablehnung seiner wissenschaftlich revolutionären und daher unbequemen Resultate führten.

Zu Beginn seiner Laufbahn – etwa bis 1900 – wirkte Freud zwar mit Erfolg als Privatdozent auf dem Gebiet der Neurologie und Physiologie, hatte aber erhebliche Schwierigkeiten, seine weiterführenden wissenschaftlichen Interessen institutionell und finanziell abzusichern, und mußte ertragen, daß seinen Schriften in Fachkreisen lange die Anerkennung versagt blieb.[29]

Man kritisierte seine Schriften, ohne sie gelesen zu haben. Der etablierten psychiatrischen Wissenschaft und der interessierten Öffentlichkeit war es nur zu genehm, die mit den anthropologischen Normen der herrschenden Wissenschaften konfligierenden und die gängige Sexualmoral entschieden infrage stellenden Mitteilungen über die sexuelle Ätiologie der Neurosen mit Freuds jüdischer Herkunft in Verbindung bringen und ihn vorab als ›zersetzend‹ ablehnen zu können.

Freud, der als oberste Tugend des Forschers wissenschaftliche Redlichkeit ansah, war die Ablehnung, die seinen Schriften allenthalben widerfuhr, kaum verständlich, hätte er seine Entdeckungen selbst doch am liebsten als »indifferente Beiträge zur Wissenschaft«[30] behandelt gewußt. Dies blieb ihnen jedoch sehr lange versagt. So schreibt Freud in seinen Erinnerungen: »Erst die Stille, die sich nach meinen Vorträgen erhob, die Leere, die sich um

[28] Vgl. Dörner, a.a.O., S. 307 f., Fußnote 225.
[29] Vgl. besonders O. W. Haseloff: Zur Soziologie psychoanalytischen Wissens, in: Psychoanalyse, Marxismus, Sozialwissenschaften, Rotdruck Bd. 10, s'Gravenhage 1971, S. 53 ff.
[30] S. Freud: Zur Geschichte der psychoanalytischen Bewegung, GW X, S. 59.

meine Person bildete, die Andeutungen, die mir zugetragen wurden, ließen mich allmählich begreifen, daß Behauptungen über die Rolle der Sexualität in der Ätiologie der Neurosen nicht darauf rechnen können, so behandelt zu werden, wie andere Mitteilungen. Ich verstand, daß ich von jetzt ab zu denen gehörte, die ›am Schlaf der Welt gerührt haben‹, nach Hebbels Ausdruck, und daß ich auf Objektivität und Nachsicht nicht zählen durfte.«[31] Ohne daß dies seinen eigenen Vorstellungen von wissenschaftlicher Auseinandersetzung und dem Verhältnis zu seinen Erkenntnissen entsprochen hätte, wurde Freud von der wissenschaftlichen Öffentlichkeit in die Opposition gedrängt. Er selbst verstand seine Thesen und Neuformulierungen im Rahmen der Wissenschaft vom Menschen beileibe nicht als Kampfprogramm, sondern als neutrale Beiträge einer Spezialwissenschaft, als einen »Zweig der Psychologie – Tiefenpsychologie oder Psychologie des Unbewußten«[32]. Immer waren ihm die Vorläufigkeit und der Mangel an naturwissenschaftlicher Fundierung seiner Ergebnisse als Problem präsent, häufig modifizierte er aus diesem Grund auch seine Grundannahmen. »Was ich habe, ist wohl weder eine Million, noch ein Kreuzer, sondern ein Klumpen Erz, in dem unbekannt wieviel Edelmetall steckt. Ich bin im ganzen mit den Fortschritten zufrieden, habe aber Anfeindungen und lebe in solcher Isolierung, als ob ich die größten Wahrheiten gefunden hätte.«[33]

An seine Metapher anknüpfend sei angemerkt, daß Freud sich zwar eingehend mit der mikroskopischen Beschaffenheit seines »Erzklumpens« beschäftigte und revolutionierende Untersuchungsmethoden entwickelte, sich aber nicht systematisch mit den äußeren Bedingungen auseinandersetzte, die zu den vorgefundenen Sedimentierungen führten. Die sozialen und ökonomischen Hintergründe, die schon zum Beginn des 19. Jahrhunderts in Deutschland das Faktum des Irreseins wie auch schwächerer psychischer Deformationen zum politischen und wissenschaftlichen Problem werden ließen, damit aber – wenn auch gleichsam vorgeschichtliche – kategoriengenetische Bedingungen seiner Fragestellung darstellten, lagen außerhalb seines Forschungsinteresses. Es scheint an dieser Stelle daher angebracht, die sozioökonomischen Randbedingungen der psychiatrischen Wissenschaft wenigstens grob zu umreißen. »Nicht anders als in England und Frankreich«, so schreibt Dörner, »endet in Deutschland die Ausgrenzung der Unvernunft und beginnt das gesellschaftliche Sichtbarwerden der Irren im Zusammenhang mit dem Prozeß, in dem die bürgerliche Forderung nach ökonomischer und politischer Freiheit zum Bedürfnis nach relativer Freisetzung disponibler Massen führt und in

[31] Ebd.
[32] S. Freud: Neue Folge der Vorlesungen zur Einführung in die Psychoanalyse, GW XV, S. 170.
[33] S. Freud: Aus den Anfängen der Psychoanalyse. Briefe an Wilhelm Fließ, Brief vom 16. 3. 1896, Frankfurt 1962, S. 141.

dem zur selben Zeit eine literarische Öffentlichkeit sich etabliert, die in Fortsetzung der und nicht weniger gegen die Aufklärung sich romantisch der eigenen Innerlichkeit und deren Unvernunft zuwendet.«[34]

Ohne dies an dieser Stelle schon genauer belegen zu können, sei darauf hingewiesen, daß die medizinische Akzentsetzung in der psychiatrischen Forschung auf die durch endogen oder exogen beeinträchtigte Lebensenergie wie immer vermittelt als Folgeerscheinung der durch die kapitalistische Vergesellschaftung der Produktion verursachten Wandlungen individueller und gesellschaftlicher Reproduktion zu begreifen ist. Die Strukturwandlungen, denen insbesondere die Familienform innerhalb dieser Entwicklung unterliegt, spielten für die Entstehung und die Inhalte der staatlich geförderten medizinischen Psychiatrie eine wesentliche Rolle.

Entwickelte sich doch, wie Dörner ausführt, in dem Prozeß der Sonderung staatlicher Herrschaftsformen allmählich ein Familienbewußtsein, das sich nur noch für die nächsten Angehörigen verantwortlich fühlte, sich für notleidende oder gescheiterte entferntere Verwandte aber aus materiellen und räumlichen Gründen nicht mehr zu kümmern imstande sah. Die Desorganisation der traditionellen Familienstruktur durch die in vielen Regionen erzwungene Frauen- und Kinderarbeit sowie auf dem Lande der Gesindezwangdienst trifft die Lage der psychisch gestörten Individuen. Besonders »Melancholiker, Schwach- und Blödsinnige fanden nicht mehr so leicht eine stille Ecke oder die notwendige Aufsicht in den Familien. Andere Irre gehörten nicht mehr wie selbstverständlich als Dorfnarren oder -trottel zur Gemeinschaft. Daher mußten durch Irre verursachte Zwischenfälle häufiger der Allgemeinheit sichtbar und anstößig werden.«[35]

Die Verwahrung der asozialen, d. h. aber, nicht arbeitsfähigen oder arbeitsunwilligen Menschen wurde nach und nach von staatlicher Seite übernommen. Zu diesem Zweck wurden öffentliche Irren-, Arbeits-, Toll- und Armenhäuser eingerichtet, in denen sowohl Schwachsinnige als auch aus anderen Gründen nicht arbeitsfähige Menschen ›ausgegrenzt‹ und unter Kontrolle gebracht wurden.

Nach der bürgerlichen Revolution, deren wesentliches Merkmal die rechtliche Freisetzung der menschlichen Arbeitskraft war, erhob sich zunehmend das öffentliche Interesse an der Überprüfung der Arbeitsvertragsfähigkeit der bis dahin in den Anstalten ausgegrenzten Teile der unteren Bevölkerungsschichten. Ausschlaggebend dafür war das wirtschaftliche Ziel, das Reservoir menschlicher Arbeitskraft voll für die Lohnarbeit zu nutzen. »Namentlich mit dem Industrialisierungsbeginn der 80er Jahre (18. Jahrhun-

[34] Dörner, a.a.O., S. 215.
[35] Ebd., S. 217.

dert, PM) interessiert die Öffentlichkeit an der Arbeit [...] die Rentabilität, entsteht das Bedürfnis der gesellschaftlichen Freisetzung des brauchbaren Teils der Ausgegrenzten.«[36]
In dieser Phase entwickelt sich die medizinische Psychiatrie als eine vom Staat aus ökonomischen Erwägungen geförderte Wissenschaft: effektiver Verausgabung von Arbeitskraft muß über ihre formalrechtliche Disponibilität hinaus ein Mindestmaß an psychischer Normalität gleichsam als ›Grundqualifikation‹ zugrunde liegen. Diese galt es nun für die Ausgegrenzten und die Arbeitsunwilligen neu zu bestimmen und therapeutische Methoden zu ihrer Wiederherstellung zu entwickeln.
Bis heute vollzieht sich die Vergesellschaftung psychotherapeutischer Behandlungsmethoden entsprechend solchen Kriterien. Wo der Aufwand für die Heilung bzw. die Reintegration der in Anstalten untergebrachten Menschen vom Staat oder von den Angehörigen nicht aufgebracht werden kann, werden sie nach wie vor in einer Weise abgesondert und isoliert, die den Staat materiell und die Gesellschaft moralisch entlastet, nicht aber zur Heilung dient.
Dabei gehen in die neurophysiologischen Definitionen von Unheilbarkeit häufig neben den medizinischen Forschungsergebnissen Anstaltsbedingungen mit ein, die nicht einmal gesunden Menschen zumutbar wären. Die von der Kritik der Psychiatrie als ›Anstaltsartefakte‹ bezeichneten sekundären Krankheitssymptome bei psychisch Kranken weisen auf die mangelnde Objektivität psychiatrischer Diagnosen hin.[37]
Unter den gegenwärtigen gesellschaftlichen Reproduktionsbedingungen, in denen die Ausgrenzung von Asozialität immer noch durch das Kriterium der Verwertbarkeit der Arbeitskraft bestimmt ist, werden also psychische Deformationen in der Regel dann als irreparabel bezeichnet, wenn die Mittel für ihre Behandlung nicht privat verfügbar sind (wie in den ärmeren Bevölkerungsschichten) bzw. wenn ihre therapeutische Behandlung keine Gesundung zur Arbeitsfähigkeit verspricht. Wie ist auf diesem wissenschaftshistorischen Hintergrund psychologischer Theoriebildung die Freudsche Tiefenpsychologie einzuordnen und zu bewerten? Die Entwicklung der »Wissenschaft vom Unbewußten« (Freud) fällt in den späteren Teil einer Entwicklungsphase der bürgerlichen Gesellschaft, in der die zunehmende Beschäftigung mit der Genese und der Therapie psychopathologischer Symptome am Maßstab klassenspezifisch freilich verschieden definierter Funktions- und Lebenstüchtigkeit als Hinweis darauf verstanden werden kann, daß die psychische Bewältigung der errungenen Freiheiten immer offensichtlicher kritisch wird.
Daß während der Zeit, in der z. B. durch die Bahnhofsviertel

[36] Ebd., S. 222.
[37] Vgl. dazu R. Wolff/K. Hartung: Totale Institution und Klassencharakter der Psychiatrie, in: *Kursbuch* 28/1972, Hans Magnus Enzensberger (Hg.), Das Elend mit der Psyche, I. Psychiatrie, S. 54 ff.

Öffentlichkeit als Anonyme zum Ausdruck kommt, Homosexualität, Transvestitismus, Exhibitionismus und andere sexuelle Abnormitäten erstmals der Psychiatrie sichtbar und systematisch zum Gegenstand ihrer Forschung gemacht wurden[38], obwohl diese psychischen Fehlentwicklungen sicherlich auch vorher bestanden haben, ist kein Zufall. Dörner sieht in diesen Zusammenhängen ein eindringliches Beispiel für die Bedeutung der sozialen Bedingungen, »deren Entwicklung den Gegenstand einer Wissenschaft und damit auch sie selbst in entscheidender Weise konstituieren«[39] ebenso aber auch für den problematisierenden, entschleiernden Charakter technischer Rationalisierungen in der Entwicklung der bürgerlich-kapitalistischen Zivilisationsprozesse.
Schon um 1830 hatten sich deutsche Psychiater, bewegt durch die zivilisatorischen Entschleierungen des menschlichen Wesens, mit den ursächlichen Bedingungen psychischer Fehlentwicklungen und Störungen auseinandergesetzt. So wurden z. B. die technischen und merkantilen Begleiterscheinungen kapitalistischer Produktionsformen und Verkehrsbedingungen, insbesondere die den Eisenbahnbau begleitenden Aktienspekulationen und andere Formen des Wirtschaftsegoismus als Einflußfaktoren für die sozioökonomische Pathogenese psychischer Störungen in Betracht gezogen.
Freud faßt verschiedentlich die Auseinandersetzungen der Psychiatrie mit den schädigenden Einflüssen der technischen Entwicklung kritisch ins Auge: »Ich habe an diesen – und vielen anderen ähnlich klingenden – Lehren auszusetzen, nicht daß sie irrtümlich sind, sondern daß sie sich unzulänglich erweisen, die Einzelheiten in der Erscheinung der nervösen Störungen aufzuklären, und daß sie gerade das bedeutsamste der ätiologisch wirksamen Momente außer acht lassen. Sieht man von den unbestimmteren Arten, ›nervös‹ zu sein, ab und faßt die eigentlichen Formen des nervösen Krankseins ins Auge, so reduziert sich der schädigende Einfluß der Kultur im wesentlichen auf die schädliche Unterdrückung des Sexuallebens der Kulturvölker (oder Schichten) durch die bei ihnen herrschende ›kulturelle‹ Sexualmoral.«[40]
Nach Freuds Auffassung sind nervöse Störungen nicht als direkte Auswirkungen einer die psychische Konstitution des Individuums überfordernden Umwelt zu begreifen, sondern sind wesentlich vermittelt durch die Art, wie das Individuum in seinen frühkindlichen Entwicklungsphasen die Konflikte zwischen seinen primären Bedürfnissen und den mehr oder minder harten Anforderungen der Umwelt zu verarbeiten gelernt hat. Diese Prozesse finden aber vor allem in der Familie statt.
Psychopathologische Symptome sind folglich durch die Formen

[38] Vgl. Dörner, a.a.O., S. 322, Fußnote 255.
[39] Ebd.
[40] S. Freud: Die ›kulturelle‹ Sexualmoral und die moderne Nervosität, GW VII, S. 148.

vermittelt zu verstehen, die den Menschen sowohl von der herrschenden Moral wie von den objektiven Zwängen der Reproduktionsbedingungen zur Bewältigung ihrer sinnlichen Bedürfnisse aufgezwungen werden.
In die Entwicklung der Freudschen Theorie ging somit zwingend eine Kritik der herrschenden Normen ein, die das ideologische Selbstverständnis der bürgerlichen Gesellschaft empfindlich berührte und entschiedenen Widerstand von seiten der universitären Psychiatrie in Österreich provozierte.
Die Entwicklung in Mitteleuropa war um die Jahrhundertwende durch die imperialistische Entfaltung des Hochkapitalismus gekennzeichnet, der in kultureller und moralischer Hinsicht eine »immer weiter um sich greifende Diskrepanz zwischen der überkommenen kleinstädtischen Gesinnung und der großstädtischen Auflösung der bisherigen Bindungen« zur Folge hatte. »Es war die Zeit der doppelten Moral, besitzpolitischer Eheauffassungen einerseits und der aufkommenden allgemeinen Promiskuität und Emanzipation des Eros andererseits.«[41] Die Konzentration Freuds auf die Erforschung neurotischer Symptome und psychischer Anomalien unter der Prämisse ihrer Determiniertheit durch die frühkindliche phasenspezifische Reifung der Sexualität ist durch den psychischen Niederschlag dieser historischen Phase in den bürgerlichen Schichten veranlaßt zu verstehen. Bloch pointiert die »klassenmäßige Begrenztheit der psychoanalytischen Grundtriebforschung«[42], das heißt aber den Zusammenhang zwischen der von Arbeit bzw. materieller Not freigesetzten Klasse als der therapeutischen Zielgruppe Freuds und der psychoanalytischen Reflexion über die Widersprüche zwischen dem Lustprinzip und dem Realitätsprinzip folgendermaßen: »Doch so laut der Hunger brüllt, so selten wird er hier ärztlich genannt. Dieser Ausfall zeigt, daß psychoanalytisch stets nur die besseren Leidenden behandelt worden sind und werden. Die Sorge, wie man Nahrung findet, war für Freud und seine Besucher die unbegründetste. Der psychoanalytische Arzt wie vor allem sein Patient entstammen einer Mittelschicht, die bis vor kurzem sich wenig um den Magen zu sorgen brauchte.«[43]
Wenn Freud Einseitigkeit in solcher Härte nicht vorgeworfen werden kann, steckt in seiner Konzeption des Ich- oder Selbsterhaltungstriebes z. B. durchaus auch die unbestritten von Lust begleitete Nahrungsaufnahme, so wird doch an der gleichsam ›ablegerartigen‹ Differenzierung der Freudschen Wissenschaft vom Unbewußten aus der Neurologie deutlich, inwiefern der sich entfaltende Klassenantagonismus zwischen dem bürgerlichen und dem in der Produktion zu vergesellschaftenden Teil der Bevölkerung

[41] G. Eisermann: Die soziologischen Beziehungen der Tiefenpsychologie (1949), in: Psychoanalyse, Marxismus, Sozialwissenschaften, Rotdruck Bd. 10, s'Gravenhage 1971, S. 222.
[42] E. Bloch: Das Prinzip Hoffnung I, Frankfurt 1967, S. 73.
[43] Ebd.

die Akzentsetzungen und den Geltungsbereich wissenschaftlicher Lehrmeinungen beeinflußt bzw. bestimmt.
Nach einer Aufschlüsselung des sozialen Status der von Freud erwähnten Patienten gehörten tatsächlich 74 % der Oberschicht, 23 % der Mittelschicht und nur 3 % unbemittelten Schichten an.[44] Ohne daß dies in Freuds Interesse gelegen haben könnte, mußte er den Wahrheitsgehalt seiner Hypothesen, die er zu großen Teilen in der Selbstanalyse entworfen hatte, an den von Zwängen des materiellen Existenzkampfes kaum betroffenen Bürgern überprüfen. Die im Umgang mit ihnen gewonnenen klinischen Erfahrungen bildeten die empirische Basis seiner theoretischen Erörterungen; die von ihnen geäußerten Ängste und Bedürfnisse gaben seinen theoretischen Erörterungen ihr Gepräge. Waren für die Entfaltung der Psychiatrie ursprünglich politisch-ökonomische Effektivitätskriterien mit dem mehr oder weniger direkten Interesse an der Verbesserung der Verwertungsmöglichkeiten menschlicher Arbeitskraft verantwortlich, geschah also hier die Behandlung bzw. Ausgrenzung psychisch Kranker unter dem Gesichtspunkt ihrer Eignung für die Lohnarbeit, so geht es nun in der Psychoanalyse darum, durch die Befreiung als ›eingeklemmt‹ erkannter Triebenergie den Spielraum kontrollierbarer Lust und vernünftigen Lebensgenusses im Rahmen materiell abgesicherter Reproduktionsbedingungen zu erweitern.
Ausgedrückt in Freudschen Begriffen fungiert die staatlich geförderte Psychiatrie daher eher als Anwalt des ›Realitätsprinzips‹, die Psychoanalyse (bis heute in der Regel Geheimtip finanzkräftiger Patienten) eher als Anwalt des ›Lustprinzips‹. In diesem Unterschied manifestiert sich deutlich der Klassencharakter von Freiheit in der bürgerlichen Schicht. Besonders manche linken Kritiker versuchen nun aufgrund der theoretischen und praktischen Schranken, die der Psychoanalyse seit je durch die materielle Lage der behandlungsbedürftigen Individuen und die gesellschaftlichen Chancen autonomer vernünftiger Entscheidungen überhaupt gesetzt sind, den Erklärungswert der Psychoanalyse infrage zu stellen. Einerseits sagt die geringe Bereitstellung staatlicher Mittel zur klinischen Nutzung psychoanalytischer Therapie sowie zur wissenschaftlichen Ausbildung von Therapeuten genug über die ökonomisch beschränkte Brauchbarkeit psychoanalytischer Therapie als Heilverfahren, andererseits werden aber zunehmend Teile der Freudschen Tiefenpsychologie, wie z. B. die Determinierung der Triebstruktur durch ursprüngliche, verdrängte affektiv-sexuelle Erfahrungen für kommerzielle und politische Zwecke angewendet. In der Marktforschung, Konsumwerbung und der Informationspolitik der Massenmedien ist dies eindeutig nachzuweisen. Überdies lassen die pädagogischen Konzepte von Vorschulmodellen dort eine Orientierung an den Freudschen Erkenntnissen über die

[44] Referiert bei O. W. Haseloff, a.a.O., S. 57.

phasenspezifische affektive Entwicklung des Kleinkindes erkennen, wo es um die Abstimmung von Lern- und Sublimierungsangeboten geht. Die grundsätzliche Tendenz zur Negierung, Zerstückelung oder Revidierung der psychoanalytischen Theorie besagt insgesamt weniger etwas über ihren Wahrheitsgehalt, als über die Tatsache, daß sie auf einem bestimmten Stand der Entfaltung der Produktivkräfte, insbesondere aber im Rahmen kapitalistisch organisierter Produktionsbedingungen gesellschaftlich luxurierenden und ideologisch bedrohlichen Charakter hat und in ihrer unverfälschten Form kein kapitalistisch brauchbares Mittel zu Stabilisierung individueller Reproduktion sein kann.
Die Ausführung zu seinem zentralen Gedanken, »daß auf Grund gewisser biologischer Anlagen des Menschen für den einzelnen im Zusammenleben Konflikte erwachsen, die sich in psychischen Korrelaten widerspiegeln«[45], erlauben es, Freud als Theoretiker zu begreifen, der die psychologischen Grundlagen für eine wissenschaftliche Sozialisationsforschung bürgerlich vergesellschafteter Individuen geschaffen hat. Sein theoretischer Ansatz stellt im Rahmen der von ihm selbst gesteckten Grenzen den bisher wesentlichsten Beitrag zur Analyse der Wechselwirkungen zwischen moralischen Ansprüchen und sexuellen Triebdispositionen innerhalb der Prägung der Persönlichkeitsstruktur eines Menschen dar. Seine Darstellung der Auswirkungen der herrschenden Sexualmoral bietet daher wesentliche Ansatzpunkte zur Entfaltung einer Kritik an der – für Freud freilich verkürzt familial diktierten – historischen Form, in die sich die Naturgesetzlichkeiten psychophysischer Entwicklung kleiden.
Allerdings kann ihm insofern der Vorwurf der Einseitigkeit nicht erspart bleiben, als er in seiner tiefenpsychologischen Spezialisierung nahezu ausschließlich auf der Determinierung affektiver Verhaltensdispositionen durch das von kaum zu vermeidenden frühkindlichen Traumen und Frustrationserlebnissen geprägte Unbewußte beharrt und die psychischen Implikationen der Form der materiellen Existenzsicherung als nicht zu seinem Untersuchungsgebiet gehörig nur am Rande streift. So mußten die von Freud erhellten Mechanismen des menschlichen Triebpotentials, die er auf dem sozioökonomischen Hintergrund bürgerlicher Sozialisationsverhältnisse an den dort auftretenden neurotischen Komplikationen erforscht hatte, der Psychoanalyse notwendig einen vorwiegend sexualbiologischen Anstrich geben.
Haseloff führt sechs Punkte für die »systemgestaltende Funktion des Sexuellen« in der Freudschen Tiefenpsychologie an:
1. Freuds Patienten wiesen fast ausschließlich hysterische Symptome auf; die Fehlverarbeitung sexueller Erwartungen stelle gerade bei diesen Symptomen einen wesentlichen pathogenetischen Faktor der Persönlichkeitsveränderung dar.

[45] Eisermann, a.a.O., S. 217.

2. Seine Anfangsentdeckungen mußten sich durch eine ›Selbstselektion‹ seiner Patienten aufgrund seiner Heilerfolge immer wieder bestätigen.
3. Die herrschenden viktorianischen Sexualtabus diskriminierten den Bereich des Sexuellen und machten ihn damit zum wichtigsten Thema nicht nur neurotischer Menschen der priviligierteren Schichten.
4. Die bürgerliche ›doppelte Moral‹ erleichterte als ein ›Dauerprovisorium‹ die Probleme einer institutionell inadäquat eingeordneten Sexualität.
5. Die Patienten Freuds entstammten infolge einer zweiten statusbedingten Selektion überwiegend feudalen und großstädtischen Bildungsschichten. »Angehörige der Oberschicht sind normativen Verhaltenserwartungen stärker ausgesetzt. Andererseits sind Sanktionsdruck und soziale Kontrolle ihnen gegenüber meist vermindert, woraus sich konfliktreiche Arrangements und Problematisierungen des intimen Erlebens ergeben.« (Dörner hatte in diesem Zusammenhang von der romantischen Zuwendung zur eigenen Innerlichkeit als spezifisch bürgerlicher Erscheinung gesprochen; s. S. 126.)
6. Neurosen weisen in ihrer Häufigkeit, ihrer Struktur, ihrer Thematik und sogar in ihren Verursachungsformen eine starke Abhängigkeit von sozialkulturellen Wandlungen auf.[46]

Der Freuds Hypothesen steuernde empirische Sachverhalt, daß bei ungefähr 80 Prozent der von ihm behandelten psychischen Störungen sexualbiologische Komplikationen vorlagen, während nach statistischen Untersuchungen der Anteil der heute davon bestimmten Störungen auf 30 Prozent[47] gesunken ist, wird in der gängigen Freudkritik folglich gern als Beweismittel verwendet, um der Psychoanalyse, was ihre Ausgangshypothesen über den von Lustgewinn gesteuerten Primärprozeß angeht, perspektivische Verzerrtheit nachzuweisen und darob die Gültigkeit ihrer Erkenntnisse prinzipiell anzuzweifeln.

Solche Kritik basiert jedoch auf der fragwürdigen Annahme, daß von einer Veränderung des Häufigkeitsbildes von Erscheinungsformen auf die Hinfälligkeit der ihnen zugrunde liegenden Mechanismen zu schließen sei. Haseloff stellt dem entgegen, daß es falsch und einseitig sei, die Neurosentheorie, die Psychologie und die Anthropologie Freuds, wie dies so häufig geschehe, als die »gedankliche Explikation eines monothematischen Pansexualimus« aufzufassen. Diese Beurteilung treffe für keine Stufe der Freudschen Theoriebildung zu. Sachgerecht dagegen sei »die Feststellung, daß die Psychoanalyse eine neuartige theoretische Einordnung und anthropologische Deutung des Sexuellen vorgenommen

[46] Haseloff, a.a.O., S. 54 f.
[47] Referiert bei Eisermann, a.a.O., S. 221 f.

habe«[48]. In statistischer Phänomenologie erfaßte Veränderungen psychischer Krankheitsbilder lassen keinen Schluß darauf zu, daß die sexuelle Sinnenkomponente als energetisches Prinzip doch nicht in der Weise wirke, wie Freud dies dargestellt hat, sondern verdeutlichen allenfalls, daß diese Komponente nur historisch beschränkt die Rolle spielen konnte, die Freud empirisch vorgegeben war. In dem Maß der Veränderung ideologischer und materieller Rahmenbedingungen der Familie und des Berufsfeldes, Bedingungen, auf die die reifende Triebstruktur des Menschen phasenspezifisch reagiert, treten andere Formen ›listiger Kanalisierung‹ sexueller Bedürfnisse, andere Formen ihrer sozialen Verarbeitung in den Vordergrund, die ›normaler‹, das heißt aber, was psychosexuelle Äußerungen anbelangt, gesellschaftliche und individuelle Befriedigungsinteressen integrierter erscheinen lassen.
Die psychoanalytische Erforschung des psychischen Niederschlags sexualbiologischer Mechanismen muß in diesem Sinn wissenschaftshistorisch einem Reifegrad gesellschaftlicher Entwicklung bzw. einer Zuspitzung des sich individuell neurotisierend niederschlagenden Widerspruchs zwischen vergesellschafteten Produktionsformen und privater Reproduktion zugeordnet werden, in dem gleichsam ›als Wirklichkeit sich zum Gedanken drängend‹ (Marx) psychosexuelle Probleme aufgrund ihres massiven Auftretens, ihrer konfliktreichen Erscheinungsformen und ihrer spezifischen Wahrnehmung in materiell Privilegierten wissenschaftlich interessant und zum Gegenstand empirischer Forschung gemacht werden konnten. Die Zentrierung der Freudschen Erörterungen um den geschlechtlichen Trieb, um die Bewältigungsformen zwischen libido und Ich-Trieben gibt auf ihre Weise Aufschluß über die Gebundenheit jeglicher wissenschaftlichen Erkenntnis an den Reifegrad ihrer empirischen Basis und bestätigt so die Marxsche Auffassung vom Denkprozeß als einem aus den Verhältnissen herauswachsenden Naturprozeß.
Freuds übergreifendes wissenschaftliches Selbstverständnis war das des empirisch orientierten Naturwissenschaftlers. Ausgerichtet am Prinzip des Determinismus bestand er auf der kausalen Determiniertheit aller natürlichen Prozesse, damit aber auf der wissenschaftlichen Erfaßbarkeit aller Vorgänge in der Natur und im Menschen als Teil der Natur.
Auf der Grundlage eines naturwissenschaftlichen, rationalistischen Weltverständnisses, das, geleitet vom »Programm der Welterklärung«[49], ständig Bestätigung durch die immensen Fort-

[48] Haseloff, a.a.O., S. 53.
[49] Freud: Neue Folge... a.a.O., S. 171.
»Die *Einheitlichkeit* der Welterklärung wird zwar auch von ihr (der wissenschaftlichen Weltanschauung, PM) angenommen, aber nur als ein Programm, dessen Erfüllung in die Zukunft verschoben ist. Sonst ist sie durch negative Charaktere ausgezeichnet, durch die Einschränkung auf das derzeit Wißbare und die scharfe Ablehnung gewisser, ihr fremder Elemente. Sie behauptet, daß es keine andere Quelle der Welterkenntnis gibt als die intellektuelle Bearbeitung sorgfältig überprüfter Beobachtungen, also was man Forschung heißt, daneben keine Kenntnis aus Offenbarung, Intuition oder Divination.«

schritte fand, die in der wissenschaftlichen und technischen Beherrschung der Natur im 19. Jahrhundert gemacht wurden, hatten sich auch der Theoriebildung über die menschliche Psyche neue Dimensionen eröffnet: Freud schaffte sich mit der Erweiterung des naturwissenschaftlichen Wahrheitsbegriffes auf Phänomene psychischer Irrationalität (in der Psychiatrie entweder physiologisch oder moralphilosophisch interpretiert) erkenntnistheoretische Voraussetzungen zur empirischen Erfassung tiefenpsychologischer Gesetzmäßigkeiten.

Geist und Seele waren für sein von der Entmythologisierung des Menschen getragenes Forschungsinteresse »in genau der nämlichen Weise Objekte der wissenschaftlichen Forschung wie irgendwelche menschenfremden Dinge«[50]. Ihre Deutung schuf damit nicht metaphysische sondern methodologische Probleme. Seiner Meinung nach konnte folglich von der Voraussetzung ausgegangen werden, daß durch die Aufnahme der Erforschung der intellektuellen und emotionalen Funktionen der Menschen (und der Tiere) in die Wissenschaft an der Gesamteinstellung der Wissenschaft nichts geändert werde und sich keine neuen Quellen des Wissens ergeben würden.

In bürgerlichen Einschätzungen wird Freuds Interesse an der wissenschaftlichen Entzauberung seelischer Vorgänge wie an der Entmythologisierung des Menschen häufig als ›wertblinder Reduktionismus‹[51] denunziert und zu bedenken gegeben, daß in seinem Denken »die unvertauschbare Einzigartigkeit des Menschen, seine überzweckhafte Geistigkeit und Sittlichkeit auf eine nur rationale, nur zweckhafte, jedenfalls aber wertmindere Ebene reduziert werden«[52]. Für Freud stellte sich gemäß seiner rationalistischen Orientierung jedoch lediglich die Aufgabe, einen aus traditioneller Sicht nicht exakt eingrenzbaren Forschungsgegenstand naturwissenschaftlicher Methodologie zu erschließen und endlich eine therapeutisch nutzbare Deutung der Entstehungsbedingungen psychopathologischer Symptome zu finden. Im Gegensatz zu der Auffassung seiner Kritiker hat daher die Psychoanalyse seiner Meinung nach ein besonderes Anrecht darauf, »das Wort für die wissenschaftliche Weltanschauung zu führen, weil man ihr nicht den Vorwurf machen kann, daß sie das Seelische im Weltbild vernachlässigt habe. Ihr Beitrag zur Wissenschaft besteht gerade in der Ausdehnung der Forschung auf das seelische Gebiet. Ohne eine

[50] Ebd.

[51] Zur ideologischen Auseinandersetzung um den ›zersetzenden Charakter‹ der Psychoanalyse vgl. Haseloff, a.a.O., S. 49 ff.

[52] Ebd. – Als Beleg dafür, daß es sich hierbei um eine an Rechtfertigung orientierte Argumentation handelt, die davon bestimmt ist, daß »jede konkurrierende Gruppe von ihrem partikularen Gesichthorizont her stets genau dasjenige als dem reduktiven Denken zum Opfer gefallen hervorhebt, was zum paratheoretischen Kern gerade der eigenen Konzeption gehört«, sei die von der Triebverleugnung und -abwertung getragene Konzeption des Menschenbildes in der protestantischen Ethik genannt.

solche Psychologie wäre allerdings die Wissenschaft sehr unvollständig.«[53]

Dahmer bestätigt, daß die Psychoanalyse erfahrungswissenschaftlichen Kriterien genügt, insofern nämlich, als sie »die Regelmäßigkeiten des Verhaltens, zu denen der Wiederholungszwang die ihrer selbst nicht mächtigen Subjekte treibt, beschreibt, und den (vom Patienten unbegriffenen, nur erlittenen) Zusammenhang zwischen traumatisierender Situation und Symptom als Erklärung (Prognose) neurotischen Verhaltens in Anschlag bringt.«[54] Gleichzeitig weise sie aber über naturwissenschaftliche Methodologie hinaus, da sie berücksichtigt, daß der Mensch als vernunftfähiges Subjekt sich der üblichen Objektbestimmung naturwissenschaftlicher Phänomene nicht fügt. Ihr Untersuchungsverfahren – das an Assoziationen und Reaktionen des Patienten orientierte ›verständnisprovozierende‹ (Radnitzky)[58] Gespräch – ist daher ebenso wohl als hermeneutisches Verfahren zu verstehen.

Psychoanalyse kann folglich weder als Naturwissenschaft noch als Geisteswissenschaft im traditionellen Verstande bezeichnet werden. »Diese wissenschaftstheoretische Unterscheidung ist ohnehin fragwürdig, insofern ›die Existenz einer Kommunikationsgemeinschaft die Voraussetzung aller Erkenntnis in der Subjekt-Objekt-Dimension ist‹, alle szientivischen Verfahren also an den (durch hermeneutische Interpretation erst gewonnenen) Konsens über Ziele der Forschung und Relevanzkriterien der ›Daten‹ gebunden sind.«[56]

Ohne daß dies für Freud selbst von explizitem Interesse gewesen wäre, verstand er doch die Psychoanalyse als wertfreie Forschungsmethode[57], wirkte seine Vorgehensweise doppelt revolutionierend: er erweiterte nicht nur mit der Durchbrechung traditioneller wissenschaftlicher Methodologie das Wissen um den Menschen als Gegenstand erfahrungswissenschaftlicher Forschung, sondern schafft durch die Emanzipation des wissenschaftlichen Begriffs vom Menschen theoretische Keime realer Emanzipation.

Die psychoanalytische Vorgehensweise leistet insofern der spezifisch bürgerlichen wissenschaftlichen Arbeitsteiligkeit Widerstand, als der Gehalt ihrer Begriffe entsprechend der immer weniger zu unterschlagenden realen Problematik des psychiatrischen Untersuchungsfeldes neben neurologischen und physiologischen

[53] Freud: Neue Folge..., a.a.O., S. 171.
[54] Dahmer, a.a.O., S. 84.
[55] Ebd., S. 85 (Dahmer zitiert hier G. Radnitzky: Contemporary Schools of Metascience, Bd. II, Göteborg 1970, S. 42).
[56] Ebd.
[57] »In Wirklichkeit ist die Psychoanalyse eine Forschungsmethode, ein parteiloses Instrument, wie etwa die Infinitesimalrechnung. Wenn ein Physiker mit deren Hilfe herausbekommen sollte, daß die Erde nach einer bestimmten Zeit zugrunde gehen wird, so wird man sich doch bedenken, dem Kalkül selbst destruktive Tendenzen zuzuschreiben und ihn darum zu ächten.« (S. Freud: Die Zukunft einer Illusion, GW XIV, S. 360).

Aspekten auch die soziologische Dimension ihres Gegenstandes mit einbezieht. Das vor allem rechtfertigt es, Freud als wesentlichen Wegbereiter der Sozialisationswissenschaft zu begreifen.
Im Gegensatz zu traditionellen psychiatrischen und medizinischen Verfahren, die mittels psychischer oder physischer Angsterzeugung und Einschüchterung, suggestiver moralischer Beeinflussung oder durch Drogenzufuhr die ›Resozialisierung‹ des Kranken erreichen wollten, beginnt in der psychoanalytischen Behandlungsmethode Freuds (nachdem er von der hypnotischen Methode Breuers Abstand genommen hatte) die Vernunft des Patienten nicht nur ein willkommenes, sondern ein unabdingbares Moment des Heilungsprozesses darzustellen.
Sobald die aktive sinnliche Beteiligung des Patienten methodisch einbezogen wird, wird dieser aber als Subjekt begriffen, nicht mehr nur als »Objekt kausaler Manipulationen«[58]. Psychoanalyse hat also im Gegensatz zu den psychiatrischen Behandlungsmethoden insofern emanzipatorischen Charakter, als sie die prinzipielle menschliche Vernunftfähigkeit zur erkenntnistheoretischen wie zur therapeutischen Voraussetzung hat. Da in ihr davon ausgegangen wird, daß der Mensch die Bedingungen in sich trägt, sich zu ›begreifen‹, zur Vernunft zu kommen, wenn ihm nur die Möglichkeit geboten wird, seine Lebensgeschichte nacherlebend aufzuarbeiten, geht entgegen ihrer Selbsteinschätzung aufklärerische Wertung in sie ein.
Als bürgerliche Spezialwissenschaft ist sie jedoch von der spezifischen Dialektik nicht ausgenommen, die Adorno und Horkheimer an der »Selbstzerstörung der Aufklärung« innerhalb der Entfaltung der bürgerlichen Klassengesellschaft nachgewiesen haben. »Seit je hat Aufklärung im umfassendsten Sinn fortschreitenden Denkens das Ziel verfolgt, von den Menschen die Furcht zu nehmen und sie als Herren einzusetzen. Aber die vollends aufgeklärte Erde strahlt im Zeichen triumphalen Unheils. Das Programm der Aufklärung war die Entzauberung der Welt. Sie wollte die Mythen auflösen und die Einbildung durch Wissen stürzen.«[59] Wie die Geschichte der kapitalistischen Klassengesellschaft zeigt, wird Aufklärung in dem Maße, in dem ihr dies gelingt, jedoch selbst zum gefährlichen Mythos.
Ihre durch die Fortschritte von Wissenschaft und Technik bekräftigte Allmacht verschleiert, daß Vernunft als kapitalistisch genutztes Instrument der herrschenden Klasse »zum bloßen Hilfsmittel der allumfassendsten Wirtschaftsapparatur«[60] und damit zum wirksamsten Herrschaftsmittel der konfliktträchtigen gesellschaftlichen Praxis wird.

[58] A. C. McIntyre: Das Unbewußte. Eine Begriffsanalyse, Frankfurt 1968, S. 129.
[59] M. Horkheimer u. T. W. Adorno: Dialektik der Aufklärung. Philosophische Fragmente, Amsterdam 1947 (Raubdruck), S. 13.
[60] Ebd., S. 43.

Eine angemessene Beurteilung der Freudschen Lehre, die sowohl einer ideologischen wie einer vulgärmaterialistischen Liquidation der Psychoanalyse entgehen will, darf sich nicht auf die Ebene immanenter Wissenschaftslogik beschränken, sondern steht vor der widersprüchlichen Aufgabe, Würdigung und Kritik zugleich von Freuds methodologischem Axiom fortschreitender Vernunft ausgehen zu lassen.

Sie kommt damit nicht umhin, das Verhältnis von Vernunftfähigkeit des bürgerlichen Individuums und den materialen Vernunftbedingungen, die mit der kapitalistisch organisierten Reproduktion der Gesellschaft gesetzt sind, zu überdenken, d. h. aber als Gesellschaftskritik zu bezeichnen, inwiefern die antagonistischen Reproduktionsbedingungen sich in der psychoanalytischen Theoriebildung niederschlagen und ihre emanzipatorischen Intentionen relativieren.

Freuds Befangenheit in der Dialektik der Aufklärung läßt sich aufweisen an seinem Konstrukt des Verhältnisses zwischen Ich und Es, zwischen Bewußtem und Unbewußtem, zwischen der psychischen Präsenz von Erlebnissen und ihrer Verdrängung, sowie den daraus folgenden widersprüchlichen Intentionen seiner Therapie.

Das Ich stellt, wie Freud immer wieder betont, sowohl den Ort der Identitätsfindung, wie den Ort der Täuschung über die Möglichkeiten bewußter Realitätskontrolle, den Ort der Selbsttäuschung dar. Damit problematisiert Freud, von seiner deterministischen Auffassung gelenkt, indirekt die bürgerliche Ideologie von der Autonomie des ›vernünftigen‹ Subjekts, hierin Marx ähnlich, der freilich bewußt den Widerspruch zwischen gesellschaftlicher Produktion und privater Aneignung und die daraus folgende Entfremdung des Menschen von seiner Gesellschaftlichkeit für den Antagonismus dieses psychischen Konfliktes verantwortlich macht. Freud entgehen über seiner Konzentration auf die Verdinglichungen in der psychischen Struktur der Individuen (die nach Dahmer zweifellos mehr als jede andere Psychologie darüber aussagen, was kapitalistische Sozialisationsbedingungen für psychische Folgen haben) die objektiven Verdinglichungen sozialer Beziehungen. So büßt sein Konzept notwendig an Erklärungswert ein, sobald über die ontogenetischen Bedingungen libidinöser Dynamik hinaus das gesellschaftlich relevante Verhalten der Individuen, nämlich das aus der Form der Arbeitsteilung entspringende, zur Existenzerhaltung notwendige Verhalten (von Freud den rationalen ›Ich-Leistungen‹ zugezählt) in seiner libidinösen Verankerung im ›Unbewußten‹ zur Diskussion steht.

»In die Höhle, in deren Abgeschiedenheit Analytiker und Patient versuchen, die der Verdrängung anheim gefallenen Knotenpunkte der Lebensgeschichte des Kranken anhand von Spuren detektivistisch zu rekonstruieren, fallen nur Schatten jener sozialökonomi-

schen und politischen Tatbestände, die die gesellschaftliche Wirklichkeit strukturieren. ›Realität‹ als Prinzip bezeichnet einen blinden Fleck der Freudschen Theorie.«[61] Da die Therapie die politisch-ökonomischen Vorzeichen ausklammert, unter denen sie das Ich zu bewußter Selbstkontrolle und konstruktiver Bewältigung emotionaler Konflikte befähigen möchte, gerät sie in einen ideologischen Widerspruch zu der zugrunde liegenden deterministischen Auffassung, daß auch ›normales‹, psychisch gesundes Verhalten eine auf Kosten des Individuums gehende Kompromißbildung darstellt. »Tatsächlich täuscht sich der Nichtneurotiker in gewissem Sinne mehr als der Neurotiker, denn bei Zwangsneurosen ist sich der Patient des Zwanges bewußt, unter dem er handelt, während der normale Mensch – nach Ansicht der Deterministen – die Illusion der freien Entscheidung hat.«[62]
In diesem Widerspruch zwischen der Sprache der Rationalität und der Verantwortlichkeit und der Sprache des Determinismus offenbart sich auch für bürgerliche Freudkritiker ein philosophisches Problem, welches »eine weit über den Rahmen der Psychoanalyse-Diskussion hinausgehende Bedeutung hat«[63].
Adorno sieht zur Lösung dieses Widerspruchs nur die Möglichkeit, das Individuum als reines Subjekt der Selbsterhaltung zugleich als Ich und als Nicht-Ich zu bezeichnen. Steht es nämlich einerseits in absolutem Gegensatz zur Gesellschaft, so stellt es doch ihr innerstes Prinzip dar. Es spielt damit gegenwärtig notwendig eine widersprüchliche Rolle, zu der es zwar durch seine Triebdynamik prädisponiert ist, durch die es aber andererseits unter gegebenen Reproduktionsbedingungen prinzipiell überfordert wird. Freud hat nach Adorno diese dialektische Bestimmung des Ich, »seelisch und nichtseelisch, ein Stück libido und der Repräsentant der Welt«[64] zu sein, nicht ausreichend berücksichtigt. »Daher widersprechen seine immanent-psychologischen Bestimmungen des Ichs unfreiwillig einander und durchbrechen die von ihm angestrebte Geschlossenheit des Systems.«[65] Mit der Form der Rationalität, die dem Individuum durch die widersprüchliche Reproduktion des kapitalistischen Gesellschaftssystems abverlangt wird und die es sich als psychisches Realitätsprinzip zu eigen machen muß, fallen dem Ich Aufgaben zu, die mit der psychoanalytischen Konzeption vom ›Ich‹ als einer sich selbst und der Außenwelt gegenüber vernünftig handelnden Instanz nicht vereinbar sind. Um realitätstüchtig zu bleiben bzw. um zu überleben, muß das Individuum diese Aufgaben aber als notwendig und richtig anerkennen und sich ihnen entsprechend verhalten. Es schafft dies nur, indem es unbewußte Verbote in sich aufrichtet. Täte es das nicht, so er-

[61] Dahmer, a.a.O., S. 87.
[62] McIntyre, a.a.O., S. 128.
[63] Ebd., S. 130.
[64] Adorno: Zum Verhältnis von Soziologie und Psychologie, a.a.O., S. 33.
[65] Ebd.

schienen viele der abverlangten Triebverzichte unsinnig und nicht einhaltenswert. »In der Tat ist die Rationalität im Verhalten der einzelnen Menschen keineswegs sich selbst durchsichtig, sondern weithin heteronom und erzwungen und muß darum mit Unbewußtem sich vermischen, um nur einigermaßen funktionsfähig zu werden.«[66]

Vergegenwärtigt man sich den Widerspruch zwischen Vernunft und ihren Anwendungsbedingungen, so wird die akute Überforderung des ›Ich‹ als realitätsprüfender Instanz auf einmal klar: Das Ich ist doppelter Attacke unterworfen. Zum Anspruch, eine sozial akzeptable Ausbalancierung zwischen Triebspannung und Triebbefriedigung vornehmen zu müssen, d.h. aber vornehmlich, Triebverzicht zu leisten, gesellt sich der zweite Anspruch, auf objektiv unvernünftige Zustände um der reinen Selbsterhaltung willen Vernunft anzuwenden.

Im Freudschen ›Realitätsprinzip‹ sind diese Aufgaben zu abstrakt gefaßt. Da Freud sich nicht selbst mit der vom Wertgesetz kapitalistischer Reproduktion bestimmten Erscheinungsform von Rationalität[67] auseinandersetzt, die als ›instrumentelle‹ Vernunft (Horkheimer) aber das Realitätsprinzip determiniert, gelangt er über die deskriptive Darstellung der neurotisierenden Auswirkungen widersprüchlicher Realität nicht hinaus.

Er sieht nicht, was besonders Adorno ihm vorwirft, daß bereits vor der innerpsychischen Konfrontation des Bewußten mit dem Unbewußten, des Lustprinzips mit dem Realitätsprinzip, die Lehre vom rationalen Verhalten auf Widersprüche führt. Solange wirtschaftliche ratio partiellen Charakter hat, verlangt ihre Perpetuierung die Einspannung irrationaler Kräfte: Lebensnot verlangt vom Ich, seine Fähigkeit zur Realitätsprüfung in den Dienst der rationalisierenden Abwehr unvernünftiger Zustände zu stellen.

Eben die Fähigkeit, Realität prüfen und zugleich verdrängen zu können, gibt aber Aufschluß über die bedeutende Rolle des Unbewußten bei der Stabilisierung politischer Verhältnisse, die objektiv schon zur Auflösung drängen. Exemplarisch kann dies am Verdrängungsmechanismus der Rationalisierung aufgezeigt werden. Ernest Jones prägte diesen Begriff als »falsche Erklärung mit einem einleuchtenden Anschein von Vernünftigkeit«. Nach Roazen kommt er damit Marx' Auffassung von Ideologie nahe, wenn gleich in psychoanalytischer Sicht das Motiv im stärker persönlich bestimmten Bedürfnis des Individuums nach Selbsttäuschung liege. Im Fall der Rationalisierung ist demnach ein Trieb für das Bild, das man von seinem Selbst habe, unannehmbar, wenn er

66 Ebd., S. 24.

67 »Wie das immanent unvernünftig ist, was die Vernunft des Systems von seinen Angehörigen verlangt, insofern als die Totalität der wirtschaftlich zweckmäßigen Handlungen aller samt der Reproduktion des Ganzen den Zusammenbruch befördert, so transzendierte umgekehrt das absolute τελος von Rationalität, die Erfüllung, die Rationalität selber.« (Ebd., S. 16).

nicht mit dem Mantel eines akzeptableren Motivs umhüllt werde.[68]
Da ein Motiv nur akzeptabel ist, wenn es sozial anerkannt, im gesellschaftlichen Wertsystem also positiv sanktioniert ist, läßt sich seine Annahme bruchlos auch gegen elementare Bedürfnisse erzwingen. Der Wunsch nach sozialer Anerkennung bewirkt, daß sich das Individuum Interessen zu eigen macht, die das menschliche Grundbedürfnis nach produktiver Entfaltung völlig in den Hintergrund drängen bzw. in individuell destruktiver Form (z. B. als Konsumfetischismus) zum Ausdruck kommen lassen.
Es ist nur konsequent, daß sich gesellschaftliche Irrationalität im Menschen als sozial abhängigem und historisch determiniertem Wesen niederschlägt. Was sich gesellschaftlich vollzieht, spiegelt sich, wenn auch klassenspezifisch unterschiedlich, in der psychischen Struktur der Individuen einer geschichtlichen Epoche. Jeder einzelne hat daran zu laborieren, wo die Bildung eines »vernünftigen Gesamtsubjekts« (Adorno) bisher nicht gelingen konnte. »Insofern wären in der Tat die Neurosen der Form nach aus der Struktur einer Gesellschaft abzuleiten, in der sie nicht abzuschaffen sind.«[69]
Diese Überlegungen bezeichnen die Fragwürdigkeit der Heilungsmöglichkeiten psychoanalytischer Behandlung. Wie wir sahen, geraten psychoanalytische Theorie und Therapie an der doppelten (sozialhistorischen wie ontogenetischen) Determiniertheit jeglicher psychischer Normalität in Widerspruch. Wird in den theoretischen Ausführungen darauf aufgebaut, daß psychische Stabilität und psychische Reife immer Resultat mehr oder weniger produktiv vollzogener Verdrängungsleistungen sind und Freud es daher ablehnt, die Grenze zwischen psychischer Normalität und neurotischen Verhaltensweisen zu fixieren, zielt psychoanalytische Therapie letztlich darauf ab, den Menschen in der Befähigung zu rationaler Selbsteinschätzung und Selbstkontrolle fungibel im Rahmen gesellschaftlicher Unvernunft zu machen.
Nichtsdestoweniger ist die Intention, dem Individuum einen größeren Verhaltensspielraum in der Auseinandersetzung mit seiner ›naturwüchsig‹ geformten Psyche zu verschaffen, positiv zu bewerten. Ihre sich schichtspezifisch unterschiedlich deutlich manifestierende Unzulänglichkeit offenbart jedoch, daß den neurotisierenden Widersprüchlichkeiten, denen das bürgerliche Individuum ausgesetzt ist, nicht im ›Dialog‹ begegnet werden kann. Durch psychoanalytische Behandlung erzielte psychische Balance kann daher unter gegebenen Reproduktionsbedingungen niemals dauerhaft garantiert werden, denn: »Das realitätsgerechte ›gesunde‹ Individuum ist so wenig krisenfest wie das

[68] P. Roazen: Politik und Gesellschaft bei Sigmund Freud, Frankfurt 1971, S. 78 (zit. E. Jones).
[69] Adorno: Zum Verhältnis von Soziologie und Psychologie, a.a.O., S. 22.

rational wirtschaftende Subjekt ökonomisch.«[70]
Freuds therapeutische Zielsetzungen, die er stets zum Leitfaden seiner theoretischen Erörterungen machte, sind nach allem deshalb bürgerlich zu nennen, weil er (ohne sich der soziologischen Bedingtheit seiner Intentionen gewahr zu sein) den von erblichen Statusmerkmalen befreiten ›citoyen‹ im Kampf gegen die herrschende Moral und die daraus resultierenden Triebkonflikte disponieren will, sich auf der Grundlage der errungenen Freiheiten tatsächlich rational, und zwar auch sich selbst gegenüber, behaupten zu können.
Im wesentlichen Pfeiler der psychoanalytischen Theorie: ›Wo Es war, soll Ich werden‹, drückt sich der radikalste, damit aber auch widersprüchlichste Anspruch bürgerlicher Spezialwissenschaft aus, die revolutionär erkämpften Rechte des bürgerlichen Individuums innerpsychisch zu materialisieren. Widersprüchlich deshalb, weil die erkämpften bürgerlichen Freiheiten und die Repressivität der herrschenden Moral ein und dieselbe sozioökonomische Wurzel haben, damit aber immanent nicht gesellschaftlich wirksam gegeneinander ausgespielt werden können.
Freud durchbricht zwar methodologisch die traditionale Trennung zwischen objektivierend-szientischer Vorgehensweise in den Naturwissenschaften und hermeneutischer Vorgehensweise in den Geisteswissenschaften[71] und macht in der Kombination von ›erklärender‹ und ›verstehender‹ Methode einen wesentlichen Schritt zur angemessenen Erfassung der historisch-materialistischen Beziehung zwischen Mensch und Natur als dialektischem Prozeß, entkommt aber, einmal festgelegt auf die empirische Untersuchung eines Teilbereiches: die sich familial vollziehende Reifung der menschlichen Triebstruktur und der damit verbundenen Triebkonflikte, doch nicht den ideologischen Konsequenzen der Arbeitsteiligkeit bürgerlicher Wissenschaft.
Wie Adorno am Verhältnis von Soziologie und Psychologie zu zeigen beabsichtigt, verfallen diese Wissenschaften, soweit sie nur um die Absicherung ihres Geltungsbereiches, nicht aber um die Reflexion ihrer Genese besorgt sind, dem Zwang, die Arbeitstei-

[70] Ebd.
[71] Von dem ihrer Methodologie zu entnehmenden Selbstverständnis bestimmt sich für die bürgerlichen Wissenschaften die jeweilige Spezialisierung und die Wahl der Methode durch das empirische Diktat des Forschungsgegenstandes: Erscheinungen in der Natur bedürfen daher einer anderen Behandlung als z. B. Erscheinungen der Geschichte. Ohne der spezifischen begrifflichen und materiellen Verwobenheit von Theorie und Wirklichkeit gewahr zu werden, verfahren sie je nach der wissenschaftlichen Explorierbarkeit bzw. Exploriertheit ihres Gegenstandes induktiv oder deduktiv, setzen sich also entweder experimentell mit empirischen Sachverhalten oder aber mit bereits theoretisch verdichteten Abstraktionen empirischer Sachverhalte auseinander. Ihr an logischen Kriterien orientiertes Erkenntnisinteresse erfaßt in der Bemühung um die präzise Absicherung des jeweiligen Spezialbereiches phänomenologisch und stofflich angemessen die verschiedenen Aspekte des Stoffwechsels zwischen Mensch und Natur, ohne freilich berücksichtigen zu können, daß die historisch sich entfaltende Form dieses Stoffwechsels die Bedingung des Fortschritts wissenschaftlicher Erkenntnis darstellt und nicht allein der wissenschaftsimmanente Fortschritt. So muß insbesondere den verstehend verfahrenden Wissenschaften dunkel bleiben, daß die in ihren Spezialgebieten vorgenommenen theoretischen Isolierungen praktischer Ausdruck der historischen Spaltung der dialektischen Wesenseinheit von Mensch und Natur, Individuum und Gesellschaft ist.

lung der Erkenntnis auf deren Substrat zu projizieren. »Die Trennung von Gesellschaft und Psyche ist falsches Bewußtsein; sie verewigt kategorial die Entzweiung des lebendigen Subjekts und der über den Subjekten waltenden und doch von ihnen herrührenden Objektivität.«[72]

Was die Arbeitsteiligkeit der Wissenschaften auf die Welt projiziert, spiegelt nur zurück, was sich historisch in der Welt vollzieht. Da inneres und äußeres Leben durch die Form der gesellschaftlichen Reproduktion voneinander gerissen sind, wird das Verhältnis von Menschen und Gesellschaft nur durch die »Bestimmung der Differenz« individueller und gesellschaftlicher Existenzweise angemessen ausgedrückt. Nach Adorno besteht der Vorzug der Psychoanalyse gegenüber anderen Sozialpsychologien darin, daß sie, auf dem Individuum und dessen archaischem Erbe (seinem Triebpotential) beharrend, mehr von der gesellschaftlichen Fatalität ausspricht als eine Psychologie, »die sich durch Berücksichtigung gesellschaftlicher ›Faktoren‹ oder einen ›wholistic approach‹ der nicht mehr existenten universitas litterarum eingliedert.«[73]

Das heißt: die Arbeitsteiligkeit bürgerlicher Wissenschaft wirkt zwar durch die in ihr vorgenommenen thematischen Isolierungen verschleiernd, spiegelt damit aber gleichzeitig die Objektivität eines gesellschaftlichen Zustandes, in dem das Individuum der Gesellschaft, der Mensch, seiner Gattung entfremdet gegenübersteht.

Die von Freud nicht als materialistische erkannten, aber materialistisch erklärbaren Widersprüche seiner Theorie, die sich aufzeigen lassen anhand der doppelten Funktion des Ich: als Bewußtsein der Gegensatz zur Verdrängung und gleichzeitig die als unbewußt vorgestellte verdrängende Instanz darzustellen, erweisen sich in der Reflexion über die Entstehungsbedingungen der Psychoanalyse nicht als »Schuld mangelnder logischer Sauberkeit, sondern der Lebensnot«[74]. Immanenter Wissenschaftskritik müssen daher die Kriterien fehlen, um den Wahrheitsgehalt der Psychoanalyse, damit aber die Berechtigung ihres Anspruches auf Wissenschaftlichkeit zu beurteilen.

Dagegen bietet die wissenschaftshistorische Reflexion über Freuds anthropologische Prämissen eine weitere Möglichkeit, diesen Anspruch zu beurteilen.

Das anthropologische Konzept der Freudschen Psychologie ließe sich in die Tradition des von Marx als »anschauender Materialismus« bezeichneten anthropologischen Materialismus[75] Ludwig Feuerbachs stellen. Feuerbach, dessen Ansatz zur Kritik der Reli-

[72] Adorno: Zum Verhältnis von Soziologie und Psychologie, a.a.O., S. 13.
[73] Ebd., S. 13.
[74] Ebd., S. 34.
[75] Vgl. Feuerbach: Anthropologischer Materialismus, in: Ausgewählte Schriften I und II, hg. v. Alfred Schmidt, Frankfurt 1967.

gion im wesentlichen dem von Freud gleicht[76], wandte sich gegen den »Spiritualismus der sogenannten Identitätsphilosophie«[77] und zog mit der anthropologischen Konzeption des Menschen als sinnlichem Wesen gegen den Dualismus von Leib und Seele, Fleisch und Geist zu Felde, von dem die idealistische Philosophie bestimmt war. Der dort postulierte Gegensatz von Fleisch und Geist ist für ihn deshalb unstatthaft, weil Gegensätze »logisch ausgedrückt in ein und dieselbe Wesensgattung« fallen.[78] »Ist zum Beispiel der Leib das Räumliche, so ist die Seele das Zeitliche, aber die Gattung ist die Sinnlichkeit.«[79]

Feuerbach erkennt als Wesen des menschlichen Lebens die Einheit der sinnlichen und geistigen Lebensäußerung: »Der Mensch verdankt seine Existenz nur der Sinnlichkeit. Die Vernunft, der Geist macht Bücher, aber keine Menschen. [...] Ein Glück für uns alle ist es daher, daß der Mensch außer [...] dem Erkenntnistrieb auch Geschlechtstrieb hat.«[80] Konsequent erblickt er in der Verneinung der Sinne die Quelle aller Verrücktheit, Bosheit und Krankheit, in der Bejahung der Sinne dagegen die Quelle physischer, moralischer und theoretischer Gesundheit und stellt darauf aufbauend fest, daß der Mensch seine Sinne nicht negieren kann, ohne in Widerspruch zu seiner Natur zu geraten. Nach seiner wie auch nach der Meinung Freuds ist die Religiosität das anschaulichste Beispiel dafür.[81] Negiert der Mensch nämlich seine Sinne im Widerspruch zu seiner Natur, so muß er sie doch wieder bejahen, »aber er kann sie nun nicht anders bejahen, als auf eine negative, sich selbst widersprechende, verrückte, phantastische Weise«[82]. »Können wir z. B. nicht körperlich dem engen Raum eines Gefängnisses entfliehen, so suchen wir im Geiste, in der Phantasie das Weite. So entbindet der Geist, was den Leib fesselt. So heben wir die äußere Wirkung durch eine entgegengesetzte von innen auf. Aber gerade dadurch, daß wir zu dem desperaten Mittel greifen, uns geistig zu geben, was wir in der Wirklichkeit nicht haben, bestätigen wir die Notwendigkeit und Wahrheit entsprechender äußerer Verhältnisse.«[83] Feuerbach liefert hier schon einen ersten Versuch zur Erforschung der von Freud später erkannten Mechanismen neurotischer und psychotischer Symptombildungen.

Denken ist für Feuerbach als Akt der Vernunft auf der Grundlage seiner Überlegungen zur Einheit von Seele und Leib nämlich (ähnlich wie bei Freud) nur möglich als Synthese sinnlicher Eindrücke, nicht durch ihre partielle Abspaltung; Denken heißt, »die Evange-

[76] Vgl. dazu auch Roazen, a.a.O., insbes. S. 171. – Roazen weist darauf hin, daß vor Marx Feuerbach der psychoanalytischen Konzeption Freuds sehr nahe gekommen sei.
[77] L. Feuerbach: Der Spiritualismus der sogenannten Identitätsphilosophie oder Kritik der Hegelschen Psychologie, in: Anthropologischer Materialismus I, a.a.O., S. 192.
[78] Ebd., S. 174.
[79] Ebd., S. 174.
[80] Ebd., S. 185.
[81] Vgl. Freud: Die Zukunft einer Illusion, a.a.O.
[82] Feuerbach, a.a.O., S. 186.
[83] Ebd., S. 178.

lien der Sinne im Zusammenhang lesen«[84]. »So stellt das Auge die Sonne vollkommen der Wahrheit gemäß dar; in dieser Entfernung kann dir die Sonne nicht größer erscheinen, als sie das Auge dir zeigt. Wenn du aber hieraus sogleich nun folgerst, daß die Sonne wirklich nicht größer ist, als du sie siehst, so trägt die Schuld des falschen Schlusses nicht das Auge, sondern du selbst, der du diese Erscheinung isolierst, mit anderen höchst klaren und deutlichen Aussprüchen deiner Sinne, welche dich über die wahre und scheinbare Größe eines Gegenstandes belehren, nicht in Zusammenhang bringst. Alles sagen die Sinne, aber um ihre Aussagen zu verstehen, muß man sie verbinden.«[85]

Inwiefern Freud direkt von Feuerbach beeinflußt gewesen sein mag, kann an dieser Stelle nicht geklärt werden. Wichtig erscheint jedoch die Tatsache, daß Freud wie Feuerbach in ihrem anthropologischen Konzept vom menschlichen Wesen das materialistische Erbe der Prinzipien der Aufklärung antreten und gegen die mythologisierende Trennung von Fleisch und Geist zu Felde ziehen.

Das Erkenntnisinteresse beider ist von der Prämisse geleitet, daß »auch die Nebelbildungen im Gehirn der Menschen [...] notwendige Sublimate ihres materiellen, empirisch konstatierbaren und an materielle Voraussetzungen geknüpften Lebensprozesses«[86] sind.

Allerdings greifen beide in der sensualistischen Auffassung der materiellen Voraussetzungen als solche der inneren sinnlichen Natur des Menschen zu kurz.

Was Marx, ausgehend von seiner Charakterisierung des Menschen als tätigem Subjekt, als sinnlich-praktischem Wesen bei Feuerbach als ›anschauenden Materialismus‹ kritisiert, trifft daher auch Freud. Da dieser die Sinnlichkeit des menschlichen Wesens nicht als praktische Tätigkeit begreift, sondern die Form der sozialen Abhängigkeit des Menschen ontogenetisch und phylogenetisch an seine geschlechtliche Triebdynamik bindet, ist das Höchste, wozu er in seinen theoretischen Erörterungen kommen konnte, »die Anschauung der einzelnen Individuen und der bürgerlichen Gesellschaft«[87].

Während für Marx die Menschen anfangen sich von den Tieren zu unterscheiden, »sobald sie anfangen, ihre Lebensmittel zu produzieren, ein Schritt der durch ihre körperliche Organisation bedingt ist«[88], und damit indirekt ihr materielles Leben, die Form ihrer sinnlichen Äußerungen und Eindrücke selbst produzieren, nimmt die analytische Psychologie das Interesse des Subjekts nur isoliert oder ›abstrakt‹ wahr.

[84] Ebd., S. 191.
[85] Ebd., S. 190 f.
[86] Marx: Deutsche Ideologie, a.a.O., S. 349 (MEW 3, S. 26).
[87] Ebd., S. 341 (MEW 3, S. 7), ›9. Feuerbachthese‹.
[88] Ebd., S. 347 (MEW 3, S. 21).

Nun könnte der Einwand entstehen, daß, was Marx als Sinnlichkeit der menschlichen Natur zu abstrakt behandelt habe, eben von Freud erstmals konkret analysiert und beschrieben worden sei. Dieser Vorwurf trifft Marx in seinem wissenschaftlichen Anspruch jedoch nicht. Wiederholt finden sich Stellen in seinen Schriften, in denen er, auf Feuerbach verweisend, die Sinnlichkeit des Menschen als Basis aller Wissenschaftlichkeit formuliert: »Nur, wenn sie von ihr, in der doppelten Gestalt, sowohl des sinnlichen Bewußtseins als des sinnlichen Bedürfnisses ausgeht – also nur, wenn die Wissenschaft von der Natur ausgeht – ist sie wirkliche Wissenschaft.«[89] Marx verstand seine Methode zur theoretischen und praktischen Bewältigung gesellschaftlicher Entwicklung und gesellschaftlichen Fortschritts als eine die spezialwissenschaftlichen Forschungsergebnisse über die äußere wie die innere Natur des Menschen historisch vermittelnde. Als Materialist davon überzeugt, daß die Form der Auseinandersetzung mit der äußeren Natur bestimmend ist für die Formen, die die Sinnlichkeit annehme, setzt er die wissenschaftlichen Ergebnisse über die Beschaffenheit der menschlichen Psyche aussparend voraus: »Die erste Voraussetzung aller Menschengeschichte ist natürlich die Existenz lebendiger, menschlicher Individuen. Der erste zu konstatierende Tatbestand ist also die körperliche Organisation dieser Individuen und ihr dadurch gegebenes Verhältnis zur Natur. Wir können hier natürlich weder auf die physische Beschaffenheit des Menschen selbst noch auf die von den Menschen vorgefundenen Naturbedingungen [...] eingehen. Alle Geschichtsschreibung muß von diesen natürlichen Grundlagen und ihrer Modifikation im Lauf der Geschichte durch die Aktion der Menschen ausgehen.«[90]

Dementsprechend ging der hier vorgenommene Erklärungsversuch psychoanalytischer Theoriebildung davon aus, daß Psychoanalyse als Wissenschaft von der menschlichen Triebdynamik, von den Verdrängungsprozessen, die die Reifung der infantilen Sexualität in der ödipalen Dreieckskonstellation der Kleinfamilie begleiten, erst zu einem Zeitpunkt entstehen kann, in dem die Familie als Reproduktionsinstanz dem gesellschaftlich-produktiven Charakter des menschlichen Wesens zu widersprechen beginnt.

Damit ist die Annahme verbunden, daß die im Bewußtsein der Individuen sich mehr oder weniger pathologisch niederschlagende Trennung ihrer Wesenseinheit von Triebnatur und gesellschaftlicher, bedürftiger und produktiver Natur ausgelöst wird durch die Trennung der Produzenten von ihren Produktionsmitteln, durch die Trennung von Hand- und Kopfarbeit und durch den Prozeß der Vergesellschaftung der Arbeit, der die menschliche Arbeitskraft in eine Ware verwandelte, Wohn- und Arbeitsplatz auseinanderriß,

[89] Marx: Nationalökonomie und Philosophie, a.a.O., S. 245.
[90] Marx: Deutsche Ideologie, a.a.O., S. 347 (MEW 3, S. 20 f.).

die Familie als Reproduktionsinstanz isolierte und ihrer ursprünglichen Erziehungs- und Lebenserhaltungsfunktionen beraubte.
Freilich ist die kategoriengenetische Vermittlung psychoanalytischer Theorie und gesellschaftlicher Praxis mit der Beschreibung ihres historischen Kontextes und dem empirischen Nachweis der Schichtgebundenheit ihrer Ergebnisse noch nicht zureichend erfaßt.
Um der fraglichen Dialektik gerecht zu werden, müßte die Entstehung psychoanalytischer Kategorien historisch und systematisch aus den Auswirkungen der Widersprüche kapitalistischer Produktion auf die wissenschaftliche Theoriebildung wie auf die kommunikative Praxis der Menschen entfaltet werden.
Die Erörterungen zur politisch-ökonomischen Funktionsbestimmung der bürgerlichen Kleinfamilie (Kap. III.1.b.) sowie zur psychoanalytischen Fixierung entfremdeter Produktionsbedingungen (durch die familiale Sozialisation, IV.2.) stellen erst Ansätze dafür dar.
Zur kritischen Würdigung der Freudschen Konzeption einer Tiefenpsychologie sei abschließend auf folgendes hingewiesen:
Den in der Psychoanalyse wohl zu Recht als naturgesetzlich angenommenen Konflikt zwischen Triebwünschen und Triebbefriedigungsmöglichkeiten innerhalb der zivilisatorischen und kulturellen Entwicklung in einen historischen Rahmen zu stellen und seine klassenspezifische Härte als durch bestimmte Produktionsverhältnisse und Verkehrsformen gestaltet zu erkennen, heißt nicht zu schließen, dieser Konflikt sei mit der Änderung dieser Formen, der Aufhebung der Klassen, völlig abzuschaffen.
Marx, für den sich die Differenz zwischen verdrängten und bewußten sinnlichen Bedürfnissen aufgrund seines Blickwinkels nicht als psychologisches Spezialproblem, sondern als politische Aufgabe stellte (er unterscheidet zwischen Bedürfniswirklichkeit und Bedürfnismöglichkeit, zwischen rohen und entfalteten Bedürfnissen) spricht, was die Lösungsmöglichkeiten des Konfliktes zwischen Bedürftigkeit und Befriedigung angeht, lediglich davon, daß sich die Grenzen zwischen dem Reich der Notwendigkeit und dem Reich der Freiheit, d. h. zwischen dem Bereich der zur gesellschaftlichen und individuellen Existenzsicherung notwendigen Arbeit und dem Bereich der Entfaltung der sinnlichen Potenzen zugunsten der letzteren verschieben werden; er spricht nicht davon, daß das Reich der Notwendigkeit ganz zum Verschwinden gebracht werden kann. Als historische Grundbedingung dafür sieht er aber nicht die Lockerung gesellschaftlicher Normen oder repressionsärmerer erzieherischer Konzeptionen, sondern die »Verkürzung des Arbeitstages«:
»Das Reich der Freiheit beginnt in der Tat erst da, wo das Arbeiten, das durch äußere Not und Zweckmäßigkeit bestimmt ist, aufhört; es liegt also der Natur der Sache nach jenseits der Sphäre der ei-

gentlichen materiellen Produktion. Wie der Wilde mit der Natur ringen muß, um seine Bedürfnisse zu befriedigen, um sein Leben zu erhalten und zu reproduzieren, so muß es der Zivilisierte, und er muß es in allen Gesellschaftsformen und unter allen möglichen Produktionsweisen. Mit seiner Entwicklung erweitert sich dies Reich der Naturnotwendigkeit, weil die Bedürfnisse; aber zugleich erweitern sich die Produktivkräfte, die diese befriedigen. Die Freiheit in diesem Gebiet kann nur darin bestehen, daß der vergesellschaftete Mensch, die assoziierten Produzenten, diesen ihren Stoffwechsel mit der Natur rationell regeln, unter ihre gemeinschaftliche Kontrolle bringen, statt von ihm als von einer blinden Macht beherrscht zu werden; ihn mit dem geringsten Kraftaufwand und unter den ihrer menschlichen Natur würdigsten und adäquatesten Bedingungen vollziehn. Aber es bleibt dies immer ein Reich der Notwendigkeit. Jenseits desselben beginnt die menschliche Kraftentwicklung, die sich als Selbstzweck gilt, das wahre Reich der Freiheit, das aber nur auf jenem Reich der Notwendigkeit als seiner Basis aufblühen kann.«[91]

Mit seiner Annahme, daß Kulturleistungen nur durch Verdrängung und Sublimierung primärer Bedürfnisse möglich sind, Arbeit und Triebverzicht daher in konstitutivem Zusammenhang stehen, bestätigt Freud auf der Ebene, was Marx über das Verhältnis von Freiheit und Notwendigkeit auf der materiellen Ebene aussagt. Es wird, so sind Freud und Marx einer Meinung, immer eine Kontrolle der Realität über individuelles Luststreben geben müssen. Verinnerlichte bzw. erlernte Triebkontrollen und sozial gesteuerte Sublimationsleistungen machen andererseits gesellschaftlichen Fortschritt, damit aber die Entfaltung des menschlichen Wesens erst möglich.

Während Marx dieses anthropologische Faktum positiv bewerten kann, ist doch für ihn die ganze Geschichte eine fortgesetzte Umwandlung auch der menschlichen Natur, und während sich für ihn Sublimationsleistungen als der produktiven Beherrschung der äußeren Natur entsprechende Beherrschungsmittel der inneren Natur des Menschen darstellen, muß Freud diesen Zusammenhang resignativ konstatieren, da er seinem unhistorischen Ansatz zufolge die gegenwärtigen Bedingungen zivilisatorischer und kultureller Arbeitsleistungen nicht relativiert.

Es steht außer Frage, daß auch nach der Vergesellschaftung der Produktionsmittel und der Schaffung kollektiver Lebens- und Arbeitsformen der natürliche Konflikt zwischen Triebspannung und Triebentladung durch Sozialisationsprozesse in sozial akzeptable Formen gebracht werden muß. Allerdings werden die Bewältigungsformen dem *gesellschaftlichen* Wesen des Menschen entsprechen und keine sozialen Benachteiligungen beinhalten.

[91] Marx: Das Kapital, Bd. III, a.a.O., S. 828.

Kann auch die Frage, welche Form Triebwünsche und Bedürfnisse in einer »vom Warenfetisch und damit vom Konsumzwang freien Gesellschaft«[92] annehmen, nicht abstrakt beantwortet werden, so kann doch davon ausgegangen werden, daß in dem Maße, in dem die entfalteten Produktionsverhältnisse dem menschlichen Wesen Rechnung tragen, das Quantum an psychischer Energie, das bisher zur individuellen Verarbeitung sozialer Zwänge abgespalten werden mußte, für psychisch und sozial produktivere Nutzung verfügbar wird.

Der mit der Vergesellschaftung der Produktionsmittel zur Verwirklichung freigegebene Anspruch der bürgerlichen Revolution, individuelle und gesellschaftliche Interessen zur Deckung gebracht zu haben, beinhaltet, daß sich der den Individuen auferlegte Triebverzicht in seiner Wahrheit und Notwendigkeit legitimiert bzw. das Subjekt sich das zu vertagende Triebziel später verschaffen kann. Sobald die Menschen die Form ihrer Existenzsicherung nicht mehr als äußerliche, von fremden Interessen aufgezwungene ertragen müssen, wird allmählich die dem Wesen des Menschen entsprechende produktive Identität von individuellen und gemeinschaftlichen Interessen zum allgemeinen Bedürfnis werden. Dieser Umerziehungsprozeß ist freilich nicht automatisches Resultat der veränderten Produktionsverhältnisse, sondern entscheidend gebunden an die institutionelle Neuorganisation gesellschaftlich überholter Verkehrsformen, zu denen auch die bürgerliche Kleinfamilie zählt.

## 3. Zum Verhältnis von Theorie und Praxis politischen Bewusstseins

Marx wendet in der dritten Feuerbachthese gegen den von Feuerbach vertretenen mechanischen Materialismus ein, seine Lehre von der Veränderung der Umstände vergesse, »daß die Umstände von den Menschen verändert und der Erzieher selbst erzogen werden muß«[93]. Feuerbach müsse deshalb die Gesellschaft in zwei Teile – von denen der eine über den anderen erhaben ist – sondieren. Nach Marx dagegen kann das Zusammenfallen des Änderns der Umstände und der menschlichen Tätigkeit nur als »revolutionäre Praxis gefaßt und rationell verstanden werden«[94].

Was heißt die Marxsche Kritik für die theoretische Befassung mit der Entwicklung politischer Verhaltensdispositionen? Dem affir-

[92] A. Schmidt: Der Begriff der Natur in der Lehre von Marx, Frankfurt 1967, S. 130. – »Das erklärt wohl unter anderem auch den Umstand, daß Marx an keiner Stelle seines Werkes, wo er vom totalen Menschen der Zukunft spricht, sich näher zum sexuellen Verhalten dieses Menschen äußert.« (Ebd.)

[93] Marx: Deutsche Ideologie, a.a.O., S. 339 f. (MEW 3, S. 5 f.).

[94] Ebd.

mativen Charakter sozialwissenschaftlicher Methoden und Interpretationsmuster, die vom Klassenantagonismus geprägt sind, ohne ihn zu durchschauen, säße auch ein theoretischer Anspruch auf, der mit einem Modell politischer Bewußtwerdungsprozesse die Aufhebung der bürgerlichen Klassengesellschaft initiieren will. Solange nicht forschungsleitend in die Reflexion mit eingeht, daß die herrschenden Gedanken, also auch das Kategoriensystem der Sozialisationswissenschaft, die »Gedanken der Herrschenden« (Marx) sind, bürgerliche Theorie von ihrer Konstruktion her schon Herrschaftscharakter trägt, muß solch ein Versuch zu Rezepten führen, in denen den Beherrschten vorgeschrieben wird, was Befreiung heißen soll.
Im Prozeß der wirklichen Aufhebung der Klassengegensätze, der durch die Vergesellschaftung der Produktionsmittel und nicht durch ideologische Umerziehung sein entscheidendes Stadium erreicht haben wird, stellt sich nichtsdestoweniger das Problem, den kulturellen und ideologischen ›Überbau‹ auf seinen Herrschaftscharakter zu untersuchen, um auch die Theoriebildung zu ›demokratisieren‹, das heißt im Interesse vor allem der werktätigen Bevölkerung verwendbar zu machen.
Würde aus der hier nach motivationalen und kognitiven Aspekten beabsichtigten Differenzierung kritischen politischen Engagements eine politische Arbeitsteilung der ›Kopflanger‹ (Brecht) und ›Handlanger‹ abgeleitet, geriete man in jenen positivistischen Zirkel, den Marx in der dritten Feuerbachthese gerade kritisiert.
Der vorliegende Beitrag möchte dementsprechend nicht als politische Handlungsanweisung mißverstanden werden. Würde mit ihm nämlich der Anspruch erhoben, im Sinne der theoretischen Erörterungen, sei's therapeutisch, sei's agitatorisch, dafür zu sorgen, die entdeckte Arbeitsteiligkeit zwischen intellektuellen Fähigkeiten und politischer Handlungsbereitschaft vor der ökonomischen Umwälzung beseitigen zu wollen, so würde das Pferd beim Schwanz aufgezäumt.
Gerade mit der Marxschen Kritik an Feuerbach läßt sich somit die Schwäche eines analytischen Ansatzes aufdecken, der die kognitive und die motivationale Dimension politischen Engagements analytisch aufgliedert, damit aber, wie die bürgerliche Sozialwissenschaft generell zu verfahren gezwungen ist, sein Erkenntnisinteresse auf Objekte richtet, und, während er die Klasseninteressen der Lohnabhängigen zum Objekt kontemplativer Forschung macht, einen revolutionären Beitrag zu leisten meint. Die Klasse der Lohnabhängigen als das historische Objekt kapitalistischer Unterdrückung wird mit Informationen über die Gründe ihrer augenscheinlichen politischen Abstinenz und ihrer Organisierungsfeindschaft längst nicht ihrem Objektzustand entrissen. Wie dieser Objektzustand aufzuheben ist, kann einzig die konsequente, d.h. die der historischen Entwicklung der gesell-

schaftlichen Widersprüche zwischen gesellschaftlicher Produktion und privater Aneignung angemessene Kritik der Politischen Ökonomie andeuten.

Die erkenntnistheoretische Grundthese des Historischen Materialismus, daß das Sein der Menschen ihr Bewußtsein prägt, ihr Bewußtsein also das »bewußtgewordene Sein«, ihr wirklicher Lebensprozeß ist, gibt der schichtspezifischen Erforschung affirmativer politischer Sozialisation in der Familie einen Anstrich von Trivialität, zumal nachdem die strukturelle Bedeutung der Familieninstitution für die kapitalistische Grundbedingung privater Aneignung, d. h. für das Privateigentum dargestellt wurde.

Wenn Marx auch nicht im einzelnen auf die psychologischen Prozesse, die durch die familiale Erziehung in Gang gesetzt werden, eingeht, so gibt er doch wesentliche Anhaltspunkte für die Richtung, in der die Form der gesellschaftlichen Reproduktion den Charakter auch familialer Sozialisationsprozesse determiniert. Ist der bewußte Ausdruck der wirklichen Verhältnisse der Individuen aufgrund der widersprüchlichen Realität ein illusorischer oder idealistischer, stellen sie also in ihren Vorstellungen die Wirklichkeit auf den Kopf, »so ist dies wiederum eine Folge ihrer bornierten materiellen Betätigungsweise und ihrer daraus entspringenden bornierten gesellschaftlichen Verhältnisse«[95]. So kommt es dazu, daß die Einbildung und die Vorstellungen der Menschen einer historischen Epoche über ihre wirkliche Praxis sich in die »einzig bestimmende und aktive Macht«[96] verwandelt, die die Praxis der Menschen beherrscht und bestimmt.

Die wirkliche, praktische Auflösung dieser Phrasen, die Beseitigung dieser Vorstellungen aus dem Bewußtsein der Menschen, wird nach Marx »durch veränderte Umstände, nicht durch theoretische Deduktionen bewerkstelligt. Für die Masse der Menschen, d. h. das Proletariat, existieren diese theoretischen Vorstellungen nicht, brauchen also für sie auch nicht aufgelöst werden, und wenn diese Masse je einige Vorstellungen, z. B. Religion, hatte, so sind diese jetzt schon längst durch die Umstände aufgelöst.«[97]

Wenn im Rahmen dieser Erörterungen infolgedessen die analytische Differenzierung des an der Aufhebung der kapitalistischen Klassenstruktur ausgerichteten politischen Engagements abgelehnt wird, so ist damit noch nicht der sozialwissenschaftliche Anspruch disqualifiziert, den Lohnabhängigen durch Erforschung von Denkmustern und Motivationsstrukturen bei der notwendigen kritischen Distanzierung von der ideologischen Verschleierung ihrer gesellschaftlichen Abhängigkeit Hilfestellung zu geben. Freilich versetzen erst die Einsichten, die der wissenschaftliche So-

[95] Marx: Deutsche Ideologie, a.a.O., S. 348 (MEW 3, S. 25, als Fußnote mit Hinweis darauf, daß im Manuskript gestrichen, PM).
[96] Ebd., S. 369 (MEW 3, S. 39).
[97] Marx: Deutsche Ideologie, a.a.O., S. 371 (MEW 3, S. 40).

zialismus in die Bewegungsgesetze kapitalistischer Produktion und Reproduktion, allgemeiner: in die zur Auflösung treibenden Widersprüche zwischen Produktivkräften und Produktionsverhältnissen bietet, die Individuen endgültig in die Lage, sich von einer Sozialisation zu distanzieren, die sie gleichermaßen darauf vorbereitet, zu herrschen und beherrscht zu werden.
Völlig erhellt werden können die in der Theorie behaupteten Bestimmungen des geschichtlichen Handelns von Menschen und Menschengruppen durch den ökonomischen Prozeß jedoch erst »durch die wissenschaftliche Aufhellung der ihnen auf einer bestimmten historischen Stufe jeweils eigenen Reaktionsweisen«[98].
Sofern es also darum geht, die Gebundenheit gesellschaftlicher Handlungsfähigkeit und -bereitschaft an die jeweilige soziale Stellung und Herkunft zu erkennen und die individuellen Barrieren, die gegen politisches Engagement und Parteilichkeit aufgerichtet sind, einordnen zu lernen, ist politisch gerechtfertigt, die Auseinandersetzung mit den bewußtseinsformenden Mechanismen privat verantworteter Primärsozialisation und familialer Reproduktion in Angriff zu nehmen.
Die aufgrund ihrer widersprüchlichen Funktionsbestimmung einerseits auf Befriedigung, andererseits auf stärkere Kontrolle und Rationalisierung der Reproduktionsbedingungen des variablen Kapitals zielenden Eingriffe des staatlichen Krisenmanagements werden mit zunehmenden Verwertungsschwierigkeiten der Kapitale immer gewichtiger.
Es bedarf demzufolge von seiten der Objekte dieser Manipulationen besonderer politischer Wachsamkeit, um die Einschränkung ihrer hart erkämpften demokratischen Rechte zu verhindern und sie im Sinn ihrer materiellen Lebensinteressen gegen die Übergriffe des Kapitals auszunutzen.
Diejenigen ›Kopflanger‹, die bereit sind, die Auflösung der widersprüchlichen Produktionsverhältnisse voranzutreiben, haben nicht zuletzt das theoretische Instrumentarium zu vervollständigen und zu verbreiten, das den Lohnabhängigen die Eingrenzung und Vernichtung des monopolistischen Privateigentums als notwendige Bedingung ihrer Befreiung zu begreifen ermöglicht.
Für den Bereich der Sozialisationsforschung heißt das vor allem, sich Klarheit über die Bedingungen demokratischer und sozialistischer Erziehungsformen und Erziehungsinhalte zu verschaffen, in denen unter Berücksichtigung der klassenspezifischen Konfliktbedingungen im bürgerlich-kapitalistischen Gesellschaftssystem kollektiv-solidarische Handlungsmuster zur Bewußtseinsbildung beitragen.

[98] M. Horkheimer: Geschichte und Psychologie, in: Kritische Theorie der Gesellschaft I (Raubdruck), Frankfurt 1968, S. 19.

# III. Skizzierung des Untersuchungsgegenstandes

## 1. Soziologie der Familie

### a) *Historische Entwicklung der Institution*

Bevor auf das dialektische Verhältnis zwischen familialer und gesellschaftlicher Reproduktion im kapitalistischen Wirtschaftssystem näher eingegangen und die politisch-ökonomische Formbestimmumg der personalen Abhängigkeiten in der Familie der bürgerlich-kapitalistischen Gesellschaft vorgenommen wird, sei die geschichtliche Entwicklung des gegenwärtigen Familientyps in groben Zügen umrissen.

Etymologisch wurzelt der Begriff Familie[1] im lateinischen Wort ›familia‹, welches seinerseits mit ›famulus‹ (Diener, Sklave) verwandt ist. In die ›familia‹ waren entweder nur die dazugehörigen Freien oder aber auch die Sklavenschaft und das Vermögen einbegriffen. ›Familia‹ konnte sich also sowohl auf Personen allein, wie auch auf Personen *und* Sachen beziehen.

In der Rechtssprache des römischen Rechts bezeichnete ›familia‹ den Hausverband als Ganzes mit Personen und Sachen: »Familia appelatione qualiter accipiatur, videamus, et quidem varie accepta est: nam et in res et in personas deducitur.«[2]

Im germanischen Raum ist das Wort familia auch gebräuchlich, erlangt hier aber eine dem Wort »famulus‹ (Diener) näherstehende Bedeutung. Unter ›familia‹ wird hier »die Gesamtheit der dem Grundherrn untergeordneten Leibeigenen verstanden, die unter dieser Bezeichnung zu einer Art Genossenschaft zusammengeschlossen waren«[3]. Die einzelnen Leibeigenen hatten einen eigenen kleinen Hausstand, zwischen ihnen und dem Grundherrn bestanden keine verwandtschaftlichen Beziehungen. Das verwandtschaftliche Prinzip römischer Prägung tritt hier hinter dem territorialen zurück. Infolgedessen kann die germanische ›familia‹ weder der blutsverwandtschaftlich-ökonomischen Einheit von Eltern, Kindern und Gesinde der römischen Familie noch der auch als

[1] Die Ausführungen zur etymologischen Bestimmung des Familienbegriffs stützen sich auf Heribert Rottenecker: Strukturwandel der Familie im industriellen Zeitalter und Jugenddelinquenz, Stuttgart 1969, S. 3 ff.
[2] Ebd., S. 3.
[3] Ebd.

›ganzes Haus‹ bezeichneten Großfamilie des germanischen Raumes gleichgestellt werden.
»In deutschsprachigen Gebieten kam das heute gebräuchliche und in etwas gefühlsbetonterem Sinn verstandene Wort Familie erst in der Mitte des 18. Jahrhunderts auf, ohne in der so verstandenen Bedeutung an die genossenschaftliche oder römische ›familia‹, noch an den ursprünglichen Wortsinn ›famulus‹ anzuknüpfen.«[4]
Aus dem semantischen Gehalt des heutigen Familienbegriffs können folglich kaum Aussagen über die geschichtliche Entwicklung der Familie abgeleitet werden, denn das Wort familia bedeutet, wie Engels betont, »ursprünglich nicht das aus Sentimentalität und häuslichem Zwist zusammengesetzte Ideal des heutigen Philisters«[5].
Was aber führte historisch gesehen zum heutigen Erscheinungsbild der Familie? Auch die für die bürgerlich-kapitalistische Gesellschaft repräsentative empirische Wirklichkeit der Familie offenbart diese nicht als durchgängig merkmalgleiches Phänomen. Struktur und Funktionen des familialen Gefüges divergieren von Generation zu Generation und von Schicht zu Schicht. Insgesamt lassen sich jedoch Züge und Tendenzen der familialen Lebensform in der bürgerlichen Gesellschaft des 19. und 20. Jahrhunderts feststellen, die von ihrer Grundlage, der kapitalistischen Reproduktionsform dieser Gesellschaft, nicht abzulösen sind, damit aber notwendig die Frage nach der besonderen Bedingtheit ihrer Erscheinung aufwerfen.
Vorab sei darauf hingewiesen, daß sowohl die Entfaltung der gesellschaftlichen Arbeitsteilung wie die technologische und kulturelle Entwicklung auf jeder historischen Entwicklungsstufe gesellschaftlicher Reproduktion für die jeweilige Ausprägung der familialen Institution wesentliche Bedeutung haben.
Marx sieht den Ausgangspunkt der Arbeitsteilung in den Stämmen und verwandtschaftlichen Gefügen gegeben: »Die Teilung der Arbeit innerhalb der Gesellschaft und die entsprechende Beschränkung der Individuen auf die besonderen Berufssphären entwickelt sich, wie die Teilung der Arbeit innerhalb der Manufaktur von entgegengesetzten Ausgangspunkten. Innerhalb einer Familie(*), weiter entwickelt eines Stammes, entspringt die naturwüchsige Teilung der Arbeit aus den Geschlechts- und Altersverschiedenheiten, also auf rein physiologischer Grundlage, die mit der Ausdehnung des Gemeinwesens, der Zunahme der Bevölkerung und namentlich dem Konflikt zwischen verschiedenen Stämmen und der Unterjochung eines Stammes durch den andren ihr Material ausweitet. Andrerseits, wie ich früher bemerkt(**), entspringt der Produktenaustausch an den Punkten, wo ver-

[4] Ebd., S. 4.
[5] Engels: Ursprung der Familie, a.a.O., S. 198.

schiedne Familien, Stämme, Gemeinwesen in Kontakt kommen, denn nicht Privatpersonen, sondern Familien, Stämme usw. treten sich in den Anfängen der Kultur selbständig gegenüber. Verschiedne Gemeinwesen finden verschiedne Produktionsmittel und verschiedne Lebensmittel in ihrer Naturumgebung vor. Es ist dies die naturwüchsige Verschiedenheit, die bei dem Kontakt der Gemeinwesen den Austausch der wechselseitigen Produkte und daher die allmähliche Verwandlung dieser Produkte in Waren hervorruft. Der Austausch schafft nicht den Unterschied der Produktionssphären, sondern setzt die unterschiednen in Beziehung und verwandelt sie so in mehr oder minder unabhängige Zweige einer gesellschaftlichen Gesamtreproduktion.«[6]

Die zunehmende Arbeitsteilung sowie die Chancen der Besitzanhäufung, die sich mit der Seßhaftigkeit und neuen Techniken der Vorratshaltung ergaben, sind die genetischen Bestimmungsgründe für die auf Dauer gestellte monogam-patriarchalische Institutionalisierung verwandtschaftlicher Gefüge. Engels, der sich in seinen Nachforschungen auf die Völkerkundler Lewis Morgan und Johann Jakob Bachofen stützte, unterteilte die Menschheitsgeschichte in drei Stadien, die sich unterschieden nach der fortschreitenden Beherrschung der Natur durch die verschiedensten Arbeitsmittel und Werkzeuge: das Stadium der ›Wildheit‹ kennzeichnet sich durch den Erwerb der Sprache, den Gebrauch des Feuers, die Herstellung von Steinwerkzeugen und die Erfindung von Pfeil und Bogen. Der Übergang zur ›Barbarei‹ war bestimmt durch die Töpferei, zunehmende Seßhaftigkeit bei Ackerbau und Viehzucht, die ›Zivilisation‹ beginnt mit der Erfindung der Buchstabenschrift, neuen Techniken der Eisenbearbeitung sowie dem Schiff- und Wagenbau. In diesem Stadium beginnen auch die Städte zu entstehen.[7]

Diesen Stadien entsprechen unterschiedliche Sedimentierungen verwandtschaftlicher Bindungen.

Müller-Lyer teilt die ›geneonomische‹ Entwicklung, d. h. die Form der Fortpflanzung und Arterhaltung in die ›verwandtschaftliche‹, die ›familiale‹ und die ›personale‹ Phase.[8] Der verwandtschaftlichen Phase entspricht die Gesellungsform der Herde, Horde und Sippe. Nach seiner Auffassung, die er mit Engels teilt, war diese Phase durch geschlechtliche Promiskuität gekennzeichnet; Mann und Frau fanden sich zur beiderseitig kündbaren lockeren ›Paarungsehe‹ zusammen. Mit der Umbildung der Herde zur Horde mit einer nach dem Altersprinzip bestimmten Hierarchie entsteht

[6] Marx: Kapital, Bd. I, a.a.O., S. 372. – Die Fußnote *50 a* wurde später von Friedrich Engels hinzugefügt. Er schreibt: »Spätere sehr gründliche Studien der menschlichen Urzustände führten den Verfasser zum Ergebnis, daß ursprünglich nicht die Familie sich zum Stamm ausgebildet, sondern umgekehrt, der Stamm die ursprüngliche naturwüchsige Form der auf Blutsverwandtschaft beruhenden menschlichen Vergesellschaftung war, so daß aus der beginnenden Auflösung der Stammesbande erst später die vielfach verschiedenen Formen der Familie sich entwickelten.«

[7] Vgl. dazu M. Merfeld: Die Emanzipation der Frau in der sozialistischen Theorie und Praxis, Hamburg 1972, S. 54 ff.

[8] Vgl. F. Müller-Lyer: Die Familie, München, 1921.

die exogame Ehe. Die Frau wird nun aus einer anderen Horde geholt, häufig sogar geraubt. Es ist vor allem anderen die Gebärfähigkeit der Frau, die – als physiologisches Schicksal – zu ihrem soziologischen Verhängnis werden mußte, da sie die Frau zur Unterwerfung unter den unabhängigen und daher wirtschaftlich letztlich stärkeren Mann zwang. Für den Schutz, den er ihr bot, ließ er sie für sich arbeiten und subsumierte sie völlig seinen Interessen. »Diese Sklaverei ist die Ehe der primitiven Stufe. Wohl hat sie den Sexualverkehr zur Voraussetzung, aber das Sexualverhältnis macht ihr Wesen nicht aus. Vielmehr ist sie ein wirtschaftliches Verhältnis und zwar im Grunde nichts anderes als eine öffentliche Bürgschaftsleistung für die materielle Versorgung von Mutter und Kind.«[9]

In der hier zugrunde gelegten Literatur zur geschichtlichen Entwicklung der Familienformen wird allgemein der Standpunkt vertreten, daß es in der Phase der Barbarei noch ein Matriarchat gegeben haben müsse, bewirkt durch die Verantwortung, die die Frauen mit beginnender Seßhaftigkeit für die Ernährung und Versorgung der Sippe zu übernehmen hatten. Nach Rühle war es die Frau, die zuerst die Techniken des Ackerbaus entwickelte. »Ein so wertvolles Wesen gab die Sippe natürlich nicht gern heraus. Wollte ein Mann sie heiraten, so mußte er sie der Sippe abdienen. Er siedelte in die Muttersippe über, wo die Sippengenossen der Frau die Herrschaft ausübten, er aber zum Dienstknecht herabsank [...] Die Kinder gehörten nicht dem Mann, sondern der Mutterfamilie, deren Namen sie trugen. Der wirkliche Erzeuger galt dem streng durchgeführten Mutterrecht nicht einmal als mit den Kindern verwandt, so daß der Bruder der Mutter bei ihnen die Vaterstelle vertrat.«[10]

Sobald sich freilich die Männer zur Seßhaftigkeit entschlossen, Jagen und Sammeln nur noch als Nebenbeschäftigungen verrichteten, gerieten die Frauen, die zusätzlich mit dem Gebären und Versorgen des Nachwuchses belastet waren, ins Hintertreffen. Durch Tierzüchtung, Austausch und Handel gelang es den Männern dieser Zeit, Eigentum anzuhäufen. Damit entstand das Interesse an eindeutiger Zuordenbarkeit bzw. Weitergabe des Besitzes, gleichzeitig aber auch die Möglichkeit, die Frauen aus ihrer Sippe loszukaufen. Das führte langfristig zur Sprengung der matriarchalischen Sippen.

Mit dem Kauf ging die Frau in den Besitz des Mannes über, sie wurde ihm untertan, wurde zum Gebär- und Arbeitsinstrument des Mannes. Um die Vaterschaft bei den Nachkommen eindeutig zu gewährleisten, war der Eheschluß rechtlich für die Frau von absoluter Verbindlichkeit. Nur der Mann konnte die Ehe lösen, was

[9] O. Rühle: Die Sozialisierung der Frau, in: Zur Sexualethik des Kommunismus, Raubdruck (Hg.: Rotes Archiv), o. O., o. J., S. 10.
[10] Ebd., S. 12.

auch geschah, wenn die Frau unfruchtbar war oder sich in irgendeiner Form seinem Willen widersetzte.
Die Institutionalisierung dieser Art von Besitzverhältnis zwischen Mann und Frau bezeichnet ein wesentliches Merkmal der beginnenden Zivilisation, aber auch den entscheidenden Markierungspunkt in der Geschichte der Unterdrückung der Frau.
Wie die Voraussetzung und die Grundlage der monogam-patriarchalischen Familienform das Privateigentum ist, so ist die Monogamie ihrerseits »die ins Geneonomische übertragene Tendenz des individuellen Besitzes und der individuellen Besitznutznießung«[11]. Hieran wird deutlich, wie ungebrochen das Verhältnis der Geschlechter zueinander von den gegebenen materiellen Besitzverhältnissen beeinflußt und geformt ist.
Die Ehe in Gestalt der untrennbaren Zwangs- oder Dauermonogamie erreicht im christlichen Mittelalter den Höhepunkt ihrer Bedeutung. Müller-Lyer bezeichnet diese Epoche gesellschaftlicher Entwicklung als »hochfamiliale Phase«. In ihr war der Familienhaushalt (oikos) unter der Leitung des ›Hausvaters‹ das wesentliche Element der Organisation lebensnotwendiger Arbeitsverrichtungen. Waren auch nicht alle Menschen dieser Zeit in eine Großfamilie integriert, so galt diese Lebensform doch als die ökonomisch wesentliche und sozial erstrebte Lebensform.
Die Existenz des Großhaushaltes oder ›Fronhofes‹ ist gebunden an Landbesitz und autarke Produktionsformen. Er umfaßt mehrere Generationen, deren Angehörige zusammen mit dem Personal das ›ganze Haus‹ bildeten. Das ›ganze Haus‹ ist in nazezu jeder Hinsicht als autarkische soziale Einheit zu verstehen; da es außer den Kirchen keine übergeordneten Instanzen gab, die sich um die Sicherung der Reproduktionsbedingungen gekümmert hätten, war es eine Arbeits-, Erziehungs-, Versorgungs- und Wohngemeinschaft, als solche ein rechtlich eigenständiges institutionelles Gebilde. Der ›Hausvater‹ hatte völlige Verfügungsgewalt und Entscheidungsfreiheit darüber, was im Haus geschah. Er verteilte die Arbeitsaufgaben gemäß dem Produktionswissen, welches er seinerseits vom Vater erlernt hatte. Gleichzeitig Rechtsvertreter, Brotherr, Seelsorger, anfänglich sogar Priester, besaß er »die ›patria potestas‹, das heißt eine theoretisch fast absolute Autorität über Frau, Kinder und Personal. Er war das Schattenbild Gottes oder des absolutistischen Fürsten; derjenige, der das Ganze verwaltete und leitete und den Wohlstand erhielt, ein Prinzip der Einheit und Ordnung.«[12] Umgekehrt war die Voraussetzung für die Erlangung des Status eines vollwertigen Mannes mit Polizeigewalt und juristischen Befugnissen eben die Führung eines eigenen Haushalts.[13]

[11] Ebd., S. 13.
[12] J. van Ussel: Sexualunterdrückung. Geschichte der Sexualfeindschaft, Reinbek 1970, S. 81 f.
[13] Ebd., S. 82.

Die mit dem Besitz rechtlich begründeten Machtbefugnisse des Vaters müssen in den Anfängen der bürgerlichen Gesellschaft als durchaus notwendig für gesellschaftlichen Fortschritt und wirtschaftliche Entfaltung angesehen werden, stellten sie doch Rahmenbedingungen für die geschwinde private Akkumulation gesellschaftlichen Reichtums dar. Charaktereigenschaften wie die »Selbstzucht des Individuums, der Sinn für Arbeit und Disziplin, die Fähigkeit, an bestimmten Ideen festzuhalten, Folgerichtigkeit im praktischen Leben, Anwendung des Verstandes, Ausdauer und Freude an konstruktiver Tätigkeit konnten bei den gegebenen Verhältnissen einzig unter dem Diktat und der Leitung des Vaters, der selbst die Schule des Lebens an sich erfuhr, entwickelt werden.«[14]

Zum häuslichen Tätigkeitskreis, der dementsprechend einen hohen Wert und einen weiten Umfang hatte, im Rahmen dessen sich also wesentlich die technologische und zivilisatorische Entwicklung dieser Epoche vollzog, gehörten ursprünglich: »das Mahlen des Getreides, die Bearbeitung des Flachses, das Spinnen, Weben, Waschen, Bleichen, Bierbrauen, Seifekochen, Lichterziehen, die Herstellung von allerhand Fruchtsäften, von Kräutertränken zu Heilzwecken, das Einmachen von Früchten, die Aufbewahrung der Vorräte, die früher für längere Perioden auf einmal angeschafft wurden, ferner die Anfertigung der Kleider, das Brotbacken, das Herbeischaffen des Wassers, meist auch Gartenkultur, Schweine- und Hühnerzucht usw. [...] Unter den salischen Kaisern, als das Handwerk noch wenig entwickelt war, mußte die Frau, außer der Führung des Haushaltes und der Zubereitung der Speisen, mit den Mägden die Wolle kämmen, Leinwand und Tuch weben, den Flachs zurichten, spinnen, nähen und waschen; für das Weben war oft eine besondere Kammer im Hause. Auch die Kleider des Mannes fertigte die Hausfrau an. Daneben machten Frauen künstlerische Handarbeiten, kostbare Teppiche und Decken aus Gold und Seide.«[15]

Pestalozzi stellte sich die erzieherische Wirksamkeit der Wohnstube auf dem Hintergrund solcher Betriebsamkeit und Produktivität daher so vor: »O! es ist ein heiliger Ort, um die Wohnung des Menschen; da kennt, da versteht man einander, da geht einem so alles ans Herz; da soll man einander lieb seyn, wie man sonst nirgends in der Welt einander lieb ist; da ist es so still; da ist nichts Fremdes und kein Schulgewühl; da schneidet ein Sohn Rüben und rechnet mit dem Vater; da spinnt die Tochter, und lernt im Spinnen die Lieder alle, die ihre Mutter neben ihr singt; da hält man keine Hand still um des Lernens willen; und für das Landvolk ist das, keine Arbeitszeit beym Lernen verlieren, und keine Hand

[14] M. Horkheimer: Theoretischer Vorspann zu Autorität und Familie, Allgemeiner Teil, Paris 1936, S. 52.
[15] Müller-Lyer, a.a.O., S. 235.

beym Lernen stille halten, das Allerwichtigste, [...] denn Arbeiten ist für das Landvolk das Nötigste [...]«[16]

Mit zunehmender Verstädterung, Ausbreitung des Handwerks und des Warentausches verlor das Oikensystem an Bedeutung. Es zeichnete sich allgemein die Tendenz zur Reduzierung der Großfamilie auf ihren christlich abgestützten Kern, die Vater-Mutter-Kind-Konstellation, ab.

Ursprünglich gebunden an Landbesitz und autarke Produktionsformen, verlor die Großfamilie insbesondere dort, wo das Erbrecht Erbteilung unter den Nachkommen vorsah und die Produktion für den Austausch sich durchzusetzen beginnt, ihre materielle Basis. Dort, wo die familiale Tradierung von Besitz durch Erbteilung geschah, wurde der Anteil der Nachkommen an ererbten Besitztümern zunehmend vermindert. Dort, wo das Erstgeburtsrecht herrschte, mußten sich die nachfolgenden Söhne neue Bedingungen der Existenzsicherung außerhalb des Hauses suchen. Die Ausbreitung des Handels und des Handwerks bewirkten größere arbeitsteilige Differenzierung einerseits und stärkere Mobilität zwischen Stadt und Land andererseits. Überdies wurden im Prozeß der Eigentumskonzentration viele Kleinbauern enteignet und in besitzlose Tagelöhner verwandelt. Auch die häufig ausbrechenden Kriege trugen zur Zersprengung der Großfamilien bei. Der Form, die die bäuerliche Großfamilie in der Feudalzeit in Gestalt des Fronhofes angenommen hatte, hatte sich die patriarchalische Großfamilie des Zunfthandwerkes hinzugesellt, die nun allmählich ebenso auf die zur Familienbildung nötigen Angehörigen, nämlich Eltern und Kinder, zusammenschrumpfte.

Die christlichen Gemeinden, in denen die sozialen Stände zusammengeschlossen waren, waren nach dem Lokalprinzip organisiert; nach einem gewissen Ausbreitungszeitraum wurden die jeweils in einer Region Wohnenden gemeindemäßig zusammengefaßt. Neben dem Privateigentum an Grundbesitz und Produktionsmitteln waren einige lebensnotwendige Dinge für den gemeinsamen Gebrauch bestimmt und der gemeinsamen Pflege überantwortet, wie z. B. der Dorfbrunnen und der Dorfanger. Die Familienoberhäupter dieser Gemeinden hatten zwar keine priesterlichen Funktionen mehr, in ihren Familien aber weiterhin alle Hoheitsrechte.

Rühle sieht das Ende der hochfamilialen Phase, den Niedergang der autarkischen Familie also, sich schon im 16. und 17. Jahrhundert andeuten. Die französische Revolution besiegelte es schließlich mit der Aufhebung des kanonischen Ehescheidungsverbotes und der Einführung der Zivilehe. Mit wachsender Bevölkerungszahl, sich entfaltender Arbeitsteilung, der Ausbreitung des Warentausches und der Institutionalisierung von Märkten zeigt sich eine durchgängige Tendenz zu kleineren Familienformen, die sich bis in die Gegenwart gehalten hat. »Die Bedeutung der Kleinfami-

[16] Zit. in: Geschichte der Erziehung, Berlin 1968, S. 190.

lie wuchs [...] Man spricht von einem ›Niedergang‹, jedoch das Gegenteil ist wahr. Seit dem 18. Jahrhundert nahm die Kleinfamilie einen immer größer werdenden Platz ein; niemals zuvor hatte sie einen so tiefgehenden Einfluß auf die Gesellschaft ausüben können.«[17] Erst die beginnende kapitalistische Organisation der Arbeit gab dem zerfallenden Oikensystem allerdings den endgültigen Todesstoß, wenn auch schon in den Zeiten der Stadtwirtschaft dem familialen Großhaushalt insbesondere durch das erstarkende Handwerk immer mehr Funktionen abgenommen worden waren. Nichtsdestoweniger hatten die Städter des Mittelalters meist ein kleines Feld oder auch einen Garten, sie trieben weiterhin Viehzucht, und mancher Handwerker war auf diese Nebenbeschäftigung geradezu angewiesen, um zu überleben.

Abschließend sei darauf hingewiesen, daß zwar das grundsätzliche Bestimmungsmerkmal verwandtschaftlicher bzw. familialer Lebensformen in den letzten 2000 Jahren die Monogamie gewesen ist, es aber dennoch in den verschiedenen Ständen und Berufsgruppen (Ritter, Bauern, Viehzüchter, Handwerker, Lohnarbeiter, Kapitalbesitzer) unterschiedliche, das Familienbild prägende Normen und Werte hinsichtlich des Verhältnisses der Ehepartner zueinander, der Beziehung der Eltern zu ihren Kindern, wie der materiellen Verbindlichkeit des Eheschlusses allgemein gab. Es zeigt sich bei genauerer Betrachtung, daß der Familiensinn wie der Liebesbegriff je nach der sozialen Lage und den materiellen Anforderungen, die sich aus der Form ihrer Existenzsicherung ergaben, unterschiedliche Erscheinungsformen annahmen.

Die von dem heutigen Begriff von Familie nicht zu trennenden Liebes- und Verantwortungsprinzipien haben durchaus historischen Charakter, lösten sie doch zwischenmenschliche Verhaltensweisen und Umgangsformen unter Blutsverwandten ab, die – subsumiert unter die absolutistische Ausübung väterlicher Herrschaft – durch weit größere Distanz und größere emotionale Gleichgültigkeit gekennzeichnet waren.

Müller-Lyer illustriert die historische Form der heutigen Familie, die ihren Charakter bis ins 18. und 19. Jahrhundert hinein, wie er durch das kanonische Recht festgelegt war, im wesentlichen nicht oder nur wenig änderte: »Einige Beispiele [...] werden dies erkennen lassen. So sagt Thomas Wright über die englischen Familiensitten im 15. Jahrhundert: ›Junge Damen, auch aus großen Familien, wurden nicht nur streng, sondern geradezu tyrannisch auferzogen, ihre Mütter hielten sie ununterbrochen zur Arbeit an und verlangten von ihnen eine sklavische Unterwürfigkeit; sie rechneten sogar mit deren Erwerb. Die elterliche Autorität erreichte tatsächlich einen ausschweifenden Grad.‹

Bis in das 17. Jahrhundert hinein durften die Kinder (nach Craik) in Gegenwart ihrer Väter und Mütter nur im zitternden Still-

[17] van Ussel, a.a.O., S. 80.

schweigen dastehen oder knien und sich nicht ohne ausdrückliche Erlaubnis niedersetzen. [...]
Die unmenschliche Strenge und Härte, die in der Familie des Vaters Friedrichs d. Gr. herrschte, war für die damalige Zeit nicht außergewöhnlich, vielmehr ganz zeitgemäß.
Nach Stephan, einem trefflichen Kenner des 18. Jahrhunderts, war die häusliche Erziehung im allgemeinen eine sehr mangelhafte. ›Der Hauptzweck aller sittlichen Erziehung war nach der Meinung unserer Voreltern: den Eigenwillen der Kinder zu brechen, sie an unbedingten Gehorsam zu gewöhnen. Darauf waren alle Zuchtmaßregeln gestimmt, danach bestimmte sich die gesamte Ordnung des Hauses. [...]
Der Vater war unbeschränkter Selbstherrscher in seiner Familie. Selbst die Gattin stand mehr unter als neben ihm [...]
Mit Eifersucht hielt der Hausherr auf die gebührende Ehrfurcht vor seiner Person und seinen Geboten; er verlangte überhaupt von den Seinigen dasselbe Verhalten, das er in seiner Eigenschaft als Gutsherr, Beamter, Meister oder Offizier usw. von seinen Untergebenen gewöhnt war. Im mündlichen Verkehr mußten sich die Kinder, wenn sie den Vater anredeten, des ›Sie‹ bedienen, im brieflichen wagten sie es nicht, ihn anders als ›Herr Vater‹ zu nennen. Den Kindern sollte eben immer im Bewußtsein bleiben, wie hoch der Vater über ihnen steht, damit sie sich um so weniger versucht fühlen sollten, ihren eigenen Willen – durch Nichtachtung des väterlichen Gebots – zur Geltung zu bringen.‹«[18]
Reste der beschriebenen absoluten patriarchalischen Herrschaftsstruktur der Familie sind bis heute in bedenklichem Ausmaß erhalten. Bis heute stellt die bürgerliche Kleinfamilie eine Erscheinungsform von Aneignungs- und Produktionsverhältnissen dar, die die Unterdrückung der Frau und die private Aufzucht der Kinder zur Strukturbedingung haben.
Die Entwicklung der Ehe zur Liebesehe wie der Liebesbeziehungen zwischen Eltern und Kindern (von Engels als philisterhaft kritisiert) erweist sich auf diesem Hintergrund als vermittelte Folgeerscheinung der verschärften Entfremdung zwischen Individuum und Gesellschaft wie der zunehmenden Polarisierung zwischen Bourgeois und Lohnabhängigen und nicht nur ungebrochen als moralischer Fortschritt. Um freilich begreifen zu können, was Marx mit der Aussage im Kommunistischen Manifest meinte: die bürgerliche Familie beruhe auf dem Kapital, auf dem Privaterwerb, »vollständig entwickelt existiere sie nur für die Bourgeoisie, aber sie findet ihre Ergänzung in der erzwungenen Familienlosigkeit der Proletarier und der öffentlichen Prostitution«[19], bedarf es über die Darstellung der historischen Entwicklung der familialen

[18] Müller-Lyer, a.a.O., S. 227 ff.
[19] K. Marx: Kommunistisches Manifest, in: S. Landshut (Hg.), Die Frühschriften, Stuttgart 1964, S. 543.

Institution hinaus allerdings einer politisch-ökonomischen Formbestimmung der heute gesellschaftlich repräsentativen Kleinfamilie.

### b) *Politisch-ökonomische Funktionsbestimmung der Familie im entfalteten Kapitalismus*

Die politische und ökonomische Bedeutung zu klären, die die Familie als institutioneller Bestandteil des Privatrechts wie als kooperatives Gefüge für das bürgerlich-kapitalistische Gesellschaftssystem erfüllt, ist nicht zuletzt deshalb schwierig, weil damit die affektive Verankerung der Ideologie von der Privatsphäre als einem privater Verfügung und individueller Ausgestaltung überlassenem Bereich aufgebrochen wird. Grenzt sich doch die Familie als der letzte, durch natürliche, blutsverwandtschaftliche Bande bestimmte soziale Zusammenhang von anderen gesellschaftlichen Gruppierungen dadurch ab, »daß in ihr noch Alter, Geschlecht, Autorität, Liebe etc. zu dominieren scheinen«[20]. Mit der Kritik dieser Meinung wird notwendig eine wesentliche Hoffnung des bürgerlichen Menschen – nämlich die Zwänge der materiellen Reproduktion mit den menschlichen Bedürfnissen nach Kommunikation, Sicherheit und affektiver Geborgenheit in Einklang zu bringen – empfindlich in Frage gestellt.
Weder der gesunde Menschenverstand, noch die gängige sozialwissenschaftliche Methode können daran interessiert sein, Form und Funktion von Familie als ebenso von den Sachzwängen kapitalistischer Bewertung durchdrungen zu begreifen, wie die auf Gewinnmaximierung gerichtete Organisation der Arbeit im Produktionsprozeß.
Dementsprechend wird darauf bestanden, daß der Aphorismus ›Geld regiert die Welt‹ vor dem familialen Gefüge zumindest seine Gültigkeit verliere.
Die Arbeitsteiligkeit bürgerlicher Wissenschaften spielt für diese Legitimation eine wichtige Rolle, sie läßt die anthropologische oder soziometrische Theoretisierung blutsverwandtschaftlicher Beziehungen und die statistische Kategorisierung von ›Privathaushalten‹ unverbunden nebeneinander bestehen und verdeckt damit, inwiefern gerade die wirkliche gesellschaftliche Vermittlung dieser Aspekte Form und Funktion der Familie determinieren.
Entgegen der gängigen Auffassung von Familie, die deren Form durch die ›monogamen Tendenzen‹ des Menschen und die ›natürliche Überlegenheit‹ des Mannes bestimmt sieht, liegt der vorliegenden Argumentation ein Begriff zugrunde, der Familie als den

[20] K. Gilgenmann: Zur gesellschaftlichen Formbestimmtheit von Erziehung und Ausbildung, in: G. Szell (Hg.), Privilegierung und Nichtprivilegierung im Bildungssystem, München 1972, S. 289.

›produktiven Rahmen individueller Reproduktion‹ versteht und zu erschließen beansprucht, inwiefern sie sowohl als *arbeitsteiliges* Verhältnis wie als *Rechtsverhältnis* von den allgemeinen Reproduktionsbedingungen des kapitalistischen Gesellschaftssystems geprägt ist. Im Lauf der Darstellung wird sich dann zeigen, daß nicht allein der Kritiker von ihren individuell bedeutsamen Qualitäten abstrahiert, sondern daß dies täglich durch die ökonomischen Zwänge der individuellen Selbsterhaltung für die Mehrheit der Bevölkerung praktisch vollzogen wird.

Marx begreift die Familie wie Religion, Staat, Recht, Moral, Wissenschaft und Kunst als »besondere Weisen der Produktion«, die unter deren allgemeines Gesetz fallen.[21] Was versteht Marx unter diesem allgemeinen Gesetz?

Die Produktionsweise der einfachen wie der kapitalistisch produzierenden Tauschgesellschaft kennzeichnet sich durch unabhängig voneinander, ›privat‹ bzw. arbeitsteilig für den Warentausch produzierende Individuen. Die formale Gerechtigkeit des Tauschprozesses beinhaltet, daß der Wert einer Ware sich nach der in ihr verausgabten, gesellschaftlich notwendigen (Durchschnitts-)Arbeitszeit bemißt. Die Wertbestimmung (von Marx ›Wertgesetz‹ genannt, weil sie sich in einem für das Individuum spontan uneinsichtigen Prozeß naturwüchsig vollzieht) geschieht hinter dem Rücken der Produzenten, verschleiert durch um den Wert schwankende Preise. Sie sichert aber, daß eine Äquivalenz zwischen der Ausgangsposition und der Endposition der Warenbesitzer im Tauschprozeß besteht. Das Prinzip der Äquivalenz im Warentausch, das seinen empirischen Beweis in der Entwicklung des Geldes als allgemeinem Äquivalent findet, bleibt auch als Grundlage der kapitalistischen Warenproduktion aufrechterhalten, doch schlägt hier »das auf Warenproduktion und Warenzirkulation beruhende Gesetz der Aneignung oder Gesetz des Privateigentums durch seine eigne, innere, unvermeidliche Dialektik in sein direktes Gegenteil um«[22].

Zu dieser Bewegung kommt es durch die historische Entwicklung, in der auch die menschliche Arbeitskraft in die Warenform gezwungen, in Lohnarbeit verwandelt wird. Markpunkt dieser Entwicklung ist die bürgerliche Revolution, die den Menschen aus seinen feudalen Abhängigkeiten rechtlich befreite. Erst in dieser Phase wird allerdings auch die Warenproduktion zur allgemeinen, typischen Produktionsform: »[...] erst von da an wird jedes Produkt von vornherein für den Verkauf produziert, und geht aller produzierte Reichtum durch die Zirkulation hindurch. Erst da, wo die Lohnarbeit ihre Basis, zwingt die Warenproduktion sich der ge-

[21] Marx: Nationalökonomie und Philosophie, a.a.O., S. 236.
[22] Marx: Kapital, Bd. I, a.a.O., S. 609.

samten Gesellschaft auf; aber auch erst da entfaltet sie alle ihre verborgnen Potenzen.«[23]

Die Dazwischenkunft der Lohnarbeit fälscht die Warenproduktion nicht, sondern stellt ihre Weiterentwicklung dar. Ihre eigenen immanenten Gesetzmäßigkeiten sind für ihre Fortbildung zur kapitalistischen Produktion verantwortlich, wie dafür, daß die Eigentumsgesetze der Warenproduktion in Gesetze kapitalistischer Aneignung umschlagen.

Der Doppelcharakter jeder Ware, insbesondere der Ware Arbeitskraft, der sich in ihrer Einheit von Gebrauchswert und Tauschwert ausdrückt (Tauschwert: die zu ihrer Herstellung durchschnittlich notwendige Arbeitszeit; Gebrauchswert: mehr Werte produzieren zu können, als sie selber wert ist), macht es möglich, daß sich bei dem scheinbaren Äquivalententausch von Arbeit gegen Lohn Prozesse vollziehen, die die abstrakte Gerechtigkeit des Tauschprinzips in ihr Gegenteil umschlagen lassen. Das Gesetz des Austausches bedingt nämlich zwar Gleichheit für die Tauschwerte der gegeneinander weggegebenen Waren, bedingt aber, daß sich die Gebrauchswerte, d. h. aber die Verwendungsmöglichkeiten der Waren, gerade voneinander unterscheiden, damit das Tauschgeschäft überhaupt zustande kommen kann, denn Waren haben immer nur einen Tauschwert für ihren Besitzer, wenn sie einen Gebrauchswert für den Nichtbesitzer haben.

Die Gleichheit der Tauschwerte bedingt also systematisch eine Verschiedenheit ihrer Gebrauchswerte und hat folglich nichts zu schaffen mit dem Gebrauch, der ›Vernutzung‹ der Waren, der erst nach vollzogenem Handel beginnt.

In der spezifischen Nutzbarkeit der Ware Arbeitskraft im Produktionsprozeß liegt aber das ganze Geheimnis der kapitalistischen Akkumulation. Erscheint auch in der kapitalistischen Produktion der Austausch von Äquivalenten als die ursprüngliche und wesentliche Operation im Marktgeschehen und damit im Wirtschaftsprozeß, so versteckt sich nun allerdings dahinter, daß »erstens der gegen Arbeitskraft ausgetauschte Kapitalteil selbst nur ein Teil des ohne Äquivalent angeeigneten fremden Arbeitsproduktes ist, und zweitens von seinem Produzenten, dem Arbeiter, nicht nur ersetzt, sondern mit neuem Surplus ersetzt werden muß«[24]. Im Austausch von Arbeitsleistung gegen Lohn ist ausgelöscht, daß sich der Arbeitstag gliedert (1) in die Arbeitszeit, die zur Reproduktion der Arbeitskraft nötig ist und (2) in die Zeit, in der der Arbeiter unbezahlte Mehrarbeit leisten muß, da er die Länge seines Arbeitstages diktiert bekommt.

Die kapitalistische Warenproduktion stellt freilich keineswegs eine Verletzung des ursprünglich auf Privatarbeit gegründeten Eigentumsrechts dar, sondern entspringt aus der konsequenten Anwen-

[23] Ebd., S. 613.
[24] Ebd., S. 609.

dung dieser Gesetze: »Ursprünglich erschien uns das Eigentumsrecht gegründet auf eigne Arbeit. Wenigstens mußte diese Annahme gelten, da sich nur gleichberechtigte Warenbesitzer gegenüberstehn, das Mittel zur Aneignung fremder Ware aber nur die Veräußerung der eignen Ware, und letztere nur durch Arbeit herstellbar ist. Eigentum erscheint jetzt auf Seite des Kapitalisten als das Recht, fremde unbezahlte Arbeit oder ihr Produkt, auf Seite des Arbeiters, als Unmöglichkeit, sich sein eignes Produkt anzueignen. Die Scheidung zwischen Eigentum und Arbeit wird zur notwendigen Konsequenz eines Gesetzes, das scheinbar von ihrer Identität ausging.«[25]

Was heißt das für die Familie als dem Ort der Reproduktion und Regeneration individueller Arbeitskraft? Verstanden als strukturelller Bestandsteil der menschlichen Lebenserhaltung unter kapitalistischen Produktionsbedingungen kann sie nicht ausgenommen werden von der Formbestimmung des Produktionsprozesses durch die Gesetze der kapitalistischen Akkumulation. Da nämlich in der kapitalistischen Produktionsweise der Arbeitsprozeß nur als ein Mittel für den Verwertungsprozeß erscheint, »so die Reproduktion nur als ein Mittel, um den vorgeschoßnen Wert als Kapital zu reproduzieren, d. h. als sich verwertenden Wert«[26].

Erscheint die Familie individuell als der wesentliche Rahmen zur Ausübung grundlegender Lebensfunktionen, so dient sie dementsprechend in der Erfüllung dieser Funktionen gleichzeitig dem wirtschaftlichen Gesamtablauf, d. h. der Produktion und Reproduktion der Ware Arbeitskraft, die sich im Austausch mit Kapital verwerten soll. Sie stellt damit im Kapitalismus nichts weiter als den Ort zur Erneuerung der Exploitierbarkeit der Arbeitskraft, als Rahmen zur Ökonomisierung kapitalistischer Reproduktionsbedingungen dar, und zwar, da die in ihr familienspezifisch vollzogene Konsumtion von Waren (Konsumgütern) zur Realisierung gesellschaftlich produzierter Werte beiträgt, damit aber den kapitalistischen Akkumulationsprozeß befördert, sowie, da in ihr unproduktive Arbeit in Form von Hausfrauentätigkeit und Kindererziehung geleistet wird, die als privat geleistete keinem Zwang gesellschaftlicher Bewertung unterliegt und daher den kapitalistischen Revenuefonds entscheidend entlastet.

Durch die kapitalistische Form der Reproduktion wird die Abstraktion von den menschlich bedeutsamen Qualitäten der familialen Lebensform täglich neu vollzogen. »Die Bourgeoisie hat dem Familienverhältnis seinen rührend sentimentalen Schleier abgerissen und auf ein reines Geldverhältnis zurückgeführt«[27], schreibt demzufolge auch Marx, um sich gegen Vorwürfe zu verwahren, es sei der wissenschaftliche Sozialismus, der die Aufhe-

[25] Ebd., S. 609 f.
[26] Ebd., S. 591.
[27] Marx: Kommunistisches Manifest, a.a.O., S. 528.

bung der Familie plane. Da die bürgerliche Familie auf dem Kapital, dem Privaterwerb beruhe, könne sie vollendet, d.h. als menschlich bedeutsames Gebilde nur für die Bourgeoisie existieren, ihre Ergänzung und Kehrseite findet sie jedoch in der »erzwungenen Familienlosigkeit der Proletarier und der öffentlichen Prostitution«[28].

Angesichts der heutigen Erscheinungsform familialen Lebens wie der staatlichen Stützung und Förderung von Ehe und Familie scheint die Kritik an der Familienlosigkeit des Proletariats noch mehr als zu Marx Zeiten destruktiv und böswillig zu sein, zumal in der schichtspezifischen Sozialisationsforschung doch nachgewiesen wurde, wie bedeutsam die primären familialen Beziehungen gerade für die unteren Schichten sind.

Dieser Einwand kann allerdings leicht durch den kritischen Vergleich des ideologischen Familienbegriffs mit der empirischen Wirklichkeit der Familie entkräftet werden. Folgende Fragen sind dafür zu beantworten: Welcher Formwandel steckt hinter diesem Begriff von Familie und welche Gründe sind für die formelle Beibehaltung dieses Rudiments einer ursprünglich autonomen privatrechtlichen Institution entscheidend?

Geschichtlich gesehen fällt auf, daß die Familie einer zunehmenden Beschränkung auf die engsten blutsverwandtschaftlichen Bindungen unterlag, gipfelnd in ihrer heutigen Reduktion auf die Kleinfamilie. Davon, daß im Feudalsystem zur ›familia‹ auch die Sklaven und Leibeigenen gerechnet wurden, sich das ›ganze Haus‹ aus Familienangehörigen wie Arbeitskräften zusammensetzte, ist in der gegenwärtigen Erscheinungsform der Familie nichts mehr zu erkennen. Ebenso ist angesichts der Verlagerung ihrer Funktionen nicht mehr ableitbar, inwiefern das Familienoberhaupt einmal in jeder Hinsicht Hoheitsrechte über die Familienangehörigen hatte, aber auch in allem für Versorgung und Ausbildung der Angehörigen verantwortlich war. Die gegenwärtig typische Kleinfamilie stellt somit den kurzlebigen Rest eines einstmals politisch und ökonomisch unabhängigen sozialen Gebildes dar.

Daß sie weiterhin monogam-patriarchalisch strukturiert ist und den institutionellen Rahmen für die Primäraufzucht des Nachwuchses darstellt, läßt sich nur durch Reflexion auf die widersprüchlichen Grundlagen kapitalistischer Reproduktion durchschauen, die sich aus der »Scheidung zwischen Arbeitsprodukt und Arbeit selbst, zwischen objektiven Arbeitsbedingungen und der subjektiven Arbeitskraft«[29] ergeben.

Diese Grundlagen liefern den Schlüssel zum Verständnis dafür, warum die familiale Reproduktionsform (ursprünglich gekennzeichnet durch die Einheit von privater Konsumtion und privater Produktion) in Widerspruch zu der kapitalistischen Form gesell-

[28] Ebd., S. 543.
[29] Marx: Kapital, Bd. I, a.a.O., S. 595.

schaftlicher Arbeitsteilung und der Verallgemeinerung des Warentausches geraten mußte, andererseits aber als institutioneller Teil des Privatrechts gestützt wird.
Wodurch ist das widersprüchliche Verhältnis dieser Institution zur Gesellschaft im einzelnen bestimmt?
Als Organisationsform von Arbeitsteilung hat die Familie als Keim naturwüchsiger Organisierung der Reproduktion zu gelten. Marx zeigt, daß wir für die Betrachtung »gemeinsamer, d.h. unmittelbar vergesellschafteter Arbeit« nicht zur naturwüchsigen Form derselben, »welche uns an der Geschichtsschwelle aller Kulturvölker begegnet«, zurückzugehen brauchen: »Ein näherliegendes Beispiel bildet die ländlich patriarchalische Industrie einer Bauernfamilie, die für den eignen Bedarf Korn, Vieh, Garn, Leinwand, Kleidungsstücke usw. produziert. Diese verschiednen Dinge treten der Familie als verschiedne Produkte ihrer Familienarbeit gegenüber, aber nicht sich selbst wechselseitig als Waren. Die verschiednen Arbeiten, welche diese Produkte erzeugen, Ackerbau, Viehzucht, Spinnen, Weben, Schneiderei usw. sind in ihrer Naturalform gesellschaftliche Funktionen, weil Funktionen der Familie, die ihre eigne, naturwüchsige Teilung der Arbeit besitzt so gut wie die Warenproduktion. Geschlechts- und Altersunterschiede wie die mit dem Wechsel der Jahreszeit wechselnden Naturbedingungen der Arbeit regeln ihre Verteilung unter die Familie und die Arbeitszeit der einzelnen Familienglieder. Die durch die Zeitdauer gemeßne Verausgabung der individuellen Arbeitskräfte erscheint hier aber von Haus aus als gesellschaftliche Bestimmung der Arbeiten selbst, weil die individuellen Arbeitskräfte von Haus aus nur als Organe der gemeinsamen Arbeitskraft der Familie wirken.«[30]
Wie oben ausgeführt wurde, besteht der wesentliche Widerspruch der kapitalistischen Produktionsweise zwischen der organisierten in der Industrie vergesellschafteten Arbeit und der Beibehaltung der privaten Aneignung der dort erstellten Produkte durch den Besitzer der Produktionsmittel. Einerseits ist gegenwärtig die gesellschaftliche Arbeitsteilung so weit entfaltet – und aus dem Wohnplatz der Familien verlagert worden –, daß die gesellschaftliche Abhängigkeit jedes einzelnen vom Austausch seine familiale Abhängigkeit zu einer untergeordneten macht, andererseits bedingen die beibehaltenen Aneignungsformen der einfachen Warenproduktion, daß es scheinbar weiterhin nur Abhängigkeiten zwischen den *individuellen* Vertragspartnern einer Tauschoperation gibt. Sie verschleiern damit, daß sich hinter dem ›freien‹ Warentausch auf dem Arbeits- wie auf dem Warenmarkt, der die Parzellierung der Gesellschaft in ›Privathaushalte‹ zum wesentlichen ökonomischen Differenzierungskriterium werden läßt, die Spaltung der Gesellschaft in die immer kleiner werdende Klasse der Kapitaleigentümer (Anbieter der An-

wendungsbedingungen der Ware Arbeitskraft) und die wachsende Klasse der Lohnabhängigen (der Besitzer der Arbeitskraft) verbirgt.

Die Klassenspaltung der Gesellschaft, die sich für die Individuen hinter ihrer nur geldlichen Abhängigkeit voneinander verbirgt, hat ihren Ursprung also in Aneignungs- und Produktionsformen, die mit der besitzmäßigen Polarisierung zwischen Arbeitskraft und Arbeitsbedingungen ihre materielle Basis für einen ständig wachsenden Teil der Bevölkerung – die Lohnabhängigen – verloren, damit aber auch keine politische Berechtigung mehr haben.

Marx, für den Teilung der Arbeit und Privateigentum identische Ausdrücke einer Epoche gesellschaftlicher Entwicklung sind, denn »in dem Einen wird in Beziehung auf die Tätigkeit dasselbe ausgesagt, was in dem Andern in Beziehung auf das Produkt« ausgesagt wird[31], sieht die Widersprüche der kapitalistischen Klassengesellschaft in der naturwüchsigen, ungeplanten Entwicklung der gesellschaftlichen Arbeitsteilung angelegt. In diesem Prozeß kommt den blutsverwandtschaftlichen Familienverbänden strukturell-genetische Bedeutung zu: »Mit der Teilung der Arbeit, in welcher alle diese Widersprüche gegeben sind und welche ihrerseits wieder auf der naturwüchsigen Teilung der Arbeit in der Familie und der Trennung der Gesellschaft in einzelne, einander entgegengesetzte Familien beruht, ist zu gleicher Zeit auch die *Ver*teilung, und zwar die *ungleiche*, sowohl quantitative wie qualitative Verteilung der Arbeit und ihrer Produkte gegeben, also das Eigentum, das in der Familie, wo die Frau und die Kinder die Sklaven des Mannes sind, schon seinen Keim, seine erste Form hat.«[32]

Zu gleicher Zeit mit dem Privateigentum entwickelt sich das Privatrecht aus der Auflösung des naturwüchsigen Gemeinwesens. Das Privatrecht fixiert die scheinbar wesentliche Aufgliederung der Gesellschaft in einander entgegengesetzte Familien zur aneignungsrechtlichen Grundlage der vorkapitalistischen Warenproduktion und bekommt schließlich in der bürgerlichen Gesetzgebung der kapitalistischen Gesellschaft seinen allgemeingültigen Ausdruck. Marx stellt fest: »Im Gesetz müssen die Bourgeois sich einen allgemeinen Ausdruck zu geben wissen, eben weil sie als Klasse herrschen.«[33] Sie bestätigen folglich Verkehrsformen, die die bestehenden Distributionsverhältnisse sichern, indem sie sie zu Resultaten des allgemeinen Willens erklären. Wie die widersprüchliche Form gesellschaftlicher Reproduktion sich in der Spaltung der Gesellschaft in die beherrschte Klasse der Lohnabhängigen und die herrschende Klasse der Kapitaleigentümer äußert,

[31] Marx: Deutsche Ideologie, a.a.O., S. 359 (MEW 3, S. 30).
[32] Ebd., S. 359 (MEW 3, S. 32).
[33] Ebd., S. 412. (In MEW 3, S. 62, heißt es sinngemäß: »Die Bourgeoisie ist schon, weil sie eine *Klasse*, nicht mehr ein *Stand* ist, dazu gezwungen, sich national, nicht mehr lokal zu organisieren und ihrem Durchschnittsinteresse eine allgemeine Form zu geben.«)

obwohl die bürgerliche Gesellschaft von ihrem Selbstverständnis aus konstitutionell gleichberechtigten und freien Individuen zusammengesetzt ist, so bestimmt der Widerspruch zwischen gesellschaftlicher Produktion und privater Aneignung auch die klassenspezifische Funktion der Familie als scheinbar von der Sphäre der Produktion geschiedenem institutionellen Rahmen individueller Reproduktion.

Mit der Konzentrationsbewegung des Kapitals einerseits, wie dem Anwachsen der Klasse der Lohnabhängigen andererseits läßt sich freilich beweisen, daß das bürgerliche Recht zwar prinzipiell Besitzanhäufung und private Verfügung über Besitz erlaubt, faktisch aber nicht verhindern kann, ja sogar fördert, daß es zu kontinuierlicher Enteignung konkurrenzunfähiger Produzenten kommt und für den Lohnabhängigen keine Reproduktion auf erweiterter Stufenleiter möglich ist.

Der ›sozialen‹ Marktwirtschaft liegen folglich Besitzverhältnisse zugrunde, die das Produktionsvermögen einer wachsenden Anzahl von Menschen allein in ihrer wie immer qualifizierten Arbeitskraft bestehen lassen.

Will der Besitzer von ›Humankapital‹, wie die Bildungsökonomie das qualifizierte Arbeitsvermögen ungewollt zynisch definiert, sich und seine Angehörigen reproduzieren, so muß er seine Arbeitskraft täglich neu verausgaben, seine Qualifikation für eine Detailfunktion im Produktionsprozeß ständig praktisch umsetzen.

Für seinen ›Arbeitgeber‹, den Besitzer der Produktionsmittel und damit der Anwendungsbedingungen seiner Arbeitskraft, ist es dabei uninteressant, »daß der Arbeiter seine individuelle Konsumtion sich selbst und nicht dem Kapitalisten zuliebe vollzieht. So bleibt der Konsum des Lastviehs nicht minder ein notwendiges Moment des Produktionsprozesses, weil das Vieh selbst genießt, was es frißt. Die beständige Erhaltung und Reproduktion der Arbeiterklasse bleibt beständige Bedingung für die Reproduktion des Kapitals. Der Kapitalist kann ihre Erfüllung getrost dem Selbsterhaltungs- und Fortpflanzungstrieb der Arbeiter überlassen.«[34]

Die familiale Lebensform des Lohnabhängigen stellt sich aus dieser Perspektive lediglich als ›Minimalkonzession‹ an die physischen und psychischen Bedingungen der Selbsterhaltung dar: die Rechte und Pflichten, die die Individuen mit dem Vertragsabschluß zur Ehe und der Familiengründung überantwortet bekommen, sind letztlich nur Ausdruck für den ökonomischen Stellenwert privater familialer Reproduktion. Unter aneignungsrechtlichen wie arbeitsteiligen Aspekten stützt die gegenwärtige wie immer funktional reduzierte Erscheinungsform der Familie eine Phase gesellschaftlicher Arbeits- und Klassenteilung, in der sich Aneignungs- und Enteignungsprozesse wechselseitig bedingen.

Die Möglichkeiten, die die Lohnabhängigen in der ›Privatsphäre‹

[34] Marx: Kapital, Bd. I, a.a.O., S. 597 f.

zur Entfaltung ihrer menschlichen und sozialen Bedürfnisse besitzen, sind vornehmlich dadurch gelenkt, daß sie sich vom Verkauf einer einzigen Warensorte, ihrer Arbeitskraft, ernähren und versorgen müssen. Dabei erscheint der Preis, den sie für die Verausgabung ihrer Arbeitskraft verlangen können, als Preis der Arbeitsleistung eines Arbeitstages. Mit dem erzielten Gegenwert ›dürfen‹ sie privat haushalten, freilich nicht nur, um sich selbst konkurrenzfähig zu erhalten, sondern auch, um die Versorgung der Angehörigen, insbesondere ihres Nachwuchses, zu gewährleisten. »Die einzelnen Familien scheinen also selbst Ökonomie in ihren Reproduktionsbedingungen zu treiben.«[35]
Da sie privat ›haushalten‹, scheint es, daß sie ihre Selbsterhaltung in eigener Regie organisieren können. Die Mystifikation ihres ›kapitalgerechten‹ Verhaltens als einer individuell gesteuerten Handlungsweise entsteht durch die bürgerliche Fiktion der freien Verfügbarkeit über eigenen Besitz, also auch über die eigene Arbeitskraft, deren Wert sie nicht selbst bestimmen können. Spricht das Privatrecht einerseits aus, daß das Privateigentum vom Gemeinwesen unabhängig geworden ist, so produziert es andererseits die Illusion, »als ob das Privateigentum selbst auf dem bloßen Privatwillen, der willkürlichen Disposition über die Sache beruhe.«[36]
Dieser willkürlichen Disposition durch den Privateigentümer sind sehr strenge ökonomische Grenzen gesetzt, »da überhaupt die Sache, bloß in Beziehung auf seinen Willen betrachtet, gar keine Sache ist, sondern erst im Verkehr, und unabhängig vom Recht zu einer Sache, zu wirklichem Eigentum wird«[37].
Der formale Charakter der privatrechtlichen Bestimmungen reduziert die wirkliche Entscheidungsfreiheit des Lohnabhängigen darauf, sich im Lohnarbeitsvertrag die Anwendungsbedingungen seiner Arbeitskraft diktieren zu lassen, oder aber sich und seine Angehörigen der sozialen Deklassierung bis hin zum Obdachlosendasein zu überantworten.
Was dem Lohnabhängigen, der die ökonomische Determiniertheit seiner Situation nicht durchschaut, als Schicksal familialer Familienzugehörigkeit oder aber als individuelle Fehldisposition mit den von der Gesellschaft gewährten ›Chancen‹ erscheint, ist nichts anderes als die »Zwickmühle des Prozesses selbst, die den einen stets als Verkäufer seiner Arbeitskraft auf den Warenmarkt zurückschleudert und sein eignes Produkt stets in das Kaufmittel des anderen verwandelt. In der Tat gehört der Arbeiter dem Kapital, bevor er sich dem Kapitalisten verkauft. [...] Seine ökonomische Hörigkeit [...] ist zugleich vermittelt und zugleich versteckt durch die periodische Erneurung seines Selbstverkaufs, den Wechsel seiner individuellen Lohnherrn und die Oszillation im Marktpreise der Arbeit.«[38]

[35] Gilgenmann, a.a.O., S. 290.
[36] Marx: Deutsche Ideologie, a.a.O., S. 411 (MEW 3, S. 63).
[37] Ebd. [38] Marx: Kapital, Bd. I, a.a.O., S. 603.

Wenn es auch die individuellen und nicht die familialen Reproduktionsbedingungen sind, die den widersprüchlichen Charakter der kapitalistischen Produktion, bzw. den systematischen Stellenwert der Arbeitskraft als Ware, für den Angehörigen dieses Gesellschaftssystems mystifizieren, so erfüllt doch die rechtliche Entscheidungsfreiheit des Erwachsenen darüber, ob er den individuellen oder den familialen Weg der Reproduktion einschlagen möchte, bestätigende Funktion.

Als ein durch die Arbeitsteilung zwischen Mann und Frau bestimmter naturwüchsiger Zusammenschluß zur Erhaltung menschlichen Lebens wurzelt die heutige Erscheinungsform der bürgerlichen Familie in einer Phase gesellschaftlicher Entwicklung, in der einerseits Sklaven als Privateigentum zur Familie gehören konnten, andererseits die Scheidung zwischen den objektiven Arbeitsbedingungen und der subjektiven Arbeitskraft – Kennzeichen der Industrialisierung – noch nicht vollzogen war. Institutionell nach wie vor geprägt von diesen, mit der Entfaltung der gesellschaftlichen Produktivkräfte und der Proklamation der Menschenrechte längst überholten materiellen Lebensbedingungen, vertuscht die familiale Reproduktion einen für die kapitalistische Ausbeutung der Arbeitskraft wesentlichen Tatbestand: sie verschleiert, daß die Klasse der Lohnabhängigen – ebenso aus familialen Privathaushalten zusammengesetzt wie die Klasse der Kapitaleigentümer – im Prozeß der Akkumulation gesellschaftlichen Reichtums systematisch übervorteilt wird, und zwar deshalb, weil der im Austausch erzielte Gegenwert für ihre Ware nur die einfache Reproduktion des Individuums und seiner Angehörigen gestattet.

Die private familiale Haushaltsführung befestigt also, unabhängig von ihrer empirischen Beschaffenheit, die privatrechtliche Autonomie beider Klassen von ›Privateigentümern‹. Warum die beiden Arten von Warenbesitzern mit dem zwischen ihnen geschlossenen freien Arbeitsvertrag notwendig in ein antagonistisches Herrschaftsverhältnis geraten, muß bürgerlichem Denken daher verborgen bleiben. Auch bei näherer Betrachtung der bürgerlichen Familienform kann man ja »allenfalls quantitative Verschiedenheit der Revenuen feststellen, mit deren Hilfe die Besitzer der Arbeitskraft einerseits und die Besitzer der anderen Waren andererseits sich reproduzieren«[39].

Wenn jedoch deutlich ist, daß der Gegenwert verausgabter Arbeitskraft (individuell gesehen unabdingbare Voraussetzung zur Existenzerhaltung) unter dem Gesichtspunkt der Kapitalverwertung das einzige Mittel zur Schaffung von Neuwert oder Mehrwert darstellt, kann auch begriffen werden, daß die Entlohnung menschlicher Arbeitskraft in der unternehmerischen Ertragsrechnung als ein Unkostenfaktor erscheint, dessen Anteil an der ge-

[39] Gilgenmann, a.a.O., S. 290.

samten Kapitalmasse strengster ökonomischer Kalkulation unterliegen muß.
Nur der in Arbeitskraft umgesetzte Kapitalteil verändert seinen Wert im Produktionsprozeß; er reproduziert nicht nur sein eigenes Äquivalent, sondern einen Überschuß darüber, »Mehrwert, der selbst wechseln, größer oder kleiner sein kann. Aus einer konstanten Größe verwandelt sich dieser Teil des Kapitals fortwährend in eine variable.«[40] Marx nennt ihn daher variablen Kapitalteil oder kürzer: variables Kapital. Was sich vom Gesichtspunkt des Arbeitsprozesses als objektive Faktoren in Form von Produktionsmitteln und subjektiven Faktoren in Form von Arbeitskraft darstellt, teilt sich im Verwertungsprozeß in konstantes und variables Kapital.
Während die Bezahlung der Arbeitskraft also das wesentliche Mittel zur Reproduktion des Kapitals auf erweiterter Stufenleiter, zur Akkumulation ist, so ist der Teil des Wertüberschusses, den der *Kapitaleigentümer*, sei's allein, sei's in der Familie privat konsumiert, mit seiner Konsumtion vernichtet. Vorausgesetzt, daß die Höhe des privat konsumierten Teils des Mehrwerts nicht die Konkurrenzfähigkeit des Einzelkapitals in Frage stellt, ist das familial konsumierte Einkommen hier ökonomisch bedeutungslos. Ebenso gleichgültig ist vom Standpunkt der Kapitalverwertung, ob sich der Kapitaleigentümer einzeln reproduziert und die Erben seiner Besitztitel nach Neigung testamentarisch festlegt oder aber, ob selbstgezeugte Nachkommen die Rolle der Personifikation des Kapitals übernehmen.
Demgegenüber beweist die direkte und indirekte staatliche Förderung und Stützung familialer Reproduktion, daß die Reproduktionsform, die die *lohnabhängige Bevölkerung* wählt, den kapitalistischen Verwertungsbedingungen durchaus nicht äußerlich ist.
Die empirischen Ergebnisse der schichtspezifischen Sozialforschung über die geringe Aufstiegsmobilität und die schichtspezifische berufliche Selbstrekrutierung des Nachwuchses in unserer Gesellschaft belegen, in welchem Maß die Lohnabhängigen die Reproduktion ihrer ›Race‹ mitverantworten.
Damit, daß die Familie als allgemeingültiges Rechtsverhältnis die klassenspezifische Funktion der Tradierung und Konsumtion privat angeeigneter Werte legitimiert, indem sie die Sachzwänge der unternehmerischen Gewinnmaximierung eigentumsrechtlich bzw. erbrechtlich an Personen bindet, d. h. die Personifikation des Kapitals generationsweise tradiert, auf der anderen Seite aber vitale Bedürfnisse, soziale Verantwortungsbereitschaft und das naturwüchsig entstandene Autoritätsgefälle zwischen Mann und Frau im Sinne dieser Sachzwänge ausnutzbar macht, ist die politisch-ökonomische Bedeutung privater, familial realisierter Reproduktion nicht erschöpft.

[40] Marx: Kapital, Bd. I, a.a.O., S. 224.

Gemessen an der Entfaltung der gesellschaftlichen Arbeitsteilung im Kapitalismus muß die familiale Reproduktion als rudiomentäre Erscheinungsform vorkapitalistischer Privatarbeit begriffen werden. Hier drängt sich die Frage auf, warum die Atomisierung der Gesellschaft in politisch und ökonomisch eigenständige ›Privatproduzenten‹ an der familialen Reproduktionsform spezifische Grenzen finden mußte. Die Beantwortung dieser Frage verweist auf den für sich genommen trivialen Tatbestand der ›naturalen‹ Bedingungen menschlicher Reproduktion, die offenbar durch die kapitalistische Entfaltung der Produktivkräfte nicht effektivierbar sind und sich der kapitalistischen Vergesellschaftung der Arbeit entziehen. Nicht nur als elementare privatrechtliche Verkehrsform, mit der die bestehenden Distributionsverhältnisse legitimiert werden, sondern auch als Produktivkraft kommt der Familie bzw. der Ehe strukturelle Bedeutung für die kapitalistische Reproduktion der Gesellschaft zu. Damit steht der Ehevertrag als Rahmen geschlechtlicher Produktivität, steht die Familie als arbeitsteiliges Verhältnis zur Reproduktion der lohnabhängigen Bevölkerung zur Diskussion.

Wenn auch die Scheidung der Produzenten von ihren Produktionsmitteln und die industrielle Organisation der Arbeit die Familie als selbständige Produktionseinheit mit der Möglichkeit der Verfügung über fremde Arbeitskraft (Sklaven, Leibeigene, Knechte) zerstörte und die freie Konkurrenz ›einander entgegengesetzter Familien‹ zur Farce werden ließ, so konnte doch die durch die Zeugungs- und Gebärfähigkeit des Menschen bedingte ursprüngliche Form menschlicher Arbeitsteilung zwischen Mann und Frau auch im Rahmen der gegebenen Form gesellschaftlicher Reproduktion nicht umgangen werden. Diese Tatsache verbietet es auch, die Familie klar der Konsumtionssphäre zuzuordnen, oder als rein konsumtive Instanz zu sehen, die als willkürliches oder zufälliges‹ Bindeglied zwischen die individuelle Lebenserhaltung und die gesellschaftliche Reproduktion geschaltet wäre und lediglich eine Konzession an das menschliche Bedürfnis nach ›Geselligkeit‹ darstellte. Auf dem gegebenem Stand der Entfaltung der gesellschaftlichen Produktivkräfte bildet vielmehr die sozialwissenschaftlich als ›Kernfamilie‹ bezeichnete Vater-Mutter-Kind-Konstellation bisher noch die billigste Form, um den natürlichen Voraussetzungen der Produktion menschlichen Lebens Rechnung zu tragen. Durch die kapitalistische Form gesellschaftlicher Reproduktion in ihrer Physiognomie verändert, stellt sich daher die Familie, was die Zeugung und Aufzucht des Nachwuchses angeht, als eine »Zwitterform« vorbürgerlicher Privatarbeit dar, »worin die Mehrarbeit weder durch direkten Zwang dem Produzenten ausgepumpt wird, noch auch dessen Unterordnung unter das Kapital eingetreten ist«[41].

[41] Marx: Kapital, Bd. I, a.a.O., S. 533.

Die damit verbundene Institutionalisierung von Privatarbeit, die zur Zeugung, Versorgung und Primärerziehung des Nachwuchses besonders von der Frau aufgebracht werden muß, zeugt von der Ungleichzeitigkeit der kapitalistischen Entwicklung der Produktivkräfte: Vergleicht man die in einfacher Kooperation sich vollziehende Aufzucht und Versorgung des Nachwuchses nämlich mit der Vergesellschaftung der Arbeit in der Industrie, so erscheint die familiale Aufzuchtsinstanz eindeutig als ›organisatorisches Defizit‹ (Claessens) gerade als solches stellt sie jedoch eine systematische Bedingung der Exploitierbarkeit menschlicher Arbeitskraft dar.

Verantwortlich dafür, daß im Kapitalismus ein der Entfaltung gesellschaftlicher Produktivität partiell widersprechendes, da vorindustrielle Stufen von gesellschaftlicher Arbeitsteilung repräsentierendes Produktionsverhältnis fortexistiert, ist nach allem sowohl die ›naturale Schranke‹, die die psychophysischen Reproduktionsbedingungen der Menschengattung der konsequenten Abschaffung (kapitalistisch rationaler) naturwüchsiger Arbeitsteilung entgegensetzen, als auch die aneignungsrechtliche Bedeutung, die die private Haushaltsführung und die Kleinkinderziehung als der Ort der Reproduktion der Ware Arbeitskraft im kapitalistischen System besitzt. Zum besseren Verständnis sei noch einmal die wesentlichen sich widersprechenden Bestimmungen der kapitalistischen Warenproduktion verwiesen:

- In der kapitalistischen Warenproduktion ist auch die menschliche Arbeitskraft in die Warenform gezwungen. Ihr spezifischer Gebrauchswert besteht darin, mehr Werte herstellen zu können als ihre eigene Herstellung und die Reproduktion ihrer Gattung jeweils kostet. Dieses Faktum bildet die Grundlage kapitalistischer Ausbeutung menschlicher Arbeit.
- Nützliche Gegenstände oder Gebrauchswerte (also auch die Arbeitskraft) werden nur zu Waren, weil sie Produkte unabhängig voneinander betriebener und für den Austausch produzierter Privatarbeiten sind.
- Die besondere Produktivität der kapitalistischen Produktionsweise resultiert jedoch aus der Vergesellschaftung der Arbeit, aus der planvollen und koordinierten Arbeitsteilung in der Industrie.

Marx selbst weist in diesem Zusammenhang schon darauf hin, daß die Aufhebung der naturalen Schranken familialer Reproduktion (die sich politisch-ökonomisch in der Aufhebung der getrennten Wirtschaft und des Privateigentums äußern müsse), bisher nicht allein deshalb unmöglich war, weil die kapitalistischen Reproduktionsbedingungen dies nicht zugelassen hätten, sondern weil die gesellschaftlichen Produktivkräfte für die Aufhebung der getrennten Wirtschaft noch nicht erstellt worden seien. Was möglich war, zeige sich »in der Zusammenrückung zu Städten und in der

Erbauung gemeinsamer Häuser zu einzelnen bestimmten Zwekken (Gefängnisse, Kasernen, etc. etc.)«[42]. Was möglich sein könnte, zeigt sich heute schon in den Forschungsprojekten und Experimenten zur Vergesellschaftung der Erziehung.

Ohne bestimmte materielle Voraussetzungen gesellschaftlicher Produktivität »würde die gemeinsame Wirtschaft nicht selbst wieder eine neue Produktionskraft sein, aller materiellen Basis entbehren, auf einer bloß theoretischen Grundlage beruhen, d. h. eine bloße Marotte sein und es nur zur Klosterwirtschaft bringen«[43]. Es versteht sich nach Marx von selbst, daß die Aufhebung der getrennten Wirtschaft von der Aufhebung der Familie nicht zu trennen ist.

Selbst in Übergangsgesellschaften, in denen das Privateigentum an Produktionsmitteln abgeschafft ist, werden die zur planvollen und individuell entlastenden Vergesellschaftung von Aufzuchts- und Erziehungsaufgaben notwendigen Mittel und Institutionen nur allmählich und unter höchster materieller Anstrengung errichtet. Es darf also nicht verwundern, daß im Rahmen marktwirtschaftlich geschützter Gewinninteressen am gesellschaftlichen Mehrprodukt die Vergesellschaftung von Versorgungs- und Erziehungsarbeit überhaupt nur dort in Angriff genommen wird, wo der Fortpflanzungstrieb und Selbsterhaltungstrieb der Menschen nicht störungsfrei für die kapitalistische Reproduktion zu funktionalisieren sind.

Die schon um die Jahrhundertwende staatlich eingeführte allgemeine Schulpflicht wie die gegenwärtigen Bemühungen um die öffentliche Erziehung im Elementarbereich sind Beweis genug, daß die unzureichende Planbarkeit des ›Outputs‹ familialer Sozialisation wie auch die unproduktive Bindung weiblicher Arbeitskraft durch Hausarbeit und Kinderaufzucht bei der kapitalistischen Effektivierung des Arbeitsprozesses als Störfaktoren wirken und daher zunehmend eingeschränkt und substituiert werden müssen.

Grundsätzlich offenbart die zunehmende staatliche Kontrolle der Vorgänge in der Privatsphäre, die sich in der Ersetzung und Präzisierung familialer Pflichten und Aufgaben ausdrückt, inwiefern die Auswirkungen der verbliebenen personellen Abhängigkeiten in der Familie – auf die Herstellung der Ware Arbeitskraft bezogen – dem Grundprinzip ökonomischer Wirtschaftsführung: Minimisierung des Kostenaufwandes, Maximierung des Gewinnes, nicht Genüge leisten oder gar widersprechen.

Marx begründet die Zunahme staatlicher Regulierungs- und Kontrollfunktionen, durch die mit der Dispositionsfreiheit in der Privatsphäre das ihr zugrunde liegende Gesetz der freien Ausbalancierung von Angebot und Nachfrage ad absurdum geführt wird, folgendermaßen:

[42] Marx: Deutsche Ideologie, a.a.O., S. 393. [43] Ebd.

»Eben weil die Individuen nur ihr besonderes, für sie nicht mit ihren gemeinschaftlichen Interessen zusammenfallendes suchen, wird dies als ein ihnen ›fremdes‹ und von ihnen ›unabhängiges‹, als ein selbst wieder besonderes und eigentümliches ›Allgemeininteresse‹ geltend gemacht [...] Andererseits macht denn auch der praktische Kampf dieser beständig wirklich den gemeinschaftlichen oder illusorischen gemeinschaftlichen Interessen entgegentretenden Sonderinteressen, die praktische Dazwischenkunft und Zügelung durch das illusorische ›Allgemeininteresse‹ als Staat nötig.«[44]
Das ›gemeinschaftliche‹ Interesse an der Erhaltung der ökonomischen Grundlage kapitalistischer Produktion muß sich im Staat eine mit Machtbefugnissen ausgestattete ›selbständige Gestaltung‹ geben, da die im Konkurrenzkampf produzierten Sonderinteressen die langfristige Reproduktion der Gesellschaft in Frage stellen.
Die frühkapitalistischen Produktionsinteressen, die die Durchsetzung der freien Lohnarbeit erzwungen, damit aber alle persönlichen und ständischen Abhängigkeiten, wie sie im Sklavenhaltertum, der Leibeigenschaft und im Zunftwesen repräsentiert gewesen waren, in ›sachliche Abhängigkeiten‹ (vertraglich geregelte Tauschbeziehungen) verwandelt hatten, waren selbstverständlich an den letzten ›natürlichen‹ Abhängigkeiten in den Familien verarmter Handwerker und Bauern und Arbeiter nicht spurlos vorübergegangen. An den Ausmaßen, die die Kinderarbeit in der Hausindustrie und in den Fabriken bis zum zweiten Drittel des 19. Jahrhunderts angenommen hatte, zeigt sich, wie die Atomisierung der Gesellschaft in besitzlose Lohnabhängige die elterliche Verfügungsgewalt und Verantwortungsbereitschaft über die letzten noch ihrer Kontrolle unterstehenden ›Produkte‹ demoralisieren mußte. Nicht der Mißbrauch elterlicher Gewalt ist es allerdings, »der die direkte oder indirekte Exploitation unreifer Arbeitskräfte durch das Kapital schuf, sondern es ist umgekehrt die kapitalistische Exploitationsweise, welche die elterliche Gewalt durch Aufhebung der ihr entsprechenden ökonomischen Grundlage, zu einem Mißbrauch gemacht hat.«[45] Aus blanker Not, nicht aus unmenschlicher Bereicherungssucht waren die verbliebenen personalen Abhängigkeiten in den Familien der Besitzlosen so mißbraucht worden, daß die Reproduktion der Gattung bedroht war. Endlich wurden Parlamentarische Kommissionen eingesetzt, um die Auswirkungen der Kinderarbeit zu untersuchen. Sie brachten Ergebnisse, die »das furchtbarste Gemälde von Habsucht, Selbstsucht und Grausamkeit der Kapitalisten und Eltern, von Elend, Degradation und Zerstörung der Kinder und jungen Personen, das

[44] Ebd., S. 360f. (MEW 3, S. 34).
[45] Marx: Kapital, Bd. I, a.a.O., S. 514.
[46] W. N. Senior: Social Science Congress, p. 55–58, zit. in: Marx: Kapital, Bd. I, a.a.O., S. 517.

jemals das Auge der Welt schlug [...]«[46], darstellten. Wie W. N. Senior, als Vulgärökonom einer der offiziellen Wortführer der damaligen Bourgeosie, zu bedenken gab, lag dieser 1842 erstellte Untersuchungsbericht unbeachtet zwanzig Jahre lang, »während deren man jenen Kindern, herangewachsen ohne die geringste Ahnung weder von dem, was wir Moral nennen, noch von Schulbildung, Religion, oder natürlicher Familienliebe – diesen Kindern erlaubte man, die Eltern der jetzigen Generation zu werden.«[47]
Als schließlich zum Ende des 19. Jahrhunderts die Kinder- und Frauenarbeit in der Industrie gesetzlich beschränkt und die abhängigen Angehörigen in der Familie rechtlich geschützt wurden, war dies weniger eine Konsequenz der Aufrüttelung bürgerlichen Gewissens, sondern der Einsicht in ökonomische Notwendigkeiten. Die Gewalt der Tatsachen hatte die Bourgeoisie und den Staat als ihren Funktionsträger anzuerkennen gezwungen, »daß die große Industrie mit der ökonomischen Grundlage des alten Familienwesens und der ihr entsprechenden Familienarbeit auch die alten Familienverhältnisse selbst auflöst«[48]. Sollte der Verfall physischer Kondition, Arbeitsmoral wie auch bestimmter Aufzuchtsqualifikationen also aufgehalten werden, mußte das Recht der Kinder proklamiert, mußte die Familie als ›sittliche Einheit‹ restauriert werden.
In dem Maße, in dem die Entwicklungsbedingungen und die Reifung des Nachwuchses öffentlicher Kontrolle unterstellt werden – von der gesetzlichen Definition der elterlichen Pflichten und Rechte bis zur Ersetzung familialer Bildungs- und Sozialisationsfunktionen durch die Schulpflicht, durch externe Berufsbildung und endlich auch durch vorschulische Institutionen, verliert der Schein privatrechtlicher Autonomie zunehmend an Glanz. Nichtsdestoweniger bleibt der familiale Privathaushalt nach wie vor institutioneller Grundpfeiler des bürgerlich-kapitalistischen Gesellschaftssystems.
Für die Lohnabhängigen bedeutet das: Über den Entschluß zur Ehe wie über die Zeugung und Versorgung von Nachwuchs kann nach wie vor privat entschieden, die damit verbundenen ökonomischen Konsequenzen müssen privat kalkuliert und getragen werden, doch berechtigt die für die Kinderaufzucht aufgewendete Arbeit nicht zur Verfügung über die Arbeitskraft der Kinder. Bedeutete die freilich noch sehr rohe und latente Sklaverei in der Familie »das erste Eigentum, das übrigens hier schon vollkommen der Definition der modernen Ökonomen entspricht, nach der es die Verfügung über fremde Arbeitskraft ist«[49], so verbietet jetzt das bürgerliche Gesetz, Kinder als Privateigentum und die Frau als Produktionsinstrument zu betrachten.
Bestehen also einerseits nach wie vor, gesetzt durch die natur-

[47] Ebd.
[48] Marx: Kapital, Bd. I, a.a.O., S. 513.
[49] Marx: Deutsche Ideologie, a.a.O., S. 359 (MEW 3, S. 32).

wüchsige Arbeitsteilung und Herrschaftsstruktur, in der Familie Rudimente latenter Sklaverei, so kann das Familienoberhaupt sie nun nicht mehr zu seiner Bereicherung oder zur Entlastung seiner eigenen Arbeitskraft auf dem Markt vernutzen. Die väterliche Willkür und Macht findet dort ihre Grenze, wo sie Frauen und Jugendliche im Widerspruch zu den Grundrechten daran hindern könnte, als Privateigentümer ihrer Arbeitskraft aufzutreten und wo sie die Grundqualifizierung des Nachwuchses für seine Tätigkeit in der Produktion zu verhindern droht. Diese Handhabung findet ihre Bestätigung in der gesetzlichen Regelung, die das Zuhältertum bestraft, Prostitution aber gestattet.

Die ökonomischen Hörigkeiten, von denen die Familienbeziehungen nach wie vor bestimmt sind, haben ihre Schranke dort, wo sie die Ausbeutung der Arbeitskraft im Produktionsprozeß stören könnten, bleiben aber aufrechterhalten, soweit sie zur Ökonomisierung der Produktion und Reproduktion des variablen Kapitalteils dienen.

Da dem Mann aufgrund seiner naturwüchsigen materiellen Überlegenheit die Rolle des Ernährers zukommt, kann in die Bewertung seiner Arbeitskraft die Reproduktion von Familienangehörigen miteingehen. »Die Summe der zur Produktion der Arbeitskraft notwendigen Lebensmittel schließt also die Lebensmittel der Ersatzmänner ein, d. h. der Kinder der Arbeiter, so daß sich diese Race eigentümlicher Warenbesitzer auf dem Warenmarkte verewigt.«[50]

Die Arbeitsleistungen, die die Frau im Haushalt und in der Kinderaufzucht vollbringt, unterstehen keiner gesellschaftlich geregelten Vergütung. Ihre Stellung in der Familie ist nicht durch einen Tauschvertrag sondern durch ein formelles Treuegelöbnis bestimmt, das ihre weitgehende Abhängigkeit von der Willkür des Mannes nach sich zieht. Da ihr gesellschaftlich primär Haushalts- und Gebäraufgaben gestellt sind, für die der Mann die ökonomische Verantwortung zu tragen hat, wird ihre etwaige Erwerbstätigkeit politisch zwar geduldet und in letzter Zeit sogar gefördert, bleibt aber ökonomisch als ›Zuarbeit‹ definiert und kann als solche geringer bewertet werden als die Arbeitskraft des Mannes.

Ähnlich wird mit der Einstufung von Lehrlingen und Jungarbeitern verfahren. Ohne den materiellen Rückhalt in Form von Wohngelegenheit und Versorgungsleistungen könnten sie sich von ihrem Lohn nicht reproduzieren. Ihr Existenzminimum wird nicht individuell, sondern nach Maßgabe ihrer familialen Sicherung durch den Hauptverdiener bestimmt. Folglich sind Frauen wie Jugendliche sofort benachteiligt, wenn sie ihren Status als freie Rechtspersonen faktisch in Anspruch nehmen wollen, d. h. aber: die Familie *vor* ihrer vollen Geschäftsfähigkeit verlassen oder aber ihrer Rolle als Hausfrau und Mutter nicht nachkommen wollen.

[50] Marx: Kapital, Bd. I, a.a.O., S. 186.

Hier zeigt sich deutlich, inwiefern die im Privatrecht und im Grundgesetz postulierte Gerechtigkeit des freien Warentausches durch die kapitalistischen Verwertungsinteressen negiert werden. Die Schizophrenie besteht darin, daß einerseits das erwachsene, zu privater Haushaltsführung befugte Individuum gesetzlich und moralisch daran gehindert wird, die in der monogam-patriarchalischen Familienstruktur angelegten personalen Abhängigkeiten ausbeuterisch zu mißbrauchen, andererseits aber den Besitzern der Produktionsmittel nicht verboten wird, eben diese personalen Abhängigkeiten in ihre Gewinnmaximierungsstrategien systematisch einzubeziehen.
Folglich haben auch die familiale Solidarität und die familiale Verantwortungsbereitschaft, die sich in dem moralischen Anspruch der Individuen äußern, den Ehe- und Familienvertrag als Liebesbeziehung auszugestalten, einen Doppelcharakter: sie sichern auf der individuellen Ebene dem Kapital die Möglichkeit, über die Arbeitskraft der Frau und des Jugendlichen als einer Ressource zu verfügen, die billig und disponibel ist, kann doch ihre Reproduktion auf private, ethisch motivierte Verantwortung, d. h. aber auf privat getragene Mehrarbeit, abgewälzt werden.

### c) *Familienrecht und Familienpolitik in der BRD*

Obwohl die Familie ihrer ursprünglichen materiellen Basis für die Mehrzahl der Bevölkerung beraubt ist, bleibt ihre ökonomische Eigenverantwortlichkeit also gesetzlich beschlossene Sache. In der rechtlichen Behandlung von Ehe und Familie äußern sich symptomatisch die widersprüchlichen Voraussetzungen kapitalistischer Produktionsweise. Einerseits implizieren die gegebenen Aneignungsverhältnisse die private Reproduktion der Arbeitskraft (Waren sind unabhängig voneinander für den Tausch produzierte Gegenstände bzw. Gebrauchswerte), andererseits fordert der Produktionsprozeß auf gegebenem Stand gesellschaftlicher Arbeitsteilung und der daraus sich ergebenden Produktivität ein qualitativ wie quantitativ kalkulierbares Potential vernutzbaren Arbeitsvermögens. Entsprechend diesen Voraussetzungen wird die Familie als Reproduktions- und Sozialisationsinstanz beibehalten, werden innerfamiliale Vorgänge aber zunehmend staatlicher Einflußnahme unterworfen.
In einem kommentierenden Vorwort zum BGB[51] wird darauf hingewiesen, daß die veränderten Reproduktionsbedingungen seit dem Beginn des 20. Jahrhunderts nicht ohne Einfluß auf die Gesetzgebung bleiben konnten. »Das BGB hat den Wandel der Verhältnisse [...] nicht ohne einige tiefgreifende Veränderungen

[51] Bürgerliches Gesetzbuch, Textausgabe, 13. Auflage, Einführung von Prof. Dr. K. Larenz, München 1970.

überdauert. Die wichtigsten von ihnen betreffen das Familienrecht.«[52] Andererseits wird aber betont: »Erwähnen wir weiter, daß Ehe und Familie nach Art. 6 Abs. 1 unter dem besonderen Schutz der staatlichen Ordnung stehen, so wird deutlich, daß damit die wichtigsten Institutionen unseres Privatrechts ihre Bestätigung in der Verfassung erhalten haben.«[53]

Faktisch wird die Familie, wenn auch immer noch basierend auf einem freiwillig eingehbaren und individuell zu verantwortenden Vertrag, mit zunehmender staatlicher Einflußnahme auf individuelle Entwicklungsbedingungen zu einem im doppelten Sinn der Bedeutung untergeordneten Verhältnis. Insofern den rechtlichen Eingriffen in die sogenannte ›Privatsphäre‹ das politische Ziel zugrunde liegt, die nicht zu leugnenden Widersprüche zwischen familialer Reproduktion und individuellen Entfaltungschancen aufzulösen, sind sie durchaus an der Verwirklichung der Grundrechte orientiert; da sie aber die materiellen Bedingungen außer acht lassen, auf deren Grundlage die Konflikte aufgehoben werden sollen, verwandeln sie sich in Instrumente zur Ökonomisierung menschlicher Reproduktion im Dienste der herrschenden Klasse.

Wodurch kennzeichnet sich im wesentlichen die gültige privatrechtliche Regelung familialer Abhängigkeiten?

Ungefähr 100 Jahre nach der Proklamation der Menschenrechte wird im § 1 des BGB festgelegt: »Die Rechtsfähigkeit des Menschen beginnt mit der Vollendung der Geburt.«

Der § 1626 legt im zweiten Abschnitt fest: »Der Vater und die Mutter haben, soweit sich aus den folgenden Vorschriften nichts anderes ergibt, kraft der elterlichen Gewalt das Recht und die Pflicht, für die Person und das Vermögen des Kindes zu sorgen; die Sorge für die Person und das Vermögen umfaßt die Vertretung des Kindes.« Fast 200 Jahre nach der Proklamation bürgerlicher Rechtsprinzipien wird 1957 im ›Gleichberechtigungsgesetz‹ die im Grundgesetz der BRD postulierte Gleichberechtigung von Mann und Frau bestätigt; dennoch bleibt die Frau weiterhin zur Führung des Haushalts verpflichtet: »Die Frau führt den Haushalt in eigener Verantwortung. Sie ist berechtigt, erwerbstätig zu sein, soweit dies mit ihren Pflichten in Ehe und Familie vereinbar ist.«[54]

Im IV. Buch des BGB, dem ›Familienrecht‹, ist formell geregelt, daß die materielle Verfügungsgewalt, die der Hauptverdiener über die psychisch wie physisch abhängigen Kinder wie über die gemäß ihrer gesellschaftlichen Rollendefinition unterlegene Frau besitzt, nicht im Widerspruch zu den grundrechtlichen Bestimmungen ausgenutzt werden darf.

Mißt man diese formelle Festsetzung an der Formbestimmtheit individueller Reproduktion durch die kapitalistischen Verwertungs-

[52] Larenz: Einführung zum BGB, a.a.O., S. 19.
[53] Ebd., S. 18.
[54] BGB § 1356 Abs. 1.

bedingungen, so regeln die Ausführungen des BGB zum Recht auf freie Entfaltung und Selbstbestimmung nur, daß sich aus der Tatsache der zur Erziehung des Nachwuchses aufgewendeten Privatarbeit und der in seinem Lohn ausgedrückten ökonomischen Hauptverantwortung des Mannes in der Familie kein Recht für die Erzieher und Ernährer ableitet, die abhängigen Familienangehörigen am eigenständigen Verkauf ihrer Arbeitskraft zu hindern.
Ist also den abhängigen Familienangehörigen gestattet, sich unter Berufung auf die Grundrechte gegen privaten Mißbrauch ihrer individuellen Entfaltungsinteressen zur Wehr zu setzen, so bewirkt doch ihre damit noch nicht beseitigte *materielle* Abhängigkeit, daß ihre Rechtsansprüche sie nicht vor dem vorkapitalistischen Mißbrauch ihres Arbeitsvermögens in der Familie bewahren. Im Art. 6 des Grundgesetzes ist die Verpflichtung der Eltern festgehalten, den Nachwuchs physisch und psychisch für seine Eingliederung in die Gesellschaft zu disponieren sowie ihn zu gegebener Zeit Erziehungsinstanzen zuzuführen, die seine Qualifikation auf den kulturell und technologisch notwendigen Stand bringen und damit den Gebrauchswert seiner Arbeitskraft vervollständigen.
Über diese Pflichten hinaus ist die primäre familiale Erziehung in pädagogischer wie finanzieller Hinsicht (von den Elternberatungsstellen, Kindergeldzuwendungen und Steuererleichterungen einmal abgesehen) Privatsache, die höchsten Dilettantismus implizieren kann, hängt es doch von der Willkür und der Intuition, vor allem aber auch von den materiellen Möglichkeiten der Eltern ab, welche Rolle die Kinder im familialen Reproduktionszusammenhang spielen und welchen moralischen und materiellen Anforderungen sie sich zu stellen haben.
Wenn in bürgerlichen Gesetzesinterpretationen auf die von den Kindern zu erbringenden Arbeitsleistungen und die an sie stellbaren Ansprüche eingegangen wird, liest sich das so: »Hinsichtlich der vom Kind zu erbringenden Dienste wird (im § 1619, PM) zum Ausdruck gebracht, daß diese seinen körperlichen und geistigen Fähigkeiten sowie seiner Lebensstellung entsprechen müssen, das Kind also nicht über Gebühr in Anspruch genommen oder gar ausgenutzt werden darf. Zu derartigen Diensten gehören nicht nur das Rasenmähen, das Waschen des väterlichen Kraftfahrzeugs, Besorgungen für den Haushalt oder kleinere Reparaturen [...], sondern auch Arbeiten im Betrieb oder Geschäft der Eltern. Ob dem Kind dafür eine Vergütung gezahlt wird, unterliegt dem freien Willen der Eltern. Sofern das Kind jedoch im Betrieb des Vaters voll mitarbeitet und eine bezahlte Arbeitskraft ersetzt, wird man ein Arbeitsverhältnis annehmen und einen Entgeltanspruch für diese Tätigkeit bejahen müssen, sofern der Betrieb oder das Geschäft entsprechende Einnahmen abwerfen, sich also nicht etwa im Stadium des Aufbaus befinden.«[55]

[55] H. J. Göring: Das Recht des Kindes und der Eltern, München 1969, S. 51.

Während hier also geregelt wird, daß produktive Arbeitsleistungen im elterlichen Betrieb einen geregelten Arbeitsvertrag und angemessene Vergütung beanspruchen lassen – freilich nur, wenn das Geschäft ›floriert‹ –, wird unterschlagen, was mit Kindern geschieht, deren Eltern durch den Zwang zum Verkauf ihrer Arbeitskraft gezwungen sind, die Kinder über Gebühr in die Organisation des Familienalltags miteinzubeziehen und sie psychischer und physischer Verwahrlosung auszusetzen. Eingriffe von öffentlicher Seite sind gesetzlich nur in krassen Härtefällen vorgesehen.
So wird im Jugendbericht der Bundesregierung zwar betont, wie dringend notwendig die Einrichtung von qualifizierten Jugendbehörden sei in einer Zeit, in der die Erziehungsaufgaben der Eltern vielfältig ergänzt und gestützt und junge Menschen gegen den Mißbrauch des elterlichen Erziehungsrechts geschützt werden müssen.[56] Dennoch wird an dem primären Recht und der Pflicht der Eltern, ihre Kinder zu erziehen, selbstverständlich festgehalten, ohne die prinzipielle zeitliche und aufwandsmäßige Überlastung der Eltern der unteren Schichten durch diese Verpflichtung konsequent zu berücksichtigen.
Akzeptiert man das bürgerliche Recht als im Staat verkörperte bindende Formulierung des ›Allgemeininteresses‹, so sichert die Familie als staatlich beauftragter und geförderter Sachverwalter die Reifung des Nachwuchses von seiner Rechtsfähigkeit bis zu seiner Geschäftsfähigkeit oder Mündigkeit. Die von den Eltern dafür zu erbringenden Pflichten sind so definiert, daß sich in ihnen das allgemeine und das individuelle Interesse an der Bewahrung der bürgerlich-demokratischen Gesellschaftsordnung, damit aber das Interesse jedes Individuums an der Wahrung seiner Grundrechte zu schneiden scheinen.
Wie ausgeführt wurde, verwandelt sich jedoch das ›Allgemeininteresse‹ unter den gegebenen Reproduktionsbedingungen in das Interesse der Besitzer von Produktonsmitteln daran, daß der Besitzer von Arbeitsvermögen »statt Waren verkaufen zu können, worin sich seine Arbeit vergegenständlicht hat, vielmehr seine Arbeitskraft selbst, die nur in seiner lebendigen Leiblichkeit existiert«[57], als einzige Ware anbietet. Selbstverständlich handelt es sich bei diesem Interesse nicht um eine Summierung schändlicher individueller Willkür, sondern um die Folge ökonomischer Zwänge, die aus den gegebenen Aneignungsformen entspringen. Letztere sind demnach für den Prozeß verantwortlich, in dem das vom bürgerlichen Recht formal repräsentierte Allgemeininteresse Klasseninteressen zum Opfer fällt. Die Lösung dieses Widerspruchs ist folglich nicht vom guten Willen einzelner, sondern allein von der Aufhebung dieser Aneignungsformen abhängig.

[56] Dritter Jugendbericht der Bundesregierung, Bonn-Bad Godesberg 1972, hg. vom Bundesminister für Jugend, Familie und Gesundheit, Punkt 9 der Programmatischen Stellungnahme, S. VIII.
[57] Marx: Kapital, Bd. I, a.a.O., S. 183.

Ohne Zweifel bedeutet schon die bürgerliche Proklamation der Menschenrechte, der prinzipiellen Gleichheit, Freiheit und Selbstverantwortlichkeit jedes Menschen einen wesentlichen Schritt in der Auflösung überkommener Herrschafts- und Ausbeutungsstrukturen und zur Befreiung des Menschen aus feudalen und ständischen Bindungen. Sie allein konnte jedoch nicht vor der Fortsetzung unmenschlicher Kalkulationen mit der Quelle des gesellschaftlichen Reichtums bewahren, verwandelte sich vielmehr durch die beibehaltenen privaten Aneignungsformen in ein anonymes Mittel zur Stärkung der unternehmerischen Klasseninteressen.

Angesichts der Tatsache, daß die Lebensbedingungen der alten Gesellschaft, damit aber auch die der Familie als selbständiger Versorgungsinstanz in den Lebensbedingungen der Lohnabhängigen vernichtet sind, das Verhältnis des eigentumslosen Lohnabhängigen daher ökonomisch gesehen nichts mehr mit dem bürgerlichen Familienverhältnis gemein haben kann, entlarven sich Moral und Gesetz als »ebenso viele bürgerliche Vorurteile, hinter denen sich eben so viele bürgerliche Interessen verstecken«[58].

Es bedarf kaum einer weiteren Erläuterung, warum das Familienrecht kein eigenständiges Gesetzeswerk darstellt, sondern in einem Rahmen steht, in dem die »rechtliche Umgrenzung und der Schutz der Gütersphäre der einzelnen in ihrem Verhältnis zueinander und insbesondere das Recht des Güteraustauschs«[59] geregelt ist. Nicht erst die Bundesregierung hat das Familienrecht in das BGB eingeordnet, sie hat übernommen, was 1896 eingeordnet wurde. »Sie fand und findet es richtig, daß neben Kauf und Verkauf, Miete, Dienst- und Werkvertrag, neben beweglichen und unbeweglichen Sachen auch die Familie im selben Gesetzbuch behandelt wird.«[60]

Wenn die Funktion der im Grundgesetz allgemeingültig ausgesprochenen sittlichen Qualitäten der Ehe und Familie einerseits wie der strukturelle Stellenwert privater familialer Reproduktion von Arbeitsvermögen andererseits klar geworden ist, kann die widersprüchliche Behandlung dieser Institution im Familienrecht wie in der Familienpolitik nicht weiter erstaunen.

Daß die Familie als auf freiwilligem Zusammenschluß beruhendes privatrechtliches Aneignungsverhältnis zwischen der rechtlichen Umgrenzung der Gütersphäre der einzelnen in ihrem Verhältnis zueinander behandelt wird, die Klauseln des Familienrechts, die das sittliche Verhältnis zwischen dem Mann und der Frau, den Eltern und ihren Kindern regeln, sich aber diametral entgegengesetzt zu dem übrigen Sachenrecht des BGB verhalten, beweist nur, wie und auf wessen Kosten der Konflikt ausgetragen wird, der

[58] Marx: Kommunistisches Manifest, a.a.O., S. 537.
[59] Larenz: Einführung zum BGB, a.a.O., S. 16.
[60] W. Plat: Die Familie in der DDR, Frankfurt 1972, S. 9.

in der bürgerlich-kapitalistischen Gesellschaft zwischen demokratischen Ansprüchen und ökonomischen Zwängen besteht.
Wenn auch ein Wandel von der ideologischen Verklärung des familialen Gefüges hin zu rationaler Berücksichtigung des gesellschaftlichen Drucks, gegen den es sich zu behaupten hat, zu verzeichnen ist, änderte sich nichts an den sozialintegrativen Zielsetzungen, von denen die Familienpolitik seit 1945 generell bestimmt ist. Ihre Ausgestaltung bietet ein anschauliches Beispiel für den politischen und ökonomischen Stellenwert privater Reproduktion.
Wie Haensch[61] ausführt, bezog die Familienpolitik in der Gründungsphase der BRD entschieden das mehrheitlich antikommunistische Bewußtsein der westdeutschen Bevölkerung ein, das durch die ›Befreiungsarbeit‹ der westlichen Alliierten bzw. durch die Interpretation dieser Vorgänge von seiten der damaligen CDU-Regierung strategisch gefestigt wurde.
Der von 1953 bis 1962 amtierende Familienminister Wuermeling hob in diesem Sinn den sittlichen Wert der personalistischen privaten Lebensformen gegenüber den damals in den westlichen Gebieten bereichsweise angestrebten und in den sozialistischen Staaten realisierten kollektiven Formen der Existenzsicherung und Daseinsfürsorge hervor. Er erklärte, der Kampf, der um den Bestand der Familie geführt werden müsse, sei immer auch ein Kampf gegen den ›Kollektivismus‹, wobei er die konkreten Adressaten seiner anti-kollektivistischen Ambitionen genau benannte: die sozialistischen Staaten, sowie die Sozialisten in den westlichen Ländern, also alle diejenigen, die kollektive Lebensformen programmatisch entwickeln und beginnen, diese Programme in die Praxis umzusetzen.[62]
Die Familie wurde in diesem Sinn als ein durch ›natürliche Bindungen‹ gefestigtes ethisch wertvolles Bollwerk gegen die potentielle Attraktivität kollektiv-solidarischer Lebensformen ausgespielt. Bis heute hat sich zumindest an *der* Meinung nichts geändert, die Familie sei der »natürliche Gegenpol gegen das Kollektiv«[63]. Der Sinn solcher Polemik ist nicht schwer zu entschlüsseln. Abgesehen davon, daß in den Nachkriegsjahren die Mittel für sozialpolitische Maßnahmen zur Entlastung der Familie äußerst knapp waren und die Bevölkerung, wo es nur ging, zu Eigeninitiativen bewegt werden mußte, war die Familienpolitik daran ausgerichtet, die privaten personellen Bindungen der Menschen ideologisch zu festigen, um so vom Widerstand gegen die Restauration der kapitalistischen Produktionsverhältnisse abzulenken. Schließlich waren die Erfahrungen, die die Lohnabhängigen über die Nutzlosigkeit ihrer materiellen Anstrengungen in der Kriegszeit

[61] D. Haensch: Repressive Familienpolitik, Reinbek bei Hamburg 1969.
[62] Vgl. ebd. S. 118.
[63] Wuermeling, zit. in: Haensch, a.a.O., S. 119.

machen mußten, nicht dazu angetan, sie den Wiederaufbau des dafür verantwortlichen ökonomischen Systems spontan befürworten zu lassen. Überdies waren durch die Vergesellschaftung der Produktionsmittel im sowjetisch besetzten Teil Deutschlands sowie durch die Ansätze der Arbeiter im Ruhrgebiet, die Produktion selbständig zu organisieren, bedrohliche Präzedenzfälle für alternative Formen der Existenzsicherung geschaffen worden. In diesem Zusammenhang wurde gesellschaftspolitisch die bremsende Funktion bedeutsam, die die Familie als personaler Verantwortungsbereich im Hinblick auf das politische Interesse der Lohnabhängigen an solidarischem Widerstand erfüllt.
Nicht allein mangelnde finanzielle Möglichkeiten, sondern ebenso das Interesse an der Absorption kämpferischer Aktivitäten sind dafür verantwortlich gewesen, wenn den Eltern damals die primäre und ausschließliche ökonomische Verantwortung für ihre Nachkommen aufgebürdet wurde. Wuermeling begründete seinen Anti-Kollektivismus und seine Ablehnung der Forderungen nach staatlichen Erziehungsbeihilfen mit einer religiösen Überzeugung, in der die antidemokratische Auffassung von Kindern als zuordenbarem Besitz voll durchschlägt: »Unsere Kinder sind nicht Kinder des Staates, sondern Kinder der Familie. Die Eltern schenken ihnen mit Gottes Segen das natürliche Leben und sie tragen deshalb auch die entscheidende Verantwortung für ihre Erziehung und Ausbildung.«[64] Auch in der Amtszeit des Familienministers Heck (1962–1968) wird familienpolitisch auf der moralischen Forderung nach der Opferbereitschaft der Familie und der Hochschätzung des Familieneigentums bestanden; lassen sich heftige Argumente gegen Ehescheidung, Abtreibung, sowie gegen kollektivistische, kommunistische oder sozialistische Ideen verfolgen. Zu allem finden sich in Hecks familienpolitischer Konzeption Anweisungen zu direkt oder indirekt sexualunterdrückenden Maßnahmen, die sich in verstärkter sexualmoralischer Indoktrination und der generellen Stärkung der elterlichen Autorität äußern sollen.
Mit Sicherheit hat die verstärkte Akzentsetzung auf sexuelle Disziplinierung ihre Ursache in der allgemeinen Enttabuisierung sexueller Vorgänge. In dem Maße, in dem gerade die jüngere Generation mit der allmählichen Popularisierung der ›Antibabypille‹ zu sexuell freizügigerem Verhalten ermutigt wurde, wurde die familienideologische Forderung nach vorehelicher Enthaltsamkeit zu einem wichtigen Anliegen, wenn der sexuelle Anreiz zur Eheschließung nicht verschwinden sollte.[65]
Betrachtet man die Praktiken zur Empfängnisverhütung sowie das durchschnittliche Alter der Eheschließungen im schichtspezifischen Vergleich, so fällt eine Korrelation zwischen einer explizit ehefeindlichen Enttabuisierung sexueller Vorgänge und der Zu-

[64] Haensch, a.a.O., S. 120.
[65] Vgl. ebd., S. 126.

gehörigkeit zur Mittelschicht auf. In den unteren Schichten wird nach wie vor früher geheiratet und die Pille als empfängnisverhütende Maßnahme eher skeptisch beurteilt.[66]
In welchem Ausmaß die sexualpolitischen Maßnahmen der sechziger Jahre auf diese schichtspezifischen Verhaltensformen einwirkten, läßt sich gegenüber dem prägenden Einfluß, den die materiellen Lebensbedingungen auf die Sexualpraktiken der unteren Schichten haben, kaum abwägen. Nicht zu leugnen jedenfalls ist, daß die repressiven Bedingungen, die an den Erhalt der Pille geknüpft waren, und die Krebsdrohungen, die die Medien verbreiteten, besonders in den unteren Schichten entmutigend wirken mußten.
1969 wurde schließlich von der sozialliberalen Koalition eine kritische Überprüfung des bisherigen Konzepts von Familienpolitik und Familienförderung eingeleitet und ein eigenes Referat im Familienministerium für die ›Grundfrage der Familienbildung und Familienberatung, bundeszentrale Fortbildungsstätten und Mütterschulen‹ geschaffen. Man wollte endlich mit der Gleichsetzung von Familienpolitik mit ›sozialen Maßnahmen für Kinderreiche‹, die das negative Image der Familie als ›sozialem Fall‹ habe entstehen lassen, gründlich aufräumen.
So wurde die Familie »zu einem wesentlichen Orientierungspunkt sowohl der öffentlichen Sozialpolitik wie auch der Wirtschafts-, Wohnungs- und Bildungspolitik«[67] gemacht, um ihre unbezweifelte Erziehungskraft endlich richtig zur Geltung zu bringen. Dabei war man sich dessen bewußt, »daß die tiefgreifenden soziologischen Entwicklungen auch zu einer Neuorientierung von Inhalt und Methode der Erziehung in der Familie führen müssen«[68].
Unter diesen Prämissen wurde neben der Reform des Wohngeldes im Sinne einer familiengerechten Wohnungspolitik, prämienbegünstigten Sparvolumina für kinderreiche Familien, gerechterer Differenzierung familienbezogener Leistungen für Beamte und Angestellte des öffentlichen Dienstes, steuermindernder Berücksichtigung von Ausbildungskosten, Ausbildungsförderungsmaßnahmen und der Verbesserung des steuerlichen ›Ehegatten-Splitting-Verfahrens‹ die Geschlechtererziehung im Sexualkundeunterricht eingeführt, und überdies wurden Familienplanungs- und Eheberatungsstellen (›pro familia‹) eingerichtet. Ferner wurden die bestehenden institutionellen und rechtlichen Einflußmöglichkeiten der öffentlichen Fürsorge einer Revision unterzogen.[69]

[66] Vgl. dazu G. Schmidt, V. Sigusch: Arbeiter-Sexualität. Eine empirische Untersuchung an jungen Industriearbeitern, Neuwied/Berlin 1971; E. Runge: Frauen, Frankfurt 1969; L. Jochimsen (Hg.): § 218. Dokumentation eines Elends, Reinbek 1971.
[67] Jahresbericht des Bundesministeriums für Jugend, Familie und Gesundheit, 1969, Vorwort von Käte Strobel, op.cit., o. Seitenangabe.
[68] Ebd., S. 17.
[69] Daten- und faktenmäßige Ausgangsbasis dieser Reformen bildeten von der Bundesregierung initiierte empirische Studien, die sich bisher niedergeschlagen haben:
im ›Bericht über die Lage der Jugend und die Bestrebungen auf dem Gebiet der Jugendhilfe gemäß

Die genannten Bemühungen um eine neue, familienpolitisch zentrierte Sozialpolitik beweisen, daß es dringend nötig geworden war, »die Phase der Unsicherheit zwischen Gefühl und Ratio«, von der die Familienpolitik unter Wuermeling und Heck bestimmt gewesen war, zu überwinden, und eine »rationale Familienpolitik« zum Maßstab sozialpolitischen Handelns zu machen.[70]
Die damit verbundene familienpolitische Konzeption wird von den zuständigen Stellen folgendermaßen charakterisiert:

- Familienpolitik muß Ausgestaltung der gesellschaftlichen Chancen für alle Familien heißen.
- Familienpolitik muß vorrangig daran orientiert sein, die Entwicklung der Personalität und Sozialität der Kinder zu fördern, »unabhängig von der sozialen Schichtzugehörigkeit ihrer Eltern und unabhängig von der Zahl ihrer Geschwister«.[71]
- Familienpolitik hat vordringlich zur Aufgabe, die Eltern instand zu setzen, die Grundrichtung besonders der frühkindlichen Erziehung im Sinne des kindlichen Wohls zu bestimmen. Das Recht und die Pflicht der Eltern, im Prozeß der Sozialisation des Kindes einen originären Beitrag zu leisten, wird prinzipiell bejaht.
- Aufgabe der Familienpolitik ist die »sozialisationswirksame Umstrukturierung des Umfeldes der Familie«.
- Familienpolitik darf insgesamt nicht zu den Emanzipationsinteressen heranwachsender Kinder und Jugendlicher in Widerspruch stehen; sie darf der gesellschaftlichen Entwicklung in anderen Bereichen nicht entgegenstehen.[72]

Freilich wird deutlich gesehen, daß zur Umsetzung dieses Konzepts weitergreifende gesellschaftspolitische Maßnahmen notwendig sind. Nur im Rahmen einer allgemeinen Steuerreform könne eine angemessene Neuorganisation des Familienlastenausgleichs, in deren Mittelpunkt das Kind mit seinem Anspruch auf optimale Realisierung seiner Sozialisationschancen, nicht aber, wie bisher, als ›Last‹ oder ›Kostenfaktor‹ zu stehen habe, vorgenommen werden.[73]
Politisch-ökonomisch interpretiert zeichnet sich in der verstärkten

§ 25 Abs. 2 des Jugendwohlfahrtsgesetzes‹ – Jugendbericht – Bundesministerium für Familie und Jugend, Bonn 1965 (Drucksache IV/3515);
im ›Zweiten Bericht über die Lage der Jugend und die Bestrebungen auf dem Gebiet der Jugendhilfe (Jugendbericht)‹, Bonn 1968 (Drucksache V/2453);
im ›Dritten Jugendbericht‹ des Bundesministeriums für Jugend, Familie, Gesundheit, Bonn 1972, in dem insbesondere das Jugendwohlfahrtsgesetz einer kritischen Revision unterzogen und der Beitrag der Sozialwissenschaften zur Neuorientierung der Jugendamtsarbeit berücksichtigt wird;
in der ›Frauenenquete‹ von 1966 und dem ›Bericht der Bundesregierung über die Maßnahmen zur Verbesserung der Situation der Frau‹, Bonn 1972 (VI/3689);
im ›Bericht der Bundesregierung über die Lage der Familien in der BRD‹ (Drucksache V/2532), Bonn 1968.

[70] Vgl. Dr. A. Kosmale: Aktuelle Aufgaben der Abteilung Familie im Bundesministerium für Jugend, Familie und Gesundheit, in: Aktuelle Aufgaben und langfristige Reformen, Bundesminist. f. J. F. Ges. (Hg.), Bonn 1971 (brosch.), S. 11 ff.
[71] Ebd., S. 13.
[72] Ebd., S. 12 f.
[73] Vgl. Bundesministerium f. J. G. u. F. (Hg.): Probleme, Aufgaben, Ziele, Bonn 1971, insbes. S. 10 f. und S. 27 ff.

wissenschaftlichen Auseinandersetzung mit den Vorgängen im ›privaten‹ Bereich eine Tendenz ab, die ihre Stoßrichtung von der allgemeinen technisch-wissenschaftlichen Revolutionierung des Produktionsprozesses empfängt. An ihr wird deutlich, wie die Gesamtproduktion der Gesellschaft, unter gegebenen Bedingungen: der Verwertungsprozeß, auf dem gegebenen Stand entfalteter Produktivität darauf angewiesen ist, die Verwissenschaftlichung und Planung auch der Reproduktionsbedingungen des variablen Kapitals zu forcieren. Folglich wird die planerische Beeinflussung privat verantworteter Sozialisationsleistungen in den Mittelpunkt sozialpolitischer Diskussion gerückt.
Die empirische Tatsache, daß ein Großteil des ›rationalen Konzepts‹ von Familienpolitik kaum oder gar nicht durchsetzbar ist (zu denken ist dabei an die nicht einzulösende Forderung nach einem Hausfrauengehalt und Schülergeld, wie an die heiße Diskussion um die Reform des § 218 im Sinne einer Fristenlösung), beweist den reaktiven Charakter von Reformen. Reformiert wird nur, wo die zugrunde liegenden Mißstände die Kapitalverwertung, bzw. das wirtschaftliche Wachstum in Frage stellen.
Letztendlich verspricht nur der Teil der Reformkonzepte Wirklichkeit zu werden, der längerfristig den sozialpolitischen Etat des kapitalistischen Staates entlasten kann.
Von staatlicher Seite wird besonders unter der sozialliberalen Regierung anerkannt, daß die traditionellen patriarchalischen Leitbilder von Ehe und Familie mit der wachsenden Selbständigkeit der Frau hinfällig sind. Dementsprechend sind die Reformkonzepte zum Ehescheidungsrecht, der rechtlichen Stellung des Kindes wie der Mutter, sowie zu bewußter und planbarer Elternschaft von der Berücksichtigung der sozial und wirtschaftlich ungleichen Position der Geschlechter bestimmt. Ökonomisch gesehen laufen aber die politischen Reforminteressen an der rechtlichen Besserstellung geschiedener Ehefrauen, unehelicher Kinder wie auch der Schwangerschaftsplanung darauf hinaus, durch die rechtliche Stärkung und materielle Motivierung individueller Verantwortungsbereitschaft die bisherigen hohen und doch vergleichsweise ineffektiven Aufwendungen von staatlicher Seite (Arbeitslosenunterstützung, Kosten für Heimerziehung, Fürsorgepflichten) langfristig zu reduzieren bzw. durch ihren effektiveren Einsatz das ›sozialstaatliche‹ Image aufzupolieren.
Wenn auch an dem fortschrittlichen Charakter der sozialpolitischen Intentionen, die objektiven wie subjektiven Bedingungen bewußter Elternschaft und emanzipierter geschlechtlicher Partnerschaft neu zu definieren, nicht gezweifelt wird – drückt sich in ihnen doch ein wachsendes Verständnis für die materiellen Voraussetzungen individueller Gleichberechtigung und Chancengleichheit aus –, so muß doch ihr grundsätzlicher Anspruch der Verwirklichung von Demokratie und optimalen Entfaltungsbedin-

gungen des Individuums in Frage gestellt werden –, heben solche Sozialreformen doch die Fremdbestimmung des lohnabhängigen Individuums im kapitalistischen Produktionsprozeß nicht auf, sondern tragen nolens volens sogar dazu bei, seine Einsatzmöglichkeiten und seine Einsatzbereitschaft zu effektivieren.

d) *Demographische Charakteristika*

In der Bundesrepublik Deutschland waren im April 1971 49,9 % der Wohnbevölkerung (Gesamtbevölkerung: 60,650 Mio) verheiratet. Insgesamt wurden in diesem Jahr 21,990 Mio Privathaushalte gezählt, von denen 10,504 Mio mindestens drei Haushaltsmitglieder aufwiesen. Mehrpersonenhaushalte sind jedoch nicht identisch mit Familien; das heißt, sie können einerseits nicht-verheiratete Mitglieder umfassen, die aber eine gemeinsame Haushaltskasse bzw. einen Haushaltsvorstand haben (z. B. Wohngemeinschaften), andererseits aber auch Drei-Generationen-Familien, die vor allem in ländlichen Gebieten im landwirtschaftlichen Bereich angesiedelt sind.
Folglich übersteigt die Zahl der Familien mit lediglich in der Familie lebenden Kindern die Zahl der Mehrpersonenhaushalte mit mindestens drei Mitgliedern: 10,504 Mio stehen 11,202 Mio Familien mit Kindern ohne Altersbegrenzung gegenüber.
Von diesen 11,202 Mio können 9,664 Mio (86 %) als funktionell vollständig gelten, insofern hier Ehepaare mit ihren Kindern zusammen wohnen. 87 % der funktionell vollständigen Familien mit Kindern haben Kinder unter 18 Jahren, 21 % haben Kinder unter 6 Jahren.
Den 9,664 Mio funktionell vollständigen Familien mit Kindern ohne Altersbegrenzung stehen funktionell unvollständige Familien mit Kindern gegenüber, die sich aufteilen in 178000 Familien mit männlichem Familienvorstand (120000 verwitwet, 26000 geschieden, 30000 getrennt lebend) und 1,360 Mio mit weiblichem Familienvorstand (139000 ledige Mütter, 851000 verwitwet, 282000 geschieden und 87000 getrennt lebend).[74]

[74] Angaben aus dem Statistischen Jahrbuch der BRD 1972, hg. vom Statistischen Bundesamt, insbes. S. 38/39.

*Tabelle III/1:* Familien im April 1970 nach Zahl der ledigen Kinder in der Familie und Familienstand des Familienvorstandes*
1000

| Familien — Zahl der ledigen Kinder in der Familie | Insgesamt | Ehepaare | Alleinstehende Familienvorstände | | | | | | | | |
|---|---|---|---|---|---|---|---|---|---|---|---|
| | | | männlich | | | | weiblich | | | | |
| | | | zusammen[1] | verwitwet | geschieden | verheiratet, getrenntlebend | zusammen | ledig | verwitwet | geschieden | verheiratet, getrenntlebend |
| | | | Familien insgesamt | | | | | | | | |
| Familien | 22 054 | 15 084 | 1 352 | 738 | 303 | 309 | 5 618 | 139 | 4 515 | 717 | 248 |
| | | | ohne Kinder | | | | | | | | |
| Familien | 10 852 | 5 420 | 1 174 | 618 | 277 | 279 | 4 259 | — | 3 664 | 434 | 161 |
| | | | mit Kindern (ohne Altersbegrenzung) | | | | | | | | |
| 1 | 5 125 | 4 065 | 119 | 83 | 18 | 15 | 941 | 119 | 600 | 169 | 53 |
| 2 | 3 657 | 3 339 | 37 | 24 | | 8 | 282 | 15 | 169 | 75 | 22 |
| 3 | 1 527 | 1 425 | 13 | 8 | 8 | | 88 | | 52 | 24 | 8 |
| 4 und mehr | 893 | 834 | 10 | — | | 7 | 49 | 5 | 30 | 13 | — |
| Familien | 11 202 | 9 664 | 178 | 120 | 26 | 30 | 1 360 | 139 | 851 | 282 | 87 |
| Kinder | 21 216 | 18 939 | 279 | 179 | 38 | 57 | 1 999 | 167 | 1 234 | 458 | 141 |
| | | | und zwar mit Kindern unter 18 Jahren | | | | | | | | |
| 1 | 3 852 | 3 428 | 43 | 18 | 13 | 10 | 382 | 89 | 144 | 115 | 34 |
| 2 | 2 879 | 2 731 | 19 | 10 | | 5 | 129 | 11 | 52 | 51 | 15 |
| 3 | 1 159 | 1 108 | 7 | | | | 44 | — | 19 | 16 | 6 |
| 4 und mehr | 634 | 601 | 6 | 5 | 6 | 6 | 27 | — | 12 | 11 | — |
| Familien | 8 523 | 7 868 | 75 | 33 | 19 | 20 | 581 | 103 | 227 | 193 | 58 |
| Kinder | 16 026 | 15 002 | 131 | 57 | 28 | 42 | 893 | 123 | 359 | 316 | 96 |
| | | | mit Kindern unter 6 Jahren | | | | | | | | |
| 1 | 2 882 | 2 728 | 14 | — | — | 7 | 140 | 49 | 25 | 45 | 21 |
| 2 und mehr | 1 011 | 982 | — | — | — | — | 25 | — | 5 | 9 | 5 |
| Familien | 3 892 | 3 710 | 18 | — | — | 10 | 164 | 53 | 30 | 54 | 27 |
| Kinder | 5 049 | 4 832 | 25 | — | — | 14 | 193 | 58 | 36 | 65 | 33 |

* Ergebnis des Mikrozensus. – Wohnberechtigte Bevölkerung.
*Quelle:* Statistisches Jahrbuch 1972, S. 39

[1] Einschl. männliche ledige Familienvorstände mit ledigen Kindern

Ein deutlicher Beleg dafür, daß der Strukturwandel bzw. die Reduktion der Familie in engem Zusammenhang mit der industriellen Verstädterung der Wohnregionen steht, ist die Tatsache der umgekehrt proportional zu der Größe der Gemeinden sinkenden durchschnittlichen Kopfzahl je Privathaushalt. Während ein Haushalt in Gemeinden mit bis zu 2000 Einwohnern durchschnittlich 3,31 Personen aufwies, wurden in Gemeinden mit mehr als 100000 Einwohnern, also Großstädten, nur durchschnittlich 2,28 Personen pro Haushalt errechnet (April 1971).

*Tabelle III/2:* Privathaushalte im April 1971 nach Zahl der Personen und Gemeindegrößenklassen

| Gemeinden mit Einwohnern | | davon 1 | 2 | mit... Personen 3 | 4 | 5 | Personen je Haush. |
|---|---|---|---|---|---|---|---|
| unter 2 000 | 3 314 | 535 | 774 | 605 | 617 | 783 | 3,31 |
| 2 000– 20 000 | 6 538 | 1 440 | 1 718 | 1 319 | 1 149 | 912 | 2,85 |
| 20 000–100 000 | 4 533 | 1 164 | 1 250 | 929 | 721 | 469 | 2,64 |
| 100 000 u. mehr | 8 467 | 2 967 | 2 504 | 1 490 | 969 | 538 | 2,28 |
| insgesamt | 22 852 | 6 106 | 6 245 | 4 343 | 3 456 | 2 701 | 2,66 |

*Quelle:* Statistisches Jahrbuch 1972, S. 38

Die Anzahl der Ein-Personen-Haushalte je Gemeinde nimmt mit der Größe der Gemeinden zu: Während 16 % der Privathaushalte in Gemeinden mit bis zu 2000 Einwohnern Ein-Personen-Haushalte sind, sind es 34 % der Haushalte in Großstädten. Das erklärt sich vor allem daraus, daß in städtischen Gebieten alte Leute und unverheiratete Berufstätige häufig für sich allein leben. Die ›Überalterung‹ Westberlins schlägt sich zum Beispiel statistisch darin nieder, daß Berlin mit 1,97 die bei weitem niedrigste durchschnittliche Kopfzahl pro Haushalt aufweist. Drei-Generationen-Familien, statistisch in den Mehrpersonenhaushalten mit mehr als 5 Haushaltsmitgliedern erfaßt, machen nur 12 % aller Privathaushalte des Bundesgebietes aus; sie sind vornehmlich auf dem Land anzutreffen, und reproduzieren sich aus landwirtschaftlicher Tätigkeit. Vereinzelt leben auch in städtischen Regionen noch mehrere Familien in einem Haushalt zusammen. Besonders in den ärmeren Bevölkerungsschichten wohnen junge Ehepaare, sofern der Wohnraum es irgend zuläßt, häufig bei ihren Eltern; überdies setzt sich langsam die gemeinschaftliche Form des Wohnens in »Wohngemeinschaften« besonders bei jüngeren, vorwiegend studentischen Ehepaaren durch.

Wie aus Tabelle III/1 ersichtlich wird, ist der statistisch typische Mehrpersonenhaushalt jedoch die funktionell vollständige Familie mit einem oder zwei bei den Eltern lebenden Kindern. Der Anteil der Familien mit einem Kind ist mit 42 % am höchsten, es folgen Familien mit zwei Kindern mit 34 %, nur 14 % haben drei Kinder und nur 8 % der erfaßten Familien haben vier und mehr Kinder.

Mit 76 % dominiert unter den Mehrpersonenhaushalten mit Kin-

dern also eindeutig der familiale Kleinhaushalt mit maximal 4 Personen.
Auch das Sinken der durchschnittlichen Anzahl der Lebendgeborenen von 1900 bis heute mag als beschränkt aussagekräftiges Indiz dafür genommen werden, daß sich die Familiengröße reduziert und sich langfristig auf den 3-4-Personenhaushalt einpendelt. (Beschränkt aussagekräftig deshalb, weil der höheren Anzahl der Lebendgeburten damals eine stärkere Säuglings- und Kleinkindersterblichkeit gegenüberstand.)
Während 1900 noch 4,1 Lebendgeborene auf eine Ehe kamen, waren es 1940 nur noch 1,9, 1960 stieg die Zahl auf 2,1 an und 1970 ist die Anzahl sogar auf 1,8 abgesunken. Verantwortlich für das neuerliche Absinken ist zum einen, daß die geburtenschwachen Jahrgänge der Kriegs- und Nachkriegszeit nun im heirats- und gebärfähigen Alter sind, zum andern aber der zunehmende Gebrauch antikonzeptioneller Mittel, unter denen die hormonellen Empfängnisverhütungsmittel eine revolutionäre Rolle spielen. Während man in den sechziger Jahren noch annehmen konnte, daß sich langfristig die Zwei-Kinder-Familie zum Normalfall herauskristallisieren würde, mußte 1972 festgestellt werden, daß die Gebärfreudigkeit der Mütter auch dieser Mindestnorm nicht entsprach. 1961 machte der Überschuß der Geborenen über die Gestorbenen noch 385000 aus. 1970 waren nur noch 76000; die Anzahl der Lebendgeborenen eines Jahres sank von 1961 1,013 Mio bis 1970 auf 811000. Der Trend weist auf eine weitere Abwärtsentwicklung hin.[75]
Allgemein kann festgehalten werden, daß die Kinderzahlen bei bäuerlichen Familien größer sind als im industriellen Berufsbereich, in kleineren Ortschaften größer als in Großstädten, bei Katholiken größer als bei Protestanten, bei Familien, in denen die Ehefrau ausschließlich Hausfrau ist, größer als in Familien, in denen die Frau erwerbstätig ist.
Zum augenscheinlichen Wandel im generativen Verhalten der Bevölkerung, der sich in ständig abnehmenden Kinderzahlen ausdrückt, sei bemerkt, daß Faktoren wie die religiöse Einstellung, Relationen von Einkommenslage und gewünschtem Lebensstandard und sicherlich die verbesserten, immer ausdrücklicher positiv bewerteten antikonzeptionellen Methoden einen wesentlichen Einfluß haben. Ob freilich, wie Neidhardt annimmt, eine »durch Krisenerlebnisse beeinflußte steigende Konsumorientierung der Menschen«[76] als Einflußfaktor berücksichtigt werden sollte, läßt sich, wenn überhaupt, nur nach einer Prüfung der spezifischen sozialen Lage der Konsumenten beurteilen.

[75] Vgl. Bericht der Bundesregierung über die Maßnahmen zur Verbesserung der Situation der Frau (Bundestagsdrucksache VI/3689), Bonn 1972, S. 54.
[76] F. Neidhardt: Die Familie in Deutschland, Reihe der Beiträge zur Sozialkunde Bd. 5, Opladen 1970, S. 40.

Nicht nur die Struktur der Familie hat sich verändert, sondern auch bestimmte Funktionen können von ihr nicht mehr wahrgenommen werden; zum einen, weil sich ihre Existenzsicherung nach außen in die Betriebe und die sonstigen Erwerbsbereiche verlagert hat, zum anderen, weil die gesellschaftliche Entwicklung, die Entwicklung von Kultur und Technik, Umweltorientierungen und Fertigkeiten von ihren Mitgliedern verlangt, deren Vermittlung die Familie objektiv überfordert.
Auch dort, wo der Vater noch über eigene Produktionsmittel verfügen und die Kinder am Arbeitsprozeß Anteil nehmen können, erfolgen die Schulausbildung und in der Regel auch die Berufsausbildung der Kinder außerhalb der Familie. Der wesentlichste Faktor für die funktionelle Reduzierung des familialen Verantwortungsbereiches ist also Folge der industriellen Vergesellschaftung der Arbeit – die Trennung von Wohnung und Arbeitsplatz. Im außerlandwirtschaftlichen Sektor arbeiten ungefähr 90 % aller Familienvorstände außerhalb ihrer Wohnung, 20 % müssen sogar ihren Wohnort verlassen, um an ihren Arbeitsplatz zu gelangen. Familien, für die diese Trennung noch nicht virulent geworden ist, gehören in der Regel zum ständig schrumpfenden selbständigen Mittelstand und sind vor allem in ländlichen Gebieten ansässig. Wie die Statistik zeigt, ist der Anteil der Selbständigen an der Erwerbsbevölkerung von 1882 bis 1970 von 32,5 % auf 9,5 % gesunken. Dieser Trend setzt sich weiter fort.[77]
Tabelle III/3 weist in allen Wirtschaftsbereichen eine starke Zunahme der in abhängiger Stellung Beschäftigten auf. In allen Sektoren außer im Dienstleistungsbereich nimmt der Anteil der Selbständigen und mithelfenden Familienangehörigen ab; am stärksten betroffen von dieser Entwicklung ist die Land- und Forstwirtschaft, was durch die absolute Verringerung landwirtschaftlicher Betriebe verursacht ist. Demgegenüber wuchs in den letzten zehn Jahren die Beschäftigtenzahl im Dienstleistungsgewerbe in allen beruflichen Positionen an. Daß im Gegensatz zu den übrigen Bereichen hier die Zahl der Selbständigen wachsen konnte, hängt wohl vornehmlich mit dem hohen Bedarf der Gesellschaft an Reparaturwerkstätten und Dienstleistungsbetrieben zusammen. Tankstellen und Autoreparaturwerkstätten stehen als Möglichkeiten ›selbständiger‹ Reproduktion dabei weit an der Spitze.
Die verwandtschaftlichen Beziehungen in den größeren Städten haben kaum mehr als Besuchscharakter.[77a] Freilich gibt es hier schichtspezifische Abweichungen. So wurde in einer Zusatzfrage zum Mikrozensus von 1970[78] ermittelt, daß ein Großteil der

[77] Vgl. Tabelle III/3, S. 193.
*Quelle:* Statistisches Jahrbuch 1972, S. 122, Tabelle 5 a.
[77a] Vgl. E. Pfeil: Die Familie im Gefüge der Großstadt. Zur Sozialtopographie der Stadt, Hamburg 1965.
[78] Vgl. die Zusatzbefragung zum Mikrozensus 1970: Die Versorgung von Kindern berufstätiger Mütter, in: *Wirtschaft und Statistik*, 3/1971, S. 161 ff.

berufstätigen Frauen mit Kindern die Kinder von der Großmutter beaufsichtigen läßt. Vor allem für die weniger privilegierten Schichten ist also die These von der Zersprengung der verwandtschaftlichen Kontakte in großstädtischen Regionen zu relativieren.

*Tabelle III/3*: Erwerbstätige nach Wirtschaftsbereichen und Stellung im Beruf im Jahresvergleich (Jahresdurchschnitte) in 1 000

| *Wirtschaftsbereich* Stellung im Beruf | 1960 | 1966 | 1971 |
|---|---|---|---|
| *Land- und Forstwirtschaft, Tierhaltung, Fischerei* | 3 623 | 2 877 | 2 234 |
| Selbständige | 1 159 | 958 | 776 |
| Mithelfende Fam.angeh. | 1 931 | 1 559 | 1 184 |
| Abhängige | 533 | 360 | 274 |
| *Produzierendes Gewerbe* | 12 518 | 13 103 | 13 215 |
| Selbständige | 808 | 734 | 704 |
| Mithelfende Fam.angeh. | 248 | 192 | 155 |
| Abhängige | 11 462 | 12 177 | 12 356 |
| *Handel u. Verkehr* | 4 515 | 4 794 | 4 873 |
| Selbständige | 776 | 755 | 715 |
| Mithelfende Fam.angeh. | 272 | 258 | 214 |
| Abhängige | 3 467 | 3 781 | 3 994 |
| *Sonstige Wirtschaftsbereiche (Dienstleistungen*)* | 5 591 | 6 308 | 6 851 |
| Selbständige | 541 | 576 | 652 |
| Mithelfende Fam.angeh. | 181 | 180 | 190 |
| Abhängige | 4 869 | 5 552 | 6 009 |
| *Insgesamt* | 26 247 | 27 082 | 27 173 |
| Selbständige | 3 284 | 3 023 | 2 847 |
| Mithelfende Fam.angeh. | 2 632 | 2 189 | 1 743 |
| Abhängige | 20 331 | 21 870 | 22 583 |

* Einschließlich Gebietskörperschaften und Sozialversicherung

*Quelle:* Statistisches Jahrbuch 1972, S. 122, Tabelle 5 a

Schulen, Betrieb, Kindergärten, Massenmedien und andere öffentliche Sozialisationsinstanzen (unter denen die Kirche vor allem auf dem Land eine nicht zu gering zu bewertende Rolle spielt) haben der Familie Aufgaben abgenommen, die von ihr aufgrund der gewachsenen Qualifikationsansprüche an das Individuum sowie aufgrund der in der Sozialwissenschaft als ›Desintegration‹ (König) bezeichneten Trennung zwischen dem öffentlichen und privaten Bereich nicht mehr erfüllt werden können. Damit die aufgezählten Sozialisationsinstanzen aber ausreichenden Einfluß auf die Individuen gewinnen können, müssen in der Familie nach wie vor entscheidende primäre ›Sozialisierungs‹- und ›Enkulturierungs‹-Leistungen erbracht worden sein.
Die Sozialisationsfunktionen der Familie schrumpfen immer deutlicher auf die primären Aufzuchts- und Disziplinierungspraktiken zusammen, die die Kinder zwar nicht vollständig auf ihre eigene Existenzerhaltung vorbereiten, sie aber für eine bruchlose Übernahme in die sekundären Sozialisationsinstanzen wie Schule und

Betrieb disponieren. Prinzipiell hat sich an dem Reproduktions- und Aufzuchtsmonopol der familialen Institution jedoch nichts geändert, wenn auch einige Symptome der letzten Zeit und die entsprechenden gesetzlichen Reaktionen darauf hindeuten, daß das familiale Legitimitätsprinzip von seiner normativen Kraft eingebüßt hat. So deuten zwar sowohl das ständig sinkende durchschnittliche Heiratsalter von Frauen und Männern[79] wie der bis zur Mitte der sechziger Jahre gesunkene Anteil unehelicher Geburten darauf hin, daß der eheliche Bindungswille der Bevölkerung dem gesellschaftlichen Interesse an privater familialer Verantwortung für den Nachwuchs entspricht (daß etwa 30 % der Ehen noch in den sechziger Jahren als sogenannte »Mußheiraten« geschlossen wurden, zeigt, wie groß das Bedürfnis, einem außerhalb der Ehe gezeugten Kind einen legitimen Geburtsstatus zu geben, war), auf der anderen Seite zeigt aber die Statistik in den letzten Jahren eine wachsende Tendenz zugunsten unehelicher Geburten.[80]

*Tabelle III/4:* Durchschnittliches Heiratsalter lediger Ehegatten im Jahresvergleich

| Jahr | Männer | Frauen |
|---|---|---|
| 1952 | 27,6 | 25,1 |
| 1954 | 26,7 | 24,4 |
| 1956 | 26,8 | 24,4 |
| 1958 | 26,3 | 23,9 |
| 1960 | 25,9 | 23,7 |
| 1962 | 25,8 | 23,7 |
| 1964 | 25,9 | 23,7 |
| 1966 | 26,0 | 23,6 |
| 1968 | 25,8 | 23,3 |
| 1970 | 25,6 | 23,0 |

*Quelle:* Statistisches Jahrbuch 1972, S. 44, Tabelle 2

*Tabelle III/5:* Ehelich und nichtehelich Lebendgeborene im Jahresvergleich

| *Jahr* | *Lebendgeborene insgesamt* | | *nichtehelich* | |
|---|---|---|---|---|
| | *1 000* | *auf 1 000 Frauen zwischen 15 u. 45 J.* | *1 000* | *auf 1 000 Lebendgeborene insgesamt* |
| *1961* | *1 013* | *86* | *60* | *59,5* |
| *1962* | *1 019* | *85* | *57* | *55,6* |
| *1963* | *1 054* | *87* | *55* | *52,3* |
| *1964* | *1 065* | *87* | *53* | *49,9* |
| *1965* | *1 044* | *85* | *49* | *46,9* |
| *1966* | *1 050* | *86* | *48* | *45,6* |
| *1967* | *1 019* | *84* | *47* | *46,1* |
| *1968* | *970* | *80* | *46* | *47,0* |
| *1969* | *903* | *75* | *45* | *50,4* |
| *1970* | *811* | *—* | *44* | *54,6* |

*Quelle:* Bericht der Bundesregierung über die Maßnahmen zur Verbesserung der Situation der Frau (VI/3689) 1972, a.a.O., S. 54

[79] Vgl. Tabelle II/4.
[80] Vgl. Tabelle III/5.

Waren 1946 noch 16,4 %[81] der Geburten infolge von Kriegswirren, die eine Legalisierung erschwerten, unehelich, so sank dieser Anteil bis 1967 auf 4,6 %; er stieg 1970 wieder auf 5,5 %. Indirekt gibt auch das Ausmaß illegaler Schwangerschaftsunterbrechungen, deren genaue Anzahl aufgrund des § 218 nicht angebbar ist, Aufschluß über familiale Desintegrationserscheinungen.
Daß diese Tendenzen sozial-politische Probleme entstehen lassen, die von gesetzgeberischer Seite Reaktionen erzwingen, zeigen z. B. das 1970 in Kraft getretene Gesetz über die rechtliche Stellung der nichtehelichen Kinder (vom August 1969, BGBl. I., S. 1243)[82], sowie die Diskussion um die Revidierung des Paragraphen 218, die zu einer bislang unentschiedenen Kontroverse der Anhänger der Fristenlösung (Dreimonatslösung) und der Indikationslösung führte.
»Der Gesetzesentwurf der Bundesregierung geht von dem sogenannten Indikationsmodell aus, das den Schwangerschaftsabbruch nur unter den genannten, gesetzlich festgelegten Bedingungen erlaubt. Demgegenüber hat eine Gruppe von Abgeordneten der Regierungskoalition einen Entwurf im Bundestag eingebracht, der Straffreiheit vorsieht, wenn ein Schwangerschaftsabbruch während der ersten drei Schwangerschaftsmonate nach ärztlicher Beratung von einem fachkundigen Arzt vorgenommen wird« (Fristenmodell).[83]
Das Konzept zur Familienplanung der Bundesregierung geht von der Einsicht aus, daß das geltende Strafrecht es nicht vermocht hat, die große Zahl illegaler Abtreibungen einzudämmen, sowie von der zunehmenden Untragbarkeit der Tatsache, daß den Kindern aus nicht intakten Familien immer noch die im Grundgesetz gewährleisteten gleichen Rechte vorenthalten werden. Dementsprechend wird eine Angleichung des Elternrechts der Mütter an den Gleichberechtigungsgrundsatz anvisiert. Im Haushaltsentwurf für 1972 sind zudem Mittel eingeplant, um die gesundheitlichen Aufklärungskampagnen zu verstärken.[84]
Auf keinen Fall darf aus diesen Maßnahmen jedoch geschlossen werden, daß damit am Prinzip des familialen Aufzuchts- und Reproduktionsmonopols des Nachwuchses gerüttelt werden soll. Vielmehr handelt es sich um substituierende Maßnahmen zur Reformierung einer Institution, deren Zerfallssymptome im kapitalistischen Gesellschaftssystem nur durch individuelle Stützungsmaßnahmen behandelt werden können, da für organisatorische Lösungen die Mittel fehlen.
Im Frauenbericht wird dies deutlich ausgesprochen: »Da das Problem einer unerwünschten Schwangerschaft hauptsächlich die

[81] Statistisches Jahrbuch 1955, S. 58.
[82] Vgl. Bericht der Bundesregierung über die Maßnahmen zur Verbesserung der Situation der Frau, a.a.O., S. 10.
[83] Ebd., S. 11 – Entwurf eines Fünften Gesetzes zur Reform des Strafrechts (Drucksache VI/3434).
[84] Frauenbericht, a.a.O., S. 11.

Frau belastet, und zudem noch zu wenig Sozial- und Bildungseinrichtungen, wie etwa Kindertagesstätten oder Ganztagsschulen, vorhanden sind, die dazu dienen, die Situation der Mütter zu erleichtern, muß die verantwortliche Entscheidung der Frau für das künftige Leben stärker als bisher berücksichtigt werden.«[85]

*Tabelle III/6:* Wohnbevölkerung am 27. 5. 1970 nach Religionszugehörigkeit und Ländern (Ergebnis der Volkszählung von 1970)

| Land | Insges. | evang. | röm./kath. | jüd./Rel. | sonstige |
|---|---|---|---|---|---|
| Schleswig-Holstein | 2 494,1 | 86,5 | 6,0 | 0,0 | 7,5 |
| Hamburg | 1 793,8 | 73,6 | 8,1 | 0,1 | 18,1 |
| Niedersachsen | 7 082,2 | 74,6 | 19,6 | 0,0 | 5,8 |
| Bremen | 722,7 | 82,4 | 10,2 | 0,0 | 7,4 |
| Nordrh.-Westf. | 16 914,1 | 41,9 | 52,5 | 0,0 | 5,6 |
| Hessen | 5 381,7 | 60,5 | 32,8 | 0,1 | 6,7 |
| Rheinl.-Pfalz | 3 654,4 | 40,7 | 55,7 | 0,0 | 3,6 |
| Baden-Württ. | 8 895,0 | 45,8 | 47,4 | 0,0 | 6,7 |
| Bayern | 10 479,4 | 25,7 | 69,9 | 0,1 | 4,4 |
| Saarland | 1 119,7 | 24,1 | 73,8 | 0,0 | 2,1 |
| Berlin (West) | 2 122,3 | 70,2 | 12,5 | 0,3 | 17,1 |
| Bundesgebiet | 60 650,6 | 49,0 | 44,6 | 0,1 | 6,4 |

*Quelle:* Statistisches Jahrbuch 1972, S. 36

Folgende empirische Ergebnisse scheinen im Rahmen der vorliegenden Fragestellung ferner von Interesse, um die Abhängigkeit von Sozialisationspraktiken und -prozessen von demographischen Faktoren abwägen zu können. Umfragen haben ergeben, daß die Schichtzugehörigkeit eine weitaus wichtigere Determinante des Erziehungsstiles ist als die Religionszugehörigkeit.[86] Statistiken zeigen aber, daß der katholische Anteil der Bevölkerung durchschnittlich über geringere Bildung und Qualifikationen verfügt als der protestantische (vgl. Tabelle III.6): man stellte fest, daß der relative Anteil der katholischen Studierenden an wissenschaftlichen Hochschulen im Zeitraum von 1953 bis 1961 stetig sank, der Anteil der evangelischen Studierenden demgegenüber stieg. 30% der protestantischen Hausfrauen haben eine Schul- oder Fachschulreife von mindestens 10 Jahren, aber nur 19% der katholischen Hausfrauen. Wichtig für die Interpretation dieser Ergebnisse ist, daß Protestanten häufiger der Mittelschicht, Katholiken häufiger der Unterschicht angehören, ferner erstere häufiger in Städten und Stadteinzugsgebieten, letztere mehr in ländlichen Regionen beheimatet sind.

Wo – wie im Dritten Jugendbericht der Bundesregierung, der sich an den Beiträgen der Familiensoziologie orientiert – von dem unvergleichlichen Wert der basalen Sozialisationsleistungen der Fa-

[85] Ebd., S. 11.

[86] Vgl. R.-G. Rolff: Sozialisation und Auslese durch die Schule, Heidelberg 1967 (Rolff bezieht sich auf empirische Umfragen von McCelland u. a.), S. 44.

milie[87] die Rede ist, wird implizit die Kleinfamilie zu einer anthropologischen, geschichtslosen Erscheinung gemacht, deren prinzipielle Funktionalität ihre Unersetzlichkeit indiziere. Andererseits wird mittlerweile zugestanden, daß es eine öffentliche Aufgabe sei, die ›Erziehungskraft‹ der Familie zu unterstützen, das heißt aber, die Familien- und Kinderfeindlichkeit der sozialen Umwelt endlich abzubauen. Auch hier dominiert die Ansicht, daß die Entfaltung der kindlichen Persönlicheit unbedingt an die gegenwärtige Familienform gebunden sei.
Da die Familiensoziologie (wobei wohl der strukturell-funktionale Erklärungsansatz von Parsons, König und Goode repräsentativ ist) nicht die Formbestimmung der Familie im gegebenen gesellschaftlichen Reproduktionszusammenhang berücksichtigt, setzt sie den formal-soziologischen Idealtypus der ›Kernfamilie‹ mit der Kleinfamilie in eins. Dem Schein der Trennung von Privatsphäre und Öffentlichkeit entsprechend betrachtet sie die Familie in der Regel als ›Primärgruppe‹ oder prokreativen Kern der Gesellschaft, weniger an ihrem Verhältnis zu den Produktionsbedingungen interessiert als an ihrer inneren Struktur und ihren Fortpflanzungsfunktionen, die eng an den Familienzusammenhang gebunden begriffen werden und im Interesse des gesellschaftlichen Bestandes befragt zu unterstützen sind.

## 2. Die Familie in der Soziologie

### a) ›*Natürliche*‹ *und historische Aufgaben der Familie*

Wenn auch dieser Zweig der Soziologie durch neuere Erkenntnisse aus dem Bereich der Sozialisationsforschung zu einigen Revisionen gezwungen wurde[88], so wird folglich darauf beharrt, daß die Familie in ihrer gegenwärtigen institutionellen Erscheinungsform ein anthropologisch wesentlicher Bestandteil der Gesellschaft sei. In diesem Sinn seien ihr folgende Eigenschaften zuzusprechen:
- Sie hat vor allen anderen Gruppen als Zeugungsgruppe wesentliche Bedeutung.
- Ihr persönlichkeitsentfaltender und -prägender Beitrag kann von keiner anderen Gruppe in gleichem Maße ersetzt werden.
- Die Verankerung von Normen und Werten im familialen Sozialisationsprozeß ist die Voraussetzung für die Bereitschaft des

[87] »Erst auf der Grundlage der in der Familie erfolgenden ›basalen Sozialisation‹ können die nachfolgenden Einflüsse wirksam werden. Die Familie ist für diese ›basale Sozialisation‹ offenbar deshalb besonders geeignet, weil sie Strukturmomente enthält, unter denen sich die physische, motorische, psychische (einschließlich der emotional-sozialen) Entwicklung des Kindes in den ersten Lebensjahren besonders gut entfalten kann.« (Dritter Jugendbericht der Bundesregierung, a.a.O., S. 90).
[88] Vgl. dazu D. Claessens: Familie und Wertsystem, dritte überarbeitete und erweiterte Auflage, Berlin 1972, bes. S. 50ff.

Individuums, sich sekundären Sozialisationseinflüssen zu öffnen.

- Sie übt über ihre wesentliche Bedeutung für die individuellen Reifungsprozesse auch auf die Bestanderhaltung der Gesellschaft entscheidenden Einfluß aus: als sozialintegratives Gebilde bietet sie gesellschaftlicher Anomie bzw. gesellschaftlichem Verfall Widerstand.
- Zwischen der Familie und ihrer sozialen Umwelt besteht zugestandenermaßen ein Interdependenzverhältnis. Das Mitbedingtsein der Familie von der sozialen Umwelt muß in die soziologische Reflexion mit eingehen.[89]

Das wissenschaftliche Erkenntnisinteresse richtet sich auf die Bedingungen der ›Optimierung‹ der Erziehungskraft der Familie, ohne die – nur im Rahmen der widersprüchlichen Reproduktionsbedingungen richtig deutbaren – strukturellen Schwächen auch der formell intakten Institution mit einzubeziehen. Wird einerseits nicht geleugnet, daß die Familie »durch den Industrialisierungspropzeß in vielfältige Verflechtungen und Abhängigkeiten zu einer kommerzialisierten und arbeitsteiligen Großgesellschaft geraten ist«[90], so wird andererseits darauf beharrt, daß sie ein Beziehungsgeflecht darstelle, das über seine natürliche Fähigkeit, den biologischen Fortpflanzungstrieb im individuell und gesellschaftlich produktiven Sinn zu binden, seine »eigenste Funktion als Gestaltungsordnung der Intimsphäre und der sozio-kulturellen Persönlichkeit« gerade durch die zunehmende Anonymisierung des öffentlichen Geschehens zurückerhalten habe.[91]
Ihre natürliche, auf vitalen Bedürfnissen der Menschen aufbauende Struktur bewirke, wie Tenbruck es ausdrückt, »daß ihre Interaktionen am wenigsten von außen organisiert und gesteuert« und »nicht von einem bestimmten Zweck her nur rational auf ein bestimmtes Ziel gerichtet«[92] seien.
Hofstätter und Simmel ziehen den Schluß, daß der Zweck der Familie in ihr selbst läge, da sie kein außerhalb ihrer selbst gelegenes Bedürfnis befriedige. Sie gehe als Primärgruppe, die bei der »sozio-kulturellen Geburt« (König) des Menschen gleichsam den Geburtshelfer spiele, an Zeit und Bedeutung allen anderen sozialen Gruppierungen voraus.
Es scheint, daß hier nach dem Erkenntnisprinzip verfahren wird, was wirklich ist, muß auch wahr bzw. richtig sein. Als Indiz dafür kann gelten, daß Rottenecker die rechtliche Anerkennung der Familie als Zeugungsgruppe »in der Mehrzahl der Rechtskreise«[93] (China und Israel stellten Ausnahmen dar) zum Beweis für ihre

[89] Nach: Rottenecker, a.a.O., S. 12f.
[90] G. Feger: Die unvollständige Familie und ihr Einfluß auf die Jugendkriminalität, Stuttgart 1969, S. 121.
[91] Ebd., S. 122 (Zitat R. König).
[92] Rottenecker, a.a.O., S. 13 (Zitat F. Tenbruck).
[93] Ebd., S. 9.

übergeschichtliche, anthropologische Bedeutung anführt: »Die meisten Rechtskreise sehen [...] das Verbleiben der Kinder bis zur Volljährigkeit unter der Personensorge der Eltern vor.«[94]
Wie in Kapitel III.1.c. zum Familienrecht und zur Familienpolitik in der BRD ausgeführt wurde, wird die Familie im Bürgerlichen Gesetzbuch nicht als Zeugungsgruppe, sondern als Besitzverhältnis behandelt. Auch der Artikel 6 des Grundgesetzes kann folglich nicht darüber hinwegtäuschen, was im kapitalistischen Gesellschaftssystem primär an der ausgedehnten Personensorge der Eltern über die Kinder interessiert, zumal deutlich wurde, daß die elterliche Sorgepflicht für die Kinder zwar zunehmend öffentlicher Kontrolle unterzogen, aber nicht abgebaut wird.
Nach der repräsentativen soziologischen Auffassung über die Funktionen und den Stellenwert der Familie erschöpft sich die Funktion der Kleinfamilie selbstverständlich nicht in ihrer Bedeutung als Zeugungsgruppe: »darauf aufbauend gelangt sie erst zu ihren wesentlichen Funktionen.«[95]
Es ist nicht zu bezweifeln, daß ein stabiler, auf Dauer gerichteter sozialer Zusammenschluß, der primär auf die emotionalen und affektiven Bedürfnisse seiner Angehörigen einzugehen beansprucht, eine wesentliche Voraussetzung psychophysischer Reifung wie psychischer Stabilisierung darstellt und damit selbstverständlich auch sozial desintegrativen Prozessen entgegenwirkt. Kritik hat dort anzusetzen, wo die oben katalogisierten Funktionen unmittelbar an die gegenwärtige Erscheinungsform der Familie gebunden werden, ohne zu berücksichtigen, daß hier idealtypische Konstruktionen an der anthropologischen Plausibilität ›natürlicher‹ blutsverwandtschaftlicher Beziehungen anknüpfen, und ohne zu reflektieren, in welchem Ausmaß gerade die ›naturalen‹ Bedingungen und vitalen Grundbedürfnisse menschlichen Lebens im kapitalistischen Gesellschaftssystem gegen die Interessen der Individuen ausgespielt werden, sofern es der Verwertung der Arbeitskraft dient.
Die in Kapitel III.1.a. dargestellten historisch unterschiedlichen Formen der Institutionalisierung und sozialen Integrierung des Zeugungsaktes zwingen dazu, das Familienverhältnis analytisch auf das Mutter-Kind-Verhältnis zu reduzieren, wenn es um die Erforschung der wirklich natürlichen Funktionen der Familie geht. Der biologische Charakter dieses Verhältnisses gründet darin, daß der menschliche Säugling im Gegensatz zu den meisten anderen Säugern auch nach seiner Geburt noch eine ›extrauterine‹ Phase durchläuft, in der er auf unbedingten kontinuierlichen Pflegekontakt angewiesen ist. Das kleine Wesen braucht eine Person, die es nicht nur ernährt und sauberhält, sondern ihm auch ein großes Maß an affektiver Geborgenheit vermittelt.

[94] Ebd.
[95] Ebd.

Freud beschreibt die prinzipielle Bedeutsamkeit der frühen Mutter-Kind-Beziehung für die Lebensfähigkeit des Säuglings folgendermaßen: »In beiden Hinsichten, sowohl als automatisches Phänomen wie als rettendes Signal, zeigt sich die Angst als Produkt der psychischen Hilflosigkeit des Säuglings, welche das selbstverständliche Gegenstück seiner biologischen Hilflosigkeit ist. Das auffällige Zusammentreffen, daß sowohl die Geburtsangst wie die Säuglingsangst die Bedingung der Trennung von der Mutter anerkennt, bedarf keiner psychologischen Deutung; es erklärt sich biologisch einfach genug aus der Tatsache, daß die Mutter, die zuerst alle Bedürfnisse des Fötus durch die Einrichtungen ihres Leibes beschwichtigt hatte, dieselbe Funktion zum Teil mit anderen Mitteln auch nach der Geburt fortsetzt. Intrauterinleben und erste Kindheit sind weit mehr ein Kontinuum, als uns die auffällige Caesur des Geburtsaktes glauben läßt. Das psychische Mutterobjekt ersetzt dem Kinde die biologische Fötalsituation. Wir dürfen darum nicht vergessen, daß im Intrauterinleben die Mutter kein Objekt war, und daß es damals keine Objekte gab.«[96]
Die Aufzuchtsperson, die in der Regel mit der Mutter identisch ist, aber nicht unbedingt zu sein braucht, wie der Ammenberuf bestätigt, erfüllt quasi-biologische Funktionen, um dem eigentlich zu früh geborenen Kind zu seiner vollen Lebensfähigkeit zu verhelfen. Muß doch für die menschliche Reifung der Tatsache Rechnung getragen werden, daß dem Säugling im Gegensatz zu den Tieren für die selbständige Befriedigung seiner Triebe die instinktiven Verhaltensregulationen fehlen.
In welcher Form und in welchem Ausmaß diese ›intra-uterinen‹ Bedingungen von der Mutter in der frühkindlichen Wachstumsphase hergestellt werden, ist, wie historische und transkulturelle Untersuchungen erwiesen haben, durchaus nicht anthropologisch determiniert. Schwangerschaftsgepflogenheiten, Stilldauer und Sauberkeitstraining sind von den sozialen, ökonomischen und ökologischen Umständen, im Rahmen deren die Geburt erfolgt, geprägt.
Wie Brückner formuliert, gibt es ebensowenig eine präsoziale menschliche Natur, wie es keine anthropoiden Frühformen des Menschen gäbe, die nicht mit Werkzeugen vertraut waren und nicht die Arbeit als wesentliche Existenzbedingung erfahren hätten: »Das Neugeborene ist gesellschaftliches Wesen in statu nascendi, die ersten extrauterinen Kontakte mit der Mutter sind schon Gesellschaft in actu.«[97] Angeborene Verhaltensregulationen, die das Überleben der Tiere sichern, sind beim Menschen durch die Fähigkeit zu lernen ersetzt. Die konstitutionelle Lernfähigkeit des Menschen begründet, »daß schon das frühe Zusammenleben des

[96] S. Freud: Hemmung, Symptom, Angst, GW XIV, S. 168/69.
[97] Brückner: Zur Pathologie des Gehorsams, in: Pädagogisches Sehen und Denken, München 1967, S. 98.

Säuglings mit seiner Mutter unter einem normativen Zusammenhang«[98] stehen muß.
Da die Erfahrungen, die das Kind in der familialen Umgebung macht, die Grundlage und die Steuerung für seine spätere emotionale Stabilität bilden, wird in der Soziologie eine der natürlichen Grundfunktionen der Familie in der Charakterprägung ihrer Nachkommen gesehen. Der Prozeß, im Rahmen dessen die Übernahme gesellschaftlicher Normen und Werte, die soziale Anpassung also, vor sich geht, wird dabei als die gestufte Einheit von ›Soziabilisierung‹ und ›Enkulturation‹ bezeichnet.[99]
Besteht entsprechend in der Psychologie zwar keine Einmütigkeit über die tiefenpsychologische Begründbarkeit dieser Mechanismen (wie Freud sie annahm), so wird doch auch hier grundsätzlich anerkannt, daß die in der familialen Primärsozialisation vermittelten Verhaltensmuster die Persönlichkeitsentwicklung in solchem Maße beeinflussen, daß etwaige Erziehungsfehler nur langfristig oder durch konsequente Umgestaltung der äußeren Lebensbedingungen ausgleichbar sind. Das im gegebenen Gesellschaftssystem begründete ›Aufzuchtsmonopol‹ (Neidhardt) der Familie kennzeichnet sich folglich durch die Aufgabe, dem Individuum den Rahmen für die Entfaltung seiner biologisch angelegten, aber nicht selbständig entfaltbaren menschlichen Anlagen zu bieten.
Erikson betont die damit verbundene Notwendigkeit, dem Kind ›Urvertrauen‹ einzuflößen: »Das Erleben des konstanten, kontinuierlichen und Gleichartigen der Erscheinungen liefert dem Kinde ein rudimentäres Gefühl von Ich-Identität; es scheint dies davon abhängig zu sein, daß das Kind eine innere Welt erinnerter und voraussehbarer Empfindungen und Bilder in fester Korrelation mit der äußeren Welt vertrauter, zuverlässig wiedererscheinender Dinge und Personen ›weiß‹«.[100] Fehlt eine kontinuierliche affektive Zufuhr, so bestehen nachweisbar kaum Chancen, daß die psychische Entwicklung des Kindes positiv verläuft.
In seinen Hospitalismus-Studien hat René Spitz nachweisen können, daß, sofern dem Kind Anerkennung, Sympathie und Liebe versagt wird, Kräfteverfall bei ihm eintritt, der bis zum emotionalen Hungertod gehen kann.[101]
Über diese ›Grundfunktionen‹ hinaus erfüllt die Familie jedoch nach Claessens ›Optimalfunktionen‹ hinsichtlich der Soziabilisierung der Kinder. Jedes Kind bekommt in den ersten Lebensjahren einen umfangreichen mehr oder minder stark sanktionierten Satz von Normen und Werten mit, dessen Quantität und Qualität und dessen Vermittlungsmethode sich nach der sozialen Herkunft der Eltern richten. Claessens bezeichnet diesen Prozeß als ›Enkulturation‹ und stellt ihn als Überlagerung der ›Soziabilisierung‹ dar:

[98] Ebd.
[99] Claessens, a.a.O., bes. S. 28f.
[100] E. H. Erikson: Kindheit und Gesellschaft, Stuttgart 1965, S. 241.
[101] R. Spitz: Hospitalism, in: Psychoanalytic Study of the Child, 1945.

»Gibt die Soziabilisierung dem Säugling die Chance, menschlich zu werden, so engt die Enkulturation diese Chance im selben Prozeß sofort wieder auf bestimmte ›Muster‹ (Patterns) ein.«[102]
Die Verhaltensweisen der Aufzuchtspersonen orientieren sich nach Claessens meist unbewußt, mindestens aber unreflektiert, an kulturspezifischen Verhaltensregeln, also Normen, hinter denen Werte als Grundregulative stehen. Die Wertorientierung erfolgt nicht erst nach dem verbalen Erfassen der Welt, vielmehr stellt sie ihrerseits die Weichen dafür. Mindestens die Disposition zum Akzeptieren, die Willigkeit, wird früher angelegt, und zwar durch die Übertragung einer bestimmten Gefühlsgeladenheit mit bestimmten wertenden Akzenten, welche die bewußtseinsmäßige »Einfärbung der Welt in der von der betreffenden Kultur gewünschten Weise‹ sichere; dies, weil ›Abfolgeerwartungen‹ und ›Erwartungshaltungen‹ entstünden, in denen die Bereitschaft enthalten (d. h. verstehbar und einordenbar) ist, Stimuli in der sozial geforderten Weise handelnd zu begegnen.[103]
In jedem Menschen wirken nach Klassenlage gesellschaftliche Gesetzmäßigkeiten in dem Maße, wie das betreffende Individuum am Leben praktischen Anteil nimmt. Die Familie hat die Aufgabe zu erfüllen, das Kind zum Individuum zu machen, das diesen Gesetzmäßigkeiten angemessen, d. h. angepaßt entgegnet. Raum gewährend zur Selbstdarstellung (deren drei Aspekte sind: 1. Sichbewußtmachen der sozialen Rolle, 2. sich zurückfühlen in die kulturelle Rolle, 3. das Erleben der Verbindung von eigener Physis und Umwelt, das mit dem Begriff ›Selbstdarstellung‹ gemeint ist) sei die Kernfamilie im geeigneten Fall ein Refugium für den Heranwachsenden. Die Selbstdarstellung setze voraus, daß das Kind im Enkulturationsprozeß schon die grundlegenden ›cultural skills‹ (kulturelle Fertigkeiten) beherrscht.[104] »Die Kernfamiliengruppe erscheint angesichts der geforderten Aufgaben daher als die eigentlich einzige gesellschaftliche Formation, in der sie gelöst werden *könnten.* Es ist zu untersuchen, wieweit sie diesen Anforderungen tatsächlich gerecht wird. Die Kernfamilie ist also als Kleingruppe besonderer Art mit besonderen Möglichkeiten im Hinblick auf ihre Fähigkeit der ›paradoxen‹ oder ›elastischen‹ Transmission von Werten in den Nachwuchs zu untersuchen.«[105]
Solche soziologische Betrachtung über die Adaption normen- und wertorientierten Verhaltens in der Familie bleibt freilich so lange formal, als nicht untersucht wird, wie das Verhalten der Menschen materiell bestimmt, geformt und gelenkt wird und auf welchen tiefenpsychologischen Bedingungen es basiert. Nach der Auffassung Freuds wird das Kind im Rahmen des familialen Sozialisationsprozesses zur ›Sublimierung‹ befähigt, das heißt, zur Umlenkung sei-

102 Claessens, a.a.O., S. 12.
103 Ebd., S. 122.
104 Ebd., S. 150.
105 Ebd., S. 174.

ner direkten Triebbedürfnisse auf kulturelle und soziale Ziele. Fähigkeit zur Sublimation sei die Voraussetzung, Lern- und Handlungsbereitschaft auch solchen kulturellen, sozialen und ökonomischen Aufgaben entgegenzubringen, deren Bearbeitung nicht zu direkter Bedürfnisbefriedigung führe. In der Primärsozialisation wird diese Bereitschaft je nach Geduld und Zuwendung der Eltern schon in den ersten Lebensjahren erzeugt; Stillzeit und Sauberkeitstraining spielen dabei eine wesentliche Rolle, stellen sie doch die spürbarste Manipulation der biologisch ererbten Triebe dar. Das Gelingen der Triebregulierung bzw. die Art und Weise, in der sie vorgenommen wird, entscheiden schon in der frühen Kindheit darüber, mit welchen affektiven und kognitiven Dispositionen und welchen sozialen Fähigkeiten das Kind seiner Umwelt entgegentreten wird.

Freud bemerkt in seiner Schrift ›Das Unbehagen in der Kultur‹[106], daß es sich bei diesen individuellen Erziehungsformen um Kulturleistungen handele, ohne die sich das geistige und das wissenschaftliche Niveau eines Volkes oder einer Gesellschaft niemals fortentwickeln könne. Dabei gerieten freilich Triebbedürfnisse und gesellschaftliche Erfordernisse als notwendig ebenbürtige Motivationsorientierungen des Menschen miteinander in Konflikt. ›Lustprinzip‹ und ›Realitätsprinzip‹ stünden also im Widerstreit.

Freud führt nun das ›Unbehagen in der Kultur‹ darauf zurück, daß das Lustprinzip in der vom Leistungsprinzip bestimmten gesellschaftlichen Realität zu kapitulieren gezwungen ist. Andererseits stelle Triebverzicht jedoch eine notwendige Bedingung für die zivilisatorische Organisation des menschlichen Lebens dar und dürfe deshalb nicht als grundsätzlich gegen die menschlichen Interessen gerichteter Zwang abgetan werden. Insofern erfüllt die bürgerliche Familie besonders in ihren Anleitungsfunktionen bei der Triebsublimierung eine gesellschaftlich wertvolle Aufgabe.

Auch Freud behandelt jedoch diesen familial gesteuerten Zwang zum Triebverzicht nicht als ungebrochene Naturnotwendigkeit. So weist er darauf hin, daß nicht alle Kulturen in ihren erzieherischen Forderungen gleichermaßen repressiv sind; ihm ist gegenwärtig, daß die wirtschaftliche Struktur einer Gesellschaft – im Deutschland und Österreich seiner Zeit das imperialistische Stadium des Kapitalismus – »das Maß der restlichen Sexualfreiheit«[107] bestimmte. »Wir wissen schon, daß die Kultur dabei dem Zwang der ökonomischen Notwendigkeit folgt, da sie der Sexualität einen großen Betrag der psychischen Energie entziehen muß, die sie selbst verbraucht. Dabei benimmt sich die Kultur gegen die Sexualität wie ein Volksstamm oder eine Schicht der Bevölkerung, die eine andere ihrer Ausbeutung unterworfen hat. Die Angst vor

[106] S. Freud: Das Unbehagen in der Kultur, GW XIV, S. 419ff.
[107] Ebd., S. 463.

dem Aufstand der Unterdrückten treibt zu strengen Vorsichtsmaßregeln. Einen Höhepunkt solcher Entwicklung zeigt unsere westeuropäische Kultur.«[108]

Freud sieht allerdings nicht, zu wessen Gunsten dieser Konflikt endgültig entscheidbar sein sollte. Lediglich das Ausmaß des Konfliktes müßte sich seinerseits von den wirtschaftlichen Erfordernissen eines Landes her rational bestimmen lassen. Der Konflikt zwischen Lust und Realität scheint ihm prinzipiell antagonistisch zu sein, da er die aus dem historischen Klassengegensatz zwischen Lohnarbeit und Kapital resultierenden ökonomischen Herrschaftsinteressen nicht als historische erkennt. So sieht er in der Familie eine überhistorische Schlichtungsinstanz zugunsten einer von den Bedingungen kapitalistisch organisierter Arbeit bestimmten kulturellen und zivilisatorischen Realität.

Es zeigt sich, daß die Aufzuchtsinstanzen – ohne sich dessen bewußt zu sein – unnachsichtig nicht nur auf kulturell, sondern verwertungsmäßig wesentliche Verhaltensformen und Triebverdrängungen des Nachwuchses hinarbeiten. Dabei ergibt sich das Maß des Druckes, den die Eltern auf ihren Nachwuchs ausüben, aus ihrer spezifischen Stellung in der Gesellschaft wie ihrer Teilhabe an kulturellen Errungenschaften. Diesen Druck geben sie weiter, und zwar um so massiver, je benachteiligter sie sind, das heißt, je weniger privilegiert die Gesellschaftsschicht ist, der sie angehören. Je stärker der soziale Druck, besser: der sozio-ökonomische Druck ist, hinter dem handfeste materielle Benachteiligung steht, umso eher wird die Fähigkeit der Kinder gestört sein, ihre Triebbedürfnisse in produktiver Form zu sublimieren.

Der soziale Druck erzeugt bei den Eltern Resignation und Apathie hinsichtlich der Chancen, die eigene Position und die der Kinder zu verbessern; folglich wird die Lernbereitschaft auch nur durch äußerst dürftige Angebote gefördert. Die Passivität, in die die Eltern gezwungen sind, passiviert die Kinder, bevor sie die Möglichkeit hätten, ihre Situation selbst zu beurteilen.

Nach allem ist es typisch für die bürgerlich-kapitalistische Gesellschaft, daß die Aufgabe, die Individuen zur Arbeitsbereitschaft zu motivieren, ihre Denkansätze und ihre Lernbereitschaft aber zu hemmen, an die Familie delegiert ist. »Wenn der Hunger und die Angst vor einer elenden Existenz die Einzelnen zur Arbeit zwingen, so müssen doch die gesamten wirtschaftlichen und kulturellen Mächte an jeder Generation aufs neue ihr Werk verrichten, um sie zu dieser Arbeit in ihrer jeweiligen Form fähig zu machen.«[109]

Was deutlich geworden sein sollte: Die Familie ist in ihrer gegenwärtigen Form als isolierte Kleinfamilie trotz ihrer partiellen Dys-

[108] Ebd., S. 464.
[109] Horkheimer: Autorität und Familie, a.a.O., S. 49.

funktionalität bisher immer noch die geeignete Instanz, um die Reproduktion sozial typischer und ökonomisch funktionaler Charaktere zu gewährleisten. Als solche haben ihre Aufgaben aber einwandfrei historischen Stellenwert und sind nicht anthropologisch determiniert.

### b) *›Strukturwandel‹ und ›Funktionsverlust‹ der Familie*

Was die Soziologie gegenwärtig als ›instrumentellen Funktionsverlust‹ der Familie bezeichnet, nichtsdestoweniger aber durch die damit entstandene Chance zu ›personaler‹ Orientierung ihrer Mitglieder ausgeglichen sieht[110], hat seine Ursache in der naturwüchsigen Entwicklung der gesellschaftlichen Arbeitsteilung in der Industrie und der staatlichen Verwaltung, die die familial organisierte Arbeitsteilung bereichsweise überflüssig machte.
Wie in der Bestimmung der politischen und ökonomischen Bedeutung privater familialer Reproduktion in Kapitel III.1.b. gezeigt wurde, resultiert die Brüchigkeit der gegenwärtigen familialen Wirklichkeit daraus, daß der ›Arbeitgeber‹, der die Bedingungen individueller Reproduktion (der Lohnabhängigen) besitzt, nicht mehr mit dem ›Familienoberhaupt‹ oder dem ›Hausvater‹ identisch ist.
Werden einerseits die einstigen Erziehungs- und Versorgungsfunktionen der Familie gegenwärtig staatlich geregelt, so muß die Familie andererseits als Rahmen für die Reproduktion der Arbeitskraft wie als privater Produzent des Rohstoffes für diese Ware erhalten bleiben.
Im Gegensatz zu früheren historischen Epochen ist es den Eltern aufgrund der rechtlichen Befreiung des Individuums durch die bürgerliche Revolution aber nicht gestattet, aus der Mehrarbeit, die sie für die ›Produktion‹ ihrer Kinder aufbringen, einen Anspruch auf materielle Gegenleistungen der Kinder in Form von Altersversorgung o. ä. ableiten zu dürfen. Die Versorgungspflichten, die die Familie nicht mehr erfüllen kann, hat der Staat als Umverteiler der vom Lohn zu diesen Zwecken einbehaltenen Anteile (Steuern, Sozialbeiträge, Rentenversicherung), ohne sie freilich für die Lohnabhängigen nur einigermaßen zufriedenstellend lösen zu können.
Über die eher indirekt vollzogene Tradierung von Normen und Werten durch familiale Sozialisation hinaus beschränken sich die Funktionen der Familie heute daher auf ihr Wirken in den Dimensionen von Versorgung und Kontrolle, wobei klassenspezifisch begründet ist, wie lange sie in der Lage ist, diese Funktionen zu übernehmen. In Arbeiterfamilien endet die Versorgungsfunktion der

[110] Vgl. unten S. 107.

Familie in der Regel, wenn die Kinder das 15. Lebensjahr erreicht haben, wenn auch noch weiter Kontrolle ausgeübt wird, solange das Kind noch mit den Eltern zusammenwohnt. Dagegen werden Versorgungsfunktionen in den bürgerlichen Familien sehr viel länger wahrgenommen: häufig bekommen z. B. studierende Kinder bis zum 25. Lebensjahr oder gar noch länger materielle Beihilfen von zu Hause.
Die materielle Existenzberechtigung der vorindustriellen monogam-patriarchalischen Familienform wird damit zu einem in sich widersprüchlichen Problem. An der nur schätzbaren Zahl der zerrütteten Familien in der BRD (die Scheidungsstatistik offenbart 10 %, die Dunkelziffer dürfte mindestens bei 30 % liegen) zeigt sich, daß sich der partielle Anachronismus privater familialer Reproduktion bei gesellschaftlicher Produktion – die unter dem Aspekt der Organisation von Arbeit individuell überfällige Institution also – subjektiv fortsetzt.
Die zunehmende Polarisierung der Gesellschaft in wenige Käufer von Arbeitskraft und viele von ihren Arbeitsbedingungen getrennte Anbieter dieser Ware macht den Lohnabhängigen die unter gegebenen Aneignungsbedingungen mit ihrem Status als freie Rechtspersonen verknüpfte Isolierung von ihrer Gesellschaftlichkeit zunehmend unerträglich und führt, ohne daß die Gründe dafür individuell nachvollziehbar wären, zu den von der Soziologie als ›Anomie‹ (Durkheim) und ›Desintegration‹ (König) klassifizierten sozialen und individuellen Verfallserscheinungen.
Daß die Familie gesellschaftlich weiter hoch bewertet wird, obwohl die Maßnahmen zu ihrer Stützung und Förderung davon zeugen, daß sie ihren Aufgaben nicht mehr gewachsen ist, hat daher vor allen materiellen Gründen Legitimationsbedeutung.
Die ihr von den Soziologen zu Recht zugeschriebene ›Intimfunktion‹ offenbart unter politisch-ökonomischem Blickwinkel ihren zwieschlächtigen Charakter. Zum einen trägt die Familie den biologischen Grundbedürfnissen des Menschen, die aus seiner Nesthockernatur und seiner sozialen Abhängigkeit entspringen, Rechnung und entlastet damit das kapitalistische Gesellschaftssystem von Aufwendungen, die seine Revenuefonds und seine technischen Möglichkeiten sprengen würden; zum andern täuscht sie in ihrem Zellencharakter Möglichkeiten und Chancen autonomer Lebensführung vor, die den Individuen den Klassencharakter ihrer sozioökonomischen Lage verschleiern und sie all ihre Glücksvorstellungen an die Familie binden lassen, wie die starke Bedeutung der familialen Primärbeziehungen in der Arbeiterklasse zeigt. Empirische Umfragen erbrachten, daß werktätige Jugendliche das gute Zusammenleben und Zusammengehörigkeitsgefühl in der Familie am bedeutsamsten einschätzten. »Das Zusammengehörigkeitsgefühl erweist sich als eins der festesten Elemente im Familienbewußtsein des werktätigen Jugendlichen, obgleich das Zu-

sammengehörigkeitsgefühl eher als vitale Haltung denn als Bewußtseinsinhalt gedacht werden muß.«[111]

Das Scheitern dieser Glücksbedürfnisse wird konsequent nicht an der objektiven Überforderung der Familie gemessen, sondern als individueller Schicksalsschlag ›personal‹ bewältigt. Das heißt, die Familienangehörigen wenden es gegeneinander, anstatt der politischen Problematik ihrer Situation gewärtig zu sein.

Auch die Behandlung des ›Strukturwandels‹ und ›Funktionsverlustes‹ in der neueren Familiensoziologie trägt kaum zur Aufklärung der politisch-ökonomischen Hintergründe der Krise der Familie bei. Mit von Konflikthypothesen gesteuerten systemtheoretischen Beschreibungen wird der empirischen Tatsache zu Leibe gerückt, daß der Familienverband sich mit der Verallgemeinerung des Warentausches und der industriellen Vergesellschaftung der Arbeit erheblich reduziert und eine Anzahl individuell wie gesellschaftlich wesentlicher Funktionen eingebüßt hat.

So wird davon ausgegangen, daß »Rationalisierung, Industrialisierung und Demokratisierung [...] in allen Lebensbereichen zu einer Differenzierung der gesellschaftlichen Strukturen geführt«[112] haben. »Alte Sozialgebilde (Sippen, Kirchen, autoritäre Eliten) gaben Aufgaben und Funktionen an neu entstehende Sozialgebilde ab: Hochtechnisierte Industriebetriebe spezialisierten sich auf Produktion; Schulen auf Erziehung; Gerichte auf Rechtssprechung; Einrichtungen der Versicherung, Versorgung und Fürsorge auf die soziale Sicherheit des einzelnen; Behörden auf Verwaltung; Vereine auf das Freizeitleben; Parteien und Interessenverbände auf Politik etc. In dieser Weise wurden früher zusammenhängende Lebensbereiche voneinander isoliert.«[113]

Gegen den Einwand, daß die ursprünglichen erzieherischen und produktiven Funktionen der Familie damit grundsätzlich in Frage gestellt sind, wird geltend gemacht, daß die funktionelle Reduzierung familialer Aufgaben durch andere gesellschaftliche Instanzen voll ausgeglichen werde, daß man daher, was die Vorgänge in der Familie angeht, eher von ›Funktionsverlagerungen‹ im positiven Sinne sprechen könne.

Neidhardt weist, darin R. König folgend, darauf hin, daß sich der Wandel familialer Funktionen von ›instrumentaler‹ zu ›personaler‹ Orientierung vorteilhaft auf die verbliebenen Wirkungsmöglichkeiten der Familie ausgewirkt habe.[114] Die zunehmende Partnerschaft in der Ehe wie die größere Freizügigkeit gegenüber den Kindern bewiesen, welch emanzipatorischer Charakter die Funktionsverlagerungen der Familie auszeichne. Sie sei letztendlich die einzige Instanz, in der die für den Menschen so wichtige ›Intimität

[111] O. P. Spandl: Die Einstellung des werktätigen Jugendlichen zu seiner Familie, Meisenheim am Glan 1966, S. 46.
[112] Neidhardt, a.a.O., S. 25.
[113] Ebd., S. 25.
[114] Vgl. dazu ebd., S. 57ff. (›Zur These vom Funktionsverlust der Familie‹).

des persönlichen Lebens‹ optimal gesichert werden könne; diese Funktion gelte es zu schützen und zu kultivieren.
Wie die Funktionalität und der gesellschaftsbildende Wert der gegenwärtigen Familie eingeschätzt werden, hängt davon ab, ob die empirische Wirklichkeit der heutigen Familie an ihrem historischen Stellenwert als privatrechtliche Institution feudaler und frühbürgerlicher Verhältnisse gemessen wird, oder aber ob – wie in der Soziologie – von immanenten Funktionalitätskriterien ausgegangen wird, die die Bedeutung der Familie im Rahmen des gegenwärtigen Standes zivilisatorischer Entfaltungen zu erfassen beanspruchen. Da Funktionalitätskriterien, die sich an prinzipiellen emotionalen und sozialintegrativen Qualitäten der Kleinfamilie bemessen, normativen Charakter haben, daher aber vor der Erklärung, *wie* die widersprüchlichen Ansprüche der Existenzsicherung die familiale Lebensform affizieren, kapitulieren müssen, sind sie analytisch nicht brauchbar.
Insofern muß Aussagen widersprochen werden, in denen ausgehend von einer Harmonievorstellung in Anlehnung an die These von der Restituierung der Intimsphäre (König) die »vermeintliche Entleerung«[115] des Familienlebens zurückgewiesen wird und die psychologischen Ausgleichsfunktionen der Familie im Rahmen einer anonymen hochindustrialisierten Gesellschaft hervorgehoben werden. Gehören nach Auffassung von Neidhardt zu den neuen Leistungen der Familie »die gesteigerten Anforderungen durch die frühkindliche Erziehung, die im Zeichen des neuen gesellschaftlich bedingten Menschenbildes (personale Autonomie, Selbstverantwortung) ungleich schwieriger ist als früher; zum andern [...] die Funktion des psychischen Spannungsausgleiches, welche angesichts der Komplizierung und Instrumentalisierung des öffentlichen Lebens an Bedeutung zunimmt. Funktionsverluste und Funktionsgewinne bedingten einander und ereigneten sich Zug um Zug«[116], so wird der Kernpunkt unserer Kritik im folgenden sein, das Glücken von Neidhardts angeführten Leistungen der Familie als schichtspezifischen Ausnahmefall erkennbar zu machen.
Dabei müssen die Veränderungen, von denen die familiale Lebensform betroffen ist, auf dem Hintergrund der widersprüchlichen kapitalistischen Ansprüche gesehen werden, im Rahmen derer die Familie als geschlossenes Produktions- und Dienstleistungssystem allmählich ersetzt, aber weiterhin systematisch ausgenutzt wurde. Wichtig in diesem Zusammenhang ist, daß die gesellschaftlichen Verflechtungs- und Differenzierungsprozesse, die von der zunehmenden Unterwerfung aller gesellschaftlichen Bereiche unter die Prinzipien kalkulatorischer Rationalität begleitet waren, die einst stabilisierenden Funktionen von verwandtschaftlichen Gruppie-

[115] Ebd., S. 57.
[116] Ebd., S. 58.

rungen um die Kernfamilie nicht nur weitgehend überflüssig machten, sondern sogar störend werden ließen.
Adorno sieht die ›vielberufene Krisis‹ der Familie schon in den Anfängen dieser Differenzierungsprozesse zwischen Privatsphäre und Öffentlichkeit verwurzelt: »Inmitten einer durch den Tausch und damit durch die Rationalität der arbeitenden einzelnen Individuen definierten Gesamtverfassung blieb sie wesentlich eine feudale Institution, basierend auf dem Prinzip des ›Blutes‹, der natürlichen Verwandtschaft. Damit hielt sie ein irrationales Moment inmitten der industriellen Gesellschaft fest, welche auf Rationalität, die ausschließliche Herrschaft des Prinzips der Berechenbarkeit aller Beziehungen hinaus will und keine andere Kontrolle duldet als die durch Angebot und Nachfrage.«[117]
Unter solchem Blickwinkel trägt die Familie zweifellos veraltete Züge, womit sie aber als Verkehrsform längst nicht ersetzbar geworden ist. Nur sie kann den vitalen Grundbedürfnissen der Menschen Rechnung tragen, Bedürfnissen, die relativ zu den übrigen versachlichten (= entmenschlichten) Reproduktionsprinzipien im Kapitalismus freilich als ›anachronistische‹ in Schutz genommen werden müßten. Zu kritisieren ist der normative Charakter familialer Gefühlsbindungen jedoch deshalb, weil er der Motor jenes Energieaufwandes ist, der aufgebracht wird, um die entfremdeten Reproduktionsbedingungen zu ertragen.
Es ist nicht zu weit gegriffen, wenn der Familie im Gegensatz zu der herrschenden Ideologie ihre ausgleichenden Funktionen prinzipiell abgesprochen werden. Mit dem Verlust ihrer einstigen produktiven Autonomie ist sie tatsächlich kaum noch Konsumgemeinschaft, selten auch Freizeitgemeinschaft zu nennen. Wie auch Gottschalch betont, führt der sozioökonomische Funktionsverlust der Familie nicht zu jenen erhofften ›Entlastungen‹ der Eltern, die sie befähigen soll, ihren Kindern die nötige psychische Geborgenheit und Obhut zu vermitteln.[118] Von ihrer Auseinandersetzung mit den allgegenwärtigen wirtschaftlichen Konkurrenzbedingungen überfordert, leiden die Familienmitglieder in der Regel Mangel an Gefühlswärme, Solidarität und Sammlung. Gottschalch muß Horkheimer Recht geben, der annimmt, daß die Ehe entgegen der herrschenden Ideologie mehr und mehr eine Zweckbeziehung wird, die der Mann eingehen muß, um regelmäßigen Geschlechtsverkehr haben zu können, und die Frau, um ein bestimmtes Maß an Sicherheit zu haben: »Kinder werden nicht aufgezogen, weil die Aufgaben des eigenen Lebens ohne sie nicht erfüllt werden könnten, sondern aus mehr oder weniger äußerlichen Gründen. Sie erfahren nie die Wärme jenes zweiten Mutterschoßes, den die Familie in bestimmten sozialen Schichten dargestellt

[117] T. W. Adorno, M. Horkheimer: Familie, in: Soziologische Exkurse (Nach Vorträgen und Exkursen), Frankfurt 1967, S. 120 f.
[118] W. Gottschalch: Kind und Familie heute, in: *Das Argument* 29/1964, S. 80.

hat. Im besten Fall werden sie verständig aufgezogen und auf den Kampf ums Dasein vorbereitet.«[119] Mißt man die ehemalige Bedeutung der Familie für die in ihr erzogenen Individuen an dem, was sie heute für die Menschen zu leisten vermag, so entschleiert sich der apologetische Charakter der referierten soziologischen Interpretationen über die ›Funktionsverlagerungen‹ der Familie. Vordringlich scheint die Familieninstitution dort geschützt zu werden, weil nur sie all das an Halt und Glück ersetzen können soll, was die anderen gesellschaftlichen Instanzen erst recht nicht zu bieten vermögen: die emotionale Fundierung individueller Reproduktion, auf die auch der ›versachlichte‹ Verwertungsprozeß letztlich angewiesen ist.

[119] Ebd.

# IV. Zur subjektiven Fixierung entfremdeter Reproduktionsbedingungen in der Familie

## 1. Ideologiekritische Überlegungen zum Verhältnis von privater Reproduktion und Identitätsfindung

Nicht allein die objektiven ökonomischen Zwänge familialer privater Haushaltsführung, sondern auch die mit dieser Form der Existenzsicherung entstandenen moralischen Standards lenken die Individuen von ihrer eigentlichen ökonomischen Hörigkeit ab und lassen ihre sozialen Interessen an Sachen der näheren Verwandten der Familie ihre Grenzen finden.

Sparsamkeit und Besitzorientierung waren schon früh, ausgelöst durch die Verhaltensforderung kapitalistischer Produktionsweise: »Akkumulation um der Akkumulation willen, Produktion um der Produktion willen«[1], zu einem wesentlichen Bestandteil der herrschenden Moral geworden. Jeder Privateigentümer an Produktionsmitteln oder an Kaufmitteln derselben machte in den Anfängen des Kapitalismus ein Stadium durch, in dem »Bereicherungstrieb und Geiz als absolute Leidenschaften«[2] vorherrschten, was auch die Erziehung des Nachwuchses entscheidend prägte. War doch dessen zukünftige Aufgabe dadurch gekennzeichnet, planend – die Konkurrenzmechanismen und technischen Neuerungen beobachtend – zu akkumulieren und nicht den schon verfügbaren Mehrwert zur Befriedigung momentaner Bedürfnisse abzuschöpfen. Eine Erziehung, die das Bewußtsein um die Notwendigkeit von Akkumulation anstrebte, mußte sich darum bemühen, die psychischen Dispositionen für Bedürfnisaufschub früh herzustellen.

In aktuellen Erörterungen der Chancen des traditionellen Familienunternehmens finden sich noch ungebrochen die damit verbundenen Handlungsmaximen: »Bei den erfolgreichen Unternehmungen fing der Erfolg fast ausnahmslos damit an, daß man früh erkannte, daß die Firma einen Vorrang vor der Familie hat; daß man also ein Recht auf Eigenexistenz der Firma anerkannte und daß man begriff, daß die Substanzerhaltung des Industrieunternehmens einen Vorrang vor den Entnahmen hat.«[3] Der Verfasser betont, daß das Verhätnis erfolgreicher Unternehmer zu ihrem Eigentum dem Fidei-Kommiß-Denken in der Landwirt-

[1] Marx: Kapital, Bd. I, a.a.O., S. 621.
[2] Ebd., S. 620.
[3] K. Pentzlin: Firma geht vor Familie, in: *Frankfurter Allgemeine* vom 16.10.1971, S. 17.

schaft entsprechen müsse, daß nämlich, wie Freiherr vom Stein schon hervorgehoben habe, »der Zweck des Besitzes die Aufrechterhaltung des Wohlstandes und damit der Selbständigkeit unseres Geschlechtes sei, mit Absicht zu verhindern, daß es in Armut und Dunkelheit versinkt«. Das führt zu Grundsätzen, die bis heute ihre normative Kraft nicht verloren haben. So hat 1. die Substanzerhaltung des Unternehmens Vorrang vor den Entnahmen, 2. das Unternehmenswachstum Vorrang vor der Eigenkapitalquote und 3. muß man sich selbst Konkurrenz machen können.[4]
Ideologische Rückenstärkung findet der an Sparsamkeit und Besitzanhäufung interessierte bürgerliche Geist in der protestantischen Ethik, der Berufsidee des Protestantismus. »Der asketische Protestantismus verleiht dem Erwerbstrieb [...] die religiöse Fundamentierung.«[5] Geschäftliche Tüchtigkeit und das Streben sind demgemäß als Ausübung der Berufspflicht nicht nur sittlich geduldet, sondern vielmehr geboten. Sie prägen als Erziehungsleitbild bis heute den familialen Sozialisationsprozeß. Freilich ist die protestantische Ethik nicht mehr als ein Siegel darauf, daß sich als allgemeine Wertvorstellung durchsetzen konnte, was einzig für den materiell privilegierten Teil der Bevölkerung erfolgversprechend war und ist.
Wesentlicher für die Identifikation auch der besitzlosen Klasse mit den herrschenden Normen und Werten ist die Tatsache, daß sich das »sine qua non der kapitalistischen Produktion«, die »beständige Reproduktion oder Verewigung des Arbeiters«[6] hinter dem Schein gleicher Marktchancen für alle verbirgt, politisch befestigt durch die konstitutionelle Versicherung gleicher staatsbürgerlicher Rechte, ökonomisch, durch das immanent unwiderleglich gerechte Prinzip des Äquivalententausches auf dem Markt.
Da den Lohnabhängigen suggeriert wird, sie bekämen ihre Arbeit bezahlt (nicht nur die verausgabte Arbeitskraft rückvergütet), müssen sie die einfache Reproduktion ihrer Existenz als mißlingenden Akkumulationsversuch auffassen. Großzügig ausgebaute Konsumkreditsysteme und Vermögensbildungsgesetze stützen die Auffassung, daß es dem Schicksal, dem Zufall der Familienzugehörigkeit und vor allem dem Ausmaß an Fleiß und ›Risikobereitschaft‹ zuzuschreiben ist, wenn Not und Armut auf der einen, Wohlhabenheit und Luxus auf der anderen Seite sich generationsweise fortsetzen.
Vor allem in der Ideologie der Chancengleichheit, die ihre Basis in dem scheinbar freien Wechselspiel von Angebot und Nachfrage hat, ist begründet, daß die – einzig für den Besitzer gewerblicher Produktionsmittel reale – Chance der Akkumulation von Reichtum als Orientierungslinie auch bei den Familien der vom Kapital

[4] Ebd.
[5] J. Kulischer: Allgemeine Wirtschaftsgeschichte des Mittelalters und der Neuzeit, Bd. II, Darmstadt 1971, S. 409.
[6] Marx: Kapital, Bd. I, a.a.O., S. 596.

abhängigen Arbeitskräfte besteht. Spätestens mit der Familiengründung wird der materielle und ideologische Zwang zur Etablierung konkret. Mit welch affektiver Besetzung die im Rahmen familialer Reproduktion erarbeiteten, zum Teil hart ersparten Gebrauchs- und Prestigegüter behandelt werden, weist auf die Bedingungen und die Qualität bürgerlicher Identitätsentfaltung hin.
Die rechtsphilosophische Einordnung der Familie bei Hegel als ›sittlicher Einheit‹ in einen wirtschaftlichen Reproduktionszusammenhang, der sich seine äußere Ordnung im bürgerlichen Rechtsstaat gegeben hat, verdeutlicht die enge Verflechtung der familialen Institution mit dem Privateigentum und den Ansprüchen, die es an die Menschen stellt, auch in ihren subjektiven Auswirkungen. Freilich sei die Familie nur insofern eine natürliche Grundlage dieser im Staat kulminierenden Vernunftordnung, als sie sich immer wieder auflöse. Hat die Familie ihre ›äußere Wirklichkeit‹ im Eigentum, so zerstört nach Hegel Eigentum auch die Familien als besondere Erscheinungen. »Die ›natürliche‹ Einheit der Familie spaltet sich also in eine Vielzahl konkurrierender Gruppen von Eigentümern auf, die wesentlich auf ihren besonderen egoistischen Vorteil aus sind.«[7]
Als sittliches Prinzip wirke sie jedoch diesen Auflösungs- und Atomisierungstendenzen wiederum entgegen, denn sie vollende sich als Prinzip in der Gestalt ihres unmittelbaren Begriffes als Ehe, in dem äußerlichen Dasein, dem Eigentum und Gut der Familie und der Sorge dafür, sowie in der Erziehung der Kinder und der Auflösung der Familie.[8] Das spezifisch Sittliche der Familie als ›Besonderheit‹ des von Hegel als Spitze und Endpunkt sozialer Entfaltung verstandenen bürgerlichen Rechtsstaates liege somit nicht in ihrem Vermögen oder Besitz, in denen die Einheit nur äußerlich gestiftet wird, sondern »in den Kindern in einem Geistigen, in dem die Eltern geliebt werden, und das sie lieben«[9]. »Die Familie hat als die unmittelbare Substantialität des Geistes, seine sich empfindende Einheit, die Liebe, zu ihrer Bestimmung, so daß die Gesinnung ist, das Selbstbewußtseyn seiner Individualität in dieser Einheit als an und für sich seyender Wesentlichkeit zu haben, um in ihr nicht als eine Person für sich, sondern als Mitglied zu seyn.«[10]
Im Zusatz zum § 181 wird freilich deutlich, zu wessen Gunsten die ethischen und ökonomischen Funktionen der Familie als ›synthetisierendem‹ Element des bürgerlichen Gesellschaftstyps zusammenfallen. Nicht nur für das Einzelbewußtsein, das sich nach Hegel ›im Besonderen‹ bewegt, sondern dem Urteil der bürgerlichen Identitätsphilosophie muß verborgen bleiben, daß sich die materiellen Antagonismen der bürgerlichen Gesellschaft

[7] H. Marcuse: Vernunft und Revolution, Neuwied 1962, S. 182.
[8] G. W. F. Hegel: Grundlinien der Philosophie des Rechts, Frankfurt 1968, S. 176 (§ 160).
[9] Ebd., S. 185 (§ 173).
[10] Ebd., S. 175 (§ 158).

nicht durch ›sittliche Synthetisierung‹ beseitigen lassen, sondern sich gerade auf dieser ideologischen Grundlage voll entfalten können. Hegel schreibt in dem Zusatz zum § 181: »Die Allgemeinheit hat hier zum Ausgangspunkt die Selbständigkeit der Besonderheit, und die Sittlichkeit scheint somit auf diesem Standpunkt verloren, denn für das Bewußtseyn ist eigentlich die Identität der Familie das Erste, Göttliche und Pflichtgebietende. Jetzt aber tritt das Verhältniß ein, daß das Besondere das erste für mich Bestimmende seyn soll, und somit ist die sittliche Bestimmung aufgehoben. Aber ich bin eigentlich darüber nur im Irrthum, denn indem ich das Besondere festzuhalten glaube, bleibt doch das Allgemeine und die Nothwendigkeit des Zusammenhangs das Erste und Wesentliche: ich bin also überhaupt auf der Stufe des Scheins, und indem meine Besonderheit mir das Bestimmende bleibt, das heißt der Zweck, diene ich damit der Allgemeinheit, welche eigentlich die letzte Macht über mich behält.«[11]
Als wesentliche Konstituentien der Identitätsentwicklung nimmt nach Habermas der frühe Hegel die Kategorien Arbeit, Sprache und (familiale) Interaktion an. Das Ich – Ausgangspunkt und Resultat des Sozialisationsprozesses zugleich – sei als prozessuale Einheit von Allgemeinem und Einzelnem zu begreifen. Der Individuierungsprozeß beginne mit der Geburt, die als entscheidender Akt das Ich von seiner vorsprachlichen Existenz als embryonales Gattungsexemplar zu seiner Besonderung und damit zu seinem Ziel bringe. Wie Habermas Hegel interpretiert, vermitteln sich Subjekt und Objekt, Selbstbewußtsein und Natur des Menschen durch Sprache, Arbeit und Interaktion auf der Grundlage der Reziprozität.[12] Die sittliche Substantialität der familialen Institution zeige sich in der ›existierenden Mitte reziproker Verhaltensweisen‹ (Hegel); das ›Familiengut‹ habe somit eine materielle wie eine geistige Seite. Was heißt dies aber konkret für die klassenspezifischen Bedingungen familialer Ich-Entwicklung bzw. Individualisierung?
Arbeit, Sprache und Interaktion, die Habermas, an Hegel anknüpfend, als gleichzuordnende Kategorien des Sozialisationsvorganges annimmt, finden in einer gesellschaftlichen Realität statt, in der die widersprüchliche Identität von Arbeit und Privateigentum, gesellschaftlicher Produktion und privater Aneignung, zu ihrem vollen Antagonismus auszureifen im Begriff ist.
Wie besonders mit der politisch-ökonomischen Funktionsbestimmung der Familie (Kap. III.1.b.) gezeigt werden sollte, sind auch familiale Interaktion und Kommunikation nicht von den Auswirkungen dieses Widerspruchs ausgenommen, können also nicht als Sozialisationsfaktoren mit der Kategorie der Arbeit auf einer Ebene behandelt werden.

[11] Ebd., S. 192.
[12] J. Habermas: Arbeit und Interaktion. Bemerkungen zu Hegels Jenenser ›Philosophie des Geistes‹, in: ders., Technik und Wissenschaft als Ideologie, Frankfurt 1968, S. 23.

Marx begreift wie Hegel die ontogenetische und phylogenetische Entfaltung, die Ich-Entwicklung und die Entwicklung der Gesellschaft als dialektischen Prozeß im Spannungsverhältnis von Aneignung und Vergegenständlichung, stellt Hegel aber erst auf eine reale Basis, indem er im Gegensatz zu dessen idealistischer Auffassung zeigt, daß die geistige, intellektuelle und sittliche Entfaltung des Individuums nur auf dem Hintergrund konkreter Auseinandersetzungen der Menschengattung mit der Natur vor sich gehen kann. Der Sozialisationsprozeß ist vordringlich von der Form materieller Tätigkeit, nicht von geistigen Prozessen, symbolischer Aktion und Reflexion an sich gesteuert.

Hegel steht insofern »auf dem Standpunkt der modernen Nationalökonomie. Er faßt die *Arbeit* als das *Wesen*, als das sich bewährende Wesen des Menschen; er sieht nur die positive Seite der Arbeit, nicht ihre negative. Die Arbeit ist das *Fürsichwerden* des *Menschen* innerhalb der *Entäußerung* oder als *entäußerter* Mensch. Die Arbeit, welche Hegel allein kennt, ist die *abstrakt geistige*.«[13] Alle Entfremdung des menschlichen Wesens ist bei Hegel also nur eine Entfremdung des Selbstbewußtseins.

Wenn Hegel die Bedingung der Ich-Entwicklung darin sieht, daß sich das Subjekt in der Arbeit zum Ding macht, wobei Arbeit als das dieseitige »Sich-zum-Dingmachen« begriffen wird, als der Prozeß, in dem die »Entzweiung des Trieb-seienden Ich (nämlich: in eine realitätsprüfende Ichinstanz und in die reprimierten Triebansprüche J. H.) [...]«[14] vor sich geht, so vernachlässigt er, daß dieser Prozeß der Individuierung real unter Arbeitsbedingungen verläuft, in denen individuelle Entäußerung und Selbstverwirklichung nicht unmittelbar identisch sind, da die materielle Entäußerung der Arbeitenden von faktischen Enteignungsprozessen begleitet ist.

Erst im Prozeß der Auflösung des Klassenwiderspruchs zwischen Lohnarbeit und Kapital wird daher Geltung haben, daß auf dem Wege der ›Kausalität der Natur‹ (Habermas) für alle Subjekte in ihren Produktivkräften (zu denen auch die Sprache zu zählen ist) Erfahrungsresultate und damit Möglichkeiten der Selbstreflexion entstehen, durch die die historisch objektivierte Natur gesellschaftlich nutzbar gemacht werden kann. Erst dann werden die Errungenschaften der technischen und wissenschaftlichen Revolutionen zur kollektiven Nutzung freigegeben sein und nicht allein nach ›sachlichen‹ Verwertungszwängen eingesetzt werden.

Wie schon in Hegels Konzept für die Ich-Entwicklung angedeutet ist: »Indem das Bewußtsein mit den technischen Regeln den nichtintendierten Ertrag seiner Arbeit einholt, kehrt es aus seiner Verdinglichung zu sich zurück, und zwar als listiges Bewußtsein, das im instrumentalen Handeln die Erfahrungen mit Naturprozessen

[13] Marx: Nationalökonomie und Philosophie, a.a.O., S. 269 f.
[14] Hegel: Realphilosophie II, zit. nach: Habermas, Arbeit und Interaktion, a.a.O., S. 26.

gegen diese selbst wendet«[15], so erkennt auch Marx in der Entfaltung der Produktivkräfte durch die gesellschaftlich organisierte Arbeit die wesentliche Möglichkeit und Bedingung gesellschaftlichen Fortschritts. Er gibt jedoch zu bedenken, daß die Ausnutzung dieser Produktivkräfte im Sinne des ›nicht intendierten Ertrages der Arbeit‹, wie Habermas formuliert, bisher nur für die materiell privilegierten Schichten zu befriedigenden Individualisierungs- und Bildungsprozessen habe führen können. Der arbeitenden Bevölkerung könne aufgrund der Warenform, in die die Verausgabung ihrer Arbeitskraft gezwungen ist, nicht zu Bewußtsein kommen, daß sie als Klasse zur Selbstverwirklichung der Gattung beitrage, indem sie die materiellen Grundlagen für die Entfaltung auch des geistigen Reichtums erstellt.

Für die Verkäufer der Ware Arbeitskraft, die Lohnabhängigen, die sich nicht nur ideell in ihre Arbeit ›entäußern‹, sondern ihr durch die Form ihrer Entlohnung real entfremdet sind, reduziert sich ›listiges Bewußtsein‹ vorerst darauf, in ihrem instrumentell verstandenen Arbeitsvollzug (das heißt, dem konkreten Inhalt der Arbeit gleichgültig gegenüberstehend) dafür Sorge zu tragen, daß ihre stoffliche Bedürftigkeit, ihre Lebensbedingungen, befriedigt werden können.

Indem Marx die materiellen Bedingungen menschlicher Reproduktion aufzeigt und den Menschen als Mangelwesen erkennt, das für seine Reproduktion sowohl auf den Stoffwechsel mit der äußeren Natur wie auf die Interaktion mit seinen Artgenossen angewiesen ist, deckt er den ideologischen Charakter der Vorstellung auf, daß Ich-Verwirklichung eine Sache der Bewegung des Geistes sei. Damit kann er nachweisen, daß Ich-Verwirklichung, Bildung und Vermenschlichung als Zeichen der bürgerlichen Kultur bisher auf Kosten der Entwirklichung und Entmenschlichung der materiell arbeitenden Klasse vonstatten gehen konnte.

Die Identitätsentfaltung, die sich nach Hegel durch intellektuelle Prozesse der Selbstreflexion, durch den Kampf um Anerkennung in der geistigen und begrifflichen Sphäre vollzieht, hat ihre Rahmenbedingung in der historischen Entwicklung der Arbeitsteilung in Kopfarbeit und Handarbeit[16] wie in den bürgerlichen Aneignungsstrukturen, innerhalb deren sich die Institutionalisierung gegenseitiger Anerkennung nicht unmittelbar auf die Person des anderen, sondern auf seine Verfügungsgewalt über materielles oder geistiges Privateigentum bezieht. »Die institutionelle Wirklichkeit der Identität des Ich besteht darin, daß sich die Individuen

[15] Ebd., S. 26 f.

[16] »Wie wir bereits sahen, wird jetzt – als Folge der gesellschaftlichen Arbeitsteilung – die geistige und die materielle Tätigkeit von verschiedenen Menschen verrichtet. [. . .]; die Menschen, die sich ausschließlich mit geistiger Tätigkeit beschäftigen, isolieren sich in ihren persönlichen Beziehungen von den anderen Menschen. Diese Isolierung der geistigen Tätigkeit spiegelt sich auch in den Köpfen der Menschen wider. Sie betrachten sich nicht als historisch entstandene Erscheinungsform des einheitlichen, realen Lebensprozesses, sondern als Äußerung eines besonderen geistigen Prinzips [. . .]« (A. N. Leontjew: Probleme der Entwicklung des Psychischen, Berlin – DDR – 1971, S. 197.

in ihrem durch Arbeit erzeugten und durch Tausch erworbenen Besitz als Eigentümer anerkennen.«[17]

Besitz – in der warenproduzierenden wie in der kapitalistischen Tauschgesellschaft notwendig Privateigentum – ist für Marx der sinnfällige Ausdruck dafür, daß der Mensch ›zugleich gegenständlich für sich‹ wird, »daß seine Lebensäußerung seine Lebensentäußerung ist, seine Verwirklichung seine Entwirklichung«[18].

In ihrer historischen Besonderheit hat diese Bedingung der Identitätsfindung zur Folge, daß die Komplexität der menschlichen Bedürfnisstruktur zwischen den Polen des Besitzens und Nichtbesitzens zerrieben und auf den ›Sinn des Habens‹ (Marx) reduziert wurde. »An die Stelle *aller* physischen und geistigen Sinne ist daher die einfache Entfremdung *aller* dieser Sinne, der Sinn des *Habens* getreten«[19], schreibt Marx auf das Privateigentum verweisend. »Das Privateigentum hat uns so dumm und einseitig gemacht, daß ein Gegenstand erst der *unsrige* ist, wenn wir ihn haben, (er) also als Kapital für uns existiert, oder von uns unmittelbar besessen, gegessen, getrunken, an unserem Leib getragen, von uns bewohnt etc., kurz *gebraucht* wird.«[20]

Darüber, daß die Produktion und Aneignung von Gebrauchswerten notwendige Bedingung für die Befriedigung menschlicher Bedürfnisse ist, besteht kein Zweifel, ist die Arbeit doch als nützliche Arbeit »eine von allen Gesellschaftsformen unabhängige Existenzbedingung des Menschen, ewige Naturnotwendigkeit, um den Stoffwechsel zwischen Mensch und Natur, also das menschliche Leben zu vermitteln«[21]. Zu kritisieren ist jedoch, daß die Bedürfnisbefriedigung unter kapitalistischen Aneignungsbedingungen nicht Zweck der gesellschaftlichen Reproduktion, sondern Mittel zur Verwertung der Kapitale, zur Realisierung von Tauschwerten ist. Das hat aber zur Folge, daß, wie Horn es formuliert, »nicht nur die Arbeitskraft, sondern das Subjekt als Träger gesellschaftlich strukturierbarer Energie überhaupt – als Ganzes, aber nicht als Einheit –«[22] Warencharakter bekommen soll. »[...] rationale, individuelle Integrationsfähigkeit, die wesentlich postödipale Eigenschaft ist, wird in dieser Gesellschaft gar nicht erst entwickelt. Interessant ist, daß das genetische Moment, begrifflich als Arbeit zu fassen, gegenüber den statischen Elementen des Besitzes im allgemeinen Bewußtsein zurückzutreten scheint, weil diesem Bewußtsein seine eigene Vermittlung verschlossen bleibt. Aus eben diesem Grunde tritt auch die Vorstellung von Herrschaft tendenziell zurück gegenüber einer Gemeinschaftsideologie [...], die jedoch selbst im naiven Horizont der Motivforschung noch sich

[17] Habermas: Arbeit und Interaktion, a.a.O., S. 33.
[18] Marx: Nationalökonomie und Philosophie, a.a.O., S. 239.
[19] Ebd., S. 240.
[20] Ebd.
[21] Marx: Kapital, Bd. I, a.a.O., S. 57.
[22] K. Horn: Zur Formulierung der Innerlichkeit, in: Der CDU-Staat II (hg. v. G. Schäfer, C. Nedelmann), Frankfurt 1969, S. 345.

streng hierarchisch gegliedert darstellt: Jede Ware, mit der jemand sich identifiziert, weil er sie kaufen kann, vermittelt eine – am Einkommen orientierte – Konsumidentität; die einzige, die gestattet sein soll. So soll das Subjekt mit genormter gesellschaftlicher Inneneinrichtung zu einem genau kalkulierbaren Bestandteil der bestehenden Produktionsapparate, des fixen Kapitals gemacht werden.«[23]

Da die unteren Lohnabhängigen als Anhängsel der Maschinerie nur so viel haben dürfen, daß sie leben wollen, und nur leben wollen dürfen, um zu haben, wie Marx es ausdrückt, damit aber lediglich die von ihnen geschaffenen Werte als fremde, ihnen gegenüberstehende Macht festigen, reproduzieren sie ihre eigenen Ausbeutungsbedingungen und intensivieren die Herrschaftspotenzen der Kapitalklasse.

In diesem Zusammenhang scheint nicht widerlegbar zu sein, daß die Familie über ihre eher moralisch geforderte als reale Funktion des ›Spannungsausgleiches‹ (Neidhardt) ihre kapitalistische Bedeutsamkeit auch darin findet, das Denken der Menschen in Besitz- und Tauschwertkategorien affektiv zu verfestigen und zu tradieren. Als Indiz dafür kann die strategische Bedeutung des Familienlastenausgleichs in der Sozialpolitik gelten: er soll verhindern, daß Angehörige unterprivilegierter Schichten sich nicht zur Familiengründung entschließen, da sie politisierende Erfahrungen mit der elterlichen Besitzlosigkeit machen konnten.

In diesem Sinn müssen die von dem damaligen Familienminister Heck gesetzten Prioritäten verstanden werden: »Über den Familienlastenausgleich muß es der Familie mit Kindern ermöglicht werden, Eigentum zu bilden, zu mehren und weiterzugeben. Die Schaffung von Eigentum in breiten Schichten der Bevölkerung ist ohnehin eines der wichtigsten Ziele moderner Gesellschaftspolitik. Daß die Familie hier besonders berücksichtigt wird, liegt nicht nur in ihrem eigenen Interesse, sondern auch in dem der Gemeinschaft.«[24]

Trifft auch im 20. Jahrhundert nicht mehr ungebrochen zu, daß mit »der großen Industrie alle Familienbande für die Proletarier zerrissen und die Kinder in einfache Handelsartikel und Arbeitsinstrumente verwandelt werden«[25], so behält doch die analytische Einschätzung, die Marx im Kommunistischen Manifest vornahm, ihre Geltung: »Worauf beruht die gegenwärtige, die bürgerliche Familie? Auf dem Kapital, auf dem Privaterwerb. Vollständig entwickelt existiert sie nur für die Bourgeoisie; aber sie findet ihre Ergänzung in der erzwungenen Familienlosigkeit der Proletarier und der öffentlichen Prostitution.«[26]

[23] Ebd., S. 345 f.
[24] Nach: Haensch, a.a.O., S. 136.
[25] Marx: Kommunistisches Manifest, a.a.O., S. 544.
[26] Ebd., S. 543.

Die Familie der (unteren) Lohnabhängigen stellt sich also in ihrer Erscheinungsform nicht als eine Ausformung der Institution neben derjenigen der bürgerlichen Klasse dar, sondern aus den gegebenen Reproduktionsbedingungen als deren Negation. Daß dies nicht in das Bewußtsein der Ausgebeuteten gelangt, sondern sie besonders an ihren familialen Bezügen sich klammern läßt, liegt nicht zuletzt an der staatlich geförderten Ideologie (die für die Unterprivilegierten einen nur zu wahren Kern hat), daß Menschlichkeit nur da wachsen und gepflegt werden könne, »wo Menschen sich persönlich in Gemeinschaften verbunden sind, sicher auch in Nachbarschaft, Freundschaft, auch in den Kirchen, den spirituellen Personengemeinschaften; in erster Linie aber in Ehe und Familie. Deswegen ist die Familie die fundamentale Lebensgemeinschaft [...]. Soziale Empfindung und Gesinnung, soziale Verantwortung und soziale Pflicht wachsen dem werdenden Menschen entweder in seiner Familie oder sie sind in der Gesellschaft nicht vorhanden.«[27]

Nach materialistischer Auffassung perpetuiert die familiale Lebensform durch ihre strukturelle Abhängigkeit vom Privaterwerb nicht nur die kapitalistischen Prinzipien der Akkumulation und Produktion von Privateigentum und macht damit das Verhältnis der Menschen zu den sie umgebenden Gegenständen zu einem von Tauschkategorien durchdrungenen, darüber hinaus werden die menschlichen Beziehungen in der Familie selbst entgegen dem subjektiven Empfinden durch die kapitalistischen Aneignungsformen bestimmt.

Die für die bürgerliche Familienform konstitutiven materiellen Abhängigkeiten der Familienmitglieder erlauben es ihnen nicht, individuelle Motivationen zur familialen Verantwortlichkeit aus einer ständig neu geprüften freiwilligen Entscheidung für den Partner und die Familie (Voraussetzung emanzipierter zwischenmenschlicher Beziehungen) zu ziehen. Im Gegenteil werden durch die materiellen Zwänge, die eine Familiengründung ratsam erscheinen lassen und sich gleichwohl mit ihr kaum reduzieren, die menschlichen Bedürfnisse nach sozialen Kontakten und affektiver Geborgenheit institutionell versklavt und in eine Form gepreßt, die aufgrund ihrer exkludierenden Eigenschaften die Sensibilität für die Gesellschaftlichkeit des menschlichen Wesens verkümmern, bzw. sich nur in negativer, neurotisierter Form äußern läßt.

- So ist im Ehevertrag das gegenseitige Verhältnis der Partner (aufgrund der Sorgepflicht und der Monogamie) als Nutzungsverhältnis interpretierbar, was bedeutet, daß die Frau der Verfügungsgewalt des Mannes untersteht. Psychische Korrelate davon sind Eifersuchtsgefühle und Trennungsängste, die erwiesenermaßen besonders bei Frauen auftreten.

[27] Haensch, a.a.O., S. 142 (Zitat Familienminister Heck).

– So sichert das herrschende Familienrecht die prinzipielle Verfügungsgewalt der Eltern über die Kinder, was dem ödipalen Konflikt erst seine Gravidität verleiht.
– So bindet ererbtes oder erworbenes Familiengut – wenn vorhanden – die Kinder an die Familie und sichert den Eltern langen Einfluß. Wenn nicht vorhanden, sind die Kinder häufig verpflichtet, ihre Eltern materiell zu unterstützen und sind gezwungen, die Anfänge ihrer eigenen Existenz im Elternhaus aufzubauen.

Während die Aussicht auf den Erbteil am Familienvermögen in den privilegierten Familien strategisch zur Disziplinierung eingesetzt wird, verhindert in besitzlosen Familien die Not, daß den Kindern die für soziale Lernprozesse notwendige Ausbildungszeit gewährt werden kann.

## 2. Psychische Verankerung affirmativer Grundhaltungen durch familiale Sozialisation

*Vorbemerkung: Die dialektische Bestimmung der menschlichen Natur im Historischen Materialismus.*

Nachdem ausführlich dargestellt wurde, daß die psychoanalytische Theorie in der Erfassung der Spannungen im menschlichen Triebhaushalt, die sich in der Dynamik der Triebstruktur spiegeln, unhistorisch verfährt, da sie die materiellen Reproduktionsbedingungen familialer Existenz in ihrer Formbestimmtheit ausspart, soll hier noch einmal die für die kapitalistische Gesellschaftsstufe typische Auseinandersetzung des Menschen mit seinen Triebbedürfnissen, insbesondere seiner Geschlechtlichkeit und seiner gattungsmäßigen materiellen Reproduktion thematisiert werden.
Um sich dem Kern der vorliegenden Fragestellung: der politisch-ökonomischen Bestimmung der familialen Verkehrsbedingungen als Bedingungen ontogenetischer Reifung, zu nähern, ist ein Rekurs auf den historisch-materialistischen Naturbegriff bzw. auf das damit bezeichnete Verhältnis des Menschen zu seiner Gattung unumgänglich.
Marx rechnet nach Habermas mit etwas wie einer »Natur an sich«[28], die Priorität vor der Menschenwelt habe, da sie den arbeitenden Subjekten als Naturwesen ebenso zugrunde liege, wie sie auch in deren Arbeitsprozesse eingehe. »Als subjektive Natur der Menschen und als objektive Natur, welche die Menschen umgibt, ist sie aber immer schon Bestandteil eines Systems gesellschaftlicher Arbeit, also aufgespalten in zwei Momente desselben ›Stoff-

[28] J. Habermas: Erkenntnis und Interesse, Frankfurt 1968, S. 47.

wechselprozesses‹. Obgleich wir Natur erkenntnistheoretisch als ein Ansichseiendes voraussetzen müssen, haben wir selbst Zugang zur Natur nur innerhalb der durch Arbeitsprozesse eröffneten geschichtlichen Dimension, in der sich die Natur in Menschengestalt mit sich als objektiver Natur, die Boden und Umgebung der Menschenwelt ausmacht, vermittelt.«[29]

Das Wesen des Menschen bestimmt sich demgemäß als historisch sich entfaltende widersprüchliche Einheit von sinnlich-bedürftiger (Trieb-)Natur und gesellschaftlich-produktiver Natur. Selbst ein Stück Natur, steht der Mensch gleichwohl nicht im Einklang mit ihr, sondern wegen seiner angeborenen Bedürftigkeit in einem Spannungsverhältnis, das ihn dazu zwingt, materiell (durch instrumentelle Betätigung) und psychisch (affektiv wie kognitiv) mit ihr in Beziehung zu treten. Um die Natur seinen Bedürfnissen zu erschließen, muß der Mensch freilich primär in die äußere Natur eingreifen. In dem Maße, in dem er dabei voranschreitet, formt sich seine Bedürfnisstruktur, er greift also in seine ›innere‹ Natur, seine Triebanlagen vermenschlichend ein.

Dieser Prozeß ist ohne die Entstehung des Denkens und der Sprache nicht vorstellbar. »Die Entstehung und Entwicklung der Arbeit, der ersten Grundbedingung der menschlichen Existenz, führte zur Veränderung und ›Vermenschlichung‹ des Gehirns, der Tätigkeits- und der Sinnesorgane. ›Arbeit zuerst‹, schreibt Engels, ›nach und dann mit ihr die Sprache – das sind die beiden wesentlichsten Antriebe, unter deren Einfluß das Gehirn eines Affen in das bei aller Ähnlichkeit weit größere und vollkommenere eines Menschen allmählich übergegangen ist.‹«[30]

Auch die psychische Reifung des privat familial ›produzierten‹ Nachwuchses unterliegt doppelter Bestimmung. Freud hatte sich, befangen in der Arbeitsteiligkeit bürgerlicher Wissenschaft, nur auf die innerpsychische Seite konzentriert. Dem doppelten Charakter der menschlichen Natur entspricht aber die doppelte Bestimmung individueller und gesellschaftlicher Reproduktion: sie erfolgt in ›natürlicher‹ bzw. geschlechtlicher sowie in gesellschaftlicher Arbeitsteilung. »Die Produktion des Lebens, sowohl des eignen in der Arbeit wie des fremden in der Zeugung, erscheint nun sogleich als ein doppeltes Verhältnis – einerseits schon als ein natürliches, andrerseits als gesellschaftliches Verhältnis – gesellschaftlich in dem Sinne, als hierunter das Zusammenwirken mehrerer Individuen, gleichviel unter welchen Bedingungen, auf welche Weise und zu welchem Zweck verstanden wird.«[31]

Das entscheidende Bestimmungsmoment der Freudschen Theorie, die geschlechtliche Arbeitsteilung in der Familie, von Freud ontologisch als ›ödipale‹ Situation bezeichnet, von Marx historisch-

[29] Ebd., S. 47.
[30] Leontjew, a.a.O., S. 164; L. zit. Marx/Engels: Werke, Bd. 20, Berlin 1962, S. 444.
[31] Marx: Deutsche Ideologie, a.a.O., S. 356 (MEW 3, S. 30).

genetisch als der Ursprung von Arbeitsteilung überhaupt benannt, bestimmt niemals unabhängig die Ausformung der Triebstruktur. Sie ist immer vermittelt durch die Form der gesellschaftlichen Arbeitsteilung, wobei mit der Verallgemeinerung des Warentausches und der Vergesellschaftung der Arbeit die ›naturwüchsige‹ familiale Arbeitsteilung zunehmend dieser Organisationsform menschlicher Reproduktion *subsumiert* wird.

Begreift man dementsprechend die Geschichte des menschlichen Lebens als prozessierende Einheit von geschlechtlicher und materieller, bzw. natürlicher und gesellschaftlicher Arbeitsteilung, so folgt daraus für die psychischen Erscheinungsformen des menschlichen Wesens: die historische Form der Gesellschaftlichkeit des menschlichen Wesens, Abbild der Stufe entfalteter materieller Arbeitsteilung, d. h. aber, des ihr zugrunde liegenden Verhältnisses von Produktion und Aneignung, modifiziert die sinnlichen Anlagen (die sinnliche Bedürftigkeit, die Bedürfnisstruktur) des menschlichen Wesens. Auch die Wahrnehmung und die Erscheinungsformen der Sexualität, das Verhältnis zum anderen Geschlecht müssen dazu gerechnet werden. Umgekehrt wirkt aber auch die familial im Rahmen geschlechtlicher Arbeitsteilung reifende Bedürfnisstruktur des menschlichen Wesens auf seine Vorstellung von seiner Gesellschaftlichkeit ein.

In der kapitalistischen Gesellschaft, gekennzeichnet durch den voll entfalteten Widerspruch zwischen gesellschaftlicher Produktion und privater, monopolistischer Aneignung, müssen die ihrer Produktionsmittel beraubten und zum Verkauf ihrer Arbeitskraft gezwungenen Individuen notwendig eine verkehrte Vorstellung vom gesellschaftlich-produktiven Charakter ihres Wesens erlangen.

Das Geheimnis der kapitalistischen Warenproduktion, d. h. der Lohnarbeit als dem typischen, für eine Klasse von Menschen einzig möglichen Mittel zur individuellen Reproduktion, besteht, wie in Kapitel III.1.b. schon gezeigt wurde, darin, »daß sie den Menschen die gesellschaftlichen Charaktere ihrer eignen Arbeit als gegenständliche Charaktere der Arbeitsprodukte selbst, als gesellschaftliche Natureigenschaften dieser Dinge zurückspiegelt, daher auch das gesellschaftliche Verhältnis der Produzenten zur Gesamtarbeit als ein außer ihnen existierendes gesellschaftliches Verhältnis von Gegenständen«[32].

Dementsprechend treten die verschiedenen Formen des gesellschaftlichen Zusammenhanges dem einzelnen nicht als sein Wesen bestimmende, sondern »als bloße Mittel für Privatzwecke entgegen, als äußerliche Notwendigkeit«[33], und verhindern so das Bewußtwerden seiner Wesenseinheit von sinnlicher Bedürftigkeit und gesellschaftlicher Produktivität.

[32] Marx: Kapital, Bd. I, a.a.O., S. 86.
[33] K. Marx: Grundrisse der Kritik der Politischen Ökonomie, Berlin 1953, S. 228.

Die dialektische Wesenseinheit von Individuum und Gesellschaft schlägt sich unter kapitalistischen Reproduktionsbedingungen subjektiv als sachliche Abhängigkeit ›freier‹ sich selbst verantwortlicher Menschen nieder, die dem konkret nützlichen Charakter ihrer Arbeit bzw. ihrem Beitrag zur gesellschaftlichen Gesamtarbeit gleichgültig gegenüberstehen und sich mit ihrer empfundenen sinnlichen Bedürftigkeit auf die Privat- bzw. Intimsphäre konzentrieren.
Dies läßt sich auch an der historischen Entwicklung der bürgerlichen Sexualmoral aufweisen: im Frühkapitalismus herrschte die Moral des Sparens, »Akkumulation um der Akkumulation willen« (Marx) vor; dem entsprach die puritanische, lustfeindliche Gesinnung, die in der geschlechtlichen Vereinigung nur ein Mittel zur ›Produktion‹ von Kindern sah und sie als Mittel zur Lustgewinnung verdammte und ächtete; im entfalteten Kapitalismus ist die Moral eher von dem für die Realisierung der Werte notwendigen Konsumbewußtsein der Lohnabhängigen bestimmt, Sexualität wird nun als Lustmittel fetischisiert und in die Warenform gezwungen. In beiden historischen Entwicklungsstufen besteht eine – anfangs ihre sinnlichen Befriedigungspotenzen verdammende, später fetischisierende – Überbewertung der geschlechtlichen Produktivität des menschlichen Wesens. Grundsätzlich gilt für die dem menschlichen Wesen entfremdeten kapitalistischen Reproduktionsformen, daß einzig in der geschlechtlichen Arbeitsteilung, der ›Produktion des fremden Lebens in der Zeugung‹, für den Lohnabhängigen die materielle Produktivität als Wesensmerkmal des Menschen unmittelbar deutlich werden kann.
Empirisch genug belegbar folgt daraus die Konzentration der Menschen auf den privaten Bereich, die Konsumsphäre.
Das affektive Verhältnis von Mann und Frau, wie der Eltern zu ihren Kindern bekommt damit einen Stellenwert, der die Verarbeitung partieller Aspekte der menschlichen Triebdispositionen, wie z. B. die Sexualität, konfliktreicher gestaltet als etwa unter Reproduktionsbedingungen, in denen das Spektrum der Chancen von Selbstverwirklichung und ›Potenzbeweisen‹ seinen Schwerpunkt in der kollektiv organisierten Produktionssphäre hätte.
Vorausgesetzt, daß die zur Auflösung überkommener Organisationsformen drängende gesellschaftliche Dialektik zwischen Produktivkräften und Produktionsverhältnissen ihre Entsprechung im individuellen Antrieb zur Entfaltung der menschlichen Wesenskräfte findet, scheint die These nicht zu gewagt, daß die familiale Reproduktionsform unter entfremdeten Reproduktionsbedingungen eben als wesentliches soziales Verhältnis erscheinen muß. Als solches wird sie von den Individuen mit Hoffnungen und Erwartungen überfrachtet, die nur gesellschaftlich einlösbar wären und die familiale Kooperation in ihrem partialen, objektiv der ge-

sellschaftlichen Kooperation untergeordneten Charakter entschieden überfordern.
Das Phänomen der bürgerlichen, d.h. auf Dauer und Ausschließlichkeit gerichteten Geschlechtsliebe, die mit der Enteignung der Produzenten von ihren Produktionsmitteln weit häufiger die erstrebte Grundlage der ehelichen Partnerwahl für die Individuen darstellt als besitzpolitische Eheentscheidungen, wäre in diesem Zusammenhang auf das kapitalistisch gebremste Bedürfnis des Menschen zur Entfaltung seiner produktiven Potenzen zurückzuführen; im selben Rahmen ist auch das Bedürfnis des Menschen nach einer Humanisierung seiner individuellen Lebensbedingungen durch die Familiengründung zu verstehen.
In ihrer privaten, isolierten Stellung zur Gesellschaft kann die Familie freilich zur Humanisierung wenig beitragen, wenn auch die »Möglichkeit von Güte und Zuneigung«[34] in ihr nicht geleugnet werden soll. Doch »Partikularisierung, Parzellierung, Isolierung des Menschen in der kapitalistischen Gesellschaft und ihr Fundus an zwischenmenschlicher Feindseligkeit reproduzieren sich zu prägnant in der sozialen Organisation, in der zu viel Nähe herrscht.«[35] Gerade die familialen Beziehungen unterliegen einer »Emotionalisierung, die sowohl als Signatur des Privaten und Menschlichen aufgefaßt und daher blind angestrebt – nicht weniger belastet ist, als die ›Zweckrationalität‹ draußen, die keiner als Modus von Entfremdung und Profitinteresse durchschaut«[36].
Zusammenfassend läßt sich sagen: In dem Maße, in dem die familiale Arbeitsteilung der gesellschaftlichen Arbeitsteilung subsumiert und die Familie zu einem objektiv untergeordneten sozialen Verhältnis wird, sind die familial sozialisierten Individuen der pathologischen Verformung ihrer Bedürfnisstruktur ausgesetzt; die Tatsache, daß sich die Individuen im Produktionsprozeß als bloße Anhängsel der technischen Apparatur und administrativer Zwänge begreifen müssen, führt zu übersteigerten Liebes- und Bestätigungserwartungen im privaten Bereich, der sich im Sozialisationsprozeß auf die Bedürfnisstruktur der Kinder (als den letzten von den Eltern erzeugten und ihrer Verfügung unterstehenden ›Produkten‹) überträgt.
Auf der Grundlage dieser Überlegungen scheint es möglich, dem Freudschen Relativismus zwischen normaler und pathologischer Ich-Entwicklung einen historisch-materialistischen Parameter zu geben, der es gestattet, die Entwicklung der kindlichen Bedürfnisstruktur in der isolierten Kleinfamilie an den historischen Möglichkeiten menschlicher Bedürfnisentfaltung zu messen.

[34] P. Brückner: Zur Sozialpsychologie des Kapitalismus I, Frankfurt 1972, S. 112.
[35] Ebd., S. 112f.
[36] Ebd., S. 113.

### a) *Ödipuskonflikt und Über-Ich-Bildung in der Kleinfamilie*

Die von Freud als ›ödipal‹ bezeichnete Dreiecksstruktur der Kleinfamilie ist unter zwei Aspekten an der Entwicklung affirmativer Verhaltensdispositionen beteiligt. Diese beiden Aspekte bezeichnen zwei Seiten des kindlichen Sozialisationsprozesses und sind daher nur analytisch trennbar.

Einerseits ist die ödipale Dreiecksstruktur der Familie daraufhin zu untersuchen, was sie zur affektiven Verankerung der bürgerlichen Leistungsmoral beiträgt, zur Verinnerlichung sozialer Normen, die Freud als Über-Ich-Bildung bezeichnet, andererseits darauf, wie sie die Bewältigungsformen der kindlichen Triebimpulse bestimmt, da sie das einzige Medium für die Bewältigung des Konfliktes zwischen Lustprinzip und Realitätsprinzip im Kinde darstellt.

Was kennzeichnet die ödipale Situation im einzelnen? Die Ich-Entwicklung ist mit Lern- und Identifikationsprozessen verbunden, die auch als soziale Modifizierung ursprünglicher Triebwünsche bezeichnet werden können.

Um die Prägekraft der sozialen Lernprozesse, die das Kind in den frühen Phasen seiner Entwicklung durchmacht, begreifen zu können, soll auf die psychische Dynamik eingegangen werden, der die Ich-Entwicklung in diesen Phasen unterworfen ist. Die triebmodifizierenden, ›sozialisierenden‹ Auswirkungen der ödipalen Situation sind dadurch gekennzeichnet, daß das Kind in den Eltern die ersten Objekte für seine nach primärer Triebbefriedigung strebenden Aktivitäten gegenüber der Außenwelt vorfindet. In der ›prägenitalen‹ Phase, in der die Lustfindung über die Mundzone und den After stattfindet, entwickelt das Kind eine Objektbesetzung im Hinblick auf die Mutter und sieht im Vater ein Identifikationsobjekt; aufgrund der konstitutionellen Bisexualität des Menschen bildet es gleichzeitig in schwächerer Form eine Objektbesetzung gegenüber dem Vater und Identifikationsinteressen gegenüber der Mutter aus.

In der ›phallischen‹ Phase (in der die Genitalien als Lustzonen erkannt und erforscht werden) verstärkt sich beim kleinen Jungen die Mutterbesetzung, und der Vater wird als Rivale erfahren. Die Identifikation mit ihm erhält einen eher feindlichen, aggressiven Anstrich. Er will den Vater beseitigen, um seinen Platz an der Seite der Mutter einnehmen zu können, fürchtet aber aufgrund des in einer triebfeindlichen Erziehungsatmosphäre wahrgenommenen Geschlechtsunterschiedes, für seine aggressiven Impulse durch Kastration bestraft zu werden. Da weiterhin die Beziehung zum Vater je nach dessen Verhalten eine zärtliche Komponente behält, gerät insbesondre der Knabe in einen Ambivalenzkonflikt, der ihn zur Verdrängung der aggressiven Wünsche gegenüber dem Vater zwingt.

Beim Mädchen ist dieser Entwicklungsprozeß insofern komplizierter, als zwar für sie die Mutter auch das primäre Liebesobjekt darstellt, sie sich aber in dem Prozeß des Geschlechtsrollenlernens dem Vater als Liebesobjekt zuwenden wird, und die Mutter als Rivalin erfährt.

Freud schloß auf den ödipalen Charakter *jeder* Eltern-Kind-Beziehung nach seiner Selbstanalyse, die er, angeregt durch die väterliche Freundschaft mit dem Neurophysiologen Wilhelm Fließ, 1897 begann. So schreibt er in einem Brief an den Freund: »Ein einziger Gedanke von allgemeinem Wert ist mir aufgegangen. Ich habe die Verliebtheit in die Mutter und die Eifersucht gegen den Vater auch bei mir gefunden und halte sie jetzt für ein allgemeines Ereignis früher Kindheit, wenn auch nicht immer so früher wie bei den hysterisch gemachten Kindern. [...] Wenn das so ist, so versteht man die packende Macht des Königs Ödipus trotz aller Einwendungen, die der Verstand gegen die Fatumsvoraussetzung erhebt, und versteht, warum das spätere Schicksalsdrama so elend scheitern mußte. Gegen jeden willkürlichen Einzelzwang [...] bäumt sich unsere Empfindung, aber die griechische Sage greift einen Zwang auf, den jeder anerkennt, weil er dessen Existenz in sich verspürt hat. Jeder der Hörer war einmal im Keime und in der Phantasie ein solcher Ödipus und vor der hier in die Realität gezogenen Traumerfüllung schaudert jeder zurück mit dem ganzen Betrag der Verdrängung, der seinen infantilen Zustand von seinem heutigen trennt.«[37]

Die besondere Bedeutung der Identifikation mit den Eltern – der Entfaltung von Liebes- und Haßgefühlen für sie, und der Über-Ich-Entwicklung zur Kontrolle dieser Gefühle – leitet sich aus der Plastizität und der völligen physischen Abhängigkeit des Kindes in seinem frühen Reifestadium her. Die Bedrohlichkeit, die diese Abhängigkeit des Kindes von den primären Bezugspersonen für es beinhaltet (erlebt es doch, daß sie sich ihm zuweilen entziehen), produziert bei ihm, je nach der Repressivität des elterlichen Erziehungsverhaltens, Verhaltensformen, die daran ausgerichtet sind, negative Sanktionen durch Anpassung zu vermeiden und positive Sanktionen durch von den Eltern gelobte Äußerungsformen zu erreichen.

Auch für den kritischen Erwachsenen wäre es, wie Erich Fromm bemerkt, um vieles leichter, die in der Gesellschaft herrschenden Autoritäten distanziert zu erleben, »wenn eben nicht diese Autoritäten durch die Projizierung des Über-Ich auf sie für ihn die gleichen Qualitäten erhielten, welche die Eltern einst für das kritiklose Kind hatten«[38].

In der psychoanalytischen Theorie stellt das ›Über-Ich‹ als Träger

[37] Freud: Aus den Anfängen der Psychoanalyse, a.a.O., S. 192 (Brief vom 15. 10. 1897).
[38] E. Fromm: Autorität und Familie. Sozialpsychologischer Teil des theoretischen Vorspanns, Paris 1936 (Raubdruck o. J.), S. 85.

der Tradition die Versinnbildichung der Verinnerlichung äußerer Zwänge dar. Seine wesentlichen Funktionen sind in der Gewissensbildung, Selbstkontrolle und Vorbildprägung zu sehen. Als Reaktionsbildung auf die zu unterdrückenden Triebimpulse aus dem ›Es‹ bezieht es die Energie für die weitere Triebverdrängung und Triebverleugnung aus diesem Triebpotential.
Ist dieser psychische Kontrollmechanismus einmal in Gang gebracht, »so vollzieht sich«, wie Fromm es beschreibt, »mit dem Prozeß der Identifikation gleichzeitig ein umgekehrter Vorgang. Das Über-Ich wird immer wieder von neuem auf die in der Gesellschaft herrschenden Autoritätsträger projiziert, mit anderen Worten, das Individuum bekleidet die faktischen Autoritäten mit den Eigenschaften seines eigenen Über-Ich. Durch diesen Akt der Projektion des Über-Ich auf die Autoritäten werden diese weitgehend der rationalen Kritik entzogen.«[39]
Sehr bildhaft und einleuchtend beschreibt Reich die Gewissensbildung oder Charakterformung des Kindes in der Familie als einen Prozeß der ›Ich-Panzerung‹[40]. Er sieht in der »Verhärtung des Ich« die eigentliche Grundlage für das »Chronischwerden der für die Persönlichkeit charakteristischen Reaktionsweise«[41]. Panzert sich das Ich einerseits gegen gesellschaftlich negativ sanktionierte Eindrücke seines Trieblebens, so entwickelt es gleichzeitig auch Denkfähigkeiten. Seine Reaktionen verlaufen also durchaus nach dem Lust-Unlust-Prinzip. In unlustvolleren Lebensbedingungen verstärkt sich die Panzerung, in lustvollen lockert sie sich.
Reich erblickt in dem Grad der charakterlichen Flexibilität und in der »Fähigkeit, sich einer Situation entsprechend der Außenwelt zu öffnen oder sich gegen sie abzuschließen«[42], die wesentlichen Unterschiede zwischen einer normalen und einer neurotischen Charakterstruktur. Er betont, daß die Fülle der Bedingungen, von denen die Charakterbildung im einzelnen abhänge, sämtlich durch die jeweilige Ordnung der Erziehung, durch die Moral, die materiellen Bedingungen der Bedürfnisbefriedigung, also letztlich durch die jeweilige politisch-ökonomische Struktur einer Gesellschaft bestimmt sei. »Der charakterliche Panzer entstand als chronisches Ergebnis des Aufeinanderprallens von Triebansprüchen und versagender Außenwelt und bezieht aus den aktuellen Konflikten zwischen Trieb und Außenwelt seine Kraft und seine fortdauernde Daseinsberechtigung. Er ist der Ausdruck und die Summe jener Einwirkungen der Außenwelt auf das Triebleben, die durch Häufung und qualitative Gleichartigkeit ein historisches Ganzes bilden.«[43]
Reich schließt sich Freud an, wenn er für die Ausbildung normaler

[39] Ebd., S. 84.
[40] W. Reich: Charakteranalyse, Kopenhagen 1933 (Raubdruck o. J.), S. 166 ff.
[41] Ebd., S. 166.
[42] Ebd., S. 167 (von Reich gesperrt gedruckt).
[43] Ebd., S. 167.

wie pathologischer Charakterstrukturen die Form verantwortlich macht, in der die Bewältigung des ödipalen Konfliktes gelingt. Das Resultat der Charakterbildung hängt insgesamt ab: »vom Zeitpunkt, in dem die Versagung den Trieb trifft; von der Häufung und Intensität der Versagungen; von den Trieben, die die zentrale Versagung erfahren; von dem Verhältnis zwischen Gewährenlassen und Versagung; vom Geschlecht der hauptsächlich versagenden Person; von den Widersprüchen in den Versagungen selbst.«[44] Die Ich-Panzerung, »die libido-ökonomisch notwendige Verhärtung des Ichs«, erfolgt dabei auf der Grundlage dreier Vorgänge:

1. Das Kind identifiziert sich mit der versagenden Realität in Gestalt der versagenden Hauptperson.
2. Es wendet Aggressionen, die es gegen die versagende Person mobilisierte und die selbst Angst (verlassen zu werden) erzeugten, gegen sich selbst.
3. Es bildet reaktive Haltungen gegen die sexuellen Strebungen, indem es deren Energie nun in seinem eigenen Interesse zu ihrer Abwehr verwendet.[45]

Bestimmt sich die Flexibilität der Persönlichkeitsstruktur, d. h. die Chance schöpferischer Ich-Entwicklung, im einzelnen auch nach dem Erziehungsstil wie nach dem grundsätzlichen emotionalen Interesse der Eltern am Kind, so werden doch durch die frühesten Kindheitserlebnisse mit den gegengeschlechtlichen Bezugspersonen allgemein affektive Verhaltensformen und Reaktionsweisen fixiert, die die Bedürfnisstruktur des Heranwachsenden relativ schwerfällig auf neue soziale Impulse reagieren lassen. Die erfolgreiche Panzerung des Ich bedeutet also gleichzeitig »eine mehr oder minder weitgehende Absperrung sowohl gegen Triebreize von außen als auch gegen weitere Einflüsse der Erziehung«[46].

In kulturvergleichenden Untersuchungen zur Auswirkung von Familienstruktur und materiellen Reproduktionsbedingungen auf ein kulturspezifisches Ich-Ideal und die damit gekoppelte Über-Ich-Formung kam Erich Wulff zu dem Ergebnis, daß durch die ödipale Struktur der Kleinfamilie des westeuropäischen Raumes Versagungen prägenitaler Art besonders stark aktualisiert würden.[47] Die ausschließliche Ausrichtung des Kindes auf zwei gegengeschlechtliche Bezugspersonen führe insbesondere nach den oralen Versagungen, die mit der frühen Entwöhnung von der Mutterbrust geschaffen werden, zu ›unilateralen‹ Identifikationsprozessen, in denen die für die bürgerliche Charakterstruktur typische Auffassung von der individuellen Einzigartigkeit und Unersetzlichkeit der Person und die daraus resultierenden Identitätsängste

[44] Ebd., S. 171.
[45] Ebd., S. 168 f.
[46] Ebd., S. 169.
[47] E. Wulff: Probleme transkultureller Psychiatrie, in: *Das Argument* 50 (1969 Sonderband), S. 227–260.

und -konflikte ihre Ursache haben könnten.[48]
Demgegenüber werde bei Kindern, die in kommuneartig organisierten Gesellschaften (z. B. im agrarischen Vietnam oder den israelischen Kibbuzim) aufwachsen, schon formal die Fixierung an eine Bezugsperson verhindert, da sie in einer erweiterten Familie leben und jeweils von den Personen beaufsichtigt werden, die nicht zur Landwirtschaft herangezogen werden können[49], bzw. kurz nach der Entwöhnung in ein Kinderkollektiv kommen, welches von Erzieherpersonen beaufsichtigt wird. Die damit gegebenen ›multilateralen‹ Identifikationsangebote von anderen Kindern wie Erwachsenen über die eigenen Eltern hinaus bewirken, daß die in der Kleinfamilie provozierten traumatischen Ängste vor Trennung und Liebesverlust, wenn überhaupt, erheblich schwächer auftreten.
Das bürgerliche Ideal der integrierten Persönlichkeit, eines »schöpferischen, einzigartigen, sich selbst verwirklichenden«[50], durch Aneignung von anderen absetzenden Individuums muß derart sozialisierte Menschen demgegenüber in Zwangslagen bringen, wenn es um die Planung und Durchsetzung von kollektiven Aktionen geht, die keine sofortige individuelle Bestätigung erwarten lassen. Darüber hinaus setzen die den Individuen abgeforderten aktuellen Leistungszwänge und Konkurrenzmechanismen kapitalistischer Produktionsweise dem für kollektive Aktionen ohne unmittelbare individuelle Gratifikationen notwendigen ›Abstraktionsvermögen‹ vom Individualinteresse entscheidende Schranken entgegen.
Es wäre schief, wollte man allein die Strukturbedingungen familialer Sozialisation in der bürgerlichen Kleinfamilie dafür verantwortlich machen. Ohne die von den Eltern blind übernommenen und tradierten bürgerlichen Werte und Normen, ohne das Verhältnis, das die Eltern zu den Auswirkungen der ödipalen Struktur der Familienkonstellation auf die kindlichen Triebregungen haben, müßte es nicht notwendig zu der individualistischen und privatistischen Charakterprägung kommen, wie sie am ausgeprägtesten in der westeuropäischen Mittelschicht anzutreffen ist.
Fest steht aber, daß die spezifische Struktur der bürgerlichen Kleinfamilie im gegebenen Reproduktionszusammenhang zur Tyrannisierung des bürgerlichen Individuums durch Gegensätze[51] beiträgt, indem sie die Trennung zwischen bürgerlich-partikularer Reproduktion und politisch-allgemeiner Existenz konsolidiert. Die Konfrontation des Kindes mit nur zwei gegengeschlechtlichen Partnern zur Befriedigung seiner sinnlichen und kommunikativen Bedürfnisse spielt dabei eine sinnfällige Rolle.
Zusammenfassend kann zweierlei als bedeutsam an der grob um-

[48] Ebd., S. 249ff.
[49] Ebd., S. 253.
[50] Ebd., S. 235.
[51] T. W. Adorno, W. Dirks (Hg.): Soziologische Exkurse, a.a.O., darin: ›Individuum‹, S. 49.

rissenen Wirkung der ödipalen Struktur der Kleinfamilie auf die Persönlichkeitsentfaltung angemerkt werden: Zum einen gewährleistet sie aufgrund der reduzierten, mehr oder minder repressiven Identifikationsmöglichkeiten, daß das Kind sich früh nach dem Prinzip der Minimierung von Unlust arrangieren lernt oder gar aus erfahrener Unlust einen ›sekundären Lustgewinn‹ (von Freud als ›Masochismus‹ bezeichnet) zu ziehen beginnt. Damit wird es daran gehindert, soziale Kontakte, die über gegengeschlechtliche Zweierbeziehungen hinausgehen, ähnlich affektiv zu besetzen und sich in seiner Liebesfähigkeit ›multilateral‹ zu orientieren, was dazu führt, daß die Paarbindungen emotional überfrachtet und durch infantile Trennungsängste brüchig gemacht werden.
Zum zweiten ist der Struktur der Kleinfamilie im Verhältnis zum Gesamtsystem anzulasten, daß die Kinder wegen der sich dort mikroskopisch wiederholenden Unterdrückungs- und Konkurrenzprinzipien der kapitalistischen Produktionsweise früh genug lernen, Selbstverwirklichung, Identitätsfindung und Existenzsicherung als einen in der Vereinzelung sich vollziehenden, im Wettbewerb gegen andere gerichteten Prozeß zu begreifen.

### b) *Autorität und Triebverleugnung als familiale Erziehungsmerkmale*

Unabhängig von schichtspezifischen Determinanten repräsentieren in allen gesellschaftlich als ›normal‹ bezeichneten Familien die Eltern den anordnenden, die Kinder den gehorchenden Teil. Diese Autoritätsstruktur, in der überdies nach wie vor die Frau dem Manne untergeordnet ist, hat zwar einerseits biologische und psychologische Gründe, die bestimmt sind durch die körperliche Übermacht der Eltern wie die völlige Abhängigkeit des Kleinkindes von sorgenden Bezugspersonen, ist aber andererseits gesellschaftlich verformt, da der Vater aus seiner Rollenzuweisung als Hauptemährer der Familie das Verfügungsrecht über die Reifungsprozesse seiner Kinder ableitet.
Unterwerfung unter die elterliche Autorität setzt ab einem bestimmten Alter eine innere Bereitschaft der Kinder voraus. Diese Bereitschaft ist dann herstellbar, wenn die auf emotionaler Zuwendung und Anerkennung basierenden Mechanismen der Persönlichkeitsentfaltung von den Eltern nicht völlig sabotiert werden.
Freud stellt diese Mechanismen folgendermaßen dar: »Das frühkindliche Wesen ist wirklich nicht dafür ausgerüstet, große Erregungssummen, die von außen oder innen anlangen, psychisch zu bewältigen. Zu einer gewissen Lebenszeit ist es wirklich das wichtigste Interesse, daß die Personen, von denen man abhängt, ihre zärtliche Sorge nicht zurückziehen. Wenn der Knabe den mächtigen Vater als Rivalen bei der Mutter empfindet, seiner aggressiven

Neigungen gegen ihn und seiner sexuellen Absichten auf die Mutter inne wird, hat er ein Recht dazu, sich vor ihm zu fürchten, und die Angst vor seiner Strafe kann durch phylogenetische Verstärkung sich als Kastrationsangst äußern. Mit dem Eintritt in soziale Beziehungen wird die Angst vor dem Über-Ich, das Gewissen, zur Notwendigkeit, der Wegfall dieses Moments die Quelle von schweren Konflikten und Gefahren.«[52]

Die vor allem in bessergestellten Familien benutzten Erziehungstechniken der Androhung von Liebesentzug sind daher das vom Kind am wenigsten zu durchschauende und daher wirksamste Erziehungsmittel. Daß die bloße Androhung von Liebesentzug beim Kind eine gründlichere Anpassungsbereitschaft bewirken kann als ein expliziter Strafkatalog, gibt für die Analyse affirmativer Denk- und Verhaltensstrukturen wesentliche Anhaltspunkte.

Warum und wie die familialen Herrschaftsbefugnisse jeweils ausgenutzt und mißbraucht werden, das verweist wiederum auf die Widersprüche, in die die kapitalistischen Reproduktionsbedingungen die Eltern stürzen. Haensch bezeichnet die Familie als ein »Reservat für Herrschaftsausübung«[53], mit dessen Hilfe die anonymen Unterwerfungszwänge des Produktionsprozesses für den Erwachsenen erträglicher würden. Während für den Lohnabhängigen, der sich beruflich unterzuordnen hat, Frau und Kinder die wesentlichen Herrschaftsobjekte sind, ist der (dem Mann unterworfenen) Frau das Reservat der Erziehung und Kontrolle der Kinder überlassen; auf tieferer Ebene manifestiert sich die autoritäre Doppelstruktur von Herrschaft nicht nur bei der Ehefrau, sondern auch zwischen älteren und jüngeren Geschwistern. Das Kind lernt dadurch schon früh, die dichotomische Aufteilung der Gesellschaft in ein Oben und ein Unten als natürlich zu begreifen und Auflehnung dagegen als selbstzerstörerisch zu vermeiden.

Nach Reich entströmte aus diesen Verhältnissen jene »passive hörige Haltung der kleinbürgerlichen Menschen zu Führergestalten«[54], die es in Deutschland der Ausbreitung des Faschismus so leicht machte.

Berücksichtigt werden muß dabei, daß der Zwang und die Unberechenbarkeit, wovon Kindererziehung gerade in ärmeren Schichten bestimmt sind, aus der Aggressivität folgten, die sich bei den Eltern in ihrer unbefriedigenden beruflichen Situation wie in der die Ehe kennzeichnenden Unterdrückungssituation ansammelt, die aber aufgrund existentieller Notwendigkeiten nicht an der richtigen Stelle abreagiert werden darf. Die Kinder erleiden vermittelt die Unterdrückung, die den Eltern widerfährt. Sie werden damit für etwas verantwortlich gemacht, das eigentlich politische und

[52] S. Freud: Hemmung, Symptom und Angst, GW XIV, Frankfurt[5] 1972, S. 178.
[53] Haensch, a.a.O., S. 46.
[54] W. Reich: Massenpsychologie des Faschismus, Zürich 1934, S. 84.

ökonomische Ursachen hat und den Schein der Autonomie der Privatsphäre gründlich zerstört.
Der Reservatcharakter der Familie als Austragungsfeld von Konflikten, die anderswo geschürt wurden, leistet der irrationalen Ausnutzung der elterlichen Verfügungsgewalt Vorschub. Indem die Kinder aber zum Mittel werden, um angestaute Aggressionen loszuwerden, wird ihre Persönlichkeitsentfaltung entscheidend eingeschränkt. Sie identifizieren sich notwendig mit den widersprüchlichen Verhaltenserwartungen der Eltern, was dazu führt, daß die Konflikte, die von außen hereingetragen wurden, sich in der Familie auf neuer Stufe reproduzieren und das Kind in außerfamilialen Situationen entweder auf dem Raster dieser Erfahrungen agiert oder aber völlig handlungsunfähig wird.
Die von Neidhardt hypostasierte familiale Funktion des ›Spannungsausgleichs‹[55] verkehrt sich bei sozialpsychologischer Durchdringung der Implikate blinder Konfliktaustragung in ihr Gegenteil.
Herbert Marcuse schnitt in seinem Aufsatz ›Zum Veralten der Psychoanalyse‹ das Thema an, inwiefern die einstmalige Sachautorität des Vaters, d. h. seine rational legitimierbaren Erziehungsfunktionen, immer stärker durch den Wandel seiner sozioökonomischen Position abnehmen mußte. Leitbild- und Ich-Idealfunktionen wurden seiner Rolle zunehmend von anderen gesellschaftlichen Instanzen abgenommen. Was David Riesman als Prozeß weg von einer ›Innenleitung‹ zu einer ›Außenleitung‹[56] des Charakters beschreibt, sieht Marcuse in der Ersetzung von Ich-Idealen durch Gruppen-Ideale gegeben: »Befreit von der Autorität des schwachen Vaters tritt der Sohn oder die Tochter in eine konfektionierte Welt ein. Paradoxerweise stellt sich heraus, daß die Freiheit, welcher sie sich in der weitgehend autoritätslosen Familie erfreut hatten, mehr ein Preisgegebensein als ein Segen ist. Das Ich, das sich ohne viel Kampf entwickelt hat, erscheint als ziemlich schwache Wesenheit wenig geeignet, sein Selbst mit den anderen und gegen sie zu werden, den Mächten wirksamen Widerstand entgegenzustellen, die jetzt das Realitätsprinzip durchsetzen und die vom Vater und der Mutter höchst verschieden sind, aber auch höchst verschieden von den Leitbildern, wie die Massenmedien sie liefern.«[57]
Indem die Individuen in ihrer Bedürfnisstruktur und ihren Denkmustern dazu disponiert wurden, die politischen und ökonomischen Gegebenheiten als Schicksal hinzunehmen, setzt sich im Gegensatz zu der Erziehungssituation der Familie in den Anfängen der bürgerlichen Gesellschaft das Realitätsprinzip über den Kopf des Vaters hinweg durch. Nicht die Autorität des Vaters, sondern

[55] Vgl. oben Kap. III.2.b.
[56] D. Riesman: Die einsame Masse, München 1958.
[57] H. Marcuse: Das Veralten der Psychoanalyse, in: Kultur und Gesellschaft II, Frankfurt 1967, S. 93.

die sozialen Klischees, denen die Spielgefährten, die Nachbarn, die Anführer der Banden, der Sport und im letzten Jahrzehnt vor allem die Pop-Szene folgen, fungieren als Orientierungspunkte für sozial anerkannte Denkstrukturen und Lebensstile. Der Bürger werde, so Marcuse, in den fortgeschrittensten Sektoren der kapitalistischen Gesellschaft nicht mehr ernstlich von ›Vaterimagines‹ heimgesucht. Der Zustand der Familie in Europa offenbart freilich weniger deutlich, daß die Autoritätsminderung des Vaters mit einer prinzipiellen Abkühlung oder Lockerung seines Einflusses verbunden ist. Man wird in Rechnung stellen müssen, daß Marcuse seine Erörterungen an den Verhältnissen in den USA gewonnen hat, die allerdings gegenüber der europäischen Entfaltung von Zivilisation als fortgeschritten bezeichnet werden müssen.
Horst-Eberhard Richter beurteilt diese Problematik demzufolge auch anders als Marcuse: »Oft scheint doch vielmehr die ihm (dem Vater, PM) durch die modernen sozial-ökonomischen Bedingungen versagte Erfüllung seines Bedürfnisses nach ›väterlicher Potestas‹ nur eine Umleitung und Verwandlung seiner Ansprüche auszulösen, die nichtsdestoweniger wirksam bleiben: Ist nicht zum Beispiel, wenn man es so besieht, der heute so häufige Einsatz des Kindes als ›Instrument familialen Prestiges‹ (G. Wurzbacher) nur ein auf das Kind verschobener Durchbruch ungeminderter väterlicher Ambitionen?«[58] Von der Sachautorität, die der Vater einst besaß, bleibt sein autoritäres Verhalten, welches gerade das Kleinkind verschreckt und passiviert.
Nur scheinbar im Widerspruch zu Marcuses Ergebnissen brachte eine empirische Untersuchung über politische Wissensinhalte bei Kindern[59] das Ergebnis, daß bei Kindern der ersten Schuljahre signifikant mehr Kenntnisse von Exekutivorganen des Staates vorhanden waren als von den Legislativorganen. Mit Sicherheit sind erstere von den Kindern aufgrund ihres autoritären familialen Erziehungsklimas leichter einzuordnen und in ihren Funktionen zu deuten, zumal sie mit ihnen auch als direktem Erziehungsmittel konfrontiert werden. Ferner scheint sich das empirische Phänomen konservativen Wahlverhaltens[60] schon früh auf die Kinder zu übertragen, wobei sich die Interpretation anbietet: wer die Macht hat, ist eben wählenswert.
Die Bereitschaft des Individuums, die hierarchische, autoritäre Struktur gesellschaftlicher Instanzen fraglos zu akzeptieren und sich mit ihnen zu ›arrangieren‹, ist Ausdruck einer spezifischen Charakterstruktur, für die Unterordnung unter Stärkere wie Herrschaftsausübung gegenüber Schwächeren psychische Befriedigung beinhaltet, d. h. von sekundärem Lustgewinn begleitet ist. Wie diese Charakterstruktur, die von Adorno und Frenkel-Bruns-

[58] H. E. Richter: Eltern, Kind, Neurose, Reinbek 1969, S. 65.
[59] F. Greenstein: Children and Politics. New Haven and London, Yale University Press 1965.
[60] Greenstein bezeichnet es als »standing choice based on the attachment to a party«, in: ebd., S. 64.

wik als ›Authoritarian Personality‹[61] bezeichnet wurde, zustande kommt, ist wesentlich bestimmt durch die spezifische Erziehungstechnik in der bürgerlichen Kleinfamilie, bzw. die Form, in der sich hier die Triebstruktur und der sinnliche Bedürfnishaushalt des Kindes zu entfalten haben.

Autorität und Triebunterdrückung sind zwei Seiten des familialen Sozialisationsprozesses und als Sozialisationsmechanismen funktional verbunden, dürfen daher nicht gesondert behandelt werden, wenn es um die Analyse familial geprägter Charakterstrukturen geht. Zu berücksichtigen sind dabei wieder sowohl die (sinnliche Ambivalenzkonflikte geradezu provozierende) Dreieckskonstellation der Kleinfamilie wie die von den gesellschaftlichen Sexualnormen der Eltern herrührenden triebfeindlichen erzieherischen Richtlinien. Die familiale Isolation des Kleinkindes erschwert körperlich-sinnliche Kontakte zu anderen Kindern, wodurch die genitalen Regungen zum gegengeschlechtlichen Elternteil ohne Angst vor Kontrolle kompensiert werden könnten, reicht doch die elterliche Haltung gegenüber der Onanie und sexuellen Spielen zwischen Geschwistern vom radikalen Verbot lediglich bis zur bloßen Duldung. Die infantile Sexualität muß folglich in der Familie in einer Form bewältigt werden, die Triebabfuhr nur unter Strafangst und Schuldgefühlen zuläßt.

Brocher weist darauf hin, daß das kleine Kind bis zum Beginn seiner Reflexionsfähigkeit seine eigene und jede fremde Geschlechtlichkeit naiv wie jedes andere höhere Säugetier als eine Gegebenheit erlebe, mit der keine Schulderlebnisse verknüpft sind. »Erst die Bedeutungsakzente, die mit der Sexualentwicklung im Sozialisationsprozeß durch die erziehende Umgebung gesetzt werden, können Schuldgefühle in ihm auslösen.«[62] Der bisherigen Erziehung mußte dementsprechend vorgeworfen werden, daß sie eine weitgehende Triebunterdrückung fordere, »ohne mit den aus der Verdrängung stets wiederkehrenden Sprengstücken nicht ausreichend integrierter Triebanteile später dann etwas anfangen zu können«[63].

Die Verleugnung und Versagungen hinsichtlich der Triebdynamik des Kindes, die nicht erst mit den genitalen Regungen des Kindes beginnen, sondern auch schon durch die Entwöhnungspraktiken und die Reinlichkeitserziehung zur neurotischen Symptombildung führen, bewirken Veränderungen in der kindlichen Psyche, die die Dispositionen für autoritäres Verhalten und eine Fixierung des Unterdrückten auf den Unterdrücker hervorrufen können (›Dependenz‹). Jede Versagung der Bedürfnisbefriedigung oder der Triebwünsche ruft gerade beim noch nicht verbalisierungsfähigen Kleinkind Haß und Ambivalenzgefühle gegenüber dem Ob-

[61] T. W. Adorno, E. Frenkel-Brunswik u. a.: The Authoritarian Personality (Studies in Prejudice), ed. by M. Horkheimer and S. H. Flowerman, New York 1964.
[62] T. Brocher: Psychosexuelle Grundlagen der Entwicklung. Opladen 1971, S. 10.
[63] Ebd., S. 11.

jekt hervor, das die Triebbefriedigung einschränkt, wobei paradoxerweise eine Folge der Versagung die Identifizierung mit dem versagenden Objekt ist. Das Kind gleicht sich in seinen Verhaltensformen demjenigen an, den es hassen muß, weil ihm die Äußerungen seiner Liebesbedürfnisse nicht gestattet sind. Ist die Triebkraft, deren sich die Identifizierung bedient, die Liebe, so ist ihr Anlaß eher die Versagung. Das versagende Liebesobjekt wird, obwohl es Haß auf sich zieht, zum Vorbild der Charaktergestaltung bzw. zum Ich-Ideal und bleibt es lebenslang in einer Gesellschaft, die nicht gezielt gegenteilige Erwartungen an das Kind stellt.

### c) *Die Familienkonstellation als neurotisierendes System – ›Patient Familie‹*

Mit dem Ziel, von der bislang gängigen individualisierenden Therapie psychischer Erkrankungen wegzukommen, unternahm H. E. Richter in seinen psychoanalytischen Beiträgen[64] den Versuch, die isolierte Kleinfamilie im Hinblick auf ihre Struktur und Funktionen wie die Rollen ihrer Angehörigen in ihr als pathogenes System zu beschreiben. Wesentlich an seinem therapeutisch orientierten Ansatz ist ein rollentheoretisch erweiterter Begründungsversuch psychopathologischer Symptome bei Eltern wie bei Kindern.
Aufbauend auf dem psychoanalytischen Konzept Freuds, der sich unausgesprochen auf die affektiven Konsequenzen der gegengeschlechtlichen Repräsentanz der Eltern beschränkte, Mutter und Vater daher als unabhängige Variablen des kindlichen Entwicklungsprozesses sah, geht Richter von der psychischen Wechselbeeinflussung zwischen dem Kind und den Ehepartnern aus. Seine Fragestellung weist über Freud insofern hinaus, als sie die psychische Rolle, die das Kind bei der Stabilisierung des elterlichen Bedürfnishaushaltes spielt, thematisiert.
Freud hatte seine gesamte psychoanalytische Entwicklungstheorie unter einem bestimmten Gesichtswinkel konzipiert, die seine Fragestellung lauten ließ: »Was geschieht im Kind? Zum Beispiel welche Impulse hat es, welche Abwehrmechanismen betätigt es? Stets erscheint das Kind als der eigentliche Urheber und Motor seiner psychodynamischen Prozesse, während die Eltern unter diesem Aspekt vorwiegend als Adressaten von Wünschen oder Abwehrvorgängen, allenfalls als bloße Auslöser kindlicher Funktionen auftreten.
So beschreibt er die Identifizierungsprozesse charakteristischerweise derart, als lieferten die Eltern dabei das Material, dessen sich das Kind durch Internalisierung bediene. Von den psychodynamischen Austauschprozessen zwischen Eltern und Kind

[64] H. E. Richter: Eltern, Kind, Neurose, a.a.O.; ders.: Patient Familie, Frankfurt 1970; ders.: Die Gruppe, Reinbek bei Hamburg 1972.

wird in asymmetrischer Weise immer der Ausschnitt akzentuiert, der die Aktivität des Kindes betrifft. Das folgt eben aus der Perspektive der gesamten Fragestellung. S. Freud hat uns gründlich gelehrt, wie sich das Kind der Eltern durch ›Objektbesetzung‹ und Identifizierung bemächtigt, während er die Frage danach, wie sich gleichzeitig die Eltern ihrerseits des Kindes bemächtigen und es ihren Wünschen und Projektionen unterwerfen, nur am Rande verfolgt hat.«[65]

Richter begreift die Familie als strukturell-funktional verbundenes psychodynamisches System, zu dessen Stabilisierung jeder der Familienangehörigen beiträgt, ohne daß dies auch für seine individuelle Entfaltung und seine innere Stabilität und Realitätstüchtigkeit vorteilhaft sein muß.

Sein Ansatz ist wohl hauptsächlich deshalb so fruchtbar, weil sich die Eltern in der Realität, zumal bei schichtspezifischer Differenzierung, nicht ›stereotyp und unplastisch‹ als Agenten der Gesellschaft und der von ihr diktierten Geschlechtsrollen darstellen, sondern sich erst innerhalb der dynamischen Komplexität ihrer Partnerbeziehungen der affektive Kommunikationsstil in der Familie und die daraus erwachsenden individuellen Konfliktabwehrstrategien bestimmen lassen.

In diesem durch das spezifische Verhältnis der Familie zur Gesellschaft bestimmten sozialdynamischen Zusammenhang fungiert das Kind eher als Objekt denn als Subjekt. Doch ist nicht nur für die Entwicklung des Kindes, sondern auch für die psychische Konstitution der Ehepartner selbst wesentlich, welche Rolle dem Kind zugeteilt wird. Statt auftretende innere Konflikte von der eigenen Biographie her zu interpretieren, lasten die Ehepartner diese ja zu häufig ihrer Partnerbeziehung auf und »manipulieren den jeweiligen Partner als entschädigendes Ersatzobjekt oder als narzißtische Fortsetzung ihres Selbst«[66]. Der Partner wird damit zum unfreiwilligen Stabilisierungsfaktor ihres Bedürfnishaushaltes und ihrer Selbstwertkonflikte.

Es ergeben sich unausgesprochene Rollenvorschriften für die Ehepartner wie für das Kind, mit denen der Druck innerer Konflikte auf eine für die Eltern erträglichere Ebene verschoben wird. Das für seine Entwicklung auf Identifizierungsangebote angewiesene Kind identifiziert sich gezwungenermaßen mit diesen unbewußten Verhaltensanteilen und Rollenerwartungen der Eltern. Sein daraus folgendes unausgeglichenes Verhalten gibt den Eltern Gelegenheit, es je nach eigener Konfliktlage entweder zum Aggressionsobjekt oder zum Objekt gesteigerter Zuwendung zu machen, ohne zu begreifen, daß eigene Symptome am Kind zu kurieren gesucht werden.

Über die sozialstrukturellen Bedingungen familialer Sozialisation

[65] Richter: Eltern, Kind, Neurose, a.a.O., S. 25.
[66] Richter: Patient Familie, a.a.O., S. 50.

und der in ihr sich fortsetzenden Autoritäts- und Triebfeindlichkeitsnormen hinaus gehen also in alle Sozialisationsleistungen der Kleinfamilie, je nach ihrem funktionellen und institutionellen Normalitätsgrad, spezifische Konstellationen elterlicher Wünsche und Idealvorstellungen ein, die unbewußt das elterliche Rollen- und Verhaltensangebot an das Kind bestimmen. Je nach dem Grad ihrer aus der eigenen Sozialisationsbiographie stammenden und durch die Partnerbeziehung wie ihre soziale Lage aktualisierten neurotischen Züge üben die Eltern auf das Kind unbewußt Druck aus, um die kindliche Persönlichkeit gemäß ihren Phantasien und Wünschen zu gestalten.
Es handelt sich hier, wie gesagt, um unbewußte, präverbale, affektiv zu kennzeichnende Kommunikationsprozesse, die der Kontrolle der Eltern weitgehend entzogen sind. Sie begleiten die gezielt auf bestimmte Triebäußerungen und Verhaltensprobleme der Kinder eingehenden elterlichen Erziehungsmaßnahmen und bestimmen unabhängig vom geplanten Erziehungsstil in ihrer Wechselwirkung die tatsächliche gesunde oder pathologische Entwicklung des Kindes.
Die entwicklungspsychologische Erforschung kindlicher Reifungsprozesse hat erbracht, daß für die günstige Entwicklung der einzelnen Ich-Funktionen, für die ›Ich-Synthese‹ (Nunberg), ein freundliches affektives Klima erforderlich ist, das den phasenspezifischen Eroberungsdrang des Kindes unterstützt und die dafür notwendige Sicherheit bietet. Parallel dazu muß eine altersgemäße, d. h. allmählich sich steigernde Versagungsstrategie gegenüber den Bindungswünschen an die primäre Bezugsperson angewendet werden, die die ursprünglich symbiotisch angelegte Mutter-Kind-Beziehung relativiert und beim Kind damit eine lernbereite Orientierung gegenüber seiner Umwelt produziert. »Distanzierende und reflektierende seelische Funktionen des Ich (Realitätsprüfung, Subjekt-Objekt-Einstellung) entwickeln sich durch Frustrationsanstoß mit der Zeit ebenso wie Gewohnheiten und realitätsangepaßte Erwartungen, [...] altersangemessene, nicht traumatische Frustration des Kindes stellt sich damit als eine wichtige Bedingung der Entwicklung eines starken Ich heraus.«[67]
Dem Kinde gelingen die kulturell und sozial notwendigen Sublimierungsleistungen und Lernschritte nur, wenn die entwicklungsmäßig bedingten Triebverzichts- und Triebaufschubforderungen von seiten der Eltern begleitet sind von Lern- und Sublimierungsangeboten, die sowohl ›realitätsgerecht‹ als auch ›ich-verträglich‹ (Sengling) sind.
Weiter vorn war angedeutet worden, daß das Kleinkind in seiner Anpassung an die Forderungen und Gebote der elterlichen Bezugspersonen stark von der Angst vor Trennung und dem damit

[67] D. Sengling: Materialien zur Kleinkindererziehung, in: Dokumentation des Deutschen Jugendhilfetages 1970, Nürnberg, S. 28.

verbundenen Liebesverlust motiviert ist, da es in diesem Alter seine Bedürfnisse sehr intensiv erlebt, ohne sie verbalisieren zu können und erst allmählich lernt, auf direkte Triebbefriedigung zu verzichten. Wird nun im Erziehungsprozeß bewußt oder unbewußt durch starke Ängstigung (Traumatisierung) des Kindes nur seine Gewissensbildung forciert und damit seine Ich-Aktivität gehemmt, führt dies beim Kind zur Einschränkung seiner Wahrnehmungsfunktionen. Es muß pathologische Triebabwehrmechanismen entwickeln, um seinen Gewissensängsten und Schuldgefühlen zu entgehen.

Ebenso kann durch Verwöhnung und eine überaufmerksame Erziehungshaltung die affektive Struktur des Kindes sehr stark von Schuldbewußtsein geprägt werden. Das Kind hat nicht Gelegenheit, sich in der Bewältigung von Frustationen zu üben und entwickelt daher schon bei geringen Triebversagungen starke Aggressionen, deretwegen es bei der ›liebe‹-vollen Einstellung der Eltern zu ihm, starke Schuldgefühle entwickeln muß. Diese sind umso intensiver, je mehr es durch widersprüchliche Verhaltensweisen der Eltern dazu gezwungen wird, sie gleichzeitig zu lieben und zu hassen.

Strafen erfahren auf dieser Grundlage eine psychische Verarbeitung, die das intendierte Erziehungsziel der Eltern in sein Gegenteil verkehren können. Das Kind erlebt den Strafakt der Eltern als Aggression, darf aber aus Angst vor Liebesverlust oder anderen Sanktionen seine eigenen Aggressionen nicht ausagieren, sondern wendet sie nach innen, bzw. spart sie für soziale Situationen auf, die weniger affektiv belastet sind.

Das Nach-innen-Wenden von Aggressionen führt zwar nicht unbedingt zu intensiverer Verdrängung der anstößigen Impulse; ist aber ein starkes Über-Ich durch die Erziehung angelegt, wird das Kind Strafen unbewußt provozieren, um sich von dem permanenten Gewissensdruck zu befreien. Je mehr das Strafbedürfnis beim Kind durch das elterliche Erziehungsverhalten gefördert wird, desto mehr besteht die Gefahr, daß es, in neurotischer Verselbständigung, zu Selbstdestruktion führen kann. Damit ist aber eine Disposition für stark autoritäres (dependentes) Verhalten geschaffen.

Nun ist es nicht damit getan, die Eltern psychologisch und pädagogisch zu schulen (Erziehungsberatung) oder ihnen gar eine Einzel- oder Gruppentherapie zu empfehlen, wenn verhindert werden soll, daß aktuelle Konflikte in der Familie auf Kosten der psychischen Funktionstüchtigkeit eines oder mehrerer Familienangehöriger ausgetragen werden. Sind doch mit dem privaten, isolierten Charakter der familialen Lebensform in der kapitalistischen Gesellschaft strukturell neurotisierende Bedingungen gegeben, die nicht psychologisch, sondern politisch aufzulösen sind. Mit psychoanalytischer Beratung oder auch Initiativen wie der Gründung

von Kinderläden oder Wohnkollektiven sind diese Bedingungen zwar für eine Minderheit erträglicher zu gestalten, aber längst nicht gebannt.
Frustrationsquellen wie die untergeordnete Stellung des Mannes im Produktionsprozeß, die Pflicht des Mannes zur Sicherung der materiellen Basis der übrigen Familienangehörigen, die von dem Ehepartner aus Hilflosigkeit und Angst als Repressionsmittel benutzten Normen ehelicher Monogamie, die ständige wirtschaftliche Mangelsituation in der Mehrzahl der Familien, der eine ständige Stimulation ihrer Konsumbedürfnisse gegenübersteht, die Informationstaktik der Massenmedien, die darauf zielt, der Angstbereitschaft, die aus der existentiellen Unsicherheit der Bevölkerung resultiert, Nahrung zu geben, haben ihren unübersehbaren Anteil an der Produktion von familialen ›Symptom‹- oder ›Charakterneurosen‹.
Die Auffassung, daß solche neurotischen Familienkonstellationen, innerhalb derer sich die Bedürfnisse ihrer Angehörigen nur nach innen richten, als biographische Ausnahmesituationen zu werten sind, erweist sich angesichts der Häufung und der Ähnlichkeit der auftretenden Symptome als fragwürdig. Richter sieht in seinen praktischen Erfahrungen den Anlaß, charakterneurotische Veränderungen des ›familiären Gruppenichs‹ in der Gesellschaft als in gleichförmiger Richtung sich vollziehend zu begreifen. Vieles spricht nach seiner Meinung dafür, daß die derzeitigen gesellschaftlichen Verhältnisse den Typ der angstneurotischen Familie begünstigen. Unter der Einwirkung eines alle in gleicher Weise betreffenden sozioökonomischen Trends setzte sich bei vielen Familien in gleicher Weise ein ›neurotisch verändertes Realitätskonzept‹ durch, das infolge ›epidemischer Ausweitung‹ zur Durchschnittsnorm wurde, damit aber nicht ohne weiteres wahrnehmbar ist.
Hinter der Etikettierung ›Patient Familie‹ verbirgt für Richter sich die Frage, inwiefern die Familie als tendenziell neurotisierendes abgeschlossenes System die für politische Reife notwendige rationale Verfügung über die eigene Person, damit aber über die klassenspezifisch determinierten Lebensbedingungen, hemmt oder hindert. An sie anknüpfend wurde hier problematisiert, ob die krankmachenden Bedingungen, die die Familie häufig zum angemesseneren Patienten psychotherapeutischer Praxis machen als das Individuum, allein der Struktur und den psychischen Funktionen dieses ›Sub-Systems‹ anzulasten sind.
Wie die politisch-ökonomische Funktionsbestimmung der Familie zeigt, greifen die klassenspezifischen Verarbeitungszwänge der entfremdeten Reproduktionsbedingungen – wie die, aus der (familialen) Sozialisationsbiographie der Eltern resultierenden – in ihrem deformierenden Einfluß auf die kindliche Psyche ineinander. Psychoanalytisch ausgedrückt: Die isolierte Kleinfamilie fordert

über ihre sozioökonomische Parzellierung hinaus aufgrund der Bedürfnisstruktur und den daraus resultierenden unbewußten Verhaltensanteilen der Eltern wie aus ihrer häufig unbefriedigenden Partnerbeziehung psychische Fehlentwicklungen ihres Nachwuchses, sie stellt nach Horkheimer ein ›Treibhaus für autoritäre Charaktere‹ dar, dessen Sozialisationsleistungen in der Regel entpolitisierend wirken. Das Kind, das keine Ausweichmöglichkeiten hat, läuft prinzipiell Gefahr, ein Dependenzverhältnis zu seinen primären Bezugspersonen zu entwickeln, das entweder mit einer unkritischen Verinnerlichung der durch die Eltern vermittelten Normen und Leistungsansprüche einhergeht und das Kind zum Sklaven eines normativen Gewissens (Über-Ich) macht oder aber es hilflos einer psychotischen Affektüberflutung ausliefert, die es der Asozialität überantwortet, gesellschaftlich diskriminiert und ausgrenzt.

Die Psychoanalyse unterteilt die psychischen Fehlentwicklungen je nach ihrer Gravidität in neurotische und psychotische Störungen, wobei letztere, was die Beeinträchtigung der Arbeits- und Kommunikationsfähigkeit, damit aber die therapeutische Unzugänglichkeit des Erkrankten angeht, weit schwerer wiegen. Neurosen verzerren zwar bereichsweise den Realitätskontakt, schließen aber die praktische Auseinandersetzung des Individuums mit seinen Lebensbedingungen, seine ökonomische Integration und seine politischen Interessen nicht aus, wie z. B. die psychotische Abwendung von der Außenwelt, die für manche Formen der Schizophrenie typisch ist.

Abgesehen davon, daß Freud selbst die Grenzen zwischen normaler und neurotischer Charakterentwicklung für fließend hält, hatte er doch seine grundsätzlichen Erkenntnisse über die Prinzipien menschlicher Triebdynamik auf der empirischen Grundlage psychischer Fehlentwicklungen erforscht, besagt die psychologische Diagnose der Realitätstüchtigkeit oder der neurotischen Deformation eines familial sozialisierten Individuums nichts über die zu erwartende Qualität seiner politischen Interessen und Zielsetzungen. Diese bestimmt sich in der bürgerlich kapitalistischen Gesellschaft dadurch, ob das Individuum die materielle und soziale Lage seiner Eltern ›familienerhaltend‹ (Reich) reproduziert, oder ob es durch individuellen Anstoß oder im Rahmen von seine Schicht betreffenden Veränderungen (Proletarisierung der Mittelschicht) politisierende Impulse empfängt.

So können die Formen, die politische Aktivitäten beim einzelnen annehmen, durchaus von neurotischen Charaktermerkmalen wie dem zu Pedanterie oder Akribie zwingenden analen Syndrom geprägt sein, freilich kann auch die individuelle Entscheidung für eine politische Linie gesteuert sein von einer zu Dogmatismus und Rigidität disponierten Persönlichkeitsstruktur. Leistungsbezogene und gewissensorientierte Erziehung hat nicht selten eine über-

strenge Normierung des politischen Arbeitsstils wie der Kommunikationsformen zur Folge.
Adorno deutet die gesellschaftliche Dialektik dieses Zusammenhanges an, insofern er im charakterologisch Fragwürdigen »vielfach das objektiv Bessere« vertreten sieht: »Wie schon zu Beginn der bürgerlichen Ära nur die Verinnerlichung der Repression die Menschen zu jener Steigerung der Produktivität befähigte, die ihnen heute und hier jede Fülle schenken könnte, so stellen die psychischen Defekte im vertrackten Ganzen etwas radikal Anderes dar, als im seelischen Haushalt des einzelnen. Leicht könnte die Psychologie etwa die Verhaltensweise des Sammlers von ehedem als neurotisch diagnostizieren und mit dem analen Syndrom zusammenbringen; aber ohne Fixierung der libido an Dinge wäre Tradition, ja Humanität selber kaum möglich. [...] Man weiß auch, wie sehr die libidinöse Besetzung der Technik heute das Verhalten Regredierter ist, aber ohne ihre Regressionen würden schwerlich die technischen Erfindungen gemacht, die einmal Hunger und sinnloses Leiden aus der Welt vertreiben. Psychologen können nichtkonformistischen Politikern souverän vorhalten, sie hätten den Ödipuskomplex nicht bewältigt, aber ohne ihre Spontaneität bliebe die Gesellschaft auf ewig jene, die in jedem ihrer Angehörigen den Ödipuskomplex reproduziert.«[68]
In der antiautoritären Studentenrevolte der sechziger Jahre, die sich primär gegen die autoritären Strukturen der bürgerlichen Gesellschaft richtete, wurde, anknüpfend an Reichs sexualpolitisches Konzept revolutionärer Umwälzung, versucht, politische Betätigung unter dem Gesichtspunkt individueller Emanzipationschancen als Kompensation für Kontaktschwierigkeiten im allgemeinen und sexuelle Probleme im besonderen zu entlarven. Freilich fiel dabei die Überlegung heraus, daß Triebverzicht fordernde, sachlich orientierte politische Arbeit mit dem Ziel der organisatorischen Umsetzung der Einsichten in den Widerspruch zwischen Lohnarbeit und Kapital das wesentliche Mittel zur Behebung indivdueller Probleme mit der Gesellschaftlichkeit des menschlichen Wesens darstellt. Die neurotisierenden Auswirkungen familialer Sozialisation sind zwar, was die Verhinderung gesellschaftlichen Bewußtseins und politischer Einsatzbereitschaft angeht, durchaus relevant, sind aber psychoanalytisch nicht faßbar, da sie nicht prinzipiell die Realitätstüchtigkeit des Individuums (therapeutisches Ziel des Psychoanalytikers) in Frage stellen. Sieht man die neurotisierenden Funktionen der Familie als Ausfluß der mangelnden Kompensierung familialer Reproduktion durch kollektive Organisationsformen, so handelt es sich nicht mehr um eine psychoanalytisch, sondern nur noch um eine historisch-materialistisch erklärbare psychische Konfliktquelle. Nichtsdestoweniger hat die individuelle Bewältigung der auftretenden psychischen

[68] Adorno: Zum Verhältnis von Soziologie und Psychologie, a.a.O., S. 31.

Konflikte psychoanalytisch beschreibbare Konsequenzen und zwar insofern, als sie das Individuum zu einer ›Überanpassung‹ an die widersprüchliche gesellschaftliche Realität zwingt.
Die Meinung Ferenczis, die Menschheit werde heute zu ›introspektiver Blindheit‹ erzogen, kann zur psychoanalytischen Vertiefung des Richterschen Erklärungsansatzes herangezogen werden und eröffnet nach unserer Meinung gleichzeitig die politische Dimension jener charakterneurotischen Veränderungen, die auf dem Boden von Verdrängungen erwachsen. Ferenczi vergleicht den erzogenen Menschen mit einem hypnotisierten, denn jener entzieht wie dieser dem bewußten Teil seines Ichs viel seelische Energie und beeinträchtigt erheblich seine Funktionstätigkeit einerseits dadurch, daß das Bewußtsein zum Schutz vor Einsicht und zur Kenntnisnahme der hinter der vielen Güte asozialen Regungen seine beste Kraft vergeudet, »indem es dieselben mit moralischen, religiösen und sozialen Dogmen umschanzt«. Als solche Schanzen bezeichnet Ferenczi Pflichterfüllung, Ehrlichkeit, Schamhaftigkeit, Ehrfurcht vor Autoritäten und den gesetzlichen Einrichtungen, kurz »alle jene moralischen Begriffe, welche uns zum Respekt vor dem Recht des Anderen und zur Unterdrückung unseres Egoismus zwingen«[69].
Es läßt sich nicht leugnen, daß den an der Aufrechterhaltung des Gesellschaftssystems interessierten Kräften die Form der ängstlich sich nach außen verschließenden, mit vielerlei Abwehrmechanismen sich der bedrohlich anmutenden kollektiven Auseinandersetzung mit den gesellschaftlichen Widerständen sperrenden Familie nur genehm sein kann, und daß sie ihr möglichstes dazu beitragen werden, die Vermeidungs- und Verleugnungsstrategien, mit denen sich viele Familien an die Illusion einer friedlichen, geordneten privaten Welt klammern, zu unterstützen.
Die Überlegung, daß eine pathologische Ich-Entwicklung in der Regel die rationale, realitätsgerechte Auseinandersetzung mit den gesellschaftlichen Lebensbedingungen erschwert, wenn nicht gar verhindert und damit die Chance der Dispositionen zu kritischer Reflexion der Umweltbedingungen und politischem Handeln eingrenzt, beinhaltet weiterführend, daß in schichtspezifischer Betrachtungsweise geprüft wird, wo sich pathogene Erziehungseinflüsse häufen, aus welchen materiellen Bedingungen sie resultieren und wie neurotische und psychotische Deformierungen nach ihrer Intensität zugeordnet werden müssen. Zuvor sei jedoch, was die Sozialisierungsfunktionen der Massenmedien betrifft, der die vorliegenden Erörterungen steuernden Hypothese Rechnung getragen, in der unter politischen, ökonomischen und psychologischen Gesichtspunkten vom Scheincharakter privater familialer Autonomie ausgegangen wird.

[69] S. Ferenczi: Psychoanalyse und Pädagogik (Vortrag zum I. Psychoanalytischen Kongreß in Salzburg 1908), in: ders., Bausteine zur Psychoanalyse, Bd. III, Bern 1964, S. 19.

## 3. Vermittlungsfunktionen der Massenmedien zwischen familialer Privatsphäre und Öffentlichkeit am Beispiel Fernsehen

Die ironische Bemerkung Marcuses, der Bürger werde in den fortgeschrittensten Sektoren der Gesellschaft nicht mehr ernstlich von Vaterimagines heimgesucht, beinhaltet, daß die Formen sozialer Kontrolle, d. h. die über die familiale Erziehung hinausgehende Form gesellschaftlicher Anpassung wirksamer und subtiler die Bedürfnisstruktur und die Bewußtseinsbildung der Menschen steuern, als dies innerhalb familialer Sozialisation allein geschehen könnte. Sowohl auf dem Lande wie in der Stadt sorgen in nahezu allen Privathaushalten die Massenmedien, unter denen das Fernsehen nach der Frequenz die vorrangige Bedeutung hat, für einen eingleisigen Kommunikationsfluß zwischen der Privatsphäre der Individuen und der politischen, wirtschaftlichen und kulturellen Öffentlichkeit.

Neben den staatlichen Erziehungsinstanzen stellen die Massenmedien die wesentlichen Träger direkter politischer Sozialisation für Kinder wie Erwachsene dar. Eltern wie Kinder haben die Möglichkeit, aus einem breit gestreuten Informations- und Unterhaltungsangebot auszuwählen, hinter dessen scheinbarer Pluralität sich freilich die Eindimensionalität der bürgerlich-kapitalistischen Ideologie verbirgt. Angesichts der Tatsache, daß 1972 in der BRD 17,3 Mio Fernsehgeräte in Haushalten aufgestellt waren, damit aber 50 Mio oder 82 % aller Bürger vom Fernsehprogramm erreicht werden, behauptet *Der Spiegel* wohl zu recht, die Deutschen seien ein Volk von Fernsehern geworden, die Fernsehprogramme ein so wesentlicher Bestandteil ihres Daseins, daß sie ihren Lebensrhythmus steuern und deformieren können.[70]

Mehr noch als die Verbreitung von Fernsehgeräten in den Familien besagt das Ausmaß des Fernsehkonsums besonders bei Kindern aufgrund ihrer notwendigen Leichtgläubigkeit über die Konditionierungsprozesse, die durch dieses Medium, wenn nicht eingeleitet, so doch verstärkt werden. Die Programmbeiräte der Fernsehanstalten scheinen sich dieser Problematik durchaus bewußt zu sein, sehen jedoch im Fernsehen auch eines der primären Instrumente, mit deren Hilfe Kinder sich die Welt erschließen. »Auf der anderen Seite sind seine Auswirkungen auf die kindliche Psyche heute noch nicht zu überblicken.«[71]

Nach Ermittlungen des Münchner Institutes für Jugend und Bildungsfragen in Film und Fernsehen[72] beginnt in der BRD der Fernsehkonsum bei Kindern im Alter von zweieinhalb Jahren. Die Häufigkeit, mit der die Kinder das Sendeangebot frequentieren,

[70] Die empirischen Grundlagen für die folgenden Erörterungen stammen hauptsächlich aus dem Titelbericht ›Fernsehen und Kind‹, in: *Der Spiegel* 4/1972, S. 32 ff.
[71] Ebd., S. 36.
[72] Bericht in der *Frankfurter Allgemeinen* vom 18. April 1972.

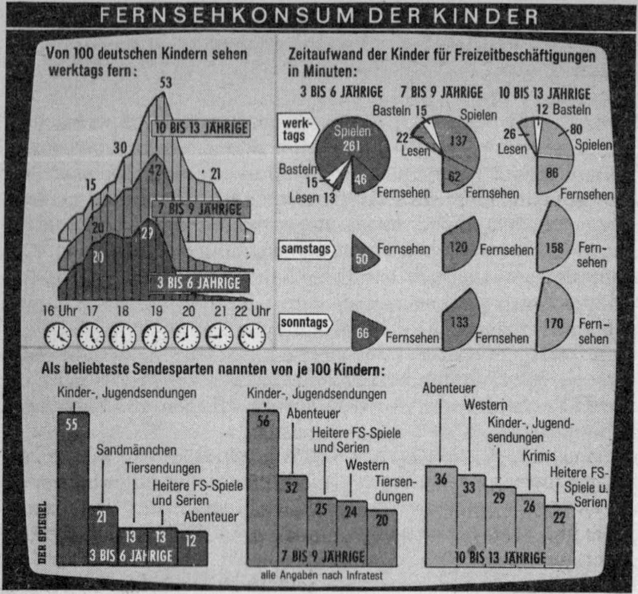


richtet sich nach der Zeit, die die Eltern vor dem Bildschirm verbringen. 95 % der Eltern haben, wie das Institut ermittelte, keine Bedenken gegen das Fernsehen schon im Vorschulalter. Etwa die Hälfte der Drei- bis Fünfjährigen darf gelegentlich auch schon die für Erwachsene bestimmten Programme sehen. 16 % der Kinder im Vorschulalter sitzen in der Regel alleine vor dem Bildschirm, während in 84 % der Fälle die Eltern meistens (51 %) oder immer (33 %) danebensitzen.

61 % aller Zwei- bis Sechzehnjährigen sehen in der Woche nach ›infratest‹ ungefähr 10 bis 12 Stunden fern. Selbst bei Vorschulkindern wurde eine Fernsehdauer von 346 Minuten in der Woche festgestellt.[73] Der durchschnittliche Volksschüler über 10 Jahre verbringt mit rund zwei Stunden täglich nahezu ein Drittel seiner Freizeit, der Volksschüler zwischen dem 13. und 15. Lebensjahr fast die Hälfte seiner Freizeit mit dem Fernsehkonsum.

Vielerlei Faktoren gibt *Der Spiegel* als bestimmend für die Fernsehdauer an: Jungen sehen häufiger fern als Mädchen; Kinder von erwerbstätigen Müttern häufiger als Kinder, deren Mütter keinen Beruf ausüben; ein Hilfsschüler sieht häufiger als ein Volksschüler, ein Volksschüler wiederum häufiger als ein Gym-

[73] Nach Erhebungen von ›infratest‹.

nasiast fern. Dauer und Zeitpunkt des Fernsehkonsums seien außerdem bestimmt von altersspezifisch angebbaren Geschmacksrichtungen der Kinder.
Schon vom 4. Lebensjahr der Kinder an ist bei allen das Werbeprogramm besonders beliebt. Die Werbespots erzielen durch die ständige Wiederholung Lerneffekte, die von keinem anderen Programmteil erreicht werden.
Mit dem Eintritt in die Pubertät zeige sich dann bei den Jugendlichen eine rückläufige Tendenz im Fernsehkonsum und eine Hinwendung zum Radio. (Ein Indiz für den Wunsch nach der Abkapselung von der Familie wie aber auch für den Wunsch nach Beat- und Rockmusiksendungen, die häufiger über das Radio ausgestrahlt werden und die ein wesentliches Gruppenintegrationselement Gleichaltriger darstellen.)
Bereits vom 12. Lebensjahr an nehmen die Kinder am Abendprogramm teil. Laut ›infratest‹ sieht nach 20 Uhr noch jedes zehnte Kind zwischen dem 3. und 13. Lebensjahr fern, von 21 Uhr an jedes zwanzigste. Nach 22 Uhr sitzt noch ein Drittel aller 13- bis 14jährigen vor dem Bildschirm. Nach Stückrath und Schottmayer[74] wird ein Kriminalfilm, der samstags zwischen 22 und 23 Uhr gesendet wird, noch von der großen Mehrzahl der Schüler der Volksschuloberstufe gesehen.
Insgesamt gesehen bekommen die Kinder, Heranwachsenden und Jugendlichen in ihren Familien das Quantum und die Art von Medienzugang, dem auch die Eltern zustimmen. Dabei sind die Selektion des Programmangebotes wie die Fernsehdauer abhängig vom Bildungs- und Intelligenzniveau, das in der Familie herrscht. Insofern handelt es sich hier um schichtspezifische Variablen. Wenn mehrere Studien auch erbracht haben, daß der Fernsehkonsum in den unteren Schichten weniger wählerisch erfolgt und höher ist als in den mittleren und oberen Schichten der Gesellschaft, so wäre es kurzgeschlossen, wenn allein das ›Intelligenzniveau‹ in diesen Schichten dafür verantwortlich gemacht würde. Wird doch damit der Substitutscharakter, den das Fernsehen dort bekommt, wo die materiellen und wissensmäßigen Voraussetzungen für kulturelle Freizeitaktivitäten nicht geschaffen werden konnten, völlig ignoriert.
Bevor die Trends in der Programmgestaltung geprüft und das Sendeangebot inhaltlich kritisiert wird, sei darauf hingewiesen, daß selbst die mit dem Fernsehkonsum verbundenen Formen der Rezeption ihren Beitrag zur widerspruchslosen Integration des Individuums in die kapitalistische Klassenwirklichkeit leisten. Pluralität bzw. Richtungslosigkeit, Passivität und Parzelliertheit als objektive Konstituentien bürgerlicher Bewußtseinsbildung sind im Medium Fernsehen schon formal dadurch bekräftigt, daß das politische und gesellschaftliche Geschehen als ein der freien Wahl an-

[74] F. Stückrath, G. Schottmayer: Fernsehen und Großstadtjugend, Hamburg 1967.

heimgestelltes Konsumangebot in die isolierte Privatsphäre der Familien gestrahlt wird. Damit wird der in den produktiven Sektoren vergesellschafteten Mehrheit der Bevölkerung eine zu ihrer objektiven Stellung kontroverse Form der Wahrnehmung ihrer Realität aufgezwungen.

Adorno sah den formalideologischen Charakter des Fernsehens darin, daß sich eine Art von Fernsehsüchtigkeit entwickelt, die eindeutig die Funktion einer Ersatzbefriedigung übernimmt. Allein durch seine bloße Existenz lenke das Fernsehen – voraussetzungslos unterhaltend und unverbindlich informierend – die Menschen davon ab, »was eigentlich ihre Sache wäre und was sie eigentlich angeht«[75].

Der ›Familienzuschnitt‹ des Fernsehens, resultierend aus seiner »technischen« Eigenart, nur innerhalb kleiner Gruppen konsumierbar zu sein, gaukelt eine Intimität vor, die besonders bei den Eltern das Gefühl familialen Zusammenhalts stabilisiert. Die Kommunikationsprobleme, die besonders zwischen Eltern und jugendlichen Familienangehörigen nicht zu umgehen sind, werden durch den Schein dieser ›Einigkeit ohne Gespräch‹ entlastend verschleiert. Wird zwar sprichwörtlich aus dem ›Kreis‹ der Familie durch das Fernsehen ein Halbkreis, so hilft es doch allen Familienmitgliedern die schuldbeladene Tatsache zu vergessen, daß jeder seine eigenen Wege geht und familial nicht lösbare Probleme hat. Als Chance gemeinsamer Freizeitgestaltung erweitert das Fernsehen den auf das Wohnen und Essen reduzierten familialen Funktionsbereich und erübrigt auf seine Weise die besonders von den Jugendlichen als unangenehm empfundenen familialen Außenaktivitäten, wie Spaziergänge, Verwandtenbesuche oder höchstens einmal einen Theaterbesuch.

Die heute im Schwinden begriffenen Argumente besonders der kulturbeflissenen Angehörigen des alten Mittelstandes gegen die Installierung eines Fernsehgerätes verbargen die Angst vor der Zerstörung einer familialen Intimsphäre, für die der lange schon anachronistische Anspruch bestimmend ist, als abgeschlossene Einheit ohne den Einfluß der anonymen Öffentlichkeit genügend Entfaltungsmöglichkeiten zu gewährleisten. Die Hohlheit auch dieser Familienbeziehungen entlarvt sich in dem früher oder später eintretenden Kampf zwischen Kindern und Eltern um die Anschaffung eines Fernsehapparates, dem von der Seite der Eltern spätestens dann nachgegeben wird, wenn die Kinder zu Freunden oder Nachbarn zum Fernsehen verschwinden. Häufig sind schließlich die, die sich am entschiedensten gegen die Gefahren der ›Entpersönlichung‹, ›Vermassung‹ und ›Überreizung‹ durch das Medium gewehrt haben, später eifrige Konsumenten.

Besonders in den Familien der unteren Schichten, die häufig auf

[75] T. W. Adorno: Fernsehen und Bildung, in: Erziehung zur Mündigkeit. Vorträge und Gespräche mit Helmut Becker 1959–1969, Frankfurt 1970, S. 57.

beengtem Wohnraum leben müssen, erfüllt das Fernsehen wesentliche Disziplinierungsfunktionen. Nicht nur, daß die Kinder auf einfache Weise von lautstarken, und von Bewegungsdrang erfüllten Spielaktivitäten in der Wohnung, die die Nerven der Eltern wie der Nachbarn überstrapazieren würden, abgehalten werden; überdies stellt der Entzug oder die Gewährung der Fernseherlaubnis eines der wirksamsten Sanktionsmittel bei Kindern dar.

Auf Kinder trifft angesichts des Ausmaßes, den der Fernsehkonsum in ihrem Leben schon früh annimmt, ein Sendeangebot, das (einmal abgesehen von den im Vergleich zu anderen Ländern dürftigen Kindersendungen zwischen 16 und 18 Uhr mit nur 3 bis 18 % Sehbeteiligung) besonders im ›Werberahmenprogramm‹ zwischen 18 und 20 Uhr eine Mischung aus Sentimentalität (von häuslicher Idylle geprägte Familienserien), Brutalität (nach einer Statistik haben amerikanische Kinder bis zu ihrem 14. Lebensjahr bis zu 19000 Fernsehtote erlebt; in einer Woche wurden im westdeutschen Fernsehen 416 Gewalttätigkeiten mit 103 Toten gezählt[76]), Besitz- und Warenfetischismus (wüste Ahndung von Verstößen gegen das Privateigentum auf der einen, Konsumanreiz auf der anderen Seite), Verkitschung der Tierwelt (anthropologisierende Darstellung und Funktionalisierung von Tieren für ›das Gute im Menschen‹), rassistischen Vorurteilen (Serien aus dem Urwald oder Busch, in denen die Farbigen als nach wie vor völlig auf die weißen Entwicklungshelfer angewiesener Bevölkerungsteil dargestellt werden) und aus einer kontraemanzipativen Kontrastierung der Geschlechterrollen (Wildwestfilme).

Daß zumindest die ständige Konfrontation der Kinder mit der Gewalt gesellschaftlich unerwünschte Einflüsse auf die Charakterbildung hat, beweisen indirekt die gegenwärtig wachsenden politischen und wissenschaftlichen Bemühungen um die Analyse des Medieneinflusses auf kindliche Moralbegriffe. So verkündete Professor H. Heinrichs auf dem ›Kinderschutztag‹ im April 1972 seine ›Aufladungstheorie‹, wonach die wiederholte Begegnung des Kindes mit Brutalität eine Anstauung von Aggressionen bewirke, die schon bei kleinen Kindern eine Verbrechensbereitschaft, das ›Mordsyndrom‹, entstehen lasse. Als Beweis dafür hatte Heinrichs zwei Gruppen von Kindern gefilmt, von denen die eine kurz zuvor einen aggressiven Film gesehen, die andere aber normalen Schulunterricht genossen hatte. Die Gruppe, der der Film gezeigt worden war, benahm sich in der Pause um vieles aggressiver als die andere Gruppe. Wenn Heinrichs auch bemerkt, daß mit solchen Experimenten nicht der letzte Beweis für den negativen Medieneinfluß geliefert werden könne, so könne doch angenommen werden, daß durch die in den Filmen wiederholt vorgestellten gewalttätigen Konfliktlösungsstrategien im Kind das Bewußtsein

[76] Vgl. *Süddeutsche Zeitung* vom 18. April 1972.

verarme, seine Ziele auch mit anderen Mitteln erreichen zu können.[77]

Daran, daß Kinder von dem Gesehenen beeindruckt werden und es Spuren in ihren Denkweisen und Verhaltensformen hinterläßt, kann nicht gezweifelt werden. Viel zu häufig sieht man Kinder auf der Straße Szenen aus Kriminalfilmen und Western nachspielen, sieht man sie zum imaginären Colt greifen oder den spektakulären Knockout-Schlag aus dem letzten Kriminalfilm spielerisch proben. 60 % der Eltern mußten dies bei Umfragen bestätigen.

Wenn auch nur eine konservative Kulturkritik dem brutalisierenden Fernsehangebot allein die Schuld an der wachsenden Jugendkriminalität (und nicht nur dieser) zuzuschieben wagt, so kann doch als gesichert gelten, daß die diesbezüglichen Sendungen jedenfalls keine beruhigende, das kindliche Moralgefühl positiv aufbauende Wirkung haben können. Obzwar zwischen Anlaß und Ursache delinquenten Verhaltens jedoch eine strikte Trennung vorgenommen werden muß, so kann aus der empirischen Tatsache, daß die Fernsehdauer und die Selektion des Angebotes vom Bildungsstand der Konsumenten abhängig ist, ohne spekulativ zu erscheinen, geschlossen werden, daß dem ständigen Angebot gewalttätiger Problemlösungsstrategien ein verstärkender Effekt für den Ausbruch delinquenten Verhaltens zukommt. Für bestehende Dispositionen zu kriminellen Handlungen, die vordringlich in der sozioökonomischen Lage der potentiellen Delinquenten begründet sind (Korrelationen zwischen Straffälligkeit und sozialer Deprivation geben hier eindeutigen Aufschluß), wird damit das von Gewalt und Brutalität reichlich durchsetzte Unterhaltungsangebot des späten Nachmittags- und des Abendprogramms sicherlich auslösende Funktionen übernehmen. Gesetzesentwürfe wie der von der CDU im April 1972 zum ›Schutz der Jugend vor Mediengefahren‹ können insofern nur als Versuch verstanden werden, kriminelle Dispositionen latent zu halten und einzudämmen, nicht aber, ihre Ursachen zu beseitigen.

Der soziale Hintergrund unterhaltender Fernsehsendungen ist erst in letzter Zeit nicht mehr ausschließlich der der Mittel- und gar der Oberschicht. Dargestellt werden hauptsächlich Konflikte der Freizeit und des Müßigganges der Menschen; nur in Ausnahmefällen werden die manuellen und geistigen Routinetätigkeiten der Arbeitswelt, die das Leben der unteren Schichten so wesentlich bestimmen, dargestellt und wenn, dann entweder in sozial-sentimentaler oder individualistisch karikierender Form. Nach Friedeburg lehrt die in den Fernsehstücken enthaltene Moral, »daß Selbstvertrauen und Zähigkeit nötig sind, um Erfolg zu haben – Gutartigkeit des Charakters genügt nicht –; sie lehren, daß das Leben schwierig ist, besonders für Frauen; daß Ehen häufig unglück-

[77] Vgl. J. Schmidt: Mordsyndrom durch Fernsehkrimis, in: *Süddeutsche Zeitung* vom 18. April 1972.

lich und die Beziehungen zwischen Eltern und Kindern gespannt sind. [...] Gewalttätigkeit ist ein unvermeidlicher Teil des Lebens und gute Menschen nehmen oft Zuflucht zu ihr.«[78] Daneben bestehen freilich die Leitbilder einer Welt des ›heilen Lebens‹, die den Menschen Harmonie vorgaukeln, wo es Unfrieden und Konflikte gibt oder aber, wenn sie Konflikte darstellen, deren Lösung von individueller Stärke, Güte und Einsicht abhängen lassen.
Der erwachsene Zuschauer findet entweder den Abklatsch seines Lebens wieder oder eben – und das ist der häufiger auftretende Fall – die Möglichkeit, seinem ›grauen Alltag‹ tagträumerisch zu entgehen. Je eher und unvermittelter die Medien auch auf das Kind einwirken können, desto vollkommener ist hier die bewußtseinsformende Wirkung. In jedem Fall früh genug erfährt der Nachwuchs, daß die subjektivistischen Kriterien Erfolg–Mißerfolg maßgebend für den Platz des Individuums in der Gesellschaft sind. Bei Angehörigen deprivierter Schichten führt dies notwendig zu einer resignativen Haltung, die es ›denen da oben‹ besser gehen sieht, weil sie offenbar irgendwann einmal fleißiger gewesen und eben vom Schicksal begünstigt sind. Die Boulevardpresse schlägt Gewinn daraus, daß es unter den ärmeren Bevölkerungsteilen als tröstend und befriedigend gilt, wenigstens am Glück und den Sorgen der Privilegierten wissend teilhaben zu dürfen.
Adler bezeichnete es schon 1929 in diesem Sinn als einen »Triumph dieser Klassenideologie, daß die beherrschten Volksklassen sich selbst im Gefühl eigenen Unwertes und angeborener Niedrigkeit gebunden fühlten, so daß sie zwar Gesinnungen des Hasses gegen ihre Unterdrücker, des Neides gegen das glücklichere Leben ihrer Herren, nicht aber solche der Auflehnung im Sinne einer Emanzipation vom Lose der Unterwerfung zu haben wagten. Wie eine solche Emanzipation ökonomisch unmöglich war, so war sie es auch ideologisch.«[79]
Wie für alle familialen Sozialisationsprozesse, so gilt auch für die Verarbeitung des Fernsehangebotes: das Kind lernt, seine Informationsangebote nach der autoritätsheischenden Meinung der Eltern zu interpretieren, und es extrapoliert die gelernten Einstellungen auf andere soziale Bereiche. Überaus selten gehört es ja zum Erziehungsbestand, daß den Kindern frühzeitig beigebracht wird, die Autorität der eigenen Eltern in Frage zu stellen. Alle späteren Sozialisationseinflüsse, die nicht die politischen Wurzeln sozialer Ungleichheiten in ihr Erziehungskonzept pädagogisch mit einbeziehen, können daher als Sekundärverstärker der familial erzeugten affirmativen Grundhaltungen betrachtet werden.
Freilich kultivieren die ernstzunehmenden Medien, ausgerichtet an der demokratischen Ausschöpfung des Rechtes auf Meinungs-

[78] L. v. Friedeburg: Jugend und Gesellschaft heute, in: L. v. Friedeburg (Hg.), Jugend in der modernen Gesellschaft, Köln 1967, S. 536.
[79] M. Adler: Neue Menschen, Berlin 1926, in: R. Wolff, L. v. Werder (Hg.), Soll Erziehung politisch sein? Frankfurt 1970, S. 19.

pluralismus, zunehmend auch die Kritik sozialer Mißstände, greifen dabei aber kaum jemals den übergeordneten Wertekodex des bürgerlichen Rechtsstaates an, nach dem Freiheit und Gerechtigkeit prinzipiell verwirklicht sind. Überdies ist die Rezeptionsfähigkeit für solche Kritik für sich genommen schon ein Bildungsprivileg; Sendezeiten, wissensmäßige Ansprüche, Sprachstil und Objekte der Kritik sprechen hier für sich selbst.
Scheinen kritische Sendungen das Prinzip des Meinungspluralismus unliebsam in eine Richtung überzustrapazieren, so werden sie systematisch abgeblockt. Beispielhaft war der Wechsel der Moderatoren in dem am ehesten ›radikal-demokratisch‹ zu nennenden Nachrichtenmagazin *Panorama*. Erst in der Phase der Stabilisierung der sozialliberalen Koalition gab es fruchtbare Tendenzen in den Fernsehanstalten, die Aufnahmefähigkeit und die Interessenlage der Rezeptoren aus unterprivilegierten Schichten in die Programmgestaltung mit einzubeziehen. Diese Versuche stehen aber noch ganz am Anfang und lassen die an ihnen orientierten Drehbuchautoren, Regisseure und Moderatoren immer wieder konfliktreiche Erfahrungen mit den zuständigen Programmdirektoren machen.
Eine gesonderte Analyse wäre der verdinglichende Sprachstil der Nachrichtensendungen wert. Allein durch die Wahl der Worte, die Aneinanderreihung der einzelnen Notizen werden affirmative politische Einstellungen unterstützt und gefördert. Sätze wie ›Der Kanzler hat einen Fehler gemacht‹ oder ›Der Kanzler hat wissentliche Täuschung begangen‹ wären in einer Nachrichtennotiz ebenso undenkbar, obwohl der Tatbestand so abseitig nicht ist. Autoritäten irren und lügen nicht, sie geraten selten außer Kontrolle, jedenfalls nicht im neutralisierenden Sprachgebrauch der Nachrichten. Exemplarisch läßt sich das auch an der Berichterstattung über den amerikanischen Aggressionskrieg in Vietnam verfolgen. Dort ist abstrakt von ›geflogenen Angriffen‹, ›erfolgreichen Militäroperationen‹, ›zurückeroberten Militärstützpunkten‹ und ›erheblichen Verlusten auf der Seite des Gegners‹ die Rede, ohne daß der Phantasie Raum gelassen würde, sich das Ausmaß der Grausamkeit und Unmenschlichkeit dieses Krieges wie der Anmaßung seines ›Schirmherrn‹ zu vergegenwärtigen.
An dieser Stelle wird die abstumpfende Funktion der dramaturgisch bemühten Brutalität und Gewalt in den Unterhaltungssendungen deutlich. Der permanent spielerisch wahrgenommene Charakter dieser Inszenierungen ebnet die Sensibilität für den dokumentarischen Ernstfall ein, damit allerdings die notwendige Bedingung für Politisierung und kritische Rezeption gesellschaftlicher Probleme. Der Leser wird noch der kognitiven Probleme gewärtig sein, die ihm die Medienübertragung dabei machte, das Attentat auf die israelische Mannschaft bei den Olympischen Spielen

München 1972 anders denn als Kriminalstück, als ›Millionenspiel‹ zu erleben.
Die vorangegangenen Ausführungen sollten verdeutlichen, inwiefern politische Sozialisationsfunktionen der Massenmedien im Rahmen familialer Rezeptionsbedingungen weit über Information und Kommentare zum politischen Geschehen selbst hinausreichen, ja sogar hauptsächlich darin zu suchen sind, welche Wahrnehmungsbasis in ihnen für die Interpretation der aktuellen Geschehnisse geschaffen wird. Daß hauptsächlich auf das Medium Fernsehen eingegangen wurde, hat methodische wie auch theoretische Gründe. Zum einen stellt es für die Familien und die in ihnen heranwachsenden Kinder das attraktivste und damit (von der Frequentierung her zu bestimmen) das wesentliche Medium dar. Zum anderen kann das Medium Fernsehen exemplarisch für die Anpassungsfunktionen aller öffentlichen Sozialisationsinstanzen der bürgerlich-kapitalistischen Gesellschaft genommen werden, da es, wie Adorno schreibt, »nur ein Moment in dem Gesamtsystem der gegenwärtigen industriell gesteuerten dirigistischen Massenkultur ist, der die Menschen ununterbrochen in jeder illustrierten Zeitung, an jedem Zeitungskiosk, in unzähligen Kanälen des Lebens ausgesetzt sind«[80]. Die Gesamtmodelung des Bewußtseins und Unbewußtseins erfolge durch die Totalität dieser Medien hindurch.
Wenn Marcuse im ›Eindimensionalen Menschen‹ fragt: »Kann man wirklich zwischen den Massenmedien als Instrumenten der Information und Unterhaltung und als Agenturen der Manipulation und Schulung unterscheiden?«[81] und dieses Differenzierungsproblem darauf zurückführt, daß die Präformierung der Bedürfnisse nicht mit der Massenproduktion von Rundfunk und Fernsehen und der Zentralisierung ihrer Kontrolle begänne, sondern daß die Menschen durch die objektiven Verhältnisse präpariert würden für die Übernahme von Bedürfnissen und deren vehemente Verteidigung, so bedarf dies parteilicher Reflexion. Manipulation ist genau dort notwendig, wo systemimmanent nicht zu befriedigende Bedürfnisse einer Klasse die Gefahr der organisierten Auflehnung beinhalten.
Die manipulative Funktion der Massenmedien besteht dementsprechend darin, die materiellen Widersprüche zwischen dem Gegebenen und dem Möglichen zu kaschieren und einzuebnen. Insofern als für die privilegierteren Schichten das Mögliche mit dem Gegebenen eher identisch ist als anderswo, stellen die Massenmedien für sie eher Bildungsmittel dar. Damit ist auf eine Kritik des Klassencharakters des bürgerlichen Bildungsbegriffes verwiesen, auf den weiter unten genauer eingegangen wird (vgl. Kap. VII.1.).

[80] Adorno: Erziehung zur Mündigkeit, a.a.O., S. 65.
[81] H. Marcuse: Der eindimensionale Mensch, Neuwied 1967, S. 28.

Marcuses Kritik an der ideologischen Einebnung des Klassengegensatzes durch die Massenmedien unterschlägt in dem Anspruch, die Totalität der Entfremdung in der Gesellschaft aufzuzeigen, die Tatsache, daß Manipulation und Information im Rahmen des Klassenwiderspruchs gesehen werden müssen, sich also zwar wechselseitig bedingen, d. h. in unserem Gesellschaftssystem untrennbar miteinander verbunden sind, aber dennoch material in ihrer Funktionalität auseinanderfallen. So schrieb Marx: »Die besitzende Klasse und die Klasse des Proletariats stellen dieselbe menschliche Selbstentfremdung dar. Aber die erste Klasse fühlt sich in der Selbstentfremdung wohl und bestätigt, weiß die Entfremdung als ihre eigne Macht und besitzt in ihr den Schein einer menschlichen Existenz; die zweite fühlt sich in der Entfremdung vernichtet, erblickt in ihr ihre Ohnmacht und die Wirklichkeit einer unmenschlichen Existenz.«[82]
Erst auf dem Hintergrund dieser Überlegung läßt sich Marcuses Kritik an der Einebnung der Kommunikationsstrukturen durch die Massenmedien und Reklameagenten der kapitalistischen Gesellschaft in den richtigen Rahmen stellen, gewinnt auch Adornos polemischer Begriff von der ›Kulturindustrie‹, die in totalitärer Weise alles Erscheinende »so gründlich stempelt, daß nachgerade nichts mehr vorkommen kann, was nicht vorweg die Spur des Jargons trüge, auf den ersten Blick als approbiert sich auswiese«[83], erst analytische Kraft.

[82] K. Marx: Die heilige Familie (1844), in: S. Landshut (Hg.), a.a.O., S. 317.
[83] Adorno/Horkheimer: Dialektik der Aufklärung, a.a.O., S. 153.

# V. Schichtspezifische Bedingungen und Konsequenzen familialer Sozialisation für die Persönlichkeitsentwicklung

## 1. Klasse oder Schicht

Klassenlage als analytisches Kriterium zur Bestimmung der sozioökonomischen Situation der Familie ist zwar politisch-ökonomisch treffend, im vorliegenden Untersuchungszusammenhang aber zu abstrakt. Für die Erfassung von familialen Sozialisationsformen und -auswirkungen genügt es nicht, die jeweilige Stellung des Familienvorstandes im Rahmen der gesellschaftlichen Produktionsbedingungen (Besitzer von Produktionsmitteln/Lohnabhängiger) zu den Erziehungsvorgängen in der Familie in Bezug zu setzen.

Muß sich die kategoriale Einteilung der Gesellschaft in soziale Schichten, wie sie in den Sozialwissenschaften vorgenommen wird, auch den Vorwurf phänomenologischer, d. h. aber verschleiernder Differenzierung der gesellschaftlichen Herrschaftsstruktur gefallen lassen, so enthält sie doch, was Sozialisationsprozesse angeht, entscheidende Bestimmungsmerkmale. Dies zumindest hat die schichtspezifische Sozialisationsforschung erbracht, wenn sie auch widersprüchliche Folgerungen daraus zu ziehen gezwungen ist.

Klassenlage als analytische Bestimmung gesellschaftlicher Statuszuordnung ist zwar ein eindeutiges Kriterium zur objektiven Herrschaftsstruktur, nicht aber dafür, wie sich diese Herrschaftsstruktur subjektiv fortsetzt, da sie die Unterschiede, die innerhalb des Teils der Bevölkerung bestehen, der in lohnabhängiger Stellung beschäftigt ist, nicht beschreiben läßt.

Wie die empirische Erforschung schichtspezifischer Erziehungsstile zeigt, bedarf es jedoch für die bewußtseinsbildenden Konsequenzen familialer Sozialisation differenzierterer Betrachtung.

Es gilt daher, die soziale Lage der Familien nicht nur nach der Besitzstellung des Familienvorstandes zu den gegebenen Produktionsmitteln zu berücksichtigen, sondern ebenso nach seiner beruflichen Position, deren gesellschaftlichem Prestige und deren Verantwortungsspielraum, nach der Einkommenshöhe, dem Bildungsstand, dem Familiengesamteinkommen und der Art der Wohnung bzw. des Wohnsitzes (Stadt/Land), wobei Einkommenshöhe und Bildungsstand wohl als leitende Variablen zu gelten haben.

Dem Kriterium des Sozialstatus als Maßstab sozialer Ungleich-

heit soll hier also dem Klassenbegriff der Vorrang gegeben werden, damit Resultate unterschiedlicher sozialer Privilegierung, wie sie sich auf den nahezu völlig auf den Konsum beschränkten privaten Bereich in seinen Sozialisationseinflüssen niederschlagen, erfaßt und zugeordnet werden können.
Zeigt sich doch beispielsweise, daß Lohnabhängigkeit, wie sie Arbeiter und Angestellte gleichermaßen trifft, aufgrund unterschiedlicher Konsumbedingungen und Bewertungsmuster zu unterschiedlichen Selbsteinschätzungen führt und daher Abgrenzungen gegenüber anderen Statusgruppen bewirkt, die mit dem Klassenbegriff zwar als ideologisch entschleiert, aber nicht in ihren Auswirkungen auf Wertorientierungen und Erziehungsstile gefaßt werden könnten.

## 2. Materielle Ursachen schichtspezifischer Sozialisationsformen

Wenn in den Ausführungen über die kapitalistische Formbestimmung der Familie hauptsächlich auf ihre Bedeutung für unterprivilegierte Bevölkerungsteile eingegangen wird, so hat dies seinen Grund darin, daß vornehmlich diese Schichten einen Anspruch auf die Verbesserung und Vermenschlichung ihrer Lebensbedingungen haben. Für das Kind aus mittelständischem Elternhaus erfüllt die Familie die Sozialisationsaufgaben, die dem Kind die spätere Ausschöpfung seiner ›Chancen‹ ermöglichen. »Immer aber schwimmt er (der Bürger, PM) oben, denn so hat er's gelernt. Erst einmal in den vollen Besitz ihrer Vernunft gelangt, sind beide frei, der zum Arbeiter wie der zum gebildeten Bürger Herangezogene, sie haben beide die gleiche Chance, zu tun und zu lassen, was sie wollen – natürlich innerhalb der Beschränkungen des gleichen Gesetzes und entsprechend den für beide höchst ungleichen Umständen ihrer Lebenswirklichkeit.«[1]
Die materiellen Umweltbedingungen, unter denen die primären familialen Sozialisationsvorgänge im einzelnen verlaufen, stellen nach psychologischen und soziologischen Erkenntnissen Faktoren dar, von deren Qualität es wesentlich abhängt, ob und in welchem Maße der spätere soziale Eingliederungsprozeß des Individuums »mit der Hypothek unerledigter Konflikte und eingeschränkter Ich-Funktionen belastet und somit durch eine präjudizierte Ausgangslage zu einer Kumulation der Täuschungen, der Zwänge und der Versagungen (ebenso wie des Versagens) geführt wird – oder ob er eine relative Entfaltung der Identität des Ich ermöglicht«[2].

[1] F. Tomberg: Autoritäre Erziehung unter dem Mantel der Freiheit, in: *Das Argument* 31/1964, S. 199.
[2] Habermas: Erkenntnis und Interesse, a.a.O., S. 315.

Entsprechend den gesamtgesellschaftlichen Reproduktionsbedingungen der bürgerlichen Gesellschaft ist die Selbstverwirklichung oder Identitätsentwicklung des Ich nicht abzulösen von konkurrenz- und leistungsbestimmten Rollenerwartungen, die zur Aufrechterhaltung des Austauschprozesses zwischen Lohnarbeit und Kapital notwendig sind (vgl. Kap. IV.2.).

Entwicklung von Ich-Stärke ist im Kapitalismus Versprechen und Norm zugleich, ist aber faktisch im Sinne der Ausschöpfung immanenter Entfaltungschancen nur dem materiell privilegierten Teil der Gesellschaft auf Kosten des weniger privilegierten Teils der lohnabhängigen Klasse möglich. Die allen, wenn auch statusmäßig unterschiedenen, Arbeitsbedingungen gemeinsame Stellung der Lohnabhängigkeit zwingt die Menschen dazu, in Konkurrenz miteinander zu treten und den gemeinsamen Status ihrer Unterdrückung zu leugnen. Soll die gesellschaftlich normierte Form der Selbstverwirklichung: ›es zu etwas bringen, reich werden, erfolgreich und angesehen, nachgefragt zu sein‹, erreicht werden, müssen Arbeiter gegen Arbeiter konkurrieren, um ihren Arbeitsplatz abzusichern, und Angestellte gegen Angestellte, um die Aussicht auf eine Beförderung nicht zu verwirken.

Die an die bürgerliche Form der Identitätsfindung geknüpfte Anhäufung von Besitz, auch geistiger Art (betrachtet doch die bürgerliche Bildungsökonomie auch Bildung als ›Humankapital‹), läßt sich aber erst von einer bestimmten Einkommenshöhe an so realisieren, daß eine günstigere Einstufung in der gesellschaftlichen Prestigeskala erhofft werden kann.

Bei den unteren, im Lohnarbeitsverhältnis stehenden Schichten tritt der ideologische Charakter des Versprechens auf freie Entfaltung der Persönlichkeit daher besonders deutlich hervor, kontrastieren ihre Lebens- und Austauschbedingungen doch stark mit den sozialen und ökonomischen Verheißungen der freiheitlich-demokratischen Grundordnung. Insbesondere in den unteren Statusgruppen der Lohnabhängigen reduziert sich die ›Selbstverwirklichung‹ letztlich auf den Akt der Aneignung und Konsumtion von Gebrauchsgegenständen und Dienstleistungen, deren aufwendigstes Gut in der Regel das Kraftfahrzeug ist.

Nach einer in der Illustrierten *stern* veröffentlichten Umfrage der Statistischen Landesämter über die Verbrauchergewohnheiten deutscher Durchschnittsfamilien mit mittlerem (!) und höherem Einkommen (vgl. Tabelle V/1) stellte sich heraus, daß Beziehern mittlerer und damit in stärkerem Maße auch Beziehern niedriger Einkommen »neben ihren umfangreichen Verpflichtungen, den eigenen Hausstand standesgemäß mit Möbeln und neuer Wäsche, Haushaltsgeräten und einem Fernsehgerät auszustatten, kaum noch Geld für die hohe Kante bleibt«. Der magere Überschuß reiche noch nicht einmal für eine Schachtel Zigaretten pro Tag.[3]

[3] ›Wofür die Deutschen ihr Geld ausgeben‹, in: *Stern* 37/1972, S. 128f.

Die Zahlen bewiesen, daß selbst Familien, die weniger als 1500 DM im Monat zur Verfügung haben, für das Auto wesentlich mehr Geld ausgeben als z. B. für die Miete. »Überdurchschnittlich gut verdienende Angestellte und Beamte lassen sich das Renommier-

*Tabelle V/1:* Durchschnittlicher Verbrauch von vierköpfigen Familien* mit einem Familieneinkommen von 2 630,39 bzw. 1 427,36 DM monatlich (netto):

| Einkommen | 2 630,39 DM | | 1 427,36 DM | |
|---|---|---|---|---|
| Ausgaben | in DM | In % des Monatseinkommens | in DM | In % des Monatseinkommens |
| Nahrungsmittel | 440,79 | 16,7 | 350,25 | 24,5 |
| Genußmittel | 78,72 | 3,0 | 64,48 | 4,5 |
| Bekleidung | 183,59 | 7,0 | 102,82 | 7,2 |
| Schuhe | 37,70 | 1,4 | 26,42 | 1,8 |
| Wohnungsmiete | 278,43 | 10,6 | 182,69 | 12,8 |
| Kohlen, Heizöl, Strom und Gas | 72,37 | 2,7 | 55,30 | 3,9 |
| Möbel | 55,93 | 2,1 | 29,93 | 2,1 |
| Haushaltswäsche und sonst. Textilien | 38,27 | 1,5 | 21,26 | 1,5 |
| Haushaltsgeräte | 50,63 | 1,9 | 31,52 | 2,2 |
| Reinigungs- und Pflegemittel | 24,20 | 0,9 | 18,47 | 1,3 |
| Blumen und Gartenpflege | 18,60 | 0,7 | 8,43 | 0,6 |
| Auto, einschl. Benzin, Reparatur, Kfz-Steuern und Versicherung | 553,90 | 21,1 | 243,96 | 17,1 |
| Telefon-, Postgebühren, einschl. TV | 55,60 | 2,1 | 35,50 | 2,5 |
| Körper- und Gesundheitspflege | 122,23 | 4,6 | 42,71 | 3,1 |
| Rundfunk-, Fernseh- und Phonogeräte | 28,09 | 1,1 | 14,65 | 1,0 |
| Zeitschriften, Zeitungen, Bücher | 33,08 | 1,3 | 15,24 | 1,1 |
| Theater, Kino und sonst. Veranstaltungen | 21,48 | 0,8 | 15,04 | 1,1 |
| Uhren, Schmuck | 7,79 | 0,3 | 3,28 | 0,2 |
| Urlaub | 150,10 | 5,7 | 78,83 | 5,6 |
| Prämien für private Versicherungen | 130,83 | 5,0 | 36,89 | 2,6 |
| Beiträge an politische Parteien, Verbände | 12,71 | 0,5 | 6,92 | 0,5 |
| Kreditzinsen | 30,52 | 1,2 | 16,23 | 1,1 |
| Sparen und Sonstiges | 204,77 | 7,8 | 26,99 | 1,9 |

* Befragt wurden Familien, deren Monatseinkommen zwischen 2 200 und 2 800 DM oder zwischen 1 100 und 1 600 DM liegt. Die Buchführung brachte überraschende Ergebnisse.

*Quelle:* Stern 37/1972, S. 128 f

stück sogar noch mehr kosten: doppelt so viel wie die Wohnung. Selbst für das Essen wird in ihren Familien weniger ausgegeben.«[4]

Der Akt der Aneignung und Konsumtion von Waren geschieht nicht im Bewußtsein der kollektiven Erarbeitung dieser Werte, sondern isoliert, als Resultat des Austauschprozesses von Arbeitskraft gegen Kapital. Stellt die Wertschätzung eines Menschen subjektiv die Absicherung seiner Ich-Identität dar, so hat sie objektiv unter gegebenen Aneignungsverhältnissen den Tauschwertcharakter aller Waren. Am offensten tritt dies für jene Lohnabhängi-

[4] Ebd., S. 128.

gen zutage, die am *wöchentlichen* Zahltag erfahren, was sie der Gesellschaft wert sind.

Im folgenden wird der Akzent auf den familialen Sozialisationsbedingungen des materiell weniger privilegierten, damit zugleich aber des größeren Teils der lohnabhängigen Klasse liegen. Zu diesem sind sowohl Arbeiter wie kleine und mittlere Angestellte und auch kleine Beamte zu rechnen, insgesamt der Teil der Bevölkerung, der ›von der Hand in den Mund‹ leben muß. In den Sozialwissenschaften wird dieser Bevölkerungsteil den Unterschichten und den unteren Mittelschichten zugeordnet.

Ähnlich wie Arbeiter bekommen die zahlreichen männlichen und weiblichen Angestellten und Beamten in den unteren Positionen die Wechsellagen des kaptalitischen Systems zu spüren. Ihre Einkommen sind in der Regel dem der Arbeiter vergleichbar, ihr Lebensstandard dementsprechend dürftig. So ist es nach Bahrdt kein Wunder, daß man die unteren Angestellten häufig ›Stehkragenproletarier‹ nennt, »wobei der ›Stehkragen‹, will sagen der Zwang, teure bürgerliche Kleidung bei der Arbeit zu tragen, die Ärmlichkeit ihrer Existenz noch steigerte«[5]. Dennoch sind gerade die unteren Angestellten nicht gern bereit, die Verwischung der Grenze zum Arbeiterbereich anzuerkennen. Sie beanspruchen eine Statusabgrenzung ihres Selbstverständnisses über ihren Berufsweg, der für sie immer noch durch die Möglichkeit individuellen Aufstiegs charakterisiert scheint, zum anderen auch durch die Inhalte ihrer Arbeit. Die ist bewirkt durch die Geltung vieler Angestelltentätigkeiten als »geistige Arbeit, was vor allem für die meisten schriftlichen Arbeiten als selbstverständlich angenommen wurde, zum anderen die Tradition, daß der berufliche Umgang mit Geld, der immer einen Vertrauensbeweis des Arbeitgebers miteinschließt, bis heute fast ein Monopol der Angestelltenberufe ist«[6].

Daß es sich hier mehr um Einbildung als um Realität handelt, liegt auf der Hand. Müssen die unteren Angestellten doch deshalb eine so rigide Abgrenzung nach unten vornehmen, weil sich auch ihre Arbeitsbedingungen – entfremdete Arbeitsverrichtungen, alle vorhandene Kraft rücksichtslos mobilisieren – im Zuge der zunehmenden Arbeitszerlegung, Mechanisierung und Automatisierung individuell dequalifizierend angleichen. Gilgenmann führt diesen Zusammenhang darauf zurück, »daß mit der Entwicklung der gesellschaftlichen Potenzen unter dem Kapital eine allgemeine Tendenz zur Angleichung der konkret-nützlichen Tätigkeiten und der entsprechenden Ausbildungsvoraussetzungen auf steigendem gesellschaftlichem Niveau bei gleichzeitiger Reduktion komplizierter auf einfache Durchschnittsarbeit gegeben ist«[7].

[5] H. P. Bahrdt: Die Angestellten, in: H. P. Bahrdt, W. Dirks: Gibt es noch ein Proletariat? Frankfurt, 1962, S. 19.
[6] Ebd., S. 23.
[7] Gilgenmann, a.a.O., S. 301 f.

Wer sich heute gern zum bürgerlichen Mittelstand zählt, kann daher seine gesellschaftliche Position längst nicht eindeutig bestimmen. Gesellschaftliche Desorientierung ist folglich ein starkes Bewußtseinsmerkmal vieler Angestellten. Fast gesetzmäßig resultiert aber aus solcher Desorientierung in der gegenwärtigen Situation ein Klammern an Tradition. Das führt dazu, daß sich Leitbilder der Angestelltenschaft von gestern, das »Leitbild des Industriebeamten von 1920«[8], so hartnäckig behaupten können.

Ebenso findet auch bei einem Teil der Arbeiterschaft – vor allem bei manchen qualifizierten Facharbeitern – ein Orientierungsverlust statt, insofern, als sie die Qualität ihrer Arbeitsleistung nicht mehr nach Körperlichkeit und der ›Handwerklichkeit‹ ihrer Arbeit, dem traditionellen Merkmal, bestimmen können. Ist es doch typisch für die heutige Berufssituation in der Industrie, daß geistige und körperliche Tätigkeiten nicht mehr scharf unterschieden sind, sondern in vielen Kombinationen nervlicher, geistiger und körperlicher Anstrengung auftreten. Besonders für diejenigen, seien es nun Arbeiter oder Angestellte, die direkt produktive Tätigkeit verrichten, ist die Verflochtenheit in die kapitalistische Reproduktion dadurch gekennzeichnet, »daß die Arbeitsbedingungen nur mehr als Mittel zur Einsaugung fremder Arbeit fungieren. Es sind nicht mehr die sachlichen Arbeitsbedingungen, die der Arbeiter unter sich subsumiert, sondern es sind die Produktionsmittel, die den Arbeiter anwenden. Die schon in der Ware und im Geld angelegte Versachlichung, die Verkehrung von Subjekt und Objekt, hat sich weiter entwickelt zu der die kapitalistische Produktionsweise charakterisierenden Herrschaft der toten über die lebendige Arbeit.«[9]

Wenn auch die ›intervenierenden Variablen‹ (Offe)[10] des staatlich regulierten Monopolkapitalismus spezifische subkulturelle Normen und Verhaltensmuster produzieren, die diesen Grundkonflikt nicht offen zutage treten lassen und daher unterschiedene Lebens- und Problemlösungsstrategien hervorrufen, als solche Reaktionsbildungen auf ähnlich erfahrene Probleme des sozialen Bezugrahmens, so ist doch die beschriebene Grundstruktur entfremdeter Arbeitsbedingungen von zentraler Bedeutung für das Verhältnis vom gesellschaftlichen Sein und der Bewußtseinsbildung darüber. Das, was sich als subkulturelle oder milieutypische Strategie der Lebensbewältigung darstellt, ist eine gemäß dem jeweiligen sozioökonomischen Status variierte Antwort auf den mehr oder minder drückend erfahrenen Grundkonflikt, der sich in dem Zwang manifestiert, privat Ökonomie an diktierten Reproduktionsbedingungen zu treiben. Im familialen Sozialisationsprozeß

[8] Bahrdt, a.a.O., S. 22.
[9] J. Bischoff, H. Ganssmann u. a.: Mystifikation und Klassenbewußtsein, in: *SoPo* 8.
[10] C. Offe: Politische Herrschaft und Klassenstrukturen, in: Spätkapitalismus und Industriegesellschaft, Stuttgart 1968, bes. S. 80.

übertragen sich diese Bewältigungsformen sowohl durch bewußte Lernprozesse als durch unbewußte Anpassungsprozesse an die nächste Generation.
Wie Hack[11] betont, ist von den einzelnen Maßnahmen einer staatlichen Politik, die an der Stabilisierung des Wirtschaftsablaufs ausgerichtet ist und die sich in verschiedenen Formen wie Sozialgesetzen, Förderung von Wohnungsprojekten, Vergesellschaftung der Erziehung, Konsolidierung des Arbeitsrechts bis hin zu einer Vielzahl konkreter sozialer Maßnahmen in allen Lebensbereichen äußert, vieles dazu geeignet, die gängigen Erfahrungsmuster von dem Grundkonflikt, der reformerischen Bestrebungen letztendlich die Grenzen setzt, abzulenken. Während noch die von Engels und Marx[12] beschriebenen sozialen Lebensbedingungen der Arbeiter als ungebrochene Konsequenzen kapitalistischer Ausbeutungsinteressen interpretiert werden konnten, ist die Äquivalenz zwischen materiellem Sein und Klassenbewußtsein im staatlich regulierten Monopolkapitalismus, der sich das Gesicht einer Sozialen Marktwirtschaft gibt, aufgeweicht.
Nach der hier zugrunde gelegten Auffassung ist dieser Verschiebungsprozeß im Bewußtsein, einmal abgesehen von den konkreten Strategien einer integrativen Sozialpolitik, durch die im Zuge technologischer Entwicklungen veränderten Arbeitsansprüche bestimmt, die zu einer partiellen Angleichung der Arbeitsbedingungen und Konsumgewohnheiten von Arbeitern und Angestellten geführt haben. Wenn auch das dichotomische Gesellschaftsbild und die resignative Einstellung gegenüber Aufstiegsmöglichkeiten Arbeiter von Angestellten unterscheidet, so haben sich viele Arbeiter in Konsumgewohnheiten und Lebensstil der unteren Mittelschicht anzupassen versucht.
Ohne Nivellierungstheoretikern wie Schelsky das Wort reden zu wollen, bedarf die marxistische Auffassung von den verelendenden Auswirkungen wirtschaftlicher Ausbeutung daher historischer Differenzierung. (In Kapitel V.3.d. wird daran anknüpfend genauer darauf eingegangen werden, inwiefern sich die ständig verschärfenden Verwertungsbedingungen in psychischen Verelendungserscheinungen, Häufungen von neurotischen und psychotischen Symptombildungen niederschlagen.)
Materielle Verelendungsprozesse sind damit aber nicht der Vergangenheit zuzurechnen, wenn sich auch das kulturelle Existenzminimum mit der zivilisatorischen Entwicklung angehoben hat. Häufig verdeckt in den Familien der unteren Schichten lediglich die Mitarbeit der Frau, daß die kulturell und zivilisatorisch beding-

[11] L. Hack: Klassenspezifische Erfahrungen und Verarbeitungsformen der gesellschaftlichen Realität als Grundlage für politisch relevantes Verhalten und politisches Bewußtsein. Hektographiertes Manuskript an der Freien Universität Berlin, WS 1969/70.
[12] Vgl. dazu F. Engels: Die Lage der arbeitenden Klasse in England, in: Marx/Engels, Ausgewählte Schriften, Bd. II, Berlin 1964 und Marx: Kapital, Bd. I, a.a.O., S. 416ff.

ten Ansprüche an einen höheren Lebensstandard aus dem Einkommen des Mannes allein niemals getragen werden könnten.
Nach der Arbeitsstättenzählung von 1970 ist jeder dritte Arbeitnehmer in der BRD mittlerweile weiblichen Geschlechts. 15,9 Mio männlichen Beschäftigten in nichtlandwirtschaftlichen Betrieben stehen 8,5 Mio weibliche Arbeitnehmer gegenüber. Die Zahl der Beschäftigten hat gegenüber der vorhergehenden Zählung von 1961, was die Männer angeht, um 4 %, was die Frauen angeht, jedoch um 10 % zugenommen. Die stärksten Zunahmen verzeichneten die weiblichen Beamten, nämlich 51 %. Mit 79 % weisen die 600 000 mithelfenden Familienangehörigen den höchsten Frauenanteil auf.[13]
Die Erwerbstätigkeit verheirateter Frauen hat sich in der BRD nach 1950 verdreifacht. Das Jahr 1950 als Basis (100 %) gesetzt, stieg die Zahl der erwerbstätigen Frauen 1955 auf 199 %, bis 1965 auf 312 % an. Diese Entwicklung unterscheidet sich zwischen Arbeitern und Angestellten, wenn sich auch bei beiden die Erwerbstätigkeit der Frauen verdoppelt hat. Ein Vergleich zeigt, daß sich im fraglichen Zeitraum der Anteil der erwerbstätigen Frauen bei den Angestellten von 11,4 auf 27,3 %, bei den Arbeitern dagegen von 15,5 auf 35 % erhöht hat. Sind in den Familien Kinder, so sieht das Bild wieder anders aus: 31,2 % der Ehefrauen aus Arbeiterfamilien mit Kindern waren 1966 berufstätig (1957 23 %), während das lediglich für 20 % von Müttern aus Angestelltenfamilien zutraf (1957 14,8 %; Ehefrauen von Arbeitern ohne Kinder gingen 1966 zu 42 % einer Erwerbstätigkeit nach (1957 34,8 %), doch nur 37,5 % der kinderlosen Angestelltencheffrauen (1957 31,4 %). Mit steigender Kinderzahl sinkt sowohl bei den Angestellten wie auch bei den Arbeitern die Berufstätigkeit der Mütter, aber mit unterschiedlicher Intensität; bei steigender Kinderzahl sehen Angestelltenfrauen schneller von einer Berufstätigkeit ab als Arbeiterfrauen.[14]
»Der instrumentellen Einstellung zu Beruf und Arbeit, die durch die Notwendigkeit sie ausüben zu müssen, bedingt und verstärkt wird, entspricht eine Wertschätzung von Ehe und Familie, die es erlauben, sich dem Zwang der Arbeit zu entziehen. Ein Indiz dafür ist sowohl das niedrige Heiratsalter von Arbeitern, das deutlich unter dem anderer sozialer Schichten liegt, als auch die Tatsache, daß Arbeiter im Durchschnitt mehr Kinder als Angestellte haben, wobei freilich für diesen Sachverhalt die mangelnde sexuelle Aufklärung ebenfalls von Bedeutung ist. Auch die Frauen der Arbeiter sind bei ihrer Heirat jünger als die Angehörigen anderer Gruppen. 1962 heirateten 26 % von ihnen vor dem 21. Lebensjahr, 70,4 % vor dem 25. Lebensjahr. Die Angestelltenfrauen waren dagegen

[13] Arbeitsstättenzählung des Statistischen Bundesamtes, 1970 (Hg.: Stat. Bundesamt Wiesbaden), in: *Süddeutsche Zeitung* vom 6. 2. 1973.
[14] Vgl. dazu: Materialien zur Lebens- und Arbeitssituation der Industriearbeiter in der BRD. Forschungsbericht des Soziologischen Forschungsinstituts, Göttingen 1972.

nur zu 14,7 % jünger als 21 Jahre und 59,9 % jünger als 25 Jahre bei ihrer Heirat. Das niedrigste Heiratsalter der Arbeiter ist gewiß auch auf die im Vergleich zu anderen Berufsgruppen kürzere Ausbildungszeit und auf das deshalb schon in den früheren Erwerbsjahren für sie erreichbare Einkommen zurückzuführen, aber es spricht sich darin wohl zudem das Verlangen aus, sich frühzeitig in die Privatheit von Ehe und Familie zurückzuziehen.«[15]

Auch die 1971 fertigestellte empirische Studie unter Leitung der Gießener Soziologin Helge Pross, die die Stellung der deutschen berufstätigen Frauen im internationalen Vergleich ermitteln sollte, ergab: Mehr als die Hälfte der berufstätigen Frauen haben Hausfrauen- und Mutterpflichten. 52 % aller Befragten sind verheiratet. 43 % haben Kinder zu versorgen. (Die größte Gruppe – 80 % – hat ein oder zwei Kinder.) Jede vierte Mutter lebt ohne Ehemann, ist entweder geschieden oder verwitwet. Fast 40 % aller berufstätigen Frauen sind im Büro beschäftigt, 26 % verdienen ihr Geld in einer Fabrik und knapp 10 % in einem Laden. Die übrigen Frauen sind in Krankenhäusern, Schulen, Labors, Verkehrsbetrieben und anderswo tätig.[16]

Die ökonomischen Nachteile, die die Frauenarbeit in der Familie im 19. Jahrhundert mit sich brachte, bestehen heute nicht minder: »Da gewisse Funktionen der Familie, z. B. Warten und Säugen der Kinder, nicht ganz unterdrückt werden können, müssen die vom Kapital konfiszierten Familienmütter mehr oder minder Stellvertreter dingen. Die Arbeiten, welche der Familienkonsum erheischt, wie Nähen, Flicken usw. müssen durch Kauf von fertigen Waren ersetzt werden. Der verminderten Ausgabe von häuslicher Arbeit entspricht also vermehrte Geldausgabe. Die Produktionskosten der Arbeiterfamilie wachsen daher und gleichen die Mehreinnahme aus. Es kommt hinzu, daß Ökonomie und Zweckmäßigkeit in Vernutzung und Bereitung der Lebensmittel unmöglich werden.«[17]

Alles in allem mangelt es nicht an statistischen Beweisen, um die Familiensituation in den unteren Schichten durch eine niedrige Einkommenslage zu charakterisieren, durch schlechte und gleichwohl kostspielige Wohnbedingungen[18], schlechte Versorgungs- und Ausbildungsmöglichkeiten der Kinder, Spannungen zwischen den Eltern, die aus der untergeordneten Stellung des Mannes im Produktionsprozeß entstehen, und den Rollenkonflikten, die durch die Mitarbeit der Frau entstehen, häufigerem Auftreten von Alkoholismus und Kriminalität.

Besonders die Aufzucht und die Versorgung der Kinder stellt sich

[15] Ebd., S. 156 f.

[16] ›Frauen – Berufstätige zweiter Klasse‹. Internationale empirische Studie. Für die Bundesrepublik im Auftrag der Frauenzeitschrift *Brigitte* unter Leitung von Helge Pross, Gießen, Heft 19/1972, S. 106 f.

[17] Marx: Kapital, Bd. I, a.a.O., S. 417, Fn. 121.

[18] Vgl. Tabelle V/2, S. 162.

*Tabelle V/2:* Besitz von Bad und Dusche nach sozialer Schichtung in % 1969

| Haushalte | eigene Dusche | eigenes Bad | Badbenutzung Gemeinschafts-bad, -dusche | keine Bade- und Duschmöglichkeit |
|---|---|---|---|---|
| leitende Angestellte/ Beamte | 84 | 11 | 5 | 9 |
| sonstige Beamte/ Angestellte | 82 | 9 | 8 | 7 |
| Facharbeiter/ sonst. Arbeiter | 71 | 2 | 4 | 23 |

als ökonomisches Problem, wenn andererseits auch die Anschaffung von Kindern mit zunehmender materieller Benachteiligung ein bedeutsames Mittel zur Stärkung des Selbstwertgefühls und der Lebenserfüllung der Eltern darstellt.
Aufgrund der engen Wohnverhältnisse[19] kann es eine freie, an der Entfaltung des einzelnen ausgerichtete Familienatmosphäre kaum geben. Häufig leben Kinder und Erwachsene nicht einmal nach Zimmern getrennt. Den Kindern fehlen angemessene stimulierende Spielmittel, ihre Mobilität wird in der Wohnung durch das Verbot begrenzt, Bewegungsspiele zu machen und damit unter Umständen die hart erarbeitete, zu Repräsentationszwecken angeschaffte Wohnungseinrichtung zu zerstören. In der Regel fungiert das in fast jeder Wohnung vorhandene Fernsehgerät (vgl. Kapitel IV.3.) als einzige Zerstreuungs- und Unterhaltungsmöglichkeit für das Kind. In seiner Untersuchung ›Kinder in Deutschland‹ bemerkt daher Hans Peter Bleuel: »Die Kinder sind die ersten Leidtragenden der ungenügenden Wohnraumverhältnisse in der Bundesrepublik. Von 14 Millionen Kindern in der Bundesrepublik besitzt eine Million kein eigenes Bett. Sie müssen ihre Schlafstätte mit Geschwistern oder gar den Eltern teilen. Auf den Wohnungsämtern stapeln sich die Anträge von kinderreichen Familien und jungen Ehepaaren auf Zuweisung einer Sozialwohnung [...] Wieviel Bewegungsfreiheit und Eigenraum haben die Kinder einer sechs- oder achtköpfigen Familie, die in einer Vier-Zimmer-Sozialbauwohnung lebt?
Elternschlafzimmer und Wohnzimmer abgezogen, dann bleiben zwei Räume – und wahrscheinlich die kleinsten –, in denen vier, fünf Kinder ›untergebracht‹ sind. Mehr Wohnraum aber können die meisten Eltern mit Kindern im Sozialen Wohnungsbau kaum bekommen. Und auf dem freien Wohnungsmarkt können sie ihn nicht bezahlen. Eine Drei-Zimmer-Wohnung für 500 DM, eine Vier-Zimmer-Wohnung kaum unter 600 DM und nur mit hohen Renovierungskosten in einem Altbau: Das ist eine Realität, vor die sich immer mehr junge Leute in immer weiteren Ballungsgebieten gestellt sehen.«[20]

[19] H. P. Bleuel: Kinder in Deutschland, München 1971.
[20] Ebd., S. 45 f.; vgl. Tabelle V/3, S. 163.

»Die Wohnungsgröße allein sagt indes nur begrenzt etwas über die Wohnsituation aus. Entscheidend ist das Verhältnis von Wohnungsgröße und Haushaltsgröße. Vergleicht man die Personenzahl in bezug auf Arbeiter einerseits und Beamte/Angestellte andererseits, so zeigt sich, daß bei sämtlichen Haushaltsgrößen die Arbeiterwohnungen, gleich ob Miet- oder Eigentumswohnungen, stärker als die Beamten-/Angestelltenwohnungen belegt waren. Obwohl also die Wohnungen der Arbeiter insgesamt seit dem

*Tabelle V/3:* Soziale Schichtung der Haushalte und Anzahl der Zimmer – 1969

| | Anzahl der Haush. in Mio. | 1 Raum | 2 | 3 | 4 | 5 |
|---|---|---|---|---|---|---|
| Haushalte insges. | 21,98 | 3 | 8 | 29 | 31 | 29 |
| Inhaber und Leiter von größeren Unternehmen, freie Berufe | 0,85 | 8 | 14 | 32 | 22 | 32 |
| Selbst. Gewerbetreibende | 2,57 | 3 | 3 | 23 | 32 | 38 |
| Leitende Angestellte/Beamte | 2,06 | 3 | 7 | 13 | 30 | 47 |
| Sonst. Beamte/Angestellte | 3,51 | 5 | 9 | 24 | 37 | 26 |
| Facharbeiter/sonst. Arbeiter | 6,53 | 1 | 5 | 32 | 35 | 27 |
| Landwirtschaftl. Berufe | 0,56 | (63) | (–) | (14) | (12) | (71) |
| Arbeitslose/in Ausbildg./ Ruhestand | 3,92 | 3 | 15 | 36 | 21 | 25 |
| Nicht Berufstätige/ Hausfrauen | 1,98 | 4 | 12 | 43 | 27 | 14 |

Materialien zur Lebens- und Arbeitssituation der Industriearbeiter in der BRD, a.a.O., S. 139.

*Quelle:* DIVO Der Westdeutsche Markt in Zahlen; Neubearbeitung 1969 (4. Aufl.) Frankfurt 1969, S. 131

Krieg sichtbar größer geworden sind und sie, was die Größe anbetrifft, sich von den Wohnungen der unteren Gruppen der Angestellten und Beamten nicht mehr erheblich unterscheiden dürften, wohnen die Arbeiter trotzdem noch in beengteren Verhältnissen.«[21]

Edwin Hoernle, einer der wichtigsten fortschrittlichen Erziehungstheoretiker der Weimarer Zeit, beschrieb die objektiven Sozialisationsbedingungen der Arbeiterklasse in einer Weise, die folglich auch heute kaum etwas von ihrer Gültigkeit verloren hat. Er entgegnete mit diesen Ausführungen einem wohlmeinenden bürgerlichen Pädagogen, der vorschlug, die Erziehung in der Familie kameradschaftlicher zu gestalten und auf die elterliche Autorität im großen und ganzen aus taktischen Gründen einfach zu verzichten: »Schön gesagt! Aber wie sollen die proletarischen Elternmassen – wohlgemerkt, wir reden stets von den Massen, nicht von einzelnen fortgeschrittenen Ausnahmen – auf ihre Autorität, auf ihr Recht zu befehlen und zu züchtigen verzichten,

[21] Materialien..., a.a.O., S. 142.

solange ihnen keine anderen, besseren und erfolgreicheren Erziehungsmittel zur Verfügung stehen? Wie können sie überhaupt auf die Züchtigung und das Kommandieren der Kinder verzichten, solange sie gezwungen sind, in der engen Wohnung, unter den ständigen Bedrohungen des Hauswirtes und der nörgelnden Nachbarn, gefoltert durch die eigenen Pfennigsorgen, erschöpft durch die Hetze ihrer Erwerbsarbeit mit der Schar ihrer beweglichen, lauten, stets mit ›Ruhe und Ordnung‹ ihrer Mietskaserne in Kollision geratenden, immer neue Kosten verursachenden Kinder fertig zu werden? Wie wollen sie die Kinder erziehen, ohne sie satt machen zu können? Ohne gute Bücher, ohne Zeit, ohne genügend Raum? Auch die besten Pädagogabsichten scheitern an den unerbittlichen Konsequenzen der materiellen und geistigen Armut des Proletariats, an seiner Abhängigkeit und Verknechtung. Befehl tritt automatisch an die Stelle gewinnender Freundlichkeit, nervöses Zanken an die Stelle geduldiger Führung. Kurzum, der Zwang tritt an die Stelle der Kameradschaft.«[22]

Zweierlei rechtfertigt die ausführliche Zitierung Hoernles. Zum einen bringt er deutlich zum Ausdruck, inwiefern kameradschaftliche, partnerschaftliche Kommunikationsformen mehr als nur guten Willen voraussetzen, damit aber als Schichtenprivileg verstanden werden müssen, zum anderen lassen sich aus dem Zitat Punkt für Punkt die objektiven Sozialisationsbedingungen in bessergestellten Familien ableiten: zwar können auch bei den meisten Angestellten und Beamten kaum größere Vermögensreserven angelegt werden, doch sind die ›Pfennigsorgen‹ des Proletariats hier vergleichsweise selten, wirtschaftliche Krisen, Preis- und Mietsteigerungen haben hier nicht diese existenzgefährdende Bedrohlichkeit. In der Regel ist es den Angehörigen der Mittelschicht möglich, sich Wohnverhältnisse zu schaffen, die jedem Familienmitglied Rückzugs- und Entfaltungsmöglichkeiten bieten. Nicht zuletzt wird die Familiengröße daraufhin bewußt geplant. Die Mutter kann sich intensiv um die Pflege und Erziehung des Kleinkindes, zumindest in den ersten drei Jahren, kümmern, da der Mann hier seiner Versorgerrolle nachkommen kann. Die in den unteren Schichten daraus entstehenden Konflikte fallen damit prinzipiell weg.

Zwar wird auch in den privilegierten Familien die Position des Vaters nicht mehr kraft einer gesellschaftlich legitimierbaren Autorität unterstützt (auch für die meisten Angehörigen der Mittelschicht gilt, daß sie nicht in leitenden Positionen beschäftigt sind), doch sind die Arbeitsvollzüge der Mittelschichtberufe immer noch durch größere Entscheidungsbefugnis, Möglichkeiten der Kreativität, Verantwortung und vor allem höhere soziale Wertschätzung gekennzeichnet, was den Status der Lohnabhängigkeit erträglicher

[22] E. Hoernle: Die Grundfragen proletarischer Erziehung. (1929), in: E. Hoernle: Grundfragen proletarischer Erziehung, (hg. v. R. Wolff u. L. v. Werder, Darmstadt 1969, S. 62f.).

macht und das Gefühl beruflicher Selbstverwirklichung aufkommen lassen kann. Kann doch beispielsweise auch ein Angestellter, der keine wirkliche ›Karriere‹ gemacht, sondern nur (wie die Mehrzahl seiner Kollegen) eine kleine Beförderung erlebt hat, bei seiner Pensionierung sagen, daß er ›vorwärts gekommen‹ sei.
Resümierend kann festgehalten werden, daß vor allen anderen Determinanten die berufliche Position des Haupternährers in der Familie für den Ablauf des familialen Sozialisationsprozesses im allgemeinen, für die Herausbildung von Selbstbewußtsein und gesellschaftlicher Ausrichtung und Zukunftsorientierung des Kindes im besonderen verantwortlich ist. Insofern stellt das Schichtkriterium, das vor allem an der beruflichen Situation in ihren bildungsmäßigen und einkommensmäßigen Aspekten gewonnen ist, ein wichtiges Unterscheidungsmerkmal für Erziehungsstile und bewußtseinsformende Konsequenzen familialer Sozialisation dar.

## 3. Zur Darstellung der bewusstseinsbildenden Auswirkungen familialer Sozialisation in der schichtspezifischen Sozialisationsforschung

### a) *Schichtspezifische Tendenzen familialer Charakterprägung*

Empirische Untersuchungen wie z. B. die von Baumert, Bronfenbrenner oder Becker[23] waren an dem Nachweis interessiert, daß die Gewissensbildung und die Persönlichkeitsentwicklung des Kindes entscheidend vom Erziehungsverhalten der Eltern, ihren Sanktionstechniken und -zielen, überdies aber von der geschlechtsspezifischen Rollendifferenzierung in der Familie bestimmt seien. Wie weiter oben gezeigt wurde, ist aber das Erziehungsverhalten der Eltern abhängig vom sozioökonomischen Status und der materiellen Lage der Familie bzw. den daraus resultierenden Lebenserwartungen.
Die unterschiedlichen erzieherischen Einflüsse auf das Kind, in unteren Schichten eher an einem reibungslosen Ablauf des gegenwärtigen Zusammenlebens in der Familie interessiert, in privilegierteren Schichten zukunftsorientiert auf eine den Zielen und Ansprüchen der Eltern gemäße ›Individuierung‹ des Kindes ausgerichtet, bewirken, verbunden mit den familial gegebenen geschlechtsspezifischen Identifikationsangeboten, eine schichtentypisch angebbare Ausformung der Persönlichkeitsstruktur und des Gewissens.
Als Konstituentien für die Verinnerlichung der herrschenden Normen und Moralvorstellungen, die psychoanalytisch als ›Über-

[23] G. Baumert: Einige Beobachtungen zur Wandlung der familialen Stellung des Kindes in Deutschland, in: L. v. Friedeburg (Hg.): Jugend in der modernen Gesellschaft, Köln/Berlin 1967, S. 309–320; Urie Bronfenbrenner: Wandel der amerikanischen Kindererziehung, ebd., S. 321–334; W. C. Becker: Consequences of Different Kinds of Parental Discipline, in: Reviews in Child Development Research, 1964, S. 169 ff.

Ich-Entwicklung‹ firmieren, wurden weiter oben (vgl. Kap. IV.2.a.) schon die vom Kind aufgrund seiner Triebdisponierung und seiner physischen Abhängigkeit von den Eltern stark libidinös besetzten Lernangebote, sowie die besondere Form, in der es Verbote zu verarbeiten gezwungen wird, beschrieben.
In der psychoanalytischen Theorie bestimmten sich Qualität und Strenge des Über-Ich nach der Art, wie dem Kind in der Familie die Bewältigung seines Ödipuskonfliktes, allgemeiner seiner gegengeschlechtlichen Abhängigkeit von den Eltern vorgeschrieben wird. Die Rigidität des Über-Ich entwickelt sich dabei nicht unbedingt aus dem Maß der elterlichen Repressivität, das zum Verbot inzestuöser Wünsche (Triebbefriedigungswünsche durch den gegengeschlechtlichen Elternteil) aufgeboten wurde, sondern bestimmt sich eher aus der Energie, die das Kind selbst in der ödipalen Phase (etwa ab dem dritten Lebensjahr) verwenden muß, um die aus dem elterlichen Verbot und der Tabuisierung sexueller Ansprüche an die Eltern entstehenden Aggressionen unter Kontrolle zu bringen. Daß das Kind überhaupt Schwierigkeiten damit hat, seine Aggressionen gegen die Eltern (insbesondere den gegengeschlechtlichen Elternteil) auszuleben, gründet in der von den Eltern geförderten ambivalenten Einstellung des Kindes zu ihnen: es ist gezwungen, Liebes- und Haßgefühle auf sie zu konzentrieren. Diese Ambivalenz wird durch die unilateralen Identifikationsangebote in der Kleinfamilie (vgl. dazu IV.2.a., S. 128f.) stark polarisiert.
Je mehr sich nämlich der gegengeschlechtliche Elternteil liebevoll um das Kind kümmert und ihm ›anaklitische‹ Identifikationschancen bietet, desto mehr müssen auftretende Aggressionen Schuldgefühle auslösen. Nicht nur die tatsächlich von den Eltern ausgeübte Repressivität sagt folglich etwas über das ›autoritäre‹ Quantum, die Strenge des kindlichen Gewissens, aus, sondern ebenso die bei den Eltern mit Schuld- und Angstgefühlen vermutete Sanktionsbereitschaft, die sich für das Kind proportional zu der üblicherweise empfangenen Liebe bedrohlich gestaltet. »Die Entstehung des Über-Ich erfolgt also anläßlich von Strafangst. Man verdeutlicht sich seine Funktion vielleicht am besten als Abwehrversuch des Ich, als Unterfangen der Persönlichkeit, sich vor Verletzungen aus der Umwelt zu schützen. Wenn darunter die Kastration als schwerste physische Beeinträchtigung, ihre bloße Androhung als mächtigstes Trauma erlebt wird, so erhält der Satz, das Über-Ich sei der direkte Erbe des Ödipuskomplexes, seine Berechtigung. Das ödipale Kastrationstrauma ist Kern des Über-Ich; es verschafft ihm die notwendige Energie durch Domestizierung und Sexualisierung der heftigen aus dem Es gespeisten Strebungen. Es ist zugleich ein Modell für alle Überlebensversuche des Ich, das sich mehr und mehr verhärten, einen regelrechten Panzer bilden

und so das Überleben mit lähmender Unbeweglichkeit bezahlen kann.«[24]
Die Ausbildung des Über-Ich, das heißt, die Verinnerlichung sozialer Normen und Handlungsrichtlinien ist also nicht nur durch konkrete Bestrafungserlebnisse gesteuert, sondern bemißt sich im einzelnen sowohl nach dem Verhältnis von Belohnungen und Bestrafungen im Erziehungsprozeß wie auch nach der Form der Sanktionen.
In der amerikanischen pädagogischen Literatur werden vier Dimensionen elterlichen Erziehungsverhaltens unterschieden: warmth – hostility; permissiveness – restrictiveness; calm-detachment – anxious-emotional involvement; consistent – inconsistent discipline.[25] In den meisten empirischen Untersuchungen werden zwei Erziehungstechniken verglichen, und zwar liebesorientierte und macht-orientierte Erziehungsformen. Dabei wird einem strafenden, einseitig an der Durchsetzung der elterlichen Autorität ausgerichteten Erziehungsverhalten ein permissives Verhalten gegenübergestellt, das eher mit Liebesentzug als mit körperlichen Drohungen reagiert und sich dabei an den Intentionen des Kindes und nicht an den unmittelbaren Folgen seines Handelns orientiert, das eher an die Einsicht des Kindes appelliert als diese durch physische Sanktionen erzwingt und eher einem konsistenten Erziehungsmuster folgt als einem, das uneinsehbar in die Erwartungen des Kindes einbricht.
Diese zwei Einstellungsdimensionen in der elterlichen Erziehung (1. die emotionale Beziehung zum Kind, 2. der Grad der dem Kind zugestandenen Handlungsfreiheit)– treten nach empirischen Ergebnissen in schichtspezifisch unterschiedlichen Kombinationen auf.
In der Mittelschicht ist das Verhältnis der Eltern zum Kind vorwiegend durch positive Affektivität gekennzeichnet. Mutter und Vater sind in vergleichbarer Weise an der Entfaltung der Persönlichkeit ihres Kindes interessiert. Bedürfnissen und Wünschen des Kindes wird großzügig begegnet, seine explorativen Neigungen werden fördernd beeinflußt.
Je höher das Ausbildungsniveau der Eltern, desto eher finden sich akzeptierende und egalitäre (im Gegensatz zu autoritäten) Einstellungen gegenüber den Bedürfnissen des Kindes. Werden Sanktionen (sowohl Lob wie auch Bestrafung) angewandt, so werden diese eher symbolisch und indirekt unter Berücksichtigung der kindlichen Absicht eingesetzt. Beispielsweise äußern die Eltern eher ausdrücklich ihren Stolz über eine erfreuliche Leistung des Kindes, als daß sie das Kind z. B. mit Süßigkeiten belohnen. Da die elterlichen Sanktionsmaßnahmen hier durch verbal differenzierende Er-

[24] Sozialisation und kompensatorische Erziehung. Ein soziologisches Seminar an der Freien Universität Berlin als hochschuldidaktisches Experiment, Berlin 1969 (Red.: B. Brüggemann u. a.), S. 29.
[25] Ebd., S. 121 f.

klärungen verständlich gemacht werden, bekommt das Kind die Möglichkeit, sich mit den Grenzen seines Autonomiebereiches angstfrei und rational auseinanderzusetzen. Diese Chance ist eine wesentliche Bedingung für die Motivierung zu eigener Urteilsbildung und individueller Entschlußfreudigkeit.

Generell gilt für die Erziehung in der Mittelschichtfamilie, daß sie eher ›induktiv‹ an den Interessen und Bedürfnissen des Kindes ausgerichtet ist und ›person‹- bzw. liebesorientiert verläuft. Je nach dem Bildungs- und pädagogischen Wissensstand der Eltern sind die Sanktionstechniken eher psychologisch (Variierung der affektiven Zuwendung) oder eher verbal explizierend (an rationaler Einsicht des Kindes interessiert) charakterisierbar.

Psychologische Sanktionstechniken hemmen die Entwicklung kindlicher Selbständigkeit und fixieren frühkindliche Abhängigkeiten, da das Kind seinen Handlungsspielraum aus Angst vor Liebesverlust nicht zu erweitern sich traut. »Eine Erziehung, in der psychologische Bestrafung durch Liebesentzug vorherrscht, bewirkt beim Kind verstärkte Dependenz. Das Kind, das an warme und liebevolle Elternbeziehungen gewöhnt ist, wird bei Nichtbeachten oder Isolierung von den Eltern mit allen Mitteln versuchen, den affektiven Kontakt wiederherzustellen und die Zuneigung der Eltern wiederzugewinnen.«[26]

Die affektive Atmosphäre, in der die Kindererziehung in Familien unterer Schichten abläuft, ist häufiger als anderswo durch Ablehnung, Ungeduld und Gleichgültigkeit gekennzeichnet, wobei dieses Verhalten eher auf den Vater als auf die Mutter zutrifft. Man kann davon ausgehen, daß mit sinkender Berufsposition des Vaters mit einem zunehmend autoritären Erziehungsklima in der Familie gerechnet werden muß. Je mehr die Mutter unter der Unterdrückung durch den Ehepartner zu rechnen hat, desto stärker versucht sie sich wenigstens durch die Unterordnung der Kinder in der Familie ein Machtmonopol zu sichern.[27]

Besonders betroffen davon ist der weibliche Nachwuchs, da er aufgrund der Rollenzuweisungen an die häusliche Sphäre gebunden ist und sich nicht wie die männlichen Geschwister durch Anschluß an ›peer groups‹ dem mütterlichen Einfluß entziehen kann.

Insgesamt läßt sich das erzieherische Verhalten der Mutter den Kindern gegenüber eher kontrollierend aber doch liebesorientiert beschreiben, das des Vaters eher autoritär und häufig mit gleichgültigen bis ablehnenden Zügen durchsetzt, wobei der Grad der Belastungen durch die familialen Pflichten eine wesentliche Rolle spielt.

Ohne in unscharfe Verallgemeinerungen geraten zu wollen, scheint doch angenommen werden zu müssen, daß die Erziehungspraktiken in der Unterschicht weniger an einer von Autono-

[26] Ebd., S. 118.

[27] Vgl. dazu: M. Hoffmann: Power Assertion by Parents and its Impacts on the Child, in: *Child Development* 31/1960, S. 129–143.

mie und Entscheidungsfähigkeit getragenen Entwicklung des Kindes interessiert sind, als an der einseitigen Durchsetzung der elterlichen Autoritätsposition in der Familie. Das Kind wird nicht für die Motive, sondern für die Konsequenzen seiner Handlungen sanktioniert, wobei physische Sanktionen eine wesentliche Rolle spielen. Da die Bestrafung sich an den Folgen des kindlichen Verhaltens orientiert, dem äußerst unterschiedliche Intentionen zugrunde gelegen haben können, fehlt für das Kind die Schlüssigkeit und die Einsichtigkeit des elterlichen Eingreifens bzw. Reagierens. Seine Einstellung gegenüber den Eltern wird eine defensive Richtung nehmen, innerhalb deren Handlungen nicht aus innerer Einsicht unterlassen oder ausgeführt werden, sondern aus der Kalkulation der zu erwartenden Strafe oder Belobigung. In der Sozialisationsforschung wird diese Art der Gewissensbildung als ›externalisiertes Über-Ich‹ bezeichnet.

Insofern als die Aneignung der Interpretationsschemata sozialer Normen und Werte in unterprivilegierten Schichten auf dem Hintergrund spezifischer Frustrationserfahrungen wie Inkonsistenz des elterlichen Verhaltens, Unberechenbarkeit sozialer Situationen, Wertlosigkeit bestimmter Anstrengungen, die gleichwohl unternommen werden müssen, erfolgt, ist hier ein fruchtbarer Boden für die Entstehung fatalistischer, resignativer und apathischer Grundhaltungen. Daß sich unter solchen Umständen *Wißbegier* als wesentliche Voraussetzung auch für das Begreifen sozialer Zusammenhänge und ökonomischer Zwänge kaum entfalten kann, zumal auch direkt stimulierende Impulse von seiten der Eltern nur spärlich erfolgen, ist nicht verwunderlich.

Die schichtspezifische Über-Ich- bzw. Gewissensbildung – hier basierend auf dem Prozeß der Verinnerlichung gesellschaftlicher Ansprüche an die Ich-Entwicklung, dort basierend auf der pauschal defensiven Haltung gegenüber nicht genau einkalkulierbaren Sanktionen (positiver wie negativer Art) – unterliegt psychoanalytisch betrachtet folgenden Mechanismen: Kindern privilegierter Schichten werden in der Regel von seiten der Eltern Identifikationsangebote gemacht, die ›anaklitisch‹ verarbeitet werden können, zumal ihre Gültigkeit durch die positive gesellschaftliche Bewertung der elterlichen Stellung bestätigt wird. Das bedeutet, daß sich die Kinder in zärtlicher, ›anlehnender‹ Weise mit den von ihnen geschätzten und ihnen gebotenen Verhaltensanteilen der Eltern identifizieren können. Aggressionen gegen die Eltern werden in diesem Prozeß nach innen gelenkt und verwandeln sich als ein Potential von Schuldgefühlen in eine soziale Hab-Acht-Stellung. Damit sind freilich auch Weichen für spätere Anpassungsprozesse und autoritäre Strukturen gestellt, denn Aggressionen verwandeln sich nach diesem Modell auch anderen übergeordneten Instanzen gegenüber in Schuldgefühle und gar in masochistische Unterwerfungstendenzen.

Da in der Unterschicht die Komponente der Ablehnung gegen den familialen Herrschaftsdruck einen bestimmenderen Raum einnimmt, werden Aggressionen hier weniger in Schuldgefühle verwandelt und nach innen gerichtet, sondern in feindselige Haltungen gegenüber den unterdrückenden Instanzen gekehrt. Das inkonsistente Verhalten der Eltern, das das Vertrauen der Kinder zu ihnen in Frage stellt, spielt dabei eine wichtige Rolle.
Das Kind richtet sein Verhalten gegenüber den Eltern dementsprechend an der Vermeidung von Strafe aus und nicht daran, ob sein Verhalten den Eltern weh tun könnte. Aggressionen werden nur vermieden, wenn die dafür zu erwartenden direkten Sanktionen als nicht ertragbar erscheinen.
Wie erklärt sich auf diesem Hintergrund der Widerspruch in amerikanischen Untersuchungen über die Auswirkungen von Erziehungsverhalten auf die Aggressionsbereitschaft von Kindern? Sears u. a. stellten einerseits fest, daß das Ausmaß und die Strenge mütterlicher Bestrafung einen direkten Einfluß auf die Aggressivität der Kinder haben. Andererseits ergab sich aber, daß einem Aggressionen gewährenden Verhalten, mit dem man Kindern entgegentritt, gesteigerte Aggressionsbereitschaft korrelierte.[28]
Daß Mütter von aggressiven Kindern und Jugendlichen (Indikatoren für Aggressivität waren: jugendliche Delinquenz, mangelnde soziale Anpassungsbereitschaft, Rowdytum und Vandalismus) diese häufiger durch ihr gewährendes Verhalten zu Aggressionen ermutigt haben sollen, läßt Bandura und Walters Kritik an permissiver Erziehung üben.[29]
Solche Kritik verfährt einseitig und bleibt so lange schief, als sie nur eine Dimension erzieherischen Verhaltens, nämlich das Verhältnis von Gewährung und Versagung (permissiveness versus restrictiveness) berücksichtigt, ohne zu unterscheiden, ob es sich um ein an rationaler Gewährung kindlicher Eigenaktivitäten und der ich-gerechten Verarbeitung von Frustrationen ausgerichtetes Verhalten oder um eine sogenannte ›laissez-faire‹-Einstellung handelt. Wie nämlich nachgewiesen wurde, ist eine strikt punitive Haltung gegenüber Aggressionen ebensowenig die richtige Form, das Kind zu sozialem, dabei aber ich-starkem, selbstbewußtem Verhalten zu erziehen, wie eine Haltung, die Aggressionen unbefragt als produktiv hinnimmt.
Der These von Dollard, Doob, Miller u. a.[30] folgend, daß Aggressivität in ihrer asozialen Ausdrucksform kein angeborener Trieb ist, sondern immer ein Resultat von Frustrationen (die freilich in keinem Sozialisationsprozeß ganz vermieden werden können), wird deutlich, daß nur aus der jeweiligen Kombination der genannten erzieherischen Dimensionen: permissiveness–restrictiveness;

[28] R. R. Sears, E. E. Macoby, H. Levin: Patterns of Child Rearing, Evanstone 1957.
[29] S. Bandura, R. H. Walters: Adolescent Aggression, New York 1959.
[30] J. Dollard, L. W. Doob, N. E. Miller u. a.: Frustration und Aggression, Weinheim, Berlin, Basel 1971, bes. S. 36ff.

warmth – hostility, etwas über die Auswirkungen von Erziehungsstilen speziell auf delinquente Aggressionsbereitschaft ausgesagt werden kann.
W. C. Becker unternahm den Versuch, in einer Matrix durch die Kombination der zwei Dimensionen polarisierten Erziehungsverhaltens Aussagen über tendenzielle Persönlichkeitsstrukturen des Nachwuchses abzuleiten:

| | restrictiveness | permissiveness |
|---|---|---|
| warmth | ›Systemerhalter‹ | ›Schöpfer‹ |
| hostility | ›Neurotiker‹ | ›Delinquent‹ |

*Quelle:* Sozialisation und kompensatorische Erziehung, a.a.O., S. 124 (nach W. C. Becker, a.a.O.)

Abgesehen davon, daß sich aus dieser Aufschlüsselung noch nichts über Dispositionen für eine *kritische* politische Haltung ableiten läßt, kann eine solche doch nur durch explizit bzw. inhaltlich daran orientierte Lern- und Adaptionsprozesse in Gang gesetzt werden, ist indes eine Anmerkung zur spezifischen Funktionalität der von Becker klassifizierten idealtypischen Persönlichkeitsmerkmale nötig.
Aller Wahrscheinlichkeit nach wird der ›Systemerhalter‹ zu konservativen, das ›Familiensystem‹ stabilisierenden Grundhaltungen neigen und sich von den Normen und Ansprüchen seiner Familie schwer lösen können. Überdies wird er die für seine Schicht typischen politischen Einstellungen entwickeln. Den ›Schöpfer‹ zeichnet ein dynamisches, kreatives Wesen aus, seine produktive Flexibilität – Kriterium für wirtschaftliche Führungskräfte – wird ihm seine berufliche Karriere, so die materiellen Bedingungen es ermöglichen, leicht fallen lassen, und seine Persönlichkeitsstruktur wird ihn für liberale politische Grundhaltungen disponieren. Der ›Neurotiker‹ wird je nach der Art seiner neurotischen Struktur (Zwangshandlungen, Phobien) durch apolotisches Verhalten (Angst vor sozialer Kontrolle, übertriebenes Standesbewußtsein) oder durch rigide konservative Einstellungen (Randgruppenprojektionen auf Studenten, Gastarbeiter etc.) an der Systemerhaltung mitwirken. Der ›Delinquent‹ schließlich, der sich dem System gegenüber ›anomisch‹ (Durkheim) verhält, dient gleichwohl indirekt insofern der Systemstabilisierung, als er die Funktion des Sündenbocks übernimmt.
Insbesondere der Sittlichkeitsverbrecher erfüllt am Rande einer durch Triebfeindlichkeit gekennzeichneten gesellschaftlichen (nicht nur familialen!) Sozialisationsatmosphäre eine objektive Funktion für die Kanalisierung von verdrängten aber gleichwohl wirksamen Aggressionen, und zwar indem er »gleichsam stellvertretend für die Gemeinschaft (der ›Systemerhalter‹, ›Neurotiker‹ und auch ›Schöpfer‹, PM) aggressive Impulse ungehemmt auslebt, den anderen damit die Möglichkeit gebend, sie an ihm mitzuerleben und in solchem Mitleben wie in der Entrüstung über ihn einen

gewissen Teil der ›moralisch‹ angestauten eigenen Aggressivität selber auszuleben [...]«[31]

Arno Plack weist auf Fritz Bauers These hin, daß das Verbrechen eine gesellschaftliche Reaktion auf ein einheitliches Sozialgeschehen sei: die Gesellschaft muß ein starkes Interesse daran haben, »daß das grausige Bild des primitiven Gewaltverbrechers nicht verblaßt zugunsten des *white collar criminal*, mag dieser der Gesellschaft im ganzen auch viel größeren Schaden zufügen. Der schaurig maskierte Einbrecher, der in der Eile schlimmstenfalls so viel Geld erbeutet, als er tragen kann, ist als Blitzableiter für verdrängte und versprengte Triebe sozial wichtiger als der Wirtschaftsverbrecher, der in einflußreicher und hochangesehener Stellung durch geschickte Transaktionen ungeheure Summen des Volksvermögens veruntreut [...]«[32]

Randgruppen jeder Art und Randgruppenprojektionen als Kanalisierung von Aggressionen aus verdrängter Triebenergie stehen in einem wechselseitigen Zusammenhang, der gesteuert wird durch die Mittel und Techniken, die das System bzw. diejenigen, die materiell an seiner Erhaltung interessiert sind, entwickeln und einsetzen. Das signifikant häufiger in unteren Schichten auftretende aggressiv-delinquente Verhalten muß dementsprechend als Reflex auf die materialen Ungerechtigkeiten der Gesellschaftsform interpretiert und darf nicht einseitig als Folge familialer Sozialisationsdefizite gewertet werden.

Läßt die von Becker vorgenommene hypothetische Zuordnung von Charaktertypen zu elterlichem Erziehungsverhalten auch keine Aussagen über etwaige systemkritische Komponenten dieser Persönlichkeitsstrukturen zu, so sagen sie doch etwas über die schichtspezifische Form der Kanalisierung von Aggressionen aus. Was implizieren die verschiedenen Kombinationen erzieherischen Verhaltens für die Möglichkeit sozial wie individuell produktiver Verarbeitung von primärer Triebenergie und induzierten Frustrationen, die auch im rational gestalteten Erziehungsprozeß nicht zu vermeiden sind? Aus den äußeren Erziehungsbedingungen in unterprivilegierten Familien folgte, daß dort häufiger ein feindseliges und aggressives Erziehungsklima herrscht, teils verbunden mit einer situationsbedingten oder aggressiven Gleichgültigkeit gegenüber den Kindern, teils bestimmt durch stark kontrollierende, fordernde Aufzuchtspraktiken. Für das Kind ergibt sich daraus, daß es seine Aggressionen nicht deshalb unterdrückt, weil es seine Eltern nicht verletzen möchte, sondern weil es selbst Angst vor physischen Sanktionen oder vor Isolierung hat. Es tendiert dazu, sich dort asozial und aggressiv zu verhalten, seine Aggressionen also an solchen sozialen Objekten abzureagieren, bei denen die Gefahr der unmittelbaren Bestrafung geringer ist als in der Familie.

[31] A. Plack: Die Gesellschaft und das Böse, München 1969, S. 303.
[32] F. Bauer, zit. bei Plack, ebd.

Das in den unteren Mittelschichten eher anzutreffende Erziehungsverhalten, im Rahmen dessen die Kinder mit psychologischen Sanktionstechniken, d. h. aber durch emotionale Erpressung, sozialisiert werden, führt dazu, daß die gegen die Eltern oder andere übergeordnete Instanzen (Lehrer, Arbeitgeber etc.) gerichteten Haßgefühle und Aggressionen eher nach innen gerichtet oder an sozial Schwächeren (z. B. jüngeren Geschwistern) ausgelassen werden. Damit wird die moralische Entscheidungsautonomie und die soziale Reifung des Kindes aber entscheidend gestört.

Solche Erziehung fördert, daß das Kind sich vornehmlich am Urteil der öffentlichen Meinung orientieren wird, bevor es wagt, eigene Entschlüsse zu fassen. Es wird mit Sicherheit eine rigide, normative Grundhaltung gegenüber seinen eigenen Bedürfnissen und seinen sozialen Bezügen entwickeln.

Nach obigen Erörterungen hat Wärme, bzw. eine affektive Kontinuität als entscheidende Dimension einer psychisch produktiven Erziehung zu gelten; wie die Hospitalismusstudien von Spitz zeigen, ist dieses Erziehungsverhalten der wesentliche Steuerungsfaktor für die Entfaltung sozialen Vertrauens. Die erzieherische Dimension permissiveness – restrictiveness läßt dagegen Schlüsse darüber zu, in welchem Ausmaß das Kind seine ursprüngliche Abhängigkeit von primären Bezugspersonen abbauen wird, d. h. aber, in welchem Maß es in direkter Dependenz zu seinen primären Bezugspersonen beharren wird und in welchem Maß es sich gegenüber verinnerlichten Zwängen, die eine produktive Ich-Entfaltung ebenso hemmen, dependent verhalten wird.

Erwartet man als Resultat eines ›optimalen‹ Erziehungsverhaltens, daß es soziales Anpassungsvermögen wie soziale Behauptungsfähigkeit, d. h. aber urteilskräftige Selbstsicherheit und nicht-narzißtische Zuwendungsbereitschaft beim Kinde erzeugen wird, es zum ›Schöpfer‹ macht, so führt die Frage nach den objektiven Bedingungen solchen Verhaltens notwendig auf die materiellen und bildungsmäßigen Privilegien der oberen Mittelschicht. Setzt doch die Kombination eines warmen und nach rationalen Gesichtspunkten gewährenden Erziehungsverhaltens, das die in jeder Phase der frühkindlichen Entwicklung auftretenden spezifischen Frustrationserlebnisse (orale Entwöhnung, Reinlichkeitserziehung, Inzesttabu) ohne traumatische Spuren zu verarbeiten gestattet, gleichzeitig dem Kind aber genügend kognitive Impulse für seine intellektuelle Entfaltung bietet, sowohl materielle wie räumliche Möglichkeiten in ausreichendem Maße wie auch ein Minimum an entwicklungspsychologischen und pädagogischen Kenntnissen voraus.

Alle anderen Kombinationen erzieherischen Verhaltens bergen in ihrer Widersprüchlichkeit die Gefahr der Erzeugung mehr oder weniger pathologischer Persönlichkeitsstrukturen, da sie zu

einer tendenziell destruktiven Kanalisierung kindlicher Antriebsenergien führen.
Wie das Verhalten ›schwer erziehbarer‹ Jugendlicher von öffentlicher Seite behandelt und pädagogisch interpretiert wird, möge exemplarisch an einem Auszug aus einem pädagogischen Text deutlich werden, dessen Verfasser als Leiter des Psychologischen Beratungsdienstes eines Stadtjugendamtes aus seinen Erfahrungen folgende Schlüsse zieht: »Der gemeinsame Untergrund der ›Schwierigkeit‹ der ›schwierigen‹ Jugendlichen scheint zu bestehen in der Enttäuschung darüber, von der Mit- und Umwelt um die Chance ihrer Selbstverwirklichung betrogen worden zu sein.«[33]
Die Interpretation der Probleme der Jugendlichen ist zwar richtig, wird aber infrage gestellt durch die Einschätzung, daß die ablehnende ›negativistische‹ Haltung von Schwererziehbaren nicht der Ablehnung von Autorität schlechthin gelte, sondern nur an einer ›Umformung der Autoritätsbeziehungen‹ interessiert sei. Die Genese des Autoritätshasses bei schwer erziehbaren Jugendlichen führt der Autor auf einen von ihm als ›existentielle Frustration‹ bezeichneten Ursprung zurück. Als Beleg dafür zitiert er folgenden Vorwurf eines ›existentiell frustrierten‹ Jugendlichen:
»Von euch hätte ich die Liebe zu erwarten, die mich will als der, der ich bin; ihr aber wollt nur die Macht, die – für mich als Ich blind – mich umfälschen soll in ein Produkt ›nach euerm Bild und Gleichnis‹; deshalb hasse ich die Liebe, die nur eure, nicht aber meine Existenz will.«[34]
Revers pädagogischer Ratschlag zur Verhütung solcher Frustrationen beweist, daß er erkannt hat, welche Form von Autoritätsausübung zu besser angepaßtem funktionsgerechterem Verhalten führt als dem, womit er in seiner Jugendarbeit konfrontiert wird. Auf dem Hintergrund der Überzeugung, daß der ›aggressive Negativist‹ nicht gegen Autorität schlechtin rebelliere, definiert Revers ›echte‹, d. h. akzeptable Autorität im Gegensatz zu angemaßter oder ›Scheinautorität‹, die mit Recht abzuwehren sei, mit folgenden Worten: »Es ist zunächst das Erlebnis der überlegenen Kraft der Toleranz, der Kraft des andern, seine Unfertigkeit und sein Nicht-Können zu ertragen [...]. Es ist ferner das Erlebnis des überlegenen Könnens dessen, was der Jugendliche noch nicht kann: gekonnte und sichere persönliche Eigenständigkeit, ausgeprägte persönliche Eigenart, gesicherte Freiheit eigner Urteilsbildung und Entscheidung [...]. Es ist die Überlegenheit dessen, der seine persönliche Unfertigkeit überwunden hat und von dort die Not der Unfertigkeit, die Werdenot des Jugendlichen durchschaut [...]. Es ist die Überlegenheit dessen, der durch das, was er ist,

[33] W. J. Revers: Über das Problem der Autoritätsbeziehung und der institutionellen Orientierung bei der Jugend, in: D. E. Geissler (Hg.): Autorität und Erziehung, Bad Heilbrunn/Obb. 1969, S. 88.
[34] Ebd., S. 89.

sozusagen die Grundregeln schaubar und greifbar macht, die in der gegenwärtigen Gesellschaft, Zeit und Welt das ermöglichen, was der Unfertige noch nicht erreicht hat, aber – reifend – zu erreichen drängt.«[35] Nur als gleichzeitiger ›Liebespartner‹ vermag der Vorgesetzte nach Revers im Kind »jene Spontaneität zu erwecken, mit der es sich seine Prägung und Ordnung ›von außen‹ persönlich zu eigen macht.«[36]

Psychoanalytisch interpretiert werden hier um der psychischen Einpassung des Individuums in seine sozioökonomischen Bezüge willen die Vorzüge der ›anaklitischen‹ Identifikation, die ein verinnerlichtes, aus sich selbst heraus wirksames Über-Ich produziert, gegenüber aggressiven Identifikationsprozessen gelobt, in denen der Stärkere gehaßt, gleichwohl seine Stärke aber introjiziert, in die eigene Persönlichkeitsstruktur als Attitüde eingebaut wird.

Für Eltern materiell unterprivilegierter Schichten, die hilflos und zornig der Delinquenz und Widersetzlichkeit ihres Nachwuchses gegenüberstehen, ergibt sich daraus der wohlgemeinte Rat, sie müßten sich eben das Erziehungsverhalten privilegierter Schichten zu eigen machen, wollten sie rechtschaffene und stabile Menschen erziehen.

Ohne Zweifel trägt das häufig mangelhafte Interesse des Vaters in der Unterschicht an einer kontinuierlichen Beschäftigung mit seinen Kindern und ein häufig aus Geschlechtsrollenkonflikten der Eltern erwachsendes inkonsistentes Erziehungsverhalten dazu bei, die Ausbildung bürgerlicher Ich-Stärke zu verwehren. Andererseits würde auch der Willensentschluß zu intensiverer Beschäftigung mit den Kindern nicht zu jener Charakterprägung des Nachwuchses führen, für die nach Revers die ›liebevolle Präsenz‹ des Vaters Vorbedingung ist. Denn »auch wo die Mutter als Matrix der Liebe die lokale Heimgebundenheit gewährt, und wo also liebende Geborgenheit im Heim nicht fehlt, tut sich das Problem des fehlenden Übergangs in die öffentliche historische Welt, die Kluft persönlicher Geschichtslosigkeit, auf, wenn keine väterliche Gestalt die Orientierung für diese institutionalisierte, das heißt kulturgeschichtlich geformte und geordnete Welt vermittelt.«[37]

Solche Argumentation übersieht, daß ihr pädagogischer Rat nur innerhalb bürgerlicher Schichten Anwendung finden kann, ignoriert sie doch, daß die Entfaltung von Geschichte und Kultur für eine Klasse auf dem Rücken einer anderen Klasse vor sich ging. Die Ausformung der für die Gegenwart wichtigen Geschichte und Kultur wurde in bourgeoiser Regie von der Klasse der Lohnabhängigen materialisiert, die Früchte wurden ihr jedoch vorenthalten. Allein deshalb kann der Vater, der in der Position des unteren Lohnabhängigen ist, nicht die von Revers gefor-

[35] Ebd., S. 90.
[36] Ebd.
[37] Ebd., S. 98.

derte emanzipatorische Funktion für die Entfaltung seines Kindes erfüllen. Er ist aufgrund seiner Klassenlage gezwungen, dem Kind Geschichtslosigkeit mit all ihren subjektiven Begleiterscheinungen, wie Abwehrmechanismen und kompensierende Verhaltensformen sie darstellen, vorzuleben. Geschichte vorleben kann er seinemNachwuchs nicht als Familienvater, sondern nur als Exponent seiner Klasse im Klassenkampf. Gerade die dafür notwendige parteiliche Organisierung der Lohnabhängigen wird aber durch die institutionelle und moralische Bindung des Arbeiters an seine Familie verhindert bzw. taktisch verzögert.

Im vorliegenden Kapitel wurde gezeigt, daß das Kind in der Auseinandersetzung mit seiner Umwelt auf der Basis der familialen Interpretationsangebote die Fähigkeit zur Tolerierung und Bindung von Spannungen zwischen Triebbedürfnissen und Triebbefriedigung erwirbt. Es lernt mehr oder minder gut, Bedürfnisse aufzuschieben und sozial produktiv zu wenden, wobei die Unterschiedlichkeit des sozialen Lernprozesses des Kindes eindeutig schichtgebundene Ursachen hat.

Sowohl das starke, durch Verinnerlichung sozialer Normen gekennzeichnete Über-Ich als Resultat bürgerlicher (›anaklitischer‹) Identifikationsprozesse wie das schwach ausgebildete ›externalisierte‹ Über-Ich familial sozialisierter Unterschichtsangehöriger stellen psychische Dispositionen dar, die die Individuen innerhalb ihrer Klasse bzw. ihren sozioökonomischen Bezügen existenzfähig machen.

Die von vielen Sozialisationstheoretikern überbewertete Ich-Stärke, die normatives Erziehungsziel bürgerlicher Pädagogik ist, verdeckt den Blick dafür, daß das Kind der Mittelschicht formal ähnlichen Anpassungs- und Konditionierungsprozessen ausgesetzt ist, wie das Kind in sozial benachteiligten Schichten. Während freilich die Anpassung an die soziale Realität für Angehörige privilegierter Schichten eine aktive Komponente hat, wird den unteren Lohnabhängigen die Anpassung an die soziale und ökonomische Realität mehr oder minder auswegslos aufgezwungen; sie erleben sie passiv, gleichsam in der ›Leide-Form‹, und sie entwickeln dementsprechend ein sozial defensives, feindselig-gleichgültiges Verhalten, gekoppelt mit einer schichtspezifisch überdurchschnittlichen Aggressionsbereitschaft.

Im Produktionsprozeß wird insbesondere vom unteren Lohnabhängigen insofern verlangt, seine Impulse zu kontrollieren und Versagungen widerstandslos zu ertragen, als es auf die produktive Verwertung seiner Arbeitskraft ankommt. Die These: »Ein Kind, das einen hohen Grad an Fähigkeit zur Ich-Kontrolle erwirbt, wird wahrscheinlich mehr sozial angepaßtes Verhalten – d. h. Verhalten, das mit den sozial gebilligten Standards übereinstimmt – zeigen als ein Kind, dessen Fähigkeit zur Ich-Kontrolle weniger stark entwickelt ist«[38], hat demnach nur insoweit Gültigkeit, als unter ›sozial gebilligten Standards‹ diejenigen der Mittelschicht verstanden werden. Es bleibt unberücksichtigt, daß von dem Arbeiter im Verhältnis zu seinen gesellschaftlichen Bestätigungsmöglichkeiten ungleich härtere Anpassungsleistungen und Ich-Kontrollen erzwungen werden.

Seine Fähigkeit zur Ich-Kontrolle bemißt sich allerdings daran, inwieweit er in der Lage ist, das aus seinen Lebensbedingungen und seiner Sozialisation entstandene Aggressionspotential auf Bereiche zu verlagern, in denen seine materielle Existenz nicht unmittelbar bedroht ist. Ich-Kontrolle bedeutet hier Bedürfnisverleugnung und damit eine destruktive Haltung gegenüber dem Anspruch einer eigenen Identität.

Sicherlich werden auch die Angehörigen der mittleren und oberen Schichten schon früh zu partieller Bedürfnisverleugnung und zum Bedürfnisaufschub gezwungen. Sie müssen aber vornehmlich Bedürfnisse verdrängen, die sich für sie als primäre Triebwünsche darstellen, während die Angehörigen unterprivilegierter Schichten vor der Aufgabe stehen, zudem ihr Bedürfnis nach sozialer Anerkennung und Bestätigung zu verleugnen. Das ist der Grund, warum Angehörige materiell besser gestellter gesellschaftlicher Schichten ›feiner‹ mit ihren Bedürfnissen umgehen können, souveräner und selbstsicherer auftreten können als Kleinbürger und Proletarier.

Zur Illustration der schichtspezifischen Bewältigung von Trieb- und Bedürfniskonflikten sei mit Marx angemerkt, daß die Industrie auf das ›rohe‹ Bedürfnis des Arbeiters als einer »viel größeren Quelle des Gewinns als das feine der Reichen« es abgesehen hat. »Und wie die Industrie auf die Verfeinerung der Bedürfnisse, ebenso spekuliert sie auf ihre Rohheit [...], deren wahrer Geist daher die Selbstbetäubung ist, diese scheinbare Befriedigung des Bedürfnisses, diese Zivilisation innerhalb der rohen Barbarei des Bedürfnisses.«[39]

### b) *Schichtspezifische Sprachstile und Kommunikationsstrukturen in ihrer Bedeutung für die Entfaltung sozialer Fähigkeiten*

Die vom Kleinkind im Umgang mit seiner erreichbaren Umgebung allmählich erlernten Verhaltens- und Äußerungsformen sind als Erfahrungsresultate der Möglichkeiten zu verstehen, die ihm für die Bewältigung seiner Triebbedürfnisse geboten werden. Wie soziolinguistische Untersuchungen über das Verhältnis von Sprache und Kognition erbracht haben, läßt dabei das sprachliche Instru-

[38] N. Livson, P. H. Mussen: Das Verhältnis von Ich-Kontrolle zu offener Aggression und Abhängigkeit, in: Hans Thomae (Hg.): Die Motivation menschlichen Handelns, Köln/Berlin 1970, S. 353.

[39] Marx: Nationalökonomie und Philosophie, a.a.O., S. 261.

mentarium, das dem Kind in der Familie vermittelt wird, Schlüsse über seine verbalen und präverbalen sozialen Interaktionsfähigkeiten zu.

Die Entfaltung der Denkfähigkeit wie der Gefühlsstruktur eines Menschen setzt soziale Lernprozesse voraus, die *immer* an ein bestimmtes Verhältnis zur Sprache gebunden sind, stellt doch die Sprache das wesentliche geistige Instrument zur Auseinandersetzung des Menschen mit seiner Umwelt dar. Stellt also die affektive Zuwendung der Mutter oder einer anderen Bezugsperson für das Kleinkind die psychisch und auch physisch bedingte Voraussetzung seiner Lebensfähigkeit dar, so vollziehen sich bei ihm über die verbale Kommunikation *die* Entwicklungsschritte, die zur Entfaltung seiner Menschlichkeit dienen.

Die Sprache ist als Instrument zu verstehen, das an die Stelle der bei Tieren zur Arterhaltung wesentlichen Instinktregulierung getreten ist und es dem menschlichen Wesen ermöglicht, seinen Bedürfnissen über bewußt gesteuerte Signale Ausdruck zu geben; als allen Menschen zugängliches allgemeingültiges Signalsystem drückt sich in ihr der besondere historisch-gesellschaftliche Charakter des menschlichen Wesens aus. Das heranwachsende Kind findet in der Sprache neben den materiell vergegenständlichten ›physischen und psychischen Wesenskräften des Menschen‹ (Marx) daher »die sozusagen ›ideell‹ vergegenständlichten, objektivierten Fähigkeiten und Erkenntnisse der Gesellschaft als Objekt seiner erst praktischen später theoretischen Tätigkeit vor. Diese konstituiert in immer komplizierter werdender Verbindung mit jener das, was wir Lernen im engeren Sinne, also die bewußte, zielgerichtete und institutionalisierte Form der Aneignung nennen. Es versteht sich, daß beide Formen, besonders aber die theoretische Aneignung, unbedingt sozialer Mittler bedürfen, also in besonderem Maße erziehungsabhängig sind. Demzufolge geht auch die ›Strategie‹ und Motivation der Erziehung als äußerer Parameter in das Regelsystem mit ein.«[40]

Der Prozeß des Lernens, durch verbal und präverbal Erfahrungen in Gang gesetzt, geht stufenweise vor sich, indem die Erfahrungen einzelner Situationen der Umgebung allmählich in ihrem Signalwert begriffen und aktiv auf vergleichbare Situationen übertragen werden. Die Entfaltung der kognitiven Fähigkeiten zeichnet sich dementsprechend durch langsam wachsende und verschiedene Stadien durchlaufende Prozesse der Strukturierung, Einordnung und Übertragung von Erfahrungsgehalten aus.

Die Anwendung von Analyse und Synthese (Strukturierung und Einordnung) und ihre Verallgemeinerung (Übertragung) auf Objekte, die als begriffliche selbst objektivierte Produkte des gesellschaftlichen Erkenntnisprozesses sind, machen es erst möglich,

[40] H. Hiebsch, M. Vorwerg: Einführung in die marxistische Sozialpsychologie, Berlin (DDR) 1968, S. 71 f.

»aus dem ursprünglichen sinnlichen Inhalt in die Sphäre des abstrakten Denkens zu treten und die Seiten und Eigenschaften des Seins aufzudecken, die der unmittelbaren sinnlichen Wahrnehmung nicht zugänglich sind. Da die Sprache die Vorbedingung für die Entstehung des Denkens ist, ist sie zugleich die notwendige materielle Hülle des Gedankens, seine unmittelbare Wirklichkeit für die anderen und für uns selbst.«[41]

In der Entwicklungspsychologie wurde festgestellt, daß ungefähr mit eineinhalb Jahren das symbolische und noch vorbegriffliche Denken des Kindes einsetzt. Begriffe weisen in diesem Stadium noch keine gesellschaftliche Allgemeinheit auf, sind also noch nicht als abstrakt gültige verständlich und anwendbar. Das Kind verwirklicht die Symbolfunktionen seiner Begriffe im ›privaten Symbolismus‹ (Piaget) der Spiele und Nachahmungen. Zwischen dem 3. und 4. Lebensjahr entwickelt sich dann die Fähigkeit zum anschaulichen Denken und zur Adaption der gesellschaftlich gültigen Symbolfunktionen der Begriffe.[42]

Nicht allein die gezielte Reichhaltigkeit des Erfahrungsangebots der Umgebung des Kleinkindes entscheidet über die Ausbildung seiner sprachlichen und vorsprachlichen kognitiven Fähigkeiten, sondern ebenso die Kontinuität, das affektive Klima und die altersspezifische Nachvollziehbarkeit, mit der ihm Interpretationen seiner Umwelt wie seines eigenen Verhaltens geliefert und die Gefühlsregungen der Bezugspersonen verständlich gemacht werden.

Beide erzieherischen Komponenten familialer Sozialisation weichen aber schichtspezifisch und sogar subkulturell voneinander ab (vgl. Kap. V.2.). Die ›soziale Reife‹ des Kindes, die sich darin ausdrückt, wie es mit seinen Bedürfnissen umzugehen versteht, mit welcher emotionalen und begrifflichen Sicherheit es sich auch mit mehrdeutigen Situationen auseinandersetzt und welche Strategien verbaler Planung es entwickelt, ist folglich wesentlich von materiellen Bedingungen determiniert, die ihrerseits die Kommunikationsformen und die Erziehungsabsichten der Eltern bestimmen.

Die Prägekraft des Erfahrungsgehaltes der ›magischen Jahre‹[43] des Vorschulkindes macht diese Entwicklungsphase zum wesentlichen Steuerungsfaktor für die emotionale wie die intellektuelle Seite der Persönlichkeitsentwicklung. Da diese Phase im kapitalistischen Gesellschaftssystem in der Regel im familialen Bezugsrahmen durchlaufen wird, müssen die dort herrschenden sprachlichen und affektiven Kommunikationsmodi in ihrem Verhältnis zu der familialen Rollenstruktur und den materiellen Lebensbedingungen der

[41] S. L. Rubinstein: Sein und Bewußtsein, s'Gravenhage 1971 (Raubdruck), S. 149f.

[42] J. Piaget: Psychologie der Intelligenz (franz.), Neuchâtel 1936; ders.: Das Erwachen der Intelligenz, Stuttgart 1969.

[43] S. Fraiberg: Die magischen Jahre in der Persönlichkeitsentwicklung des Vorschulkindes, Reinbek b. Hamburg 1972.

Familien untersucht werden. Nur so ist zu verstehen, warum die Familie im kapitalistischen Gesellschaftssystem am individuell und gesellschaftlich wesentlichen Anfang eines Selektionsprozesses steht, im Rahmen dessen Begabungen sortiert werden, »bevor sie sich überhaupt erweisen konnten«[44].

Bernstein hat mit seinen empirischen Untersuchungen zum schichtspezifischen Sprachgebrauch, in denen er die soziologische Dimension des Verhältnisses von Kognition und Sprache (anfangs von der Rollenstruktur in der Familie her, später auch milieutheoretisch) berücksichtigte, viel zum Verständnis dafür beigetragen, daß Sprache und Intelligenz wie auch Sprache und soziale Interaktionsfähigkeit als einheitlicher Problemkomplex zu behandeln sind. Das liegt nach seiner Auffassung daran, daß für den Menschen das wesentliche Instrument das *Wort* sei, um zwischen Gefühlsausdruck und gesellschaftlich erlaubter Anerkennung desselben vermitteln zu können: Der wichtige bestimmende Faktor liegt dabei aber nicht in der Art des Sprachgebrauchs, »sondern in der Art der ›sozialen Emphase‹, mit der ein Aspekt des Sprachgebrauchs, der zwischen Denken und Fühlen vermittelt, hervorgehoben wird. Die Sprache existiert im Hinblick auf ein Bedürfnis, sich auszudrücken und sich anderen mitzuteilen; folglich spiegeln sich in der Form des Sprachgebrauchs, d. h. in der Art und Weise, in der Wörter, Wendungen und Sätze zusammenhängen, eine bestimmte Form der Gefühlsstrukturierung und damit also die Mittel der Interaktion und der Reaktion auf die Umwelt.«[45]

Die für das spätere Sprach- und Sozialverhalten des Kindes bedeutsamen familialen Kommunikationsmodi müssen daher in ihrer spezifischen Kombination von (1) den Formen familialer Interaktion, (2) dem sprachlichen Ausdruck und (3) dem nichtsprachlichen Symbolismus berücksichtigt werden.

Zuerst sei auf die schichtspezifische Rollenstruktur der Familie in ihrem Einfluß auf die Kommunikationsformen eingegangen. Entsprechend der erst in Ansätzen in Frage gestellten geschlechtsspezifischen Rollenzuordnung sind die Beziehungen zwischen den Ehegatten und den Eltern zu den Kindern besonders in den unteren Schichten nach dem patriarchalischen Rollenschema organisiert. Ganz allgemein läßt sich der Verhaltensstil in Arbeiterfamilien daher eher als formell, autoritär und sexuell rigide bezeichnen. Die von Vater wie Mutter normativ anerkannte geschlechtsspezifische Arbeitsteilung wirkt sich schon auf den Prozeß der Geschlechtsrollenidentifikation des Kleinkindes entscheidend aus.

Nach Umfragen von Schmidt und Sigusch kann die strenge Ausrichtung der Arbeiter an einem traditionellen Ehe- und Familienmodell besonders deutlich am Bild vom ›idealen Partner‹ abgelesen

[44] Schulsenator Evers, zitiert in: K. H. Roth, E. Kanzow: Unwissen als Ohnmacht, Berlin 1971, S. 280.

[45] B. Bernstein: Sozio-kulturelle Determinanten des Lernens, in: ders.: Aufsätze 1958–1970, Amsterdam 1970, S. 20.

werden: »Die meisten Arbeiterinnen wünschen sich einen Partner, der tüchtig im Beruf, kinderlieb sowie ordentlich und sparsam ist; für die meisten Arbeiter ist die ideale Partnerin eine gute Hausfrau sowie ebenfalls kinderlieb, sparsam und ordentlich. Hinter diesem Partnerbild steht ganz sicher das Klischee vom ›guten Ehemann‹ bzw. von der ›guten Ehefrau‹, einschließlich der rigiden Rollenaufteilung Mann = Beruf, Frau = Haushalt.«[46]

Der Vater legitimiert seine Autorität über Frau und Kinder aus seiner Rolle als Ernährer, während die Frau ihr ›Herrschaftsreservat‹ in der Haushaltsführung und der Kinderaufzucht sieht, das ihr untersteht, auch wenn sie berufstätig ist.

Trotz beruflicher Belastung führen nach Umfragen die meisten Frauen immer noch ihren Haushalt, ohne auf konsequente Unterstützung von seiten des Ehemannes rechnen zu können: 33 % der Männer berufstätiger Frauen helfen ihrer Frau im Haushalt überhaupt nicht; 15 % bei zwei Hausarbeiten, 30 % bei drei und mehr Hausarbeiten, aber nur 3 % der Männer beteiligen sich konsequent an allen im Haushalt anfallenden Arbeiten.[47]

Die Tatsache, daß der Vater dem Familienleben im Vergleich zur Mutter emotional gleichgültiger gegenübersteht und seine Freizeit häufig in anderen Bezugsgruppen (Vereinen, Kneipen) oder vor dem Fernsehapparat verbringt, führt zu einer faktischen Dominanz der Mutter, die sich deutlich auch in ihrer Wertschätzung von seiten der Kinder ausdrückt. Nach der Untersuchung von Spandl unter werktätigen Jugendlichen fiel deren Beurteilung ihrer Mutter überwiegend positiv aus: von 898 werktätigen Jugendlichen entwarfen 614 (86,3 %) wenn auch mit Einschränkungen ein überwiegend positives Bild von der Mutter. Nur 95 (10,6 %) lehnen die Mutter aus verschiedenen Gründen ab. Vorwiegend negative Bewertungen der Mutter finden sich bei 21,1 % der Jugendlichen.[48] »Haltung und Charakter sind die Werte, die von den werktätigen Jugendlichen bei ihren Müttern am meisten anerkannt werden. Oft werden Opferbereitschaft und die Sorge für ein geordnetes Familienleben mit Lob bedacht.«[49]

Von der distanzierten Haltung dem Vater gegenüber zeugt folgendes Meinungsbild: von den 898 Jugendlichen sprechen sich nur 53 (5,9 %) eindeutig positiv für den Vater aus. Positive Äußerungen, verbunden mit Kritik, finden sich bei 289 (32,1 %) der Jugendlichen. Den positiven Wertungen stellen 363 (41,1 %) eine ablehnende Haltung zum Vater entgegen. Immerhin 196 (21,5 %) äußern keine unmittelbare Meinung zu ihrem Vater.[50]

Die familiale Dominanz der Mutter verstärkt sich noch, wenn sie erwerbstätig ist, ist doch damit eine Abwertung der Versorger-

[46] Schmidt, Sigusch, a.a.O., S. 104.
[47] ›Frauen – Berufstätige zweiter Klasse‹, a.a.O., S. 113.
[48] Spandl, a.a.O., S. 62 f.
[49] Ebd., S. 63.
[50] Ebd., S. 71.

funktionen des Mannes verbunden, die zu heftigen Rollenkonflikten führen kann, sofern er auf seiner patriarchalischen Rollenzuweisung beharrt. Gerade bei Arbeitern sind starke Vorbehalte vorhanden, »sich aus der traditionellen Auffassung des alleinigen Ernährers der Familie zu lösen. Sieben Zehntel der Arbeiter lehnen die Berufstätigkeit der Ehefrau ab oder dulden sie nur mit dem Hinweis auf eine Notlage. Hingegen sind Akademiker und Selbständige am häufigsten mit der Erwerbstätigkeit ihrer Ehefrauen einverstanden, während die unteren Angestellten ebenfalls eine mehr duldende Haltung einnehmen.«[51]

Häufig führt der damit in den unteren Schichten verbundene Rollenkonflikt zu Auseinandersetzungen, die äußerst aggressiv und affektiv ausgetragen werden und sich unterschwellig auch in der sexuellen Beziehung der Eltern niederschlagen. Ohnehin hat die Sexualität in den unteren Schichten aufgrund mangelnder Aufklärung und traditioneller sexualideologischer Vorstellungen einen konfliktgeladenen Stellenwert. Nach Schmidt und Sigusch sind Vorurteile, die das ›angeborene‹ Sexualverhalten betreffen, noch weit verbreitet: Frauen hätten geringeres sexuelles Verlangen als Männer, wären von Natur aus treuer und romantischer und hätten allenfalls dann so viel Freude am Koitus wie der Mann, wenn sie liebten. »Sexuelle Abstinenz wird eher der weiblichen, Promiskuität eher der männlichen Geschlechtsrolle zugewiesen. Folglich sollen Frauen sexuell zurückhaltender sein als Männer.«[52] Außerheliche Aktivitäten sind besonders bei Arbeitern stark tabuisiert. Das ist mit ein Grund, warum Arbeiterfrauen seltener zu hormonellen Empfängsnisverhütungsmitteln greifen. »Das Insistieren auf ehelicher Treue – und damit meint man ja letztlich die Stabilität der Ehe – ist exemplarisch für das Verpflichtetsein auf dieses Modell.«[53]

Hilflosigkeit und Feindseligkeit, die zwischen den Ehepartnern auftreten, wenn die genannten Rollenkonflikte mangels Wissen und Rollendistanz nicht rational gelöst werden können, werden zum neurotisierenden Bestandteil der familialen Kommunikationsstruktur gemacht (vgl. Kap. IV.3.c.) und im Rückzug in die entsprechenden ›peer groups‹ verdrängt.

Semantische und grammatikalische Analysen des Sprachgebrauchs in der Mittelschicht und in der Unterschicht ergaben, daß die Verwendung der sprachlichen Ausdrucksmittel, die für die schichtspezifischen Kommunikationsstrukturen typisch sind, in der Mittelschicht als ›elaboriert‹, in der Unterschicht eher als ›restringiert‹ gelten müssen. Die Sprache der Mittelschicht besitzt nach Bernstein eine Allgemeingültigkeit und Flexibilität, die sie ›formal‹ nennen lasse, während die Sprache der Unterschicht, wie noch dargestellt werden wird, eher ›öffentlichen‹ Charakter habe.

51 Materialien..., a.a.O., S. 158.
52 Schmidt, Sigusch, a.a.O., S. 118.
53 Ebd., S. 102.

Die grammatikalischen und semantischen Unterschiede, die die Auswertung seiner empirischen Untersuchungen erbrachte, lassen sich ausführlich folgendermaßen beschreiben.

*Elaborated Code:*
- die logischen Modifikationen und der logische Akzent werden durch eine grammatisch komplexe Satzkonstruktion vermittelt, vor allem durch die Verwendung von Konjunktionen und Nebensätzen;
- häufiger Gebrauch von Präpositionen, die sowohl rein logische Beziehungen als auch zeitliche oder räumliche Nähe anzeigen;
- häufige Verwendung der unpersönlichen Pronomina ›es‹ und ›man‹;
- diskriminierende Auswahl aus einer Reihe von Adjektiven und Adverbien;
- der expressive Symbolismus, der durch diese sprachliche Form bedingt ist, verleiht dem Gesagten weniger logische Bedeutung als affektive Unterstützung.
- Die individuelle Qualifikation wird verbal durch die Struktur und die Beziehungen innerhalb und zwischen den Sätzen vermittelt. Die subjektive Absicht wird unter Umständen in Worten erläutert.
- Es handelt sich um eine Form des Sprachgebrauchs, die auf die Möglichkeiten hinweist, die einer komplexen begrifflichen Hierarchie inhärent sind, und die die Organisation der Erfahrung erlauben.

*Restricted Code:*
- kurze, grammatisch einfache, oft unfertige Sätze von dürftiger Syntax, die meist in Aktivform stehen;
- Verwendung einfacher und immer derselben Konjunktionen (so, dann, und);
- häufige Verwendung kurzer Befehle und Fragen;
- starre und begrenzte Verwendung von Adverbien;
- seltener Gebrauch von unpersönlichen Pronomina (›es‹ und ›man‹);
- die Feststellung einer Tatsache wird oft im Sinne einer Begründung und Schlußfolgerung verwendet, genauer gesagt, Begründung und Folgerung werden durcheinander geworfen und am Ende steht eine kategorische Feststellung;
- die individuelle Auswahl aus einer Reihe traditioneller Wendungen und Aphorismen spielt eine große Rolle;
- Feststellungen werden als implizite Fragen formuliert, die dann eine Art Kreislaufgespräch auslösen, bei dem die Gesprächspartner sich ihre gegenseitige Sympathie versichern;
- der Symbolismus besitzt einen niedrigen Grad an Allgemeinheit;

– die persönliche Qualifikation wird aus der Satzstruktur weggelassen oder ist nur implizit vorhanden; folglich wird die subjektive Absicht nicht mit Worten explizit gemacht und erläutert.[54]

Bernstein unterschied, was die familialen Kommunikationsmodi in ihrer Bedeutung für die Entwicklung des Sprachgebrauchs angeht, zwischen ›status-‹ und ›person‹-orientierten Verhaltensmustern. Oevermann fundiert diese Differenzierung psychoanalytisch und vertritt die These, daß das Glücken der ödipalen Geschlechtsrollenidentifikation einen (tiefenpsychologischen) Einfluß auf die Sprachentwicklung des Kindes nehme. Er formuliert die Vermutung, daß über den Charakter der Herrschaftsstruktur in der Familie hinaus die Qualität der affektiven Beziehungen des Elternpaares zueinander maßgebend für die Form ist, in der sich das Kind verbal auseinanderzusetzen versteht. »Das Kind steht in der ödipalen Phase vor der Aufgabe, mit den Verhaltensmodellen des Vaters und der Mutter in der Weise fertig zu werden, daß es ihren partiellen Antagonismus aushält. Im Falle einer starken affektiven Solidarität zwischen den Eltern ist eine einseitige Bindung des Kindes an nur einen Elternteil nicht möglich; das Kind ist – ebenso wie die Eltern – gezwungen, sich in Konfliktfällen um Vermittlung, d. h. um verbale Elaboriertheit zu bemühen. Auf diese Weise lernt das Kind Rollendistanz und den Gebrauch einer Sprache, die sowohl analytisch als auch reflexiv, sowohl auf das Erkennen von Paradoxien gerichtet ist als auch darauf, diese produktiv zu machen.«[55]
Es scheint äußerst problematisch, das Glücken der ödipalen Geschlechtsrollenidentifikation als schichtunspezifischen Faktor der Entwicklung von Strategien verbaler Planung herauskristallisieren zu wollen, ist sie doch nachgewiesenermaßen nicht nur vom affektiv konsistenten Verhalten der Eltern zueinander abhängig, sondern auch mit den verbalen Interpretationschancen, die das Kind hat, um mit dem ›partiellen Antagonismus‹ des Verhaltens der Eltern fertig zu werden. Oevermann selbst gesteht zu, daß er die aus einem optimalen Ablauf der Geschlechtsrollenidentifikation abgeleitete ›elaborierte‹ Form verbaler Planung eher in der Mittelschicht anzutreffen vermutet.
Nach der hier zugrunde liegenden Auffassung kann nur die Faktorenkombination einer konfliktarmen familialen Rollenstruktur, ausreichender sprachlicher und emotionaler Lernangebote sowie die Kontinuität affektiver Zuwendung zwischen den Eltern wie auch zum Kind zur Erklärung für die Entfaltung elaborierter Strategien verbaler Planung herbeigezogen werden, wobei ein-

[54] Nach B. Bernstein: Sprache und Lernen im Sozialprozeß, in: ders., Aufsätze 1958–1970, Amsterdam 1970, S. 47/48 (Quelle: *Journal of Child Psychology and Psychiatry*, 1961, S. 313–324).
[55] U. Oevermann, L. Krappmann, K. Kreppner: Projektvorschlag: Elternhaus und Schule, Manuskript, Berlin 1969, S. 39.

deutig nachweisbar ist, daß diese Kombination eher in materiell privilegierten Schichten anzutreffen ist.
Ob ›elaboriert‹ oder ›restringiert‹ gesprochen wird, hängt nicht nur von der Sozialisationsbiographie der Eltern selbst ab, über die auch ihre soziale Schichtzugehörigkeit nicht eindeutig Aufschluß gibt, sondern auch von dem Forderungscharakter der aktuellen Lebensbedingungen der jeweiligen Familien.
Es zeigt sich: Das Verhältnis von passivem Sprachrepertoire, Gewohnheiten der sprachlichen Gestaltung und kognitiven Prozessen ist so komplex bestimmt, daß ein einseitiges Modell der Kausalbeziehungen die tatsächlichen Zusammenhänge in jedem Fall verzerrt.
Nach Rubinstein ist die Dynamik des Bewußten und Unbewußten, die auch zu der spezifischen Entfaltung der Sprache als dem ›zweiten Signalsystem‹ des Menschen führt, physiologisch »durch die induktiven Beziehungen zwischen Erregung und Hemmung bedingt: Die stärkeren Reize hemmen nach dem Gesetz der negativen Induktion die Differenzierung der übrigen Reize. Bei der Wahrnehmung von Gegenständen werden die Merkmale bewußt, die ›starke‹ Reize sind. ›Stark‹ sind im Alltag in erster Linie jene Reize, deren Bedeutung durch die Praxis bekräftigt wird.«[56]
Welche familialen Interaktionsformen und Erziehungsstile führen nun im Sinne von starken Reizen des Alltags dazu, daß die festgestellten Differenzen in der kognitiven Struktur und ihrem äußeren Ausdruck, dem Sprachgebrauch, schon beim Kleinkind fixiert werden?
Bernstein ermittelte, daß die Mutter der Mittelschicht nicht nur ihre Sanktionsmaßnahmen eher an der moralischen Verinnerlichung von Normen ausrichtet, sie also ›induktiv‹ einsetzt, sondern dauernd mit dem Kind in verbalem Austausch über ihre Tätigkeiten, Pläne und Gefühle steht. Ihre Interaktionen mit dem Kind sind folglich ständig von verbalen Erläuterungen begleitet. So lernt das Kind, auf sprachliche Signale zu reagieren, bevor es selbst welche zu geben in der Lage ist. Das in materiell bevorteilten Schichten aufwachsende Kind wird durch gezieltes Lob und gezielte Bekräftigung bzw. Kritik in Form von verbalen Erläuterungen seines Handelns stimuliert, sich mit seiner Umwelt aktiv sprachlich auseinanderzusetzen, sie sprachlich zu ›begreifen‹. Es lernt damit zum frühestmöglichen Termin eine »kognitiv und emotional differenzierende Handhabung der Wörter«[57].
Die Kommunikation der Mutter-Kind-Beziehung in der Unterschicht ist im Gegensatz dazu eher durch einen nichtsprachlichen ›expressiven Symbolismus‹ dominiert. Die Mutter vermittelt dem Kind auf affektive Weise ein Zusammengehörigkeitsgefühl, indem sie es auf den Arm nimmt, es streichelt und sprachlich die Kinder-

[56] Rubinstein, a.a.O., S. 252f.
[57] Rolff, a.a.O., S. 35.

laute nachahmt. Sie expliziert seltener ihre eigenen Handlungen und Verhaltensweisen, und ihre Bestrafungen haben eher Vergeltungscharakter. Verbote und Gebote werden häufig aggressiv und ohne weitere Erklärungen geäußert, wodurch es dem Kind schwer gemacht wird, die zu erlernenden Verhaltensmuster in einen allgemeinen Bezugsrahmen zu stellen und die innewohnenden Motive für sich zu ordnen. Das Kind der Unterschicht wächst also in der Regel in einem kognitiven Milieu heran, in dem kommunikatives Verhalten primär durch Statusregeln, weniger durch Einfühlung in spezifische Situationen des Individuums bestimmt ist. Da Interaktionen kaum verbal reflektiert werden, können aus aktuellen Erfahrungen auch kaum Schlüsse für das Verhalten in zukünftigen Situationen abgeleitet werden.
Sprachlicher Ausdruck dessen ist »ein Kommunikationsmodus, der sich von anderen Sprechmodi dadurch deutlich unterscheidet, daß er in seiner syntaktischen Struktur starr und in den strukturellen Möglichkeiten der Satzbildung fest umrissen und eingeschränkt ist. Es ist eine Form kondensierten Sprechens, in dem gewisse Bedeutungen eingeschränkt sind und die Möglichkeit ihrer Verunfeinerung und Entwicklung reduziert ist.«[58] Solcher Sprachgebrauch bevorzugt stereotype Muster und ermöglicht kaum Chancen für individuelle Variationen des Mitzuteilenden.
Die in der gehobenen Mittelschicht typische verbale Interaktionsform der Eltern mit den Kindern, »in der die Sprache der Kinder ständig von den Eltern imitierend vervollständigt wird«[59], kann sich in der Unterschicht kaum aufzeigen lassen. »Das Unterschichtmilieu scheint also die Entfaltung der linguistischen Kompetenz zu hemmen. Daran mögen die Schwierigkeiten in der Artikulations- und Lautdiskriminierungsfähigkeit als Voraussetzung dafür, von einem Modell der Erwachsenensprache ›profitieren‹ zu können, nicht unbeteiligt sein.«[60] Oevermann sieht in der Unterschicht eine Unmittelbarkeit der Kommunikation auf einer relativ niedrigen kausalen Ordnung gegeben, deren eher deskriptiver als analytischer Charakter das von den Mittelschichtsnormen bestimmte sprachliche Lernen, die Erweiterung der ›linguistischen Kompetenz‹ zur ›formalen‹ Sprache, erschwert, wenn nicht verhindert. So hatten in einem Slumviertel aufwachsende Kinder »ungewöhnliche Schwierigkeiten, so wenig abstrakte Wörter wie Verben zur Bezeichnung äußerer Tätigkeiten entsprechenden bildlichen Darstellungen korrekt zuzuordnen. Offensichtlich setzt die Stabilisierung der Wortbedeutungen eine konsistente Verwendung der entsprechenden Wörter durch die Erwachsenen in dialogischen Kommunikationen mit dem Kind und eine ständige Kor-

[58] Bernstein: Sprache und Lernen im Sozialprozeß, a.a.O., S. 46 f.
[59] U. Oevermann: Schichtenspezifische Formen des Sprachgebrauchs und ihr Einfluß auf die kognitiven Prozesse, in: Begabung und Lernen. Gutachten und Studien der Bildungskommission, Bd. 4, Stuttgart 1969, S. 331.
[60] Ebd.

rektur der Sprache des Kindes durch Erwachsene voraus, was beides im subkulturellen Milieu der Unterschicht nicht gegeben ist.«[61]

Die – an Mittelschichtsnormen gemessen – ohne Zweifel restriktiven Ausdrucksformen proletarischer Schichten sind nun nicht allein als Resultat mangelnder kognitiver Impulse von seiten des Elternhauses und der Schule zu kritisieren und etwa kompensatorisch zu verändern, sondern müssen in ihrer stabilisierenden Funktion für das psychische Gleichgewicht dieser an den Leistungs- und Erfolgskriterien des kapitalitischen Produktionsprozesses abprallenden Menschen verstanden werden. Bernstein weist darauf hin, daß in die restringierte oder ›öffentliche‹ Sprache der Unterschicht »protektive Mechanismen eingebaut«[62] seien, »die es dem Sprechenden erlauben, seinen sozialen und psychischen Status quo zu bewahren. Die Neugier wird durch das niedrige Niveau der Begriffsbildung begrenzt, das durch diesen Sprachgebrauch begünstigt wird; die Beschäftigung mit dem Unmittelbaren verhindert die Entwicklung einer reflektierten Erfahrung, und der Widerstand gegenüber dem Wechsel, also eine gewisse Starrheit, ist teilweise auf das mangelnde Interesse an Prozessen und auf die Beschäftigung mit Dingen zurückzuführen.«[63] (Vgl. dazu Kap. V.3.c.)

Nach diesen Informationen erstaunt die Erfahrung nicht weiter, daß demgegenüber der Sprachstil der Mittelschicht als Vorbedingung für die Entfaltung von Ich-Stärke und Rollendistanz, wie Habermas meint, eine flexible, eher an der Person als am Status orientierte sprachliche Interaktion sein kann, in der abweichend von der ›kollektivistischen Orientierung‹ der Unterschicht die Verbalisierungsinteressen des Individuums von seinen subjektiven Intentionen her expressiv gesteuert werden.[64]

Habermas' Überbewertung des ›elaborierten‹ Sprachgebrauchs in der Mittelschicht wurzelt in einem rollentheoretischen Konzept, innerhalb dessen die Code-Entwicklung als psychoanalytisch zu interpretierender Reflex auf die weniger rigiden, repressionsärmeren Umgangsformen in der Mittelschichtfamilie gesehen wird. Dieser Gefahr der Überbewertung des Mittelschichtcodes für die Entfaltung der Persönlichkeit entgeht auch Oevermann in seinen bisher zugänglichen Arbeiten nicht ganz.

Demgegenüber wird hier davon ausgegangen, daß beide Formen des Sprachgebrauchs gleichwertig jenes Maß an (klassenspezifisch zu unterscheidender) sozialer Anpassung widerspiegeln, die die Schichtangehörigen brauchen, um ihren jeweiligen ökonomischen und kulturellen Reproduktionsbedingungen gerecht zu werden.

[61] Ebd., S. 331.
[62] Bernstein: Sozio-kulturelle Determinanten des Lernens, a.a.O., S. 24.
[63] Ebd.
[64] J. Habermas: Theorie der Sozialisation. Vorlesung Frankfurt SS 1968 (Hektographiertes Manuskript).

Bernstein selbst hat (über Habermas hinausweisend) nach seinem eher formalen Ansatz zur Erklärung des Verhältnisses von Sprache, Kognition und Schichtzugehörigkeit einen vorerst unsystematischen Erklärungsversuch gemacht, innerhalb dessen er die unterschiedlichen Strategien verbaler Planung in der Unterschicht und der höheren Mittelschicht als direkte Resultanten der Auseinandersetzung dieser Schichtangehörigen mit ihren materiellen Lebensbedingungen beschreibt. Ihm ging es damit darum, der klassenspezifischen Angemessenheit des restringierten Sprachgebrauchs gerecht zu werden und ihn nicht, wie Habermas und Oevermann es tun, indirekt als ›Sozialisationsdefizit‹ zu etikettieren.[65]

Bernstein schreibt: »Wenn eine soziale Gruppe aufgrund ihrer Klassenlage, d.h. einer gemeinsamen beruflichen Funktion und eines gemeinsamen Sozialstatus enge interne Bindungen entwickelt hat, wenn die Arbeitsbedingungen wenig Abwechslung und wenig Übung im Treffen von Entscheidungen bieten; wenn Forderungen nicht individuell sondern kollektiv mit Erfolg vertreten werden können; wenn die berufliche Aufgabe in manueller Arbeit statt Planung und Leitung besteht; wenn die Einflußlosigkeit des Mannes am Arbeitsplatz sich zu Hause in autoritäre Machtausübung verwandelt; wenn der Wohnraum eng ist und die Zahl der möglichen Situationen gering ist; wenn die Kinder sich gegenseitig sozialisieren in einer Umgebung, die wenig intellektuelle Anregungen bietet; wenn alle diese Charakteristika zusammentreffen, dann ist die Annahme gerechtfertigt, daß solche sozialen Bedingungen eine spezifische Kommunikationsform hervorbringen, die die intellektuelle, soziale und affektive Orientierung der Kinder bestimmt.«[66]

Was Bernstein für die familialen Sozialisationsformen in der Unterschicht annimmt, nämlich, daß sich hier die Verbalisierung individueller Absichten aufgrund mangelnder Möglichkeiten zur Durchsetzung erübrigen, gilt für die Rollen- und Funktionszuweisungen der unteren Lohnabhängigen im Produktionsprozeß allgemein. Ihre Aufgaben in der Geschichte wie in der Gegenwart machen sie zum Anhängsel der Maschinerie, die ihnen Arbeitsinhalt und Arbeitsrhythmus unerbittlich diktiert. Diese Aufgaben stehen insofern im Widerspruch zum menschlichen Wesen, als sie die für die historische Entfaltung der Produktivkräfte zwar unabdingbare, unter gegebenen Herrschaftsbedingungen aber entmenschli-

[65] Vgl. dazu: B. Bernstein: Der Unfug mit der ›kompensatorischen Erziehung‹. In: B. Bernstein, U. Oevermann, R. Reichwein, H. Roth: Lernen und soziale Struktur, Aufsätze 1965–1970, Amsterdam 1970, S. 34–47. – Freilich neigt Bernstein hier zu einer gefährlichen Ideologisierung der kulturellen Bedeutung des Sprachgebrauchs in der Unterschicht, wenn er die ›kompensatorische‹ Spracherziehung deshalb kritisiert, weil der Sprachgebrauch der Unterschicht wie ein Dialekt zu pflegen sei und die Lehrer sich mit diesem Sprachgebrauch deshalb intensiver auseinanderzusetzen hätten. Er unterschlägt damit die kritikwürdigen Lebensbedingungen, die er an anderer Stelle selbst für den Sprachgebrauch in unterprivilegierten Schichten verantwortlich macht.

[66] B. Bernstein: Ein soziolinguistischer Ansatz zur Sozialisation: mit einigen Bezügen zur Erziehbarkeit in: ders., Studien zur sprachlichen Sozialisation, Düsseldorf 1972, S. 200–231.

chende Zuordnung von geistiger und körperlicher Arbeit zu verschiedenen Teilen des gesellschaftlichen Gesamtarbeiters beinhalten.

Während es für die Angehörigen der privilegierteren Schichten eine Statusfrage ist, sich durch ›Elaboriertheit‹, intellektuelle Leistungen, Kreativität und Geschmack zu behaupten, ist es für die unteren Lohnabhängigen eine Überlebensfrage, ob sie der ›Entmenschlichung‹ ihrer Lebensbedingungen entgegnen lernen, indem sie ihre Bedürfnisse nach Selbstbestätigung und sozialer Anerkennung in die für sie möglichen Formen zu modifizieren bzw. abzuspalten lernen.

Zusammenfassend läßt sich feststellen: Die familialen Interaktions- und Kommunikationsformen in der Unterschichtfamilie spiegeln eine affektive, aber eher ›mechanische‹ (Durkheim) Solidarität, die sich besonders in der vereinfachten Sprachstruktur und dem nichtsprachlichen Symbolismus ausdrückt. Diese Kommunikationsmodi lassen die Absichten des Gegenübers leicht erkennen, zumal ihnen eine angebbare Anzahl von gemeinsamen Interessen, Standpunkten und Leitbildern zugrunde liegt. »Da die Struktur der öffentlichen Sprache im Benutzer das Gefühl einer starken und umfassenden sozialen Bindung verstärkt, legt der Sprechende in einer Reihe von Aktivitäten ein starkes Gefühl der Zugehörigkeit zur Gruppe an den Tag, der Verbundenheit mit ihren Normen und Aspirationen; gleichzeitig neigt er dazu, andere soziale Gruppen auszuschließen oder mit ihnen in Konflikt zu geraten, mit Gruppen, die eine andere sprachliche Form besitzen, die ihrerseits die zahlreichen Implikationen der betreffenden sozialen Struktur symbolisiert und anzeigt.«[67]

Bei Oevermann werden verschiedene Untersuchungen referiert bzw. erwähnt, in denen sich das ›status‹-orientierte ›autoritäre‹ Einstellungssyndrom empirisch nachweisen ließ. Es zeige sich nach Oevermann freilich weniger im politischen Bereich, sondern richte sich gegen Minderheiten und Intellektuelle, woraus geschlossen werden könne, daß es zumindest keine Dispositionen gegen parteiliche Solidarität mit sozial und ökonomisch Gleichgestellten darstellt. Das autoritäre Einstellungssyndrom scheint somit »eher eine Funktion des geringen Erfahrungshorizontes und der undifferenzierten Interpretationsschemata als ein genuines stabiles Persönlichkeitsmerkmal darzustellen«[68].

Auch empirische Ergebnisse von Endleman[69] und Rainwater/Han-

[67] Bernstein: Soziokulturelle Determinanten des Lernens, a.a.O., S. 24.

[68] Oevermann: Schichtenspezifische Formen des Sprachverhaltens ..., a.a.O., S. 307. – Oevermann weist auf folgende empirische Untersuchungen hin: A. Cohen/H. Hodges jr.: Characteristics of the Lower-Blue-Collar Class, in: *Social Problems* 10/1963, S. 303–334; S. M. Lipset: The Political Man. The Social Basis of Politics, New York 1960; S. A. Stoufferer: Communism, Conformity and Civil Liberties, New York 1955; L. Lipsitz: Working Class Authoritarianism, in: *Am. Soc. Rev.* 30, S. 103–109, A Re-Evaluation.

[69] R. Endleman: Moral Perspectives of Blue-Collar-Workers, in: A. B. Shostak/W. Gomberg (eds.), Blue-Collar World: Studies of American Worker, Englewood-Cliffs New Jersey 1964, S. 308 bis 316.

del[70] erstaunen nach den vorangegangenen Erörterungen nicht; sie erbrachten, daß die typische Charakterstruktur des Unterschichtangehörigen sich durch rigide Moralvorstellungen auszeichnen, die auf projektiver Abwehr von Bedürfnissen beruhen dürften, sich vornehmlich gegen impulsiv-genußsüchtige Ausschweifungen richtet und besonders rigide Vorstellungen im Bereich der Sexualität aufweist. Die Schwierigkeiten, gerade in politischen und sozialen Fragen abstrakt zu denken und analytisch vorzugehen, zwingen dazu, moralische und auch politische Probleme zu personalisieren, statt ihre Hintergründe aufzuspüren. Es handelt sich hierbei um kognitive Eigenschaften, die strategisch zur Informationspolitik der Massenmedien benutzt werden und diese wiederum bestärken.
Daß in den Interaktionsprozessen der Unterschichtfamilien die affektive Zusammengehörigkeit so stark betont wird und als Kommunikationsmittel im Vordergrund steht, stellt sich allein nach bürgerlichen Bemessungskriterien als ›kognitives Defizit‹ dar. Leicht wird aus dem Versagen von kompensatorischen Sprachtrainingsprogrammen kurzgeschlossen, daß die Entfaltung der Intelligenz bzw. der kognitiven Fähigkeiten strukturell oder gar erblich bedingt unaufhebbar gehemmt sei, wenn übersehen wird, welche Funktion die Sprachstile und das Interaktionsverhalten unterprivilegierter Lohnabhängiger für die Erduldung der benachteiligenden gesellschaftlichen Realität erfüllen. Verbal vermittelte emotionale Zuwendungen und verbale Selbstdarstellungen haben in den sozialen Bezügen der Unterschicht objektiv kaum die Rolle für das gegenseitige Verständnis wie in der ›bildungsbeflissenen‹ und ständig zur Selbstdarstellung gedrängten Mittelschicht.
Sind elaborierter Sprachgebrauch und die Fähigkeit zur Selbstdarstellung und Rollendistanz eine sicherlich wesentliche Disposition zur reflexiven Erfassung sozialer Situationen, damit aber auch zur kritischen Durchdringung politischer Vorgänge, so werden sie, wie Bernstein zu bedenken gibt, durch die spezifischen Wertvorstellungen, die in der Mittelschichtsozialisation mit ihr Hand in Hand gehen, in der Regel neutralisiert.
Angehörige der Mittelschicht, die durch Adaption eines elaborierten Sprachstils bzw. differenzierter verbaler Planungsstrategien die Dispositionen zur kritischen Reflexion erlangen, übernehmen aufgrund ihrer ›person‹-orientierten Sozialisationsbiographie in der Regel ein festgefügtes, verinnerlichtes Wertsystem, das die erworbene Flexibilität sofort wieder systemgerecht funktionalisiert. Da nach Bernstein die Mittelschichtssozialisation zu einer in der Denkstruktur begründeten Ambiguität hinsichtlich der Möglichkeiten sozialer Identitätsfindung führe, die immer die Gefahr des Orientierungsverlustes impliziere, komme es reaktiv zur Übernahme radikal geschlossener Wertsysteme. Während die Priori-

[70] L. Rainwater/G. Handel: Changing Family Roles in the Working Class, in: ebd., S. 70–75.

sierung individueller Gefühle also aufgrund der damit verbundenen prinzipiellen Ignoranz gegenüber gesellschaftlichen Problemen dazu geeignet ist, Herrschaftsverhältnisse wirksam zu stabilisieren, läßt eine durch rigide Statusappelle und imperative Kontrollen gekennzeichnete Sozialisation die Möglichkeit offen, das als aufgezwungen erfahrene Wertsystem kollektiv bekämpfen zu *lernen*.

Empirische Untersuchungen, die belegen wollen, daß die sich in bestimmten Strategien verbaler Planung ausdrückenden ablehnenden Einstellungen gegenüber den Normen des kapitalistischen Gesellschaftssystems noch kein wirksames Mittel darstellen, um offensiv gegen das bestehende Wertsystem anzugehen, besagen daher lediglich, daß die individuell reflektierende Auseinandersetzung mit der herrschenden und beherrschenden Realität kein Mittel zur politischen Veränderung darstellt.

Was Oevermann anmerkt: »Ausgestattet mit einer wenig individuierten personalen Organisation und einer geringen Entscheidungsautonomie, wehrt man sich gegen Veränderungen und ist ihnen doch vergleichsweise hilflos ausgeliefert. So finden wir im subkulturellen Milieu der Unterschicht einen ausgeprägten Traditionalismus auf der einen und die unkritische Übernahme von Modeerscheinungen der Kulturindustrie auf der anderen Seite«[71], darf nicht vergessen lassen, daß die rigide Normenübernahme in der Unterschicht aus einem realen Zwang zur Assimilierung folgt.

Liegen also die Schutzfunktionen eines restringierten Sprachgebrauchs in seiner Eigenschaft, Gruppensolidarität partikular zu festigen, so wird damit gleichzeitig ein schlechter Status quo geschützt. Die sich im Sprachstil niederschlagenden Dispositionen zur Priorisierung von Gruppengefühlen bezeichnen die Grenzen dieser Kommunikationsform, wo es darum ginge, die Ursachen des schlechten Status quo zu benennen und aktiv anzugreifen. Oskar Negt bemerkt dazu lakonisch, daß es für die unterprivilegierten Lohnabhängigen eben »keinen anderen Weg der Aufhebung der Entfremdung als durch das volle Bewußtsein der Entfremdung hindurch«[72] geben kann.

Dieses Bewußtsein ist jedoch nicht individuell reflektierend zu erlangen, sondern setzt kollektiv-solidarische Aktionen im Produktionsprozeß als dem eigentlichen Ort sozialer Unterdrückung voraus. Nur in solchen Aktionen kann dem einzelnen ersichtlich werden, daß Solidarität erst als über die Privatsphäre hinausweisende und als organisierte zu politischen Veränderungen im Interesse der Lohnabhängigen führen wird.

[71] Oevermann: Schichtenspezifische Formen des Sprachverhaltens..., a.a.O., S. 307.

[72] O. Negt: Soziologische Phantasie und exemplarisches Lernen, überarbeitete Neuausgabe, Frankfurt 1971, S. 57.

### c) *Schichtspezifische Wertorientierungen und Leistungsmotivationen im familialen Erziehungsprozeß*

Den unterschiedlichen materialen Lebensperspektiven der Angehörigen der unteren und der mittleren sozialen Schichten entspricht eine scheinbar subjektive Vergegenwärtigung von Zeit, die einen unterschiedlichen Index qualitativer Veränderbarkeit trägt.[73] Besonders bei den unteren Lohnabhängigen, deren berufliche Lage keinen Aufstieg ermöglicht, impliziert dieser Index, daß qualitative Veränderungen der Lebensbedingungen nur noch vom Schicksal, beispielsweise durch einen Hauptgewinn in der Lotterie, erhofft werden können. Eine qualitative Veränderung des Lebens, die als motivierende Zukunftsperspektive sozialen Aufstieg und finanzielle Besserstellung beinhalten müßte, wird in der Unterschicht notwendig dem individuellen Zugriff entzogen gesehen.

Wie eine amerikanische Untersuchung erbrachte, schlägt sich schon bei Schulkindern dieser unterschiedliche Index entsprechend nieder. So zeigte sich, daß Aufsätze von Kindern aus der Mittelschicht längere Zeiträume erfaßten als von Schulkindern unterer Schichten.[74]

Allerdings darf daraus nicht geschlossen werden, daß in der Unterschicht Planungverhalten völlig fehlt. Vielmehr ist im Bereich der familistisch-privaten Daseinsfürsorge »auch in Arbeiterfamilien Planungsverhalten verbreitet. Es bleibt jedoch strikt in diesem Bereich und tangiert nicht mögliche vertikale Mobilität im beruflichen Status und im Bildungsniveau der Kinder.«[75]

Die tägliche Erfahrung des unteren Lohnabhängigen, daß der Ereignisgehalt seines Lebens kaum positiv manipulierbar ist, steht im Widerspruch zu der Ideologie individualistischer Aufstiegs- und Konkurrenzorientierung als Basis sozialer und wirtschaftlicher Erfolge, die gleichwohl auch für ihn Geltungszwang besitzt. Solche Doppeldeutigkeit schlägt sich lähmend in seiner Motivationsstruktur nieder. Richtet sich der Lohnabhängige in der unteren Position am Arbeitsplatz nach der individualistischen Aufstiegsorientierung, so wird er ständig mit der Erfolglosigkeit seiner Ambitionen konfrontiert. Solange er aber in die bürgerliche Vorstellung verstrickt ist, seine Reproduktionsbedingungen individuell verbessern zu müssen, bleibt sein Denken und Handeln trotz dieser Erfahrungen notwendig den Normen des bestehenden Leistungs- und Belohnungssystems verhaftet.

Der von Oevermann systematisch erforschte Indikator für Normenrigidität in der Unterschicht, »die autoritäre, auf Einhaltung

[73] Einen umfassenden Überblick zum Verhältnis von Planungsverhalten und Schichtzugehörigkeit bietet die Arbeit von G. Kasakos: Zeitperspektive, Planungsverhalten und Sozialisation. Überblick über internationale Forschungsergebnisse, München 1971.

[74] L. L. Leshan: Time Orientation and Social Class, in: *Journal Abn. of Sociology and Psychology*, Vol. 47/1952, S. 589–592.

[75] K. Mollenhauer: Sozialisation und Schulerfolg, in: Begabung und Lernen, Stuttgart 1971, S. 271. – Mollenhauer weist auf die Arbeit von S. Grimm: Die Bildungsabstinenz der Arbeiter, München 1966, hin.

äußerer Normen dringende Disziplinierung«[76], wird erst völlig verständlich, wenn berücksichtigt wird, daß die widersprüchliche Lebenssituation, in der sich besonders die unteren Lohnabhängigen befinden, eine individuell reflektierende Entfaltung von Aufstiegsambitionen ad absurdum führt: Wohlverhalten, Fleiß, Strebsamkeit können zwar kurzfristig innerhalb bestimmter, nicht überschreitbarer Grenzen zu einer materiellen besseren Stellung führen, beseitigen langfristig gesehen aber nicht die Gefahr der Arbeitslosigkeit und der Dequalifizierung. Oppositionelles, kritisches Verhalten dagegen wird sofort, und zwar in existenzbedrohender Form, sanktioniert.

In dieser Lage sind rigide Handlungsnormen und eine lethargische Grundhaltung das einzige Mittel, um ein Minimum an Handlungsbereitschaft und Handlungsfähigkeit aufrechtzuerhalten.[77]

Hack und Neuendorff vergleichen dementsprechend die psychosoziale Lage der unteren Lohnabhängigen mit der in der Psychiatrie für schizophrenegene Familienbeziehungen formulierten Hypothese der ›double-bind‹-Situation. Die allgemeinen Merkmale dieser Situation lassen sich folgendermaßen umreißen:

1. Das Individuum ist in eine intensive Beziehung verstrickt; d. h. in eine Beziehung, in der es ihm lebenswichtig erscheint, welche Art von Botschaft ihm vermittelt wird, um richtig auf sie zu reagieren.

2. Das Individuum bekommt nun von der Bezugsperson zwei Arten von Botschaften, die sich gegenseitig aufheben. (Beispielsweise widerspricht die mimische Botschaft der verbalen.)

3. Das Individuum kann sich aus bestimmten Gründen mit den ausgedrückten Botschaften nicht kritisch auseinandersetzen.[78]

Die Analogien, die sich von diesen Merkmalen zu der ähnlich intensiv auf das Individuum wirkenden Form seiner materiellen Reproduktion ziehen lassen, verdeutlichen, warum die unteren Lohnabhängigen in der Regel eine weniger reflexive, steuernde Haltung gegenüber ihrem Handeln, also kaum ein autonomes Ich im bürgerlichen Sinn entwickeln können. Sie sind gezwungen, ihre sozioökonomische Situation passiv zu rezipieren, und verhalten sich dementsprechend sowohl ihren eigenen Bedürfnissen wie den bürgerlichen Normen gegenüber in einer rigiden, Interpretationen ihrer Lage abwehrenden Weise.

Inwiefern der Vergleich mit der psychologischen ›double-bind‹-Situation mehr als illustrativen Charakter haben könnte, läßt sich an dieser Stelle nicht nachprüfen. Jedoch legen die empirischen Befunde, die zeigen, wie Sozialisationsmuster ›naturwüchsig‹ aus dem psychischen Reflex der Schichtangehörigen

[76] Oevermann: Schichtenspezifische Formen des Sprachverhaltens..., a.a.O., S. 309.

[77] Vgl. dazu die Ausführungen über die manipulative Indienstnahme des Konflikts zwischen Ich und Es, zwischen Realitätsprüfung und Triebbedürfnissen in Kap. II.2., S. 37 ff.

[78] J. H. Weakland: Double-Bind. Hypothese und Dreierbeziehung, in: G. Bateson, D. D. Jackson u. a., Schizophrenie und Familie, Frankfurt 1969, S. 222 f.

auf ihre sozioökonomische Lage entstehen, nahe, die Intensität und Prägekraft des psychischen Einflusses der materiellen Reproduktionsbedingungen mit der Prägekraft primärer Liebeskontakte gleichzustellen.
Wie empirische Untersuchungen über Erziehungsleitwerte ergaben, dominieren den unterschiedlichen Zukunftsperspektiven in der Unter- und der Mittelschicht entsprechend in der Unterschicht eher gegenwartsorientierte, in der Mittelschicht eher zukunftsorientierte erzieherische Wertvorstellungen.
Als Indikatoren für die Ausrichtung an Verhaltensmustern, die Bedürfnisaufschub zugunsten späterer reicherer Belohnung oder aber eher den Wunsch nach Sofortbefriedigung beinhalten (deferred gratification pattern – immediate gratification pattern[79]), sind bei Kindern verschiedener Schichtzugehörigkeit folgende Verhaltensweisen unterschieden worden:
Schüler der Unterschicht prügeln sich häufiger, geben ihr Taschengeld leichtsinniger aus, interessieren sich weniger für Schulbildung und weiterführende Ausbildung, streben möglichst baldige finanzielle Unabhängigkeit von den Eltern an und trachten nach direkter Sexualbefriedigung. Wie Untersuchungen ergaben, gestalten sich die Beziehungen der werktätigen Jugendlichen zu Mädchen »in der Regel sehr locker und oberflächlich. Der flirtende Jugendliche ist nicht in der Tiefe seines Gemüts ergriffen. Seine Annäherungsversuche sind mehr oder weniger vorübergehender Art.«[80]
Schüler, die aus der Mittelschicht stammen, teilen sich ihr Taschengeld genauer ein, unterdrücken eher ihre sexuellen Bedürfnisse oder sublimieren die ihnen häufig unerklärlichen pubertären Gefühlswallungen in romantische Formen (Malen, Gedichteschreiben), sind mit längerer finanzieller Abhängigkeit von den Eltern einverstanden und haben verhaltene, eher aggressionsgehemmte Kommunikationsformen.[81]
Die schichtspezifischen Erziehungsstile, die solches Verhalten fördern, kennzeichnen sich folgendermaßen:
Für die familiale Erziehungspraxis der Unterschichten allgemein ist, wie schon ausgeführt wurde, ein Syndrom von Verhaltensweisen typisch, das durch ein hohes Maß an Konformitätstendenzen, Kontrollierungen und Disziplinierungen gekennzeichnet werden kann, wogegen Prinzipien wie Selbständigkeit, Selbstkontrolle, Unabhängigkeit von der Beeinflussung durch andere, Wißbegierde und Kreativität nur eine verschwindend geringe Rolle spielen.[82]
Mütter der Unterschicht verlangen von ihren Kindern signifikant häufiger, daß sie ordentlich und sauber sind und gute Manieren

[79] L. Schneider, S. Lysgaard: The Deferred Gratification Pattern. A Preliminary Study, in: *Am. Soc. Review,* 18, S. 142–149.
[80] Spandl, a.a.O., S. 59. [81] Vgl. dazu Rolff, a.a.O., S. 50.
[82] Vgl. Mollenhauer, a.a.O., S. 280.

zeigen. Dabei greifen sie schnell zum Mittel körperlicher Züchtigung, wobei zum Anlaß der Bestrafung eher die Folgen einer Handlung dienen als die dahinter verborgene Absicht. Sanktionen haben daher eher den Charakter von Vergeltungsmaßnahmen als das Ziel, Lernprozesse beim Kind in Gang zu setzen.

Erziehungsprinzipien wie Selbständigkeit, Selbstkontrolle etc. sind demgegenüber bezeichnend für die aufstiegs- und zukunftsorientierte Erziehungskonzeption in den mittleren Schichten. Die in diesem Sinn entfalteten kognitiven Fähigkeiten bei Kindern fördern virtuell auch die in Kap. III.3.b. formulierte ›kognitive‹ Dimension gesellschaftlichen Bewußtseins. Freilich werden diese Dispositionen in der Mittelschicht im Dienste von Gratifikationsangeboten und Erfolgserwartungen vermittelt, die die transzendierende Kraft intellektueller Fähigkeiten wieder einengen, wenn nicht gar völlig verschütten. Je besser das Kind der Mittelschichten die von der Leistungsgesellschaft geforderten Persönlichkeitsmerkmale entwickelt und den Normen des Systems genügt, desto mehr Gratifikationen hält dieses bereit. Kognitive Dispositionen zur Einsicht in die politische und ökonomische Bedingtheit der Gesellschaft sind somit zugleich Dispositionen für die positive Identifikation mit der herrschenden Leistungs- und Konsumideologie.

Zur Illustration der übergreifenden These, daß die familialen Wertorientierungen in der Kindererziehung von der schichtspezifischen Berufserfahrung der Eltern, bzw. der Stellung des Familienvorstandes im Produktionsprozeß bestimmt werden, sei eine empirische Studie von Pearlin und Kohn[83] referiert, in der Erziehungsprinzipien von Mittel- und Unterschichtseltern im Vergleich zwischen Italien und den USA untersucht wurden. Die Autoren benutzen als Maßgröße für die Zugehörigkeit eines Menschen zu einer Schicht das Ansehen und die Anerkennung, die sein Beruf in den beiden Ländern jeweils besitzt. In Pretests hatte sich nämlich herausgestellt, daß die Prestigebesetzung eines Berufes in beiden Ländern der Zuordnung zu einer sozialen Schicht äquivalent ist: In beiden Ländern werden Unternehmer, Manager, Akademiker, höhere und mittlere Beamte zur Mittelschicht gezählt, gelernte, angelernte und ungelernte Arbeiter dagegen zur Unterschicht.

Einkommenshöhe und Bildungsniveau wurden in beiden Ländern schichtunabhängig verschieden bewertet und erwiesen sich deshalb als Unterscheidungsmerkmal für die Schichtzugehörigkeit als nicht geeignet. Insofern war es nicht leicht, darauf aufbauend eine Äquivalenz der Maßgrößen für die elterlichen Erziehungsprinzipien zu erlangen.

[83] L. I. Pearlin, M. L. Kohn: Social Class, Occupation and Parental Values. A Cross-National Study, in: *Am. Soc. Review*, 31, S. 466-479; vgl. ferner: M. L. Kohn: Social Class and Parental Values, in: *Am. J. o. Soc.*, 64, S. 337–351; M. L. Kohn: social Class and Parent-Child-Relationship. An Interpretation, in: *Am. J. o. Soc.*, 68, S. 471–480.

Die in den USA gemachte Umfrage ergab, daß Mittelschichtseltern das Erziehungsprinzip ›self-control‹ sehr hoch bewerten, ferner eine an der Selbststeuerung des Kindes und der Entfaltung seiner Individualität ausgerichtete Erziehung erstreben und viel Wert auf frühe Selbständigkeit legen. Im Gegensatz dazu werden Kinder der unteren Schichten in den USA selten selbständige Entscheidungen gewährt, wenn sie auch früh dazu angehalten werden, im Haushalt zu helfen und die berufstätige Mutter zu entlasten, indem z. B. ältere Geschwister Aufsichtsfunktionen übernehmen. Die Testergebnisse von Pearlin und Kohn bestätigen, daß die Eltern der Unterschicht häufiger strikte Anpassung an nicht weiter begründete Vorschriften verlangen.
Die Autoren hatten nun folgende Fragen an ihre Studie:
- Ist die Beziehung zwischen sozialer Schichtzugehörigkeit und elterlichen Erziehungsprinzipien in Italien ebenso stark wie in den USA (trotz aller Unterschiede in Geschichte, Kultur und materiellen Bedingungen des Lebens)?
- Ist insbesondere die hohe Bewertung von Gehorsam der Eltern der unteren Schichten ein Ergebnis der spezifischen Lebensbedingungen in den USA oder ist die Notwendigkeit der Anpassung an äußere Autoritäten so in die Lebensbedingungen der Unterschicht eingebaut, daß sogar unterschiedliche politische, soziale und ökonomische Bedingungen nichts daran ändern, daß Eltern der Unterschicht ihre Kinder zur Anpassung an äußere Vorschriften erziehen?
- Wenn in beiden Staaten eine ähnliche Beziehung zwischen sozialen Klassen und elterlichen Erziehungsprinzipien besteht, in welchem Umfang ist das auf die typischen Unterschiede in der beruflichen Erfahrung der Eltern aus der Mittelschicht und der Eltern aus der Unterschicht zurückzuführen?

Der Test in Italien, der wie in den USA mit Eltern von Kindern der 5. Schulklasse durchgeführt wurde, ergab, daß die Arbeiter in beiden Ländern die Erziehungsprinzipien ›Gehorsam‹ und ›Ordentlichkeit‹ höher bewerten als bürgerliche Eltern. ›Selbstkontrolle‹, ›Zuverlässigkeit‹, ›Glück‹ und ›Rücksichtnahme‹ wurden von der Mittelschicht beider Länder jedoch jeweils höher bewertet als von den Arbeitern. Insgesamt ergab sich für fast alle Wertvorstellungen der Eltern eine weitgehende Identität der Bewertungen innerhalb ihrer Schicht. In Italien zeigte sich, ähnlich wie in den USA, die Differenz zwischen Unterschicht und Mittelschicht am deutlichsten bei der Bewertung der Erziehungsprinzipien ›Gehorsam‹ und ›Selbstkontrolle‹. Nach den Ergebnissen dieses Tests müssen diese als Werte betrachtet werden, die den wesentlichen Unterschied zwischen den erzieherischen Wertvorstellungen der beiden Schichten ausmachen.
Die Überzeugung, sich bestehenden Autoritäten unterwerfen zu müssen, ist folglich nicht nur ein Phänomen der amerikanischen

unterprivilegierten Schichten, sondern tritt ebenso in anderen Industriestaaten in der Unterschicht gehäuft auf.
Dafür bietet sich folgende Begründung an: Die Berufe der Mittelschicht erfordern im allgemeinen ein größeres Maß an Selbststeuerung, während Arbeiter sowie kleine Angestellte in der Regel die von anderen entwickelten und diktierten Anforderungen erfüllen müssen. Aufgrund des hohen Stellenwertes, den der Beruf, die materielle Reproduktion eines Menschen, in seinem Leben einnimmt, werden die im Beruf gestellten Verhaltenserwartungen ›verinnerlicht‹ und damit in persönliche Normen umgewandelt. Auch das gesellschaftliche Prestige eines Berufes beeinflußt das soziale Bewußtsein und die Erziehungsprinzipien des Berufs entscheidend. Aus dem Zwang besonders des unteren Lohnabhängigen, seine Arbeit instrumentell zu definieren, da sie inhaltlich nicht befriedigt, und keine gesellschaftlichen Gratifikationen in Form von Aufstiegschancen dafür geboten werden, folgt eine formale Angleichung an die beruflichen Zwänge; ›Gehorsam‹ als Erziehungswert muß in dem Zusammenhang als Reflex auf die Unausweichlichkeit der beruflichen Situation verstanden werden. Zwang zur Unterordnung unter den Rhythmus der Maschine, körperlicher Einsatz zur Sicherung des reibungslosen Ablaufes des Arbeitsvollzuges, Anpassungsdruck, der aus der Austauschbarkeit am Arbeitsplatz entsteht, all dies erfordert ein hohes Maß an äußerem Anpassungswillen. Unter gegebenen Bedingungen wird dieser Anpassungswille beim Nachwuchs eben im Rahmen der familialen Sozialisation erzieherisch als Eigenwert reproduziert.
Aus der weiteren genaueren Analyse von Pearlin und Kohn ergibt sich, daß die Trennung zwischen Angestellten- und Arbeiterberufen in ihren Konsequenzen für die Wertorientierungen in der Erziehung nicht klar genug durchgehalten werden kann, was die hier zugrunde gelegte Auffassung bestätigt, daß die Entwicklung des Verwertungsprozesses für den Status der Lohnabhängigkeit eine gewisse Nivellierung bestimmter Arbeiterberufe und unterer Angestelltenberufe bewirkt.
Um die subjektivistische Unterscheidung von Erziehungswerten nach der Prestigebesetzung eines Berufes durch objektivere Kriterien fundieren zu können, setzten Pearlin und Kohn ihre Ergebnisse schichtspezifischer Verteilung des Erziehungswertes ›Gehorsam‹ und ›Selbstkontrolle‹ zu drei freilich schichttypischen Merkmalen der Arbeitsplatzsituation in Beziehung:
1. Grad der Überwachung einer Person am Arbeitsplatz;
2. Typus der Arbeit, die hauptsächlich verrichtet wird (körperliche Arbeit, Umgang mit Gegenständen – Umgang mit Menschen, nervlich, geistig anstrengende Arbeit);
3. Maß an ›self-reliance‹, d. h. das Maß an Selbstvertrauen, Intelligenz, Verantwortungsbewußtsein und Berufsethos, das ein Beruf erforderlich macht.

Die Auswertung dieser Korrelationen ergab: Je mehr ein Mann am Arbeitsplatz überwacht wird (typisch für niedere manuelle Tätigkeiten, für Fließbandarbeit, halbautomatisierte Prozesse), desto mehr tendiert er zum Erziehungsprinzip ›Gehorsam‹, je unabhängiger und verantwortungsbewußter er in seinem Beruf handeln muß, desto höher bewertet er ›Selbstkontrolle‹ als Erziehungsprinzip. Dies gilt sowohl für in die Mittelschicht wie in die Unterschicht eingestufte Berufstätige. Väter der Mittelschicht bewerten in diesem Sinn den Gehorsam mit nur 5 Prozent weniger als die vergleichbaren Berufstätigen der unteren Schicht. Die Beziehung zwischen beruflicher Überwachung und dem Erziehungsprinzip ›Gehorsam‹ ist freilich bei den Vätern der Unterschicht signifikanter, da sie nahezu alle einer starken Kontrolle am Arbeitsplatz unterworfen sind.
Zweites Korrelationsmerkmal war, ob am Arbeitsplatz eher mit Menschen oder eher mit Gegenständen umgegangen werden muß. Die meisten Berufe der Unterschicht verlangen aber Arbeit an und mit Gegenständen, die manuell tätigen Lohnabhängigen müssen sich dem Produktionsablauf und der an anderer Stelle ausgearbeiteten Arbeitsorganisation unterwerfen. Umgang mit Menschen bei der Arbeit und intellektuelle Beanspruchung sind dagegen eher Kriterien für Mittelschichtsberufe, sie zeichnen sich vor allem durch größere Dispositionsfreiheit am Arbeitsplatz aus.
Die Auswertung der Korrelation von Arbeitstypus und Erziehungsprinzipien zeigte für beide Schichten nahezu übereinstimmende Ergebnisse. Arbeit mit Gegenständen führt sowohl in der Mittelschicht wie in der Unterschicht zu einer hohen Bewertung des Erziehungsprinzips ›Gehorsam‹; umgekehrt führt in beiden Schichten die Arbeit, die Umgang mit Menschen beinhaltet, zu einer Entscheidung für das Erziehungsprinzip ›Selbstkontrolle‹. Was bedeutsam ist: Väter der Unterschicht, die mit Gegenständen zu tun haben, bewerten den Gehorsam noch um 20 Prozent höher als die Väter dieses Berufstypus in der Mittelschicht.
Für das dritte Merkmal, ›self-reliance‹, ergab die Auswertung, daß die Väter, deren Berufe wenig ›self-reliance‹ beanspruchten, dem Erziehungsprinzip ›Gehorsam‹ zuneigen, während Berufe mit einem hohen Anforderungsgrad an self-reliance‹ zu einer höheren Bewertung von ›Selbstkontrolle‹ führen.
Hohe berufliche Anforderungen erzeugen also, unabhängig davon, ob mit Gegenständen, Menschen oder geistig gearbeitet wird, in beiden Schichten eine Neigung zu dem Erziehungsprinzip ›Selbstkontrolle‹. Bei geringen beruflichen Anforderungen neigen dagegen Angehörige beider Schichten unabhängig vom Typ der Arbeit zum Erziehungsprinzip ›Gehorsam‹. Männer, die hauptsächlich mit Gegenständen arbeiten und Beschäftigungen haben, die geringe berufliche Anforderungen stellten, bewerten Gehorsam am höchsten und Selbstkontrolle am geringsten. Auf der an-

deren Seite bewerten Männer, die geistig arbeiten und an die hohe berufliche Anforderungen gestellt werden, Selbstkontrolle am höchsten und Gehorsam am geringsten. Daraus ergibt sich, daß diese beiden beruflichen Kriterien unabhängig voneinander sowie kumulativ wirken. Ein gleiches Ergebnis zeigt der Vergleich der Wirkungen der beruflichen Überwachung mit den anderen beiden Kriterien der Berufe.

Den kumulierenden Effekt der beruflichen Kriterien beweisen die Autoren durch eine weitere Auswertung der Daten. Sie stellten die Zahlen der Männer der Mittel- und Arbeiterschicht gegenüber, die gleiche berufliche Erfahrungen (gleiche berufliche Kriterien) aufwiesen. Bei diesem Vergleich ergab sich eine Übereinstimmung in der Bewertung des Erziehungsprinzips Selbstkontrolle durch beide Schichten, während der ursprüngliche Vergleich, der die beruflichen Kriterien nicht berücksichtigte, einen Unterschied von 17 Prozent zwischen den Schichten ergab.

Die beruflichen Erfahrungen beider Berufsgruppen, die in dieser Untersuchung durch die drei beschriebenen Kriterien bestimmt wurden, erklären also weitgehend die schichtspezifische Bewertung der Erziehungsprinzipien ›Gehorsam‹ und ›Selbstkontrolle‹.

Wichtig im Zusammenhang mit den angeschnittenen Fragen nach den politischen Anpassungsleistungen der Familie erscheint vor allem jenes Resultat der Untersuchung, das die erzieherische Vermittlung von Gehorsam und Selbstkontrolle nicht als instrumentelles Mittel zur Durchsetzung beruflicher Ziele ausweist, sondern als Weitergabe allgemeingültiger Tugenden. Pearlin und Kohn versuchten dies zu belegen, indem sie zeigten, daß diese Erziehungsprinzipien für Söhne und Töchter ähnliche Geltung besitzen, obwohl von Töchtern längst nicht vergleichbare Formen beruflicher Karriere verlangt werden. Die Erziehungswerte Gehorsam und Selbstkontrolle zeigen sich damit als nicht aus der Einsicht in pädagogische Wahrheiten gewonnen, sondern als Folge der den Eltern selbst abverlangten Verhaltensformen.

Was in der empirischen Umfrage als bewußter erzieherischer Wert erfragt werden muß – gerade standardisierten Interviews ist ja nur direkt Bewußtes zugänglich – stellte sich in der Faktorenanalyse als Moment sekundärer (beruflicher) Sozialisation heraus.

In einer anderen amerikanischen Untersuchung, die die Auswirkungen spezifischer Verhaltensorientierungen auf den Schulerfolg zum Thema hatte[84], wurden folgende Typen der Verhaltensorientierung klassifiziert:

1. passivistische versus aktivistische Orientierung;

[84] B. C. Rosen, R. D'Andrade: The Psychosocial Origins of Achievement Motivation, in: *Sociometry* 1959, 22, S. 185–218.

2. gegenwartsbezogene versus zukunftsbezogene Orientierung;
3. familistische versus individualistische Orientierung.

Die Studie ergab, daß die signifikant größere Anzahl von aktivistisch, zukunftsbezogen und individualistisch eingestellten Kindern aus der Mittelschicht kam und daß diese Verhaltensorientierungen positiv mit dem Leistungsstreben dieser Kinder korrelierte, während sich die gegenteiligen Typenkombinationen eher in der Unterschicht fanden.

Die Logik solcher statistischen Häufungen wird erst nach näherer Erläuterung dieser drei gegensätzlichen Paare von Verhaltensorientierungen klar: Mit dem Typus 1 galt es, das Ausmaß zu erfassen, in dem soziale Instanzen und Gruppen das Individuum an die Manipulierbarkeit und Veränderbarkeit der Umwelt in seinem Interesse zu glauben veranlassen, überdies, wie verankert die Meinung ist, durch individuelle Anstrengung den eigenen Status verbessern zu können. Mit dem Typus 2 sollte die Tendenz zur Sofortbefriedigung von Bedürfnissen (immediate gratification pattern) oder aber zu Bedürfnisaufschub zugunsten später erreichbarer größerer Befriedigungen (deferred gratification pattern) gemessen werden (s. o.). Typus 3 beanspruchte zu erfassen, mit welcher affektiven Intensität ein Individuum an seine Familie und sein Herkunftsmilieu gebunden ist, bzw. ob es der Pflege familialer Kontakte eher ablehnend gegenübersteht.

Die Klassifikation dieser Verhaltenstypen ist mit der in sie eingehenden Konzeption einer individuellen Aufstiegsorientierung (deren Dimensionen es nur quantitativ zu messen gelte, um einen Index für die Leistungsorientierung und damit die objektiven Lebensperspektiven eines Menschen zu gewinnen) so vom Raster individualistischer Leistungsideologie geprägt, daß die schichtspezifisch gehäuften Ergebnisse dieser Untersuchung nurmehr zum Beweis der subjektiven Konsequenzen objektiver sozioökonomischer Benachteiligung der unteren Schichten dienen können.

Mollenhauer folgend sei dieser vom bürgerlichen Erkenntnisinteresse konsequent auf die psychologische Ebene verschobene Begründungsversuch unterschiedlicher Bildungsaspirationen auf seine materielle Basis gestellt: Der Zusammenhang von Bildungsmotivationen, Werten, Aufstiegsaspirationen und tatsächlichem Bildungsweg muß nämlich ergänzt werden durch den Hinweis, »daß die Werte keinesfalls als unabhängige Variablen betrachtet werden sollen. Vielmehr stellen sie zwar einen sehr einflußreichen Faktor im Sozialisationszusammenhang dar, sind ihrerseits aber abhängig vom sozioökonomischen Status derer, für die sie gelten, und damit von deren objektiven Aufstiegs- und Bildungschancen.«[85] Die Verhaltensorientierungen der Unterschicht ent-

[85] Mollenhauer, a.a.O., S. 272.

schleiern sich auf dieser Grundlage als resignative Antwort auf eine auswegslose Situation.
Dementsprechend muß auch für westdeutsche Verhältnisse angenommen werden, daß sich in den verschiedenen sozialen Schichten Erziehungsprozesse abspielen, die sich ähnlich unterschiedlich wie in den USA auf die subjektiven Chancen der Beteiligung am Bildungsangebot auswirken. Untersuchungen in der BRD, die sich mit dem Problem der Bildungsabstinenz in der Unterschicht[86] befaßten, ergaben: »Auch die deutsche Unterschicht ist an Werten der äußeren Einordnung orientiert. Ähnlich wie die amerikanische Unterschicht verhält sie sich familistisch, zeigt ein niedriges Aspirationsniveau und kaum das, was Rosen als ›Zukunftsorientierung‹ bezeichnet hat.«[87]
Gestützt auf die Ergebnisse der ›Cross-National-Study‹ von Pearlin und Kohn (s. o. S. 195) kann davon ausgegangen werden, daß ein vergleichbarer Stand der Vergesellschaftung industrieller Arbeit wie die Konzentration des Privateigentums an Produktionsmitteln in kapitalistischen Ländern ähnlich divergierende Erziehungsprinzipien und Wertorientierungen in den Familien der unteren und der gehobenen Schichten mit sich bringt.
Untersucht man erzieherische Praktiken, die zu hoher Leistungsmotivierung bei Kindern führen[88], auf ihre *Realisierungsbedingungen*, so zeigt sich, daß allgemein Kindern von Eltern privilegierter sozialer Schichten bevorzugte Chancen haben, eine leistungs- und bildungsmotivierte Persönlichkeit zu entwickeln.
Hoch leistungsmotivierte Kinder werden von ihren Müttern bereits vom 3. Lebensjahr an zu Selbständigkeit und Tüchtigkeit erzogen. Entscheidend sind dabei die Unterstützung der Selbständigkeit beim Lösen schwieriger Spielprobleme wie eine gezielte Auswahl der kindlichen Kommunikationsformen und -möglichkeiten, nicht jedoch der Erwerb von reinen Routinefertigkeiten zur Entlastung der Mutter. Anforderungen letzterer Art werden von Kindern eher als massive Unterdrückung ihrer eigenen Interessen erfahren und haben daher eine ablehnende Haltung zu diesen Tätigkeiten und ihren wissensmäßigen Voraussetzungen zur Folge.
Auf dem Hintergrund der positiven Selbständigkeitserziehung legen die Mütter den Kindern mehr Beschränkungen in ihren Anlehnungsbedürfnissen und stellen mehr Forderungen als Mütter, denen wenig an der späteren Leistungsorientiertheit ihrer Kinder gelegen ist. Dabei bedarf es geschlechtsspezifischer Differenzierung: Bei Knaben führt ein Verhalten der Mutter, das durch Schutz und geringe Kontrolle in den ersten drei Lebensjahren gekennzeichnet ist, später aber von einem stark leistungsansspornen-

[86] Vgl. S. Grimm: Die Bildungsabstinenz der Arbeiter, München 1966; W. Strzelewicz, H. D. Raapke, W. Schulenberg: Bildung und gesellschaftliches Bewußtsein. Eine mehrstufige soziologische Untersuchung in Westdeutschland, Stuttgart 1966.
[87] Mollenhauer, a.a.O., S. 280.
[88] Vgl. dazu B. Caesar: Autorität in der Familie, Frankfurt 1972, S. 113ff.

den Erziehungsverhalten gefolgt ist, zu unmittelbarem und andauerndem Leistungsverhalten. Dem Mädchen gegenüber ist ein solches Verhalten schon vor dem 3. Lebensjahr angebracht, da es eher dazu tendiert, die frühkindliche Dependenz zur Mutter aufrechterhalten zu wollen (geschlechtsspezifisches Problem der Kongruenz von Liebes- und Identifikationsobjekt).
Selbständigkeit kann hier also schon in den ersten drei Jahren gezielt dosiert vorangetrieben werden. Liebevolle Zuwendung nach erfolgreichen Handlungsversuchen und ein neutrales Verhalten nach Mißerfolgen stärken freilich den Leistungseifer des kleinen Jungen wie des kleinen Mädchens. Wird Leistungseifer als selbstverständlich hingenommen und werden nur Mißerfolge getadelt und sogar bestraft, führt dies zu einer Schwächung der kindlichen Leistungsmotivationen und führt zu einer Haltung, die eher auf die Vermeidung von Mißerfolgen als auf die Erringung von Erfolgen gerichtet ist.
Der Grund dafür wurde oben schon als durch die besonderen Lern- und Identifikationsbedingungen beim Kleinkind bedingt angegeben (vgl. Kap. IV.1.a.; V.3.a.). Der hier beschriebene, Leistungsmotivationen optimierende Erziehungsstil, läßt als ›induktiver‹ eine positive Identifikation mit den Erziehern zu, bewirkt also, daß ganze leistungsorientierte Verhaltensmuster und Einstellungen übernommen, ›zu eigen‹ gemacht werden.
Das väterliche und das mütterliche Vorbild der Identifikation haben dabei verschiedene Funktionen für die motivationalen Strukturen des Kindes: während ein distanziertes, wohlwollendes Verhalten des Vaters die Identifikation mit ihm fördert, ist von der Mutter aufgrund ihrer objektiven Funktionen als primäres Liebesobjekt ein aktives, bestätigendes Verhalten notwendig, das die Selbständigkeitsbestrebungen des Kindes unterstützt, ohne den Eindruck beim Kind zu erwecken, es werde fortgestoßen. Nur so werden regressive Fixierungen auf die Mutter verhindert.
Grundsätzlich ist leistungsmotivierendes Erziehungsverhalten deshalb eher in den mittleren Schichten anzutreffen, weil die Eltern hier mehr Zeit, Ruhe und Raum haben, sich um der Entfaltung der kindlichen Persönlichkeit willen mit ihren Kindern zu beschäftigen. Nicht zu trennen davon ist die Tatsache, daß die Eltern aufgrund gesellschaftlicher Positionen, die von ihnen selbst Leistung und Erfolge verlangen, vorab geeignetere Identifikationsobjekte sind, als Eltern der Unterschicht.
Das wird, wenn auch nur implizit, belegt durch eine Studie von Rehberg und Sinclair[89], die auf die Bestätigung der Hypothese ausgerichtet war, daß die Entfaltung kindlicher Leistungsmotivierung nicht allein von kognitiven Impulsen der primären und sekundären Sozialisationsinstanzen abhänge, sondern vor allem

[89] Vgl. R. A. Rehberg, J. Sinclair, F. Schafer: Adolescent Achievement Behaviour, Family Authority Structure and Parental Socialization Practives, in: *American Journal o. Sociology* 1969, 75, S. 1012–1034.

auch von der Kontinuität des elterlichen Leistungstrainings sowie von einem partnerschaftlichen ›demokratischen‹ Erziehungsklima.

Die Autoren stellten mit Hilfe von Korrelationen aus Befragungsergebnissen über das angestrebte Ausbildungsziel ihrer Probanden fest:

- Die Höhe des Ausbildungszieles hängt von der Häufigkeit des elterlichen Leistungstrainings ab, das Unabhängigkeitstraining hat keinen Einfluß auf das Ausbildungsziel.
- Zwischen der Häufigkeit des Leistungs- und Unabhängigkeitstrainings konnten nur schwache Schichtabhängigkeiten festgestellt werden.
- In Familien mit demokratischem Erziehungsklima treten Leistungstraining und Belohnungsverhalten häufiger auf als in Familien mit autokratischem Erziehungsklima.
- Der positive Effekt von Belohnungsverhalten und Leistungstraining wird durch autoritäre Vater-Sohn-Beziehungen abgeschwächt. Hier stellte sich eine Schichtabhängigkeit heraus: autokratische Vater-Sohn-Beziehungen tauchen häufiger in der Unterschicht auf.

Diese Ergebnisse beschreiben zwar ziemlich eindeutig die Resultate spezifischer Erziehungspraktiken, geben aber keinen Aufschluß über die materiellen Ursachen für unterschiedliches Leistungstraining und autokratisches Erziehungsklima und leugnen sogar bereichsweise die Gravidität dieses Zusammenhangs.

Das für Bildungs- und Leistungsmotivierung kaum förderliche Erziehungs- und Kommunikationsklima in der Unterschicht wird deutlich illustriert durch den heute wie vor hundert Jahren gültigen Unternehmerstandpunkt, den Alfred Krupp schon 1877 seinen Arbeitern klarmachte: »Genießt, was euch beschieden ist. Nach getaner Arbeit verbleibt im Kreise der Eurigen, bei den Eltern, der Frau und den Kindern und sinnt über Haushalt und Erziehung nach. Das sei eure Politik, dabei werdet ihr frohe Stunden erleben [...] Höhere Politik treiben erfordert mehr Zeit und Einblick in die Verhältnisse als dem Arbeiter verliehen ist.«[90]

Bildungsinteressen, die nicht allein als motivationale Konsequenz einer gezielten familialen Erziehungspraxis, sondern vor allem realer Erfolgserlebnisse und Aufstiegschancen zu werten sind, müssen von den unteren Lohnabhängigen ignoriert oder abgelehnt werden, um das aus ihrer sozioökonomischen Lage resultierende widersprüchliche Verhältnis zwischen gesellschaftlichen Leistungsnormen und gesellschaftlichen Gratifikationen individuell ertragbar zu machen.

Die skeptischen Argumente, die in der Unterschicht gegen den praktischen Nutzen von Bildung (nach der hier zugrunde liegenden Auffassung eine wichtige Disposition der kognitiven Dimen-

[90] Zit. bei H. Feidel-Mertz: Zur Ideologie der Arbeiterbildung, Frankfurt 1972, S. 110.

sion politischer Bewußtwerdung) bestehen und sich in der Kindererziehung ungebrochen fortsetzen, finden für die Lohnabhängigen ihre Rechtfertigung in der Erfahrung, daß der berufliche Werdegang und die beruflichen Möglichkeiten mit dem 30. Lebensjahr kaum noch in positivem Sinn beeinflußt werden können, dagegen aber mit Dequalifizierung und Lohnrückstufungen gerechnet werden muß.

Zwar könnten, wie Negt ausführt, diese frühkindlichen bildungsfeindlichen Lernmuster in der Unterschicht in der Praxis durch kollektive politische Kampfsituationen korrigiert und durch die Bewußtwerdung kollektiver Interessen neutralisiert werden. Wo daher »bei isolierten sprachsoziologischen und entwicklungspsychologischen Untersuchungen das Gewicht der Interessen übersehen würde, müßte ein unaufgeklärter Widerspruch zwischen der im Zusammenhang mit der Erziehung festgestellten Anfälligkeit für autoritäres Verhalten, Konformismus, prozeßloses Denken und dem tatsächlichen geschichtlichen Verhalten der Arbeiterklasse bleiben. Trotzdem sind die den frühkindlichen Lernmustern zugrunde liegenden Mechanismen (der die Lernmotivation für Bildung bestimmende Zusammenhang zwischen Gesellschaftsbild und Bildungsvorstellung hängt eng mit den klassenspezifischen Internalisierungsprozessen zusammen) wirksam, solange es noch Klassengesellschaften gibt.«[91] Allerdings fehlen gegenwärtig im allgemeinen die von Negt angesprochenen, in offen sozialrevolutionären Situationen die Bildungsabstinenz und die Sprachbarrieren relativierenden, »sie teilweise neutralisierenden Ursachen«[92] in den industriell fortgeschrittenen Ländern des entfalteten Kapitalismus. Durch subtile Manipulationstechniken wird zumindest in krisenfreieren Zeiten erreicht, die im Zug der Entwicklung der Produktivität notwendig wachsenden intellektuellen Qualifikationsansprüche im Sinne eines sozialpartnerschaftlichen Interessenausgleiches zu kontrollieren.

In welcher Beziehung steht nun prinzipiell ein an Leistungsmotivierung orientierter und auf Selbständigkeit und Entscheidungsfähigkeit zielender Erziehungsstil für die Ausbildung gesellschaftlicher Verantwortlichkeit und kritischen und politischen Engagements?

Wenn auch nicht davon ausgegangen werden kann, daß leistungs- und bildungsmotivierende Erziehung allein schon eine wesentliche Disposition für klassenüberwindende politische Aktivitäten darstellt, so darf nicht übersehen werden, daß Leistungs- und Lernmotivationen, wie das davon nicht zu trennende hohe Ausmaß an Frustrationstoleranz notwendige Bedingungen für eine kontinuierliche, organisierte Auseinandersetzung mit gesell-

[91] Negt, a.a.O., S. 74.
[92] Ebd.

schaftlichen Mißständen sind, die für ihre Erfolge langfristige Spielräume und häufige Fehlschläge einkalkulieren muß.
Freilich wirken andere familiale Sozialisationsmechanismen, die schon beim Kleinkind zu Konkurrenzverhalten und individualistischem Belohnungsinteresse führen (und als schichtspezifisch wirksam angenommen werden müssen, vgl. Kap. IV.1.a.), der spontanen Ausbildung von Motivationen entgegen, sich gegen materielle Benachteiligungen kollektiv-solidarisch zur Wehr zu setzen. Überdies ist das erzieherische Leistungstraining von Eltern der Mittelschicht kein abstraktes pädagogisches Prinzip, sondern, ähnlich wie die zu Anfang referierten erzieherischen Wertvorstellungen, an den Wunsch gebunden, das Kind entweder das Erbe des väterlichen Status oder der elterlichen Statuswünsche antreten zu lassen.
Das Fehlen einer materiellen Basis in den Familien der unteren Schichten macht die erzieherische Vorbereitung auf die Tradierung und Pflege materieller wie geistiger Güter müßig, gibt es doch für den an ein bestimmtes Ausgangsniveau gebundenen sozialen Aufstieg (von der legendären frühkapitalistischen Erscheinung des reichgewordenen Tellerwäschers und der Erscheinung des Nachkriegsspekulanten einmal abgesehen) keine sinnlich erfahrbare Chance. Genau das spiegeln aber die schichtspezifisch unterschiedlichen familialen Wertvorstellungen und Erziehungsprinzipien.
Aus den vorangegangenen Ausführungen folgt:
Präferenzen in den Erziehungsprinzipien nahezu aller Eltern, die besagen, daß auf Verhaltensdispositionen wie Neugier und Wißbegierde in der Regel weniger Wert gelegt wird als auf gute Manieren, Gehorsam, Rücksicht; auf Freiheit von Angst, Kreativität und Originalität weniger Wert als auf Ehrlichkeit, Verantwortungsgefühl und Familienverbundenheit, kommen unabhängig von der Schichtzugehörigkeit zum Ausdruck, wenn sie auch in der Unterschicht noch stärker ausgeprägt sind als in der Mittelschicht. Ihre Hochschätzung sinkt jedoch proportional zu den materiellen Möglichkeiten und dem intellektuellen Niveau einer Familie. Konformistische Tendenzen sind in der Unterschicht deshalb häufiger zu finden, weil der individuelle Verhaltens- und Entfaltungsspielraum dort objektiv eingeschränkt ist.
Mollenhauer schließt daraus für die politischen Konsequenzen familialer Sozialisation: »Elterliche Erziehungsideologie und die ›strategischen Prinzipien‹ einer ›demokratisierten Schule‹ sind nicht kongruent. Die innerfamiliaren Werte und Vorstellungen entsprechen eher einem konservativen Schultypus und damit auch einem Typus des Leistungsverhaltens, der eher in einem statischen als in einem dynamisch-offenen Gesellschaftskonzept funktional wirkt.«[93] Für Kreativität und Risikobereitschaft, für kritisches po-

[93] Mollenhauer, a.a.O., S. 276.

litisches Engagement nützliche und notwendige Verhaltensdispositionen, sind nach den referierten Ergebnissen nur in schichtspezifisch zu lokalisierbarenden Ausnahmefällen geeignete Bedingungen vorhanden.

Zu diesem Schluß kommen auch Liermann und Müller[94], die theoretisch und praktisch versuchten, das Konkurrenz- und Wettbewerbsverhalten, wie es durch die traditionelle Familienerziehung geschaffen wird, durch ›Umlernen‹ und ›Dazulernen‹ der Kinder in der Vorschule zu entkräften bzw. aufzulösen. Sie mußten feststellen, »daß selbst dort, wo objektiv die Möglichkeit zur Zusammenarbeit und zur Aufnahme befriedigender zwischenmenschlicher Beziehungen besteht, häufig die Bereitschaft fehlt, miteinander zu kooperieren; auch läßt die Orientierung auf das Konkurrenzprinzip es häufig gar nicht erst zur Ausbildung der Fähigkeit des Miteinander-Kooperierens kommen«[95].

Insofern als Leistungs- und Lernmotivationen in der kapitalistischen Gesellschaft motivationaler Bestandteil eines vom ›Besitzindividualismus‹ (McPherson) geprägten Normensystems bzw. an die Aussicht auf materielle und statusmäßige Bestätigungen gebunden sind, werden sie sich spontan niemals auf politische Zielsetzungen konzentrieren, die sich gegen dieses Normensystem und die ihm zugrunde liegenden Aneignungs- und Herrschaftsstrukturen richten. Diese für die Mittelschichtsangehörigen besonders zutreffenden Persönlichkeitsmerkmale haben daher per se keine systematische Bedeutung für gesellschaftliches Bewußtsein, sondern können sich erst durch zusätzliche Wissens- und Handlungsimpulse in politische Qualitäten verwandeln. Der Erwerb kritischer politischer Verhaltensweisen beruht ganz überwiegend auf Lernprozessen. »Reifungsprozesse bieten dagegen nur die notwendige Voraussetzung ohne aber das konkrete Verhalten zu formen.«[96]

Förderung von rationaler Wertschätzung von Ordnung und Disziplin, von Selbständigkeit und Offenheit für außerfamiliale soziale Kontakte, Vermittlung von repressionsarmer Geborgenheit und die Erfahrung einer partnerschaftlichen Geschlechtsrollenstruktur – all diese Erziehungsmerkmale weisen als *Lern*bedingungen kooperativer, solidarischer Handlungsbereitschaft auf der Basis demokratischer Entscheidungen auf das Konzept einer antiautoritären Erziehung hin, die freilich auf dem Hintergrund der objektiven Autoritäts- und Leistungsstruktur des kapitalistischen Gesellschaftssystems notwendig luxurierenden, d.h. aber Klassencharakter hat.

Ohne die Politisierung dieser für autonome und urteilskräftige Persönlichkeitsstrukturen wichtigen Reifungsbedingungen durch

[94] L. Liermann, K. Müller: Imitation und Bekräftigung. Lernpsychologische Modelle und Kooperationslernen, in: *betrifft: erziehung* 5/1971.
[95] Ebd., S. 19.
[96] Liermann, Müller, a.a.O., S. 20.

die Vermittlung systemkritischer demokratischer Wissensinhalte und die Ermöglichung organisatorischer Gegenidentifikationen sind die Dispositionen für *kritische* politische Handlungsbereitschaft, die in einer rational konzipierten repressionsarmen Erziehung durchaus eine Grundlage haben, von vornherein in Frage gestellt.

### d) *Schichtspezifische Formen von Abwehr – sozialstrukturelle Tendenzen zu Neurosen und Psychosen*

Der psychoanalytischen Theorie entsprechend stellen Abwehrmechanismen einen unbewußten Reizschutz dar, um die psychophysiologisch bedingten Triebspannungen mit den sozial anerkannten Formen von Triebentladung auszubalancieren. Diese Formen bestimmen sich nach inhaltlichen Ansprüchen an Leistung (Triebaufschub) und Affektkontrolle (Triebhemmung). Sie werden schon im primären Sozialisationsprozeß teils bewußt, teils unbewußt durch die Interaktionen zwischen Familienangehörigen auf das Kind übertragen.
Die Ausbildung von Abwehrmechanismen folgt aus dem zivilisatorischen und ökonomischen Druck, Triebimpulse verdrängen und aufschieben und die äußere Realität je nach ihrer Bedrohlichkeit partiell verleugnen zu müssen. Es kann davon ausgegangen werden, daß der strukturelle Einfluß der ödipalen Dreieckskonstellation der Kleinfamilie mit den durch sie erzeugten affektiven Ambivalenzkonflikten beim Kind hierbei eine wesentliche Rolle spielt (vgl. Kap. IV.2.a.). Die Intensität und die Ausprägung dieses Ambivalenzkonfliktes beim Kind ergibt sich dabei aus der jeweiligen erzieherischen Proportionalität zwischen Gewährungen und Versagungen.
Die daraus resultierende affektive und kognitive Ausprägung der Persönlichkeit hängt also mit der innerpsychischen Ausbalancierung zwischen Triebwahrnehmung und äußerer Wahrnehmung zusammen. Sie erfolgt nach Freud prinzipiell auf zwei Wegen, für die freilich nicht oberflächlich die schichtspezifischen Erscheinungsformen familialer Sozialisationspraxis, sondern – diese steuernd – das grundsätzliche Verhältnis zwischen der Familie als isolierter Verkehrsform und den kapitalistischen Produktionsverhältnissen maßgebend ist (vgl. Kap. III.1.b. und IV.1.).
Der eine Weg, auf dem die Inhalte des Es[97] ins Ich eindringen kön-

[97] Um einer einseitig biologistischen Interpretation zu entgehen, wie sie dem Freudschen Begriff vom Es oder Unbewußten durchaus an manchen Stellen seiner Erörterungen angelastet werden kann, sei darauf hingewiesen, daß die auf Sofortbefriedigung drängenden Triebimpulse des Es in ihrer Erscheinungsform, d. h. in der Form, wie sie psychisch wahrgenommen werden, historisch durch die jeweiligen gesellschaftlichen Angebote für die Triebbefriedigung geprägt sind. Wenn Freud von der Hypothese eines ›archaischen Erbes‹, das sich phylogenetisch in der Triebstruktur der Individuen niedergeschlagen habe, ausgeht, so nur deshalb, weil er sich in seiner Tiefenpsychologie nicht genügend mit den über den Sozialisationsprozeß vermittelten direkten Abhängigkeiten des mensch-

nen, »ist der direkte, der andere führt über das Ich-Ideal und es mag für manche seelische Tätigkeiten entscheidend sein, auf welchen Wegen sie erfolgen. Das Ich entwickelt sich von der Triebwahrnehmung zur Triebbeherrschung, vom Triebgehorsam zur Triebhemmung. An dieser Leistung hat das Ich-Ideal, das ja zum Teil eine Reaktionsbildung gegen die Triebvorgänge im Es ist, einen starken Anteil.«[98]

Wie schon in Kapitel IV ausgeführt wurde, liegen die Bedingungen für die Entwicklung spezifischer Formen der Abwehr und Verdrängung von Konflikten zwischen Triebwünschen und Befriedigungsmöglichkeiten in der primären familialen Sozialisation begründet; durch die jeweiligen aktuellen Lebensbedingungen des Erwachsenen werden sie aber beständig reaktiviert und funktionell bestätigt. Während der Angehörige benachteiligter sozialer Schichten ein psychisches Abwehrsystem aufbauen muß, das im Sinne der Abwehr von Versagungen einer äußeren Realität zu funktionieren hat, die für Triebaufschub kaum Gratifikationen liefert und in einer Weise deklassiert, daß individuell dagegen nichts ausgerichtet werden kann, so geht es für das privilegiertere Individuum eher darum, drängende Triebansprüche aufzuschieben und zu unterdrücken, um den gesellschaftlichen Ansprüchen an Statusbeweise zu entsprechen und die damit verbundenen Gratifikationen zu erlangen.

Zum intensiveren Verständnis dieses psychischen Schutzmechanismus sei noch einmal dargestellt, wie sich die aus bewußt bzw. individuell nicht lösbaren (da auf die psychische Ebene verlagerten) gesellschaftlichen Konflikten entstehenden und zu ihrer Bewältigung in Gang gesetzten Abwehrstrategien ausbilden: Das Ich übt die Funktion der Triebkontrolle aus und weist im Dienste äußerer und verinnerlichter (›Über-Ich‹) gesellschaftlicher Gebote bestimmte Triebe ab. Die von ihrem Triebziel abgelenkte Triebenergie wird nun im Sinne einer psychischen Ausbalancierung durch kompromißhafte Formen von Ersatzbefriedigung absorbiert. Der Prozeß der ›Verdrängung‹ stellt dabei nur einen Spezialfall psychischer Abwehr dar. Andere, logisch nicht eindeutig gleichzuordnende Formen von unbewußten Maßnahmen des Ich gegen das Es sind nach Anna Freud: Regression, Reaktionsbildung, Isolierung, Ungeschehenmachen, Projektion, Introjektion,

lichen Wesens von seiner Gesellschaftlichkeit auseinandersetzte. Hier soll daher die doppelte Bestimmung der Wirkung des Verdrängten auf das Verhältnis von Es und Ich bei Freud gemäß einem materialistischen Konzept von Sozialisationsprozessen nicht (außer durch seine Beeinflussung im ontogenetischen Prozeß) durch das ›archaische Erbe‹ vergangener Epochen bestimmt gesehen werden, sondern für uns ist die doppelte Vermittlung gesellschaftlicher Momente des Verhältnisses von Individuum und Gesellschaft gebunden an die historische Phase des Verhältnissses von privater Aneignung und gesellschaftlicher Produktion. Für diese gilt aber zweifellos, »daß gesellschaftliche Repressionen nicht nur in der Gegenwart auf das Individuum einwirken, sondern auch durch ihre verhärteten Formen, die sich im Es niedergeschlagen haben und über die Phase ihrer Entstehung und damaligen möglichen Funktionalität hinaus wirksam sind.« – Vgl. dazu U. Gerlach: Zur Kritik der psychoanalytischen Sozialpsychologie – Der Antagonismus zwischen Individuum und Gesellschaft bei K. Horn, unveröff. Diplomarbeit an der FU Berlin 1969, S. 60.

[98] S. Freud: Das Ich und das Es, GW XIII, S. 286.

Wendung gegen die eigene Person und Verkehrung ins Gegenteil.[99]
Im Freudschen System fehlt es aber nach Adorno eben »insgesamt an jedem ausreichenden Kriterium für die Unterscheidung der ›positiven‹ und ›negativen‹ Ich-Funktionen, zumal der Sublimierung und Verdrängung. Statt dessen wird von außen her der Begriff des gesellschaftlich Nützlichen oder Produktiven einigermaßen vertrauensselig herbeizitiert. Aber in einer irrationalen Gesellschaft kann das Ich seine ihm selbst von dieser Gesellschaft zugewiesene Funktion gar nicht adäquat erfüllen.«[100]
Ich-Instanzen, die den zivilisatorisch geforderten ›Ausgleich‹ zwischen ihren Über-Ich-Ansprüchen und ihren Triebbedürfnissen produktiv umzusetzen in der Lage sind, stellten aufgrund der objektiv entfremdeten Arbeitsbedingungen kapitalistischer Reproduktion folglich einen klassenspezifisch begrenzten Ausnahmefall dar.
Zur Verdeutlichung sei hier Otto Fenichel zitiert, der die Ich-Funktionen so faßt, daß ein gesellschaftskritischer Zugang zu dem normativen Charakter von ›Ich-Stärke‹ eröffnet wird: »Im Empfang von Wahrnehmungen wie in der Zulassung der Impulse zur Motilität arbeitet es (das Ich. PM) selektiv und wirkt als hemmender Apparat, der seine hemmende Funktion mit Rücksicht auf die Position des Organismus in der Außenwelt ausübt. Um das zu leisten, entwickelt das Ich auch gewisse Fähigkeiten wie die Funktion von Urteil und Intelligenz. Darüber hinaus entwickelt es bestimmte Methoden, die direkte Betätigung abgewiesener Impulse zu hemmen. Das geschieht durch bestimmte Energien, die zu diesem Zweck bereitgehalten werden – durch ›Binden‹ des allein vom Streben nach Entladung geleiteten ›Primärprozesses‹, so daß er zum ›Sekundärprozeß‹ wird. All dies geschieht durch die Bildung eines besonderen Apparates, der von dem Streben beherrscht wird, seine verschiedenen Aufgaben mit einem Minimum von Anstrengung zu erfüllen. Wann ist ein Ich stark? Wenn es diese Funktionen gut und exakt erfüllt. Der Begriff der ›Stärke des Ich‹ ist nicht klar, denn es kann ein Ich geben, das zur gleichen Zeit die eine sehr zuverlässig und gut erfüllt und eine andere schlecht. Ein Ich ist stark, wenn es seine Vorsätze sogar angesichts äußerer Widerstände ausführen kann. Aber ein Ich ist auch stark, wenn es Impulse, die ihm unangenehm sind oder seine Absicht ändern können, erfolgreich hemmen kann.«[101]
Die faktisch widersprüchlichen Statusansprüche an die proletarischen und die bessergestellten Schichten produzieren nicht nur individuelle Formen der Abwehr, vielmehr spielt die Familienkonstellation als die sozial wesentliche Gruppierung der Privatsphäre

[99] Vgl. dazu Adorno: Zum Verhältnis von Soziologie und Psychologie, a.a.O., S. 37.
[100] Ebd., S. 33.
[101] O. Fenichel: Ich-Stärke und Ich-Schwäche (1938), in: O. Fenichel: Aufsätze (Raubdruck), Frankfurt 1972, S. 229.

in der Unterschicht eine systematische Rolle in der Entwicklung von Abwehrmechanismen. Richter sprach in diesem Zusammenhang von der individualpsychologisch nicht faßbaren ›Familienneurose‹ (vgl. Kap. IV.3.c.). Wird die Funktionsfähigkeit solcher familialen Rollenkomplementarität durch unvorhergesehene Einflüsse überfordert, so hat dies je nach der Stabilität des individuellen Abwehrsystems der einzelnen Familienangehörigen leichte bis schwere psychotische Störungen zur Folge.

Wie aus den schichtspezifischen Erziehungsstilen ersichtlich wurde, können Ich-Funktionen am Maßstab normativer ›Ich-Stärke‹ in den Familien der unteren Schichten nur schwach ausgebildet werden. Als Gründe dafür wurden unzureichende Gewährung von Lern- und Sublimationsangeboten sowie Inkonsistenz in der affektiven Zuwendung angeführt. Die Entfaltung von Ich-Stärke, d. h. eines die Ich-Funktionen nicht unnötig hemmend beeinflussenden Über-Ichs, ist in der Unterschicht kritisch; die Verhaltensregeln und Verbote der Eltern können nicht verinnerlicht werden, wenn die libidinösen Angebote der Eltern unberechenbar sind, und das Kind zu aggressiven Identifikationsprozessen gezwungen wird.

In den unteren Schichten besteht daher eher die Gefahr, daß sich die primären Prozesse des Es unmittelbar durchsetzen und – wie es für psychotische Störungen typisch ist – das Ich zu einem narzißtischen Rückzug in eine *Traumwelt* nötigen, sofern es nicht fähig ist, seine Identität zu schützen, indem es Aggressionen in Form von Brutalität, Delinquenz, Vandalismus nach außen richtet. Freud leitet aus den stabilisierenden Aufgaben des Traumes dementsprechend auch die Entwicklung und die Bedeutung psychotischer Symptome her: »Der Schlafzustand stellt eine Abwendung von der realen Außenwelt her, und damit ist die Bedingung für die Entfaltung der Psychose gegeben. Das sorgfältigste Studium der ernsthaften Psychosen wird uns keinen Zug entdecken lassen, der für diesen Krankheitszustand mehr charakteristisch wäre. Aber in der Psychose wird die Abwendung von der Realität auf zweierlei Weise hervorgerufen, entweder indem das Unbewußt-Verdrängte überstark wird, so daß es das an der Realität hängende Bewußte überwältigt, oder weil die Realität so unerträglich geworden ist, daß sich das bedrohte Ich in verzweifelter Auflehnung dem unbewußten Triebhaften in die Arme wirft.«[102]

Wann muß psychologisch davon gesprochen werden, daß die Realität ›unerträglich leidvoll‹ wird?

Gemäß der vorliegenden Auffassung über die Gesellschaftlichkeit des menschlichen Wesens (vgl. Vorbemerkung zu Kapitel IV) wird hier davon ausgegangen, daß alle bewußten und unbewußten Verhaltensformen der Individuen psychisch im Tiefsten von der Angst vor sozialer Diskriminierung und Isolierung gelenkt

[102] Freud: Neue Folge der Vorlesungen zur Einführung in die Psychoanalyse, a.a.O., S. 16.

sind. Diese Angst läßt sich genetisch zurückverfolgen zu der allen Menschen eigenen Erfahrung der Bedrohlichkeit des Entzuges affektiver Zuwendung von seiten der primären Bezugspersonen. Eben in der frühen Kindheit zeigt sich die psychoemotionale Abhängigkeit des Menschen vom Menschen besonders deutlich ausgeprägt.

Es hängt folglich mit dem Wesen der Gefahr des Liebesentzuges zusammen, wenn sich der Angstaffekt in seinen leichteren und schwereren Erscheinungsformen »eine Ausnahmestellung in der seelischen Ökonomie erzwingen kann. Aber die Gefahren sind«, wie Freud hervorhebt, »allgemein menschliche; was wir brauchen und nicht zur Verfügung haben, ist ein Moment, das uns die Auslese der Individuen verständlich macht, die den Angstaffekt trotz seiner Besonderheit dem normalen seelischen Betrieb unterwerfen können oder das bestimmt, wer an dieser Aufgabe scheitern muß.«[103]

Freud lokalisiert dieses Moment in dem ›Geburtstrauma‹ des Menschen, das als erstes Erlebnis bedingungsloser affektiver Abhängigkeit des Menschen vom Menschen zur Entwicklung des Angstgefühls als einem Warnsignal führt. Wenn er auch, in seiner Spezialwissenschaft befangen, vor der systematischen Kritik der angstmobilisierenden materiellen Lebensbedingungen haltmacht, so liefern doch seine Überlegungen Anhaltspunkte für die materialistische These, daß die Tendenzen zur Ausbildung neurotischer und psychotischer Symptome aus der Form zu erklären sind, wie der privat und naturwüchsig ablaufende Prozeß familialer Primärsozialisation – von den aktuellen Lebensbedingungen der Eltern abhängig und die der Kinder wiederum steuernd – die prinzipielle Angst vor sozialem Ausschluß reaktiviert oder dämpft.

Freud selbst kommt freilich über die resignierte Feststellung nicht hinaus: »Gegen die Wiederkehr der ursprünglichen traumatischen Angstsituation bietet endlich auch das Erwachsensein keinen zureichenden Schutz; es dürfte für jedermann eine Grenze geben, über die hinaus sein seelischer Apparat in der Bewältigung der Erledigung heischenden Erregungsmengen versagt.«[104]

Die psychoanalytisch orientierte Schizophrenieforschung nimmt an, daß schon in der präödipalen Phase die Dispositionen für psychotische Störungen geschaffen werden: »Zu Beginn des Lebens ist die Libido völlig auf das rudimentäre Selbst konzentriert. Diese libidinöse Phase nennt Freud den *primären Narzißmus;* sie ist identisch mit der Entwicklungsstufe, die als primäre Identifikation bekannt ist. Zwischen dem Selbst und der Umwelt gibt es zunächst keine Grenzen. Erst wenn solche Grenzen auftauchen und sich befestigen, wendet sich die Libido nach außen und sucht Objekte außerhalb des Selbst. Das erste Objekt des Säuglings ist sein Körper.

[103] Freud: Hemmung, Symptom und Angst, a.a.O., S. 181.
[104] Ebd., S. 180.

Die mütterliche Brust wird von ihm noch nicht als etwas Getrenntes erlebt, sondern als Ausweitung des eigenen Körpers; erst allmählich stellt sich eine feste Beziehung zur Mutter als einem von ihm verschiedenen Individuum her.«[105]
Wenn anerkannt wird, daß die Mutter als wesentliches Liebesobjekt das Triebschicksal des Säuglings in der oralen und analen Phase steuert, so muß die Form des affektiven Kontaktes der Mutter zu ihrem Kind in diesen Phasen auf ihre schizophrenegenen Tendenzen hin untersucht werden: »Die Untersuchung über die Mütter schizophrener Patienten zeigt eindeutig, daß die Einstellung der Mutter zum Kind wesentlich feindselige Züge trägt«[106]; die Mutter muß sich aber um der Ausbildung dessen, was Spitz ›Urvertrauen‹ nennt, »als überwiegend positives Objekt darstellen, damit das Kind in der Folgezeit die böse und gute Vorstellung von der Mutter zu einer Einheit integrieren kann, um sich dann in der nächsten Entwicklungsphase selbst als einheitliches Objekt wahrnehmen zu können.«[107]
Untersuchungen in den USA über den Zusammenhang zwischen psychischen Erkrankungen und sozialer Schichtzugehörigkeit[108], denen unter anderem die Hypothesen zugrunde lagen, daß die Verbreitung von (erfaßten) Geisteskrankheiten signifikant von der Stellung des Kranken in der Schichtstruktur abhängt und der Typus der diagnostizierten psychischen Erkrankungen in engem Zusammenhang mit der Schichtstruktur steht, ergaben, daß die

*Tabelle V/1:*

| Schicht | Population in % | |
|---|---|---|
| | Psychiatrische | Normale |
| I | 1 % | 3 % |
| II | 7 % | 8,4 % |
| III | 13,7 % | 20,4 % |
| IV | 40,1 % | 49,8 % |
| V | 38,2 % | 18,4 % |

*Tabelle V/2:*

| Schicht | Neurosen | Psychosen |
|---|---|---|
| I–II | 65 % | 35 % |
| III | 45 % | 55 % |
| IV | 23 % | 77 % |
| V | 9 % | 91 % |

[105] T. Freeman, J. L. Cameron, A. McGhie: Studien zur chronischen Schizophrenie, Frankfurt 1970, S. 37.
[106] M. Neumann-Schönwetter: Zur Bedeutung familialer Objektbeziehungen für die Genese der Schizophrenie, unveröff. Diss., Berlin 1972, S. 100.
[107] Ebd., S. 100.
[108] Vgl. dazu A. B. Hollingshead, F. C. Redlich: Social Stratification and Schizophrenia, in: *American Soc. Review*, vol. 19 No. 3, S. 302 ff.; J. A. Clausen, M. L. Kohn: Schizophrenia and the Structure of a Small Town, Public Health Report 72, New York 1957, S. 578 ff.; dies.: Social Isolation and Schizophrenia, in: *American Soc. Review*, vol. 20, 1955. – Zur kritischen Rezeption dieser Ergeb-

Kranken in den untersten Schichten stark überrepräsentiert waren (vgl. Tabelle V/1) und daß in den Unterschichten psychotische Erkrankungen der Psyche überwogen, während in den oberen Schichten neurotische Erkrankungen der Psyche vorherrschten (vgl. Tabelle V/2).

In der ›New Haven Study‹[109] wurden von der 230000 Einwohner zählenden Bevölkerung alle Personen untersucht, die sich zwischen dem 31. 5. und 1. 12. 1950 in psychiatrischer Behandlung befanden. Das Sample bestand aus 1891 Personen. Zusätzlich wurde eine repräsentative Stichprobe (5 % der Gesamtbevölkerung) als Kontrollgruppe erhoben. Schicht I: Akademiker in leitenden Positionen; II: Mittleres Management; III: Angestellte; IV: Facharbeiter, konsolidierte Einwanderer; V: an- und ungelernte Arbeiter, im wesentlichen auch Slumbevölkerung.

Setzt man die Ergebnisse der ›New Haven Study‹ in Beziehung zu der These von Clausen und Kohn (1957), daß die Ursachen für psychische Erkrankungen am ehesten in der Familie zu suchen seien, so läßt sich folgern, daß die soziale Faktorenkonstellation, die für die Familien der unteren Schichten bestimmend ist, eher spezifisch pathogene Kommunikationsmuster und sozialtypische Abweichungen von psychischer ›Normalität‹, d. h. aber für die Psychiatrie: klassenspezifische Arbeitsfähigkeit und Arbeitsbereitschaft (vgl. Kap. II.2.)[110] erzeugt, als diejenige anderer Schichten.

Wie oben ausgeführt wurde, neigen die Familien in der Unterschicht aufgrund des materiellen und sozialen Drucks (vgl. Kap. V.2.) sowie der in ihnen herrschenden Kommunikationsmodi (vgl. Kap. V.3.c.) strukturell zur Ausbildung schizophrener Störungen und zur Übertragung dieser Anlagen auf ihre Kinder.

nisse vgl.: H. Berndt: Zur Soziogenese psychiatrischer Erkrankungen, in: *Soziale Welt* 19/1968; R. Wolff, K. Hartung: Psychische Verelendung und die Politik der Psychiatrie, in: *Kursbuch* 28 (Das Elend mit der Psyche I: Psychiatrie), S. 18ff.

[109] Die Ergebnisse der ›New Haven Study‹ sind referiert bei A. B. Hollingshead, F. C. Redlich: Social Class and Mental Illness, New York 1958; J. K. Myers, B. H. Roberts: Family and Class Dynamics in Mental Illness, New York 1959; J. K. Myers, L. L. Bean: A Decade later: A Follow-up of Social Class and Mental Illness, New York 1968.

[110] T. W. Adorno bemerkt zu der psychiatrischen Klassifikation von Neurosen und Psychosen, die den amerikanischen Untersuchungen, wie z. B. der ›New Haven Study‹ zugrunde liegt, aus ihr folge die »praktisch-therapeutische Absurdität«, daß je nachdem die Abwehrmechanismen durchbrochen oder gestärkt werden sollen: »Bei Psychotikern sei die Abwehr zu pflegen, bei Neurotikern zu überwinden. Bei jenen soll die Abwehrfunktion des Ichs das Instinktchaos und den Zerfall verhindern, und man begnügt sich mit ›supportive therapy‹. Bei den Neurosen hält man an der herkömmlich-kathartischen Technik fest, weil hier das Ich mit dem Trieb fertig werden könne. Diese ungereimte dualistische Praxis setzt sich hinweg über die von der Psychoanalyse gelehrte prinzipielle Verwandtschaft zwischen Neurosen und Psychosen. Wenn man sich wirklich ein Kontinuum zwischen Zwangsneurose und Schizophrenie vorstellt, ist nicht zu verantworten, dort auf Bewußtwerden zu drängen und hier zu versuchen, den Patienten ›funktionsfähig‹ zu erhalten, und ihn vor der größten Gefahr zu behüten, was andererseits als das Rettende angesprochen wird. Rechnet man neuerdings die Ich-Schwäche zu den wesentlichen neurotischen Strukturen (Herrmann, Nunberg: Ichstärke und Ichschwäche. In: Internationale Zeitschrift für Psychoanalyse, XXIV Bd. 1939), so scheint ein jedes Verfahren fragwürdig, welches das Ich noch weiter beschneidet.« [...] Die Psychoanalyse »zieht sich aus der Affäre, indem sie den wohlhabenden Patienten, der es bezahlen kann, langwierig kathartisch behandelt, den armen aber, der schnell wieder erwerbsfähig werden muß, bloß psychotherapeutisch stützt – eine Zweiteilung, die aus dem Reichen einen Neurotiker macht und aus dem Armen einen Psychotiker. Dazu paßt die Statistik, welche Korrelationen zwischen Schizophrenie und niedrigem sozialen Status nachgewiesen hat (Hollingshead u. Redlich: Social Stratification and Schizophrenia).« (Adorno: Zum Verhältnis von Soziologie und Psychologie, a.a.O., S. 41f.)

Merkmale der akut-reaktiven Schizophrenen (Fragmentierung der Erfahrung; gestörte Wahrnehmungs- und Kommunikationsmöglichkeiten; Identitätsdiffusion, sobald die familiale Sozialorganisation verlassen wird oder sich als brüchig offenbart) kennzeichnen tendenziell die psychische Verfassung der Mehrzahl der Angehörigen unterprivilegierter Schichten, für die die Familie bekanntermaßen den wesentlichen sozialen Bezugsrahmen darstellt.
Gemäß dem Versuch von Hack und Neuendorff, die zu schizophrenen Störungen führende innerpsychische ›double-bind‹-Situationen als den die Bewußtseinslage einer Klasse bestimmenden Faktor zu wenden, kann der psychische Reflex der Mitglieder auf ihre Familiensituation in der Unterschicht wohl zu Recht als *prinzipiell* schizoid bezeichnet werden. Resultiert doch in diesen Familien ähnlich wie in den Familienbezügen Schizophrener[111] das Verhalten des einzelnen häufig aus Anforderungen, die an der familialen Herrschaftsorganisation und nicht an dem Interesse an der Entwicklung von Individualität ausgerichtet sein müssen.
Aufgrund jener von Bernstein als ›status‹-orientiert bezeichneten Kommunikationsstrukturen (vgl. Kap. V.3.c.) wird die Interaktion häufig vom subjektiven Erleben und Empfinden abgespalten und erzeugt damit zum einen Aggressionen, die sich zu Eigenwerten verselbständigen, darüber hinaus aber die Tendenz zu psychotischen Störungen (von Freud als das Resultat eines Konflikts oder einer »Störung zwischen dem Ich und der Außenwelt«[112] beschrieben), die zu der Entwicklung von »affektivem Stumpfsinn, d. h. dem Verlust allen Anteiles an der Außenwelt tendieren«[113].
»Die gemeinsame Ätiologie für den Ausbruch einer Psychoneurose oder Psychose bleibt immer die Versagung, die Nichterfüllung eines jener ewig unbezwungenen Kindheitswünsche, die so tief in unserer phylogenetisch bestimmten Organisation wurzeln. Die Versagung ist im letzten Grunde immer eine äußere; [...] Der pathogene Effekt hängt davon ab, ob das Ich in solcher Konfliktspannung seiner Abhängigkeit von der Außenwelt treubleibt, oder ob es sich vom Es überwältigen und damit von der Realität losreißen läßt.«[114]
Da die Primärbeziehungen in der Unterschicht für ihre Angehörigen den relevanten kommunikativen Rahmen bilden, ihnen ihre Identifikationsmöglichkeiten vermitteln und den einzigen, potentiell stabilisierenden Ausgleich für die entfremdete Tätigkeit im Produktionsprozeß und die ständige Arbeitsplatzunsicherheit darstellen, nimmt nicht wunder, daß Störungen oder gar Aufkündigungen der Kommunikationsmuster beim betroffenen Individuum akut-schizophrene Panik und innere Desorganisation entstehen lassen können.

[111] Vgl. dazu Bateson, Jackson, Haley u. a., a.a.O.
[112] S. Freud: Neurose und Psychose, GW XIII, Frankfurt [7]1972, S. 387.
[113] Ebd., S. 389.
[114] Ebd., S. 390.

Dispositionen zu psychotischen Zusammenbrüchen werden bei Unterschichtskindern mit hoher Wahrscheinlichkeit durch ein Familien- und Erziehungsklima geschaffen, in dem die kollektiven Interaktionsmuster nicht ausgebildet werden oder aber zerstört zu werden drohen: ein psychotisch gestörter Elternteil; eine matriarchalische Herrschaftsstruktur; ein hohes Maß an elterlicher Strafbereitschaft und Brutalität; versteckte oder offene Ablehnung der Mutter den Kindern gegenüber; weiterer Statusverlust oder Verschlechterung der materiellen Lebensbedingungen; dies alles sind Faktoren, die empirisch aufweisbar bei psychotischen Ich-Störungen eine wesentliche Rolle gespielt hatten. Für ein Kind, das diesen Einflüssen schutzlos ausgeliefert ist, produzieren sie also mit Sicherheit die Anlagen für einen psychotischen Zusammenbruch.
Freilich hängt es in hohem Maß von der späteren sozialen Situation des Kindes ab, ob diese Anlagen zum Ausbruch kommen. Es ließen sich durchaus emotional korrigierte Bedingungen vorstellen, durch die die psychotischen Dispositionen zurückgedrängt und in ihrer Latenz belassen werden könnten.
Einige amerikanische Psychosenforscher bieten zur Erklärung psychotischer Symptomhäufungen die sogenannte ›drift‹-Hypothese an. Psychotische Störungen entstünden demnach aus einer Diskrepanz zwischen der erhofften und der erreichten Statusposition; insbesondere dort zeigten sich Symptombildungen, wo der erreichte gesellschaftliche Status niedriger sei als der ›zugeschriebene‹. »Die Befunde der amerikanischen empirischen Studien legen die These nahe, daß Statusinkonsistenz auf jeden Fall psychologischen Streß bedeutet, der nach Jackson hauptsächlich bei Abwärtsmobilität physiologisch und psychosomatisch beantwortet wird, im Fall einer Aufwärtsmobilität jedoch zu liberalerer politischer Einstellung führen kann.«[115]
In diesem Sinn versuchten Myers und Roberts[116] mit Hilfe der Begriffe ›press‹ (Anforderungen der äußeren Umwelt) und ›stress‹ (Anforderungen der psychischen Struktur) das Versagen von Patienten in den gesellschaftlich geforderten Rollen und Identifikationen zu beschreiben. Wenn Frustrationen und Aufstiegserwartungen allerdings als Ursache psychotischer bzw. schizophrener Erkrankungen angenommen werden sollen, wie Myers und Roberts das intendieren, so muß mit Heide Berndt problematisiert werden, in welchen Schichten Statusdiskrepanzen überhaupt eine wesentliche Rolle spielen und welche Sozialisationstechniken zu Statusstreben führen. Das weist unweigerlich auf die induktiven leistungsorientierten Erziehungsstile der Mittelschicht hin, sowie auf deren historisch berechtigte, in der Gegenwart aber durch die objektiven Tendenzen zur Vergesellschaftung der Arbeit (und der

[115] Berndt: Zur Soziogenese psychiatrischer Erkrankungen, a.a.O., S. 39.
[116] Myers, Roberts, a.a.O.

damit verbundenen Verproletarisierung großer Teile des alten Mittelstandes) häufig hart enttäuschten Aufstiegserwartungen.

Es scheint also kritisch, die starke Häufung schizophrener Symptome und schwerer Geisteskrankheiten in der Unterschicht mit dieser Hypothese erklären zu wollen, denn hier kann Aufstiegsstreben aufgrund der faktisch verwehrten Aufstiegsmöglichkeiten und der davon beeinflußten familialen Erziehungsstile nicht die von Jackson angenommene Rolle spielen. Ein angemessener Erklärungsversuch für die Häufung schwerer psychischer Störungen in der Unterschicht muß die Vermittlung zwischen den schichtspezifisch verschiedenartig aufeinandertreffenden ›stress‹-, vor allem aber ›press‹-Faktoren in ihrer Dynamik zu begreifen suchen. Das hieße die Faktorenkonstellation feststellen, die im einzelnen die im Sozialisationsprozeß erworbenen Abwehrmechanismen nicht mehr ausreichen läßt, um neu auftretende Konflikte zu verarbeiten. Aus dem psychisch wie real wirksamen Druck sozioökonomisch zu analysierender Leistungsansprüche, der die Angst privilegierter wie nichtprivilegierter Erwachsener vor sozialer Isolierung und Ablehnung nährt, lassen sich schichtentypische psychische Konfliktformen ableiten: während in der Unterschicht zum Beispiel eher Konflikte zwischen angestauten Aggressionen und normativen moralischen Ansprüchen der Umwelt typisch sind, dominieren in der Mittelschicht Konflikte zwischen Ehrgeiz, verinnerlichten Leistungsansprüchen und der Furcht zu versagen.[117]

Miller und Swanson kamen in ihrer Untersuchung zu dem bestätigenden Ergebnis, daß nicht die Art der elterlichen Gehorsamsanforderungen bestimmte Abwehrmechanismen in Gang setzt, sondern daß die Gehorsamsforderungen in der Unterschicht und in der Mittelschicht eine unterschiedliche Basis haben. Während Gehorsamsforderungen (auch willkürlicher Art) aufgrund der engen affektiven Bindung an die Eltern in der Mittelschicht zur Folge haben, daß die daraus entstehenden Aggressionen nach innen gelenkt und in Schuldgefühle verwandelt werden, besteht ein eher entgegengerichteter Trend in der Unterschicht. Die Autoren schließen daraus, daß sich die beiden Schichten weniger in ihren moralischen Standards unterscheiden als in dem Druck, den diese Standards auf sie ausüben und ihrer Fähigkeit, sie kontinuierlich einzuhalten.

Daß sich die moralischen Standards nicht unterscheiden können, sondern nur in etwas anderer Akzentsetzung verbreitet sind, ist freilich eine Trivialität. Schon Marx wies darauf hin, daß die Kultur wesentlich von den Verhaltensidealen der Schicht bestimmt ist, die die Mittel zur materiellen Produktion zu ihrer Verfügung hat. Sie disponiere allein »über die Mittel zur geistigen Produktion, so daß ihr damit zugleich im Durchschnitt die Gedanken de-

[117] D. R. Miller, G. E. Swanson: Inner Conflict and Defense, New York 1966.

rer, denen die Mittel zur geistigen Produktion abgehen, unterworfen sind«[118].
Angesichts der in den unteren Schichten besonders drohenden Gefahr, mangels stabiler, integrierter Ich-Funktionen wie realer sozialer Bestätigungen Identitätsverlusten zu unterliegen, erstaunt es nicht, wenn Unterschichtsangehörige zu einer Überbewertung männlicher Stärke und zu ausgeprägter Aggressivität und Brutalität neigen. Als pathologisch klassifizierte Züge der ›peer groups‹ in der Unterschicht, wie sie zum Beispiel die Aggressionsrituale der Rockergruppen repräsentieren, stellen eine Form psychischer Abwehr gegenüber gesellschaftlichen Normen dar, deren Befolgung aufgrund der Lebenschancen der Unterschicht nicht einzuhalten sind. Die daraus resultierenden Machtlosigkeits- und Hilflosigkeitsgefühle können, wenn sie nicht masochistisch gewendet werden sollen, nur mit Aggressivität abgewehrt werden. Wie gezeigt wurde, wird für diese Verhaltensform schon in der Primärsozialisation der Unterschichten die Grundlage geschaffen.
Heide Berndt erklärt entsprechend die ausgeprägte geschlechtsspezifische Rollendifferenzierung in den unterprivilegierten Schichten, die dortige Bewunderung für Manifestationen körperlicher Stärke und Gerissenheit mit der klassenspezifischen Gefährdung der männlichen Rolle durch drohende Arbeitslosigkeit und unqualifizierte Betätigungsmöglichkeiten, welche sich von der Frauenarbeit durch nichts außer durch körperliche Kraft unterscheiden lassen.
Im Gegensatz dazu entspricht dem gesellschaftlichen Anspruch an die Ausbildung von Ich-Stärke (individueller Leistungsstärke und -bereitschaft) und tief verinnerlichten Moralvorstellungen in der Mittelschicht ein Abwehrsystem mit häufig zwangsneurotisch oder ängstlich bzw. durch vorsichtige Skepsis gekennzeichneten Problemlösungsstrategien für psychosoziale Konflikte. Freilich ist der gesellschaftliche Druck, der auf den Individuen dieser Schicht lastet, auch sublimer: nicht die direkte Unterworfenheit unter materielle Härten, sondern ›soziale Kontrolle‹ verlangt hier von den Individuen Anpassungsleistungen, die die Ausbildung ›feingliedriger‹ (Raspe) Persönlichkeitsstrukturen zum inneren Befehl werden läßt. Gilt doch derjenige von vornherein innerhalb seines sozialen Milieus als ›outcast‹ oder ›misfit‹, dem nicht Kultur- und Bildungsbeflissenheit, gute Manieren; prestige-orientiertes Auftreten, ›Herzensbildung‹ bei gleichzeitigem scharfen Kalkulationsvermögen oder Gerissenheit, Entrüstung über Verbrechen und Perversionen und der sichtbare Wille zur Anpassung an die gängigen Modeerscheinungen von vornherein anzumerken sind.
Die für die Mittelschichtsangehörigen typischen Abwehrmechanismen verhindern den Wunsch nach direkter Bedürfnisbefriedigung, wobei die unterdrückten Impulse objektiv und subjektiv im

[118] Marx: Deutsche Ideologie, a.a.O., S. 373.

Dienste künftiger Gewinnchancen und Gratifikationsangebote stehen. Wiederholt sich die Erfahrung, daß die Belohnung für Triebaufschub und Triebverdrängung ausbleibt, bleiben also Erfolgserlebnisse aus, so kann dies zu neurotischen Zusammenbrüchen führen. In diesem Fall könnte die ›drift‹-Hypothese von Jackson Anwendung finden.

Die sozialisationstheoretische Auffassung, daß die Pathologie des einzelnen dem sozialen System entspreche, in dem er seine Persönlichkeitsstruktur ausgebildet habe, daß die Randbedingungen eines pathogenen Familiensystems aber mit den labilen Persönlichkeitsstrukturen der Eltern gesetzt seien, die damit innerhalb des gegebenen institutionellen Rahmens nur unzureichend für das ›Rollenhandeln‹ (Habermas) qualifiziert seien[119], belegt zwar in ihrer Bezugnahme auf die schwach ausgebildeten Ich-Funktionen der Eltern in der Unterschicht die dortige Tendenz zu psychotischen Erkrankungen, beinhaltet aber einen normativen Begriff von Ich-Stärke, der als eine nach bürgerlichen Kriterien gewonnene psychologische Kategorie den Angehörigen der Unterschicht bei der Lösung ihrer sich psychisch spiegelnden materiellen Konflikte nicht nützen kann.

Die ›ich-schwache‹ Charakterstruktur wurde weiter oben als Resultat der widersprüchlichen Funktionsanforderungen an den Arbeiter im kapitalistischen Produktionsprozeß angegeben: »Auch die Befriedigung der unmittelbaren psychischen und physischen Bedürfnisse des Kindes ist von den Zwängen der Lohnarbeit gekennzeichnet, mangelnder Kontakt von Eltern und Kind bewirkt beim Kind ein Fehlen der Ausbildung affektiver Strukturen; insofern der Lebenssituation angemessen, als diese zur Durchsetzung unmittelbarer Interessen nicht eine feingliedrige Persönlichkeitsstruktur verlangt, sondern viel eher eine belastbare.«[120]

Wie sich also der durch spezifische Sozialisationstechniken vermittelte Grad der Belastbarkeit am Ausmaß des sozioökonomischen Druckes bestimmt, bestimmen sich auch die klassentypischen Abwehrmechanismen aus der unterschiedlichen Zusammensetzung des psychosozialen Drucks in unterprivilegierten und privilegierten Schichten. Es wäre deshalb völlig verkehrt, wenn davon ausgegangen würde, daß die Häufung schwerer psychischer Erkrankungen in der Unterschicht aus der ›Untauglichkeit ihrer Abwehrmechanismen‹ (Miller und Swanson) hergeleitet würde. Vielmehr muß erkannt werden, daß die in der Unterschicht gehäuft anzutreffenden Abwehrmechanismen, die sich in ritualisierter und offener Aggressivität, Status- und Gruppenorientierung, restringiertem Sprachgebrauch, starrer Geschlechtsrollenhierarchie und schlimmstenfalls psychotischen Erkrankungen äußern, in der Regel der für sie wesentlichen sozialen Realität affektiv und kognitiv

[119] Habermas: Thesen zu einer Theorie der Sozialisation, a.a.O.
[120] J. Raspe: Die soziale Lage des Arbeiterkindes, Berlin 1971.

angemessen sind und eine notwendige Voraussetzung für die psychische Bewältigung der auftretenden materiellen und emotionalen Konflikte darstellen.

Es kann also festgehalten werden: die empirischen Befunde, die nicht nur eine Häufung psychischer Erkrankungen, sondern auch einen zunehmenden Intensitätsgrad in materiell benachteiligten Schichten ergaben, sind nichts als der prägnante Ausdruck eines eklatanten Mangels an dem menschlichen Wesen entsprechenden Möglichkeiten produktiver Bedürfnisbefriedigung und sozialer Anerkennung in den unteren sozialen Schichten.

Insofern erweist es sich als eine – ungewollt die antagonistische Klassenstruktur der bürgerlich-kapitalistischen Gesellschaft spiegelnde – Rechtfertigung herrschender sozialer Ungleichheit, wenn in Neurosen und Psychosen gegensätzliche psychische Krankheitsformen gesehen und ihre Ursprünge vornehmlich in primären Sozialisationsdefiziten, also in der Privatsphäre, gesucht werden.

# VI. Politische Sozialisation in der Familie als Gegenstand der Empirie

## 1. ›Latente‹ und ›manifeste‹ politische Sozialisation

In seiner empirischen Studie über politische Sozialisationsprozesse bei Kindern[1] gelangte Greenstein zu der Überzeugung, daß bereits die Erziehungsvorgänge in der Familie zu der Verfestigung bestimmter politischer Grundhaltungen führen, wobei ›manifeste‹ und ›latente‹ politische Sozialisationsprozesse zu unterscheiden seien. Bei ›latenter‹ politischer Sozialisation handele es sich um ein »nominell nicht politisches Lernen«, das sich durch die Tradierung von selbstverständlich hingenommenen Normen und Werten kennzeichne[2] und eher Beiprodukt des prägenden Einflusses von Rollenstrukturen und Erziehungsstilen sei als Resultat direkter ideologischer Beeinflussung; bei ›manifester‹ politischer Sozialisation gehe es dagegen um die »explizite Übertragung von Informationen, Werten und Gefühlen im Hinblick auf Rollen, Inputs und Outputs des politischen Systems«[3]. Demnach sei von latenter politischer Sozialisation dann zu sprechen, wenn das Kind ›unbewußt‹ oder ›vorbewußt‹ die seine spätere politische Grundhaltung strukturierenden gesellschaftlichen Einflüsse und Tendenzen adaptiert oder auch abwehrt, von ›manifester‹ politischer Sozialisation dann, wenn mit bestimmten politischen Grundhaltungen verknüpfte Wissensinhalte und Interpretationen bewußt gelenkt würden und daher auch nominell abfragbar seien.
Greenstein trifft seine Unterteilung von Sozialisationsprozessen nicht zuletzt aus empirisch-methodischen Gründen; das Ausmaß der politischen Identifikation von Kindern mit dem bestehenden Gesellschaftssystem soll als empirischer Untersuchungsgegenstand operationalisiert werden. Seine Differenzierung ermöglicht zwar eine mehr oder minder repräsentative Bestandsaufnahme über das Ausmaß der politischen Informiertheit (›manifeste‹ politische Sozialisation) wie über die psychoanalytisch gedeutete Tendenz bei Kindern mit starkem Vater, auch die politischen Machthaber hochzuschätzen (›latente‹ politische Sozialisation), der Anspruch fortschrittlicher Rezipienten, aus diesen Daten etwas über die tatsächlichen Dispositionen von Kindern zu kri-

[1] Greenstein, a.a.O.
[2] Vgl. Kap. III.2.b.; Claessens bezeichnete diesen Vorgang als ›Enkulturation‹.
[3] Übersetzt von F. Nyssen: Kinder und Politik. Überlegungen und empirische Ergebnisse zum Problem der politischen Sozialisation, in: *betrifft: erziehung* 1/1970, S. 21.

tischer, politischer Einsatzbereitschaft abzuleiten, muß von diesen Ergebnissen aber enttäuscht werden.
Die Operationalisierung des Begriffes von ›manifester‹ politischer Sozialisation ist, wie Preuß-Lausitz kritisch bemerkt, »einseitig auf die passive Rezeption gesellschaftlich herrschender Normen und affektiver Orientierungen gerichtet. Der Lernprozeß wird hier nicht gesehen als eine aktive Auseinandersetzung mit dem Widerspruch zwischen herrschender Klasse, den von ihr genutzten Institutionen (z. B. der Schule, der gesetzlich geschützten Familienstruktur, den Interessenverbänden des bürgerlichen Staates) und derjenigen Klasse, deren Reproduktionsbedingungen und Zwänge sie diese Fremdherrschaft angesichts des in der BRD fehlenden politischen Selbstverständnisses der Arbeiterklasse nur gebrochen erkennen läßt. [...]
*Funktionalistisch* wird ausschließlich die Art und Weise des Erwerbs der für das weitere Funktionieren des amerikanischen politischen Verhaltensexperimentes nötigen Kenntnisse, Einstellungen und Verhaltensdispositionen beschrieben.«[4]
Das von ihrer eigenen politischen Sozialisation gelenkte Erkenntnisinteresse der amerikanischen Autoren, die sich mit politischen Sozialisationsprozessen bei Kindern beschäftigen, das sowohl ihr Untersuchungsinstrumentarium wie ihre Auswertungskriterien bestimmt, hat einen Begriff von politischer Bewußtseinsbildung zur Grundlage, der nicht dafür zu Rate gezogen werden kann, welche Dispositionen bei Kindern zu klassenbewußter Veränderung ihrer sozioökonomischen Lage vorhanden sind. In den Definitionen von politischer Sozialisation, die in den gängigen Untersuchungen auftauchen, fehlt nämlich das Verständnis davon, »daß die amerikanische Gesellschaft eine Klassengesellschaft ist, und daß daher die herrschende Klasse *ihre* Normen und Rollenerwartungen *anderen* Gruppen und Klassen durch ihre Sozialisationsagenturen und Sanktionen aufzuzwingen versucht, andererseits die Arbeiterklasse in Produktion und Reproduktion Erfahrungen machen, die diesen Normen widersprechen«[5].
Die Abwehrmechanismen, die, wie in Kapitel IV.3.d. gezeigt wurde, in den unteren Schichten in Gang gesetzt werden, um diese widersprüchlichen Erfahrungen ertragen zu können, die sich aber in empirischen Untersuchungen über politische Informiertheit nur in mangelndem Wissen oder pauschaler Ablehnung der Fragebogenitems ausdrücken können, werden von den amerikanischen Forschern mit Interpretationsversuchen bedacht, die von Preuß-Lausitz zu Recht als ›klassisch-funktionalistisch‹ bezeichnet werden. So stellten Hess und Torney beispielsweise fest, daß Unter-

[4] U. Preuß-Lausitz: Vom Schwinden der ›Fähigkeit‹, sich mit dem politischen System zu identifizieren. Zur Kritik der sogenannten ›politischen Sozialisation‹, in: *betrifft: erziehung* 2/1973, S. 20; E. S. Greenberg: Consensus and Dissent. Trends in Political Socialisation, in: ders. (Hg.): Political Socialisation, New York 1970, S. 1–16.
[5] Preuß-Lausitz, a.a.O., S. 20.

schichtkinder und überhaupt Kinder mit niedrigem Intelligenzniveau unvollständig an ihren politischen Lebensbereich angepaßt seien. Die Tendenz dieser Kinder, ›politische Spätentwickler‹ (PM) zu sein, stelle für die Gesellschaft ein ernstes Problem dar und konfrontiere die Schulen hinsichtlich staatsbürgerlicher Erziehung mit einer schwierigen Aufgabe.[6]

Unterschiede in der ›Intensität‹ politischer Sozialisation werden hier also positiv als Indikatoren dafür bewertet, inwieweit ein Kind in der Lage ist, sich mit dem bestehenden System zu identifizieren, wobei aus dem Blickfeld gerät, daß gerade aus einer ablehnenden oder gleichgültigen Haltung auf eine politische Unzufriedenheit und damit auf Dispositionen zu verändernder politischer Praxis geschlossen werden kann. Was Greenstein, Hess und Torney und andere amerikanische Autoren als Mangel an Verinnerlichung der herrschenden politischen Ideologie bezeichnen und wogegen sie kompensatorische pädagogische Trainingsprogramme (›civic education‹) empfehlen, stellt sich unter klassenbewußter Betrachtung gerade als ein Indiz für die mögliche Bereitschaft dieser ›incompletely socialized‹ Unterschichtskinder dar, sich gegen die kraß erfahrenen sozialen Widersprüche und Ungerechtigkeiten zu wehren und für die Aufhebung der von den Sozialisationsforschern zumeist ignorierten Klassenunterschiede zu kämpfen, sofern sich die Möglichkeit politischer Organisation anbietet. Von der hier entfalteten Auffassung ausgehend, daß politische Verhaltensdispositionen nur aus dem spezifischen Verhältnis familialer Sozialisationsabläufe zur Stellung der Familie im kapitalistischen Reproduktionszusammenhang abzuleiten sind, muß über die deskriptiven, quantitativen Resultate der amerikanischen Forscher zur ›political socialization‹ hinausgewiesen werden.

Das ›manifeste‹ politische Wissen des Kindes um das politische System, dessen Institutionen und ihre Führer, die Form seiner Loyalitätsbekundungen, sind sicherlich in ihren affektiven und kognitiven Aspekten Resultate primärer Sozialisationseinflüsse, welche jedoch nur nach der klassenspezifischen Funktionsbestimmung der Familie im kapitalistischen Gesellschaftssystem in ihrer Ausprägung verstanden werden können.

Manifeste politische Sozialisation ist als Erscheinungsform des (freilich psychoanalytisch nicht zureichend erklärbaren) latenten, in allen Sozialisationsinstanzen wirksamen politischen Integrationsprozesses zu begreifen, dessen Einfluß notwendig bei sozial unterprivilegierten, vom System benachteiligten Bürgern abnimmt. So gesehen stellt das Ausmaß von Information und Loyalitätsbereitschaft von Kindern eine Manifestation des subjektiven

[6] »Children of the lower classes and generally those with a low IQ are incompletely socialized into the political community. The tendency to be retarded in their socialization into active involvement presents a serious problem for the society and confronts schools with a dificult task in civic education.« R. Hess, J. V. Torney: The Development of Political Attitudes in Children, Chicago 1968, S. 171.

Reflexes der materiellen Reproduktionsbedingungen dar, die ihren Charakter aus dem sozioökonomischen Status der Eltern wie aus den an ihre Klassenzugehörigkeit gebundenen sozialen Verhaltenserwartungen gewinnt.

Hess und Torney hatten insofern recht, als sie die politischen Sozialisationsfunktionen der Familie als einer isoliert herausgegriffenen Institution schwer auszumachen bezeichneten.

Die Sozialisationsleistungen aller Instanzen der bürgerlich-kapitalistischen Gesellschaft greifen ineinander und sind bereichsweise sogar austauschbar, da sie alle direkt oder indirekt von dem partikularen Interesse der besitzenden Klasse an der Aufrechterhaltung privater Aneignungsformen geprägt sind.

Ohne die psychoanalytisch strukturell begründbaren, wenn auch schichtspezifisch abweichenden Sozialisationsleistungen der *Familie,* auf deren Grundlage die emotionale Bewältigung der widersprüchlichen Existenzbedingungen der Lohnabhängigen erfolgt, könnte freilich die bürgerliche Ideologie vom Menschen als einem freien, sich selbst verantwortlichen und zur Selbstbestimmung prinzipiell fähigen Wesen kaum so nachhaltig auch das Bewußtsein der unterprivilegierten Lohnabhängigen strukturieren.

Insofern stellen die primären ›latenten‹ Sozialisationseinflüsse familialer Lebensbedingungen wohl sehr wesentliche dar. Diese Einsicht darf aber nicht dazu verleiten, »die im vorkognitiven politischen Sozialisationsprozeß erworbenen, tief verwurzelten Loyalitätsbindungen gegenüber den Grundlagen des bestehenden gesellschaftlichen Systems«[7] mit einem unaufhebbaren Mangel an kritischer Distanzierungsfähigkeit in eins zu setzen. Für diesen Mangel ist weniger ein psychoanalytisch zu beschreibendes ›Sozialisationsdefizit‹ verantwortlich zu machen als die Tatsache, daß sowohl die institutionalisierte Vermittlung kritischer politischer Wissensinhalte und materialistischer Denkmethoden wie Angebote klassenbewußter politischer Organisierung im kapitalistischen System ideologisch diffamiert und materiell abgeblockt werden.

## 2. Empirische Ergebnisse zu Inhalten und Stabilität politischer Sozialisation

Für viele Studien zur politischen Sozialisation richtungsweisend stellten Hess und Torney[8] fest, daß die *Familie* auf folgende Weise zu der Entfaltung von politischen Grundhaltungen beiträgt:

– Die Eltern vermitteln den Kindern Werte, die sie selbst gut-

[7] Nyssen, a.a.O., S. 26.
[8] Hess, Torney, a.a.O.

heißen und die ihre Übereinstimmung mit dem System ausdrücken – die Familie bekräftigt andere Institutionen.
- Die Bildung politischer Grundhaltungen erfolgt durch Identifikationsprozesse mehr oder minder vorkognitiver Form.
- Erwartungen, die sich durch Erfahrungen innerhalb der Familiengruppe bilden, werden später auf das öffentliche Leben, den politischen Bereich übertragen.

Die vor allem im Abschnitt IV und V erörterten Mechanismen und Erscheinungsformen der subjektiven Fixierung der politisch-ökonomischen Reproduktionsbedingungen werden in der von Hess und Torney verkündeten Tatsache bestätigt, der vordringlichste Effekt dessen, was als ›politische Sozialisation‹ bewertet werden müsse, sei in der Entwicklung übereinstimmender Einstellungen zu suchen.[9]
Die Auffassung der amerikanischen Autoren ist jedoch ideologisch gefärbt: Greenstein stellt mit Easton und Hess[10] sowie Hess und Torney übereinstimmend fest, daß offensichtlich das Positive, das die Kinder schon im frühen Alter über Politik und Politiker hören, derart affektiv verankert würde, daß daraus äußerst stabile Grundhaltungen resultierten. »Die Struktur des politischen Faktenwissens baut nach Greenstein auf einer Grundlage von Gefühlen, Einschätzungen und Meinungen auf.«[11] Die politischen Grundeinstellungen, die zu fester Bindung ans System führen, würden also in der Sozialisationsphase vom dritten bis zum zehnten Lebensjahr geschaffen. Unter ›Grundeinstellungen‹ wird dabei in den amerikanischen Untersuchungen die Bindung an das politische System und seine Symbole, seine wichtigsten Repräsentanten und Institutionen verstanden. So stimmten fast 95 Prozent der Antwortenden überein, daß die amerikanische Flagge die beste der Welt sei und Amerika das beste Land der Welt. Die Bindung an die Flagge sei fast religiös, und der amerikanische Flaggengruß mute an wie ein Gebet zu Gott.[12] Besonders dem amerikanischen Präsidenten gegenüber bestanden bei den Kindern ausschließlich positive Gefühle. Er erscheint den Kindern als der große Wohltäter und hat ihrem Urteil nach charismatische Qualitäten. 52 Prozent der befragten Zweitkläßler stimmten dem Satz zu, daß der Präsident »der beste Mann der Welt sei«. Schon 13-14jährige taten dies jedoch nur noch zu 10 Prozent.
Was dieses autoritäre Einstellungssyndrom angeht, so schließen sich Easton und Hess der Einschätzung von Greenstein an: schon die frühe Verherrlichung des Präsidenten trage nämlich nach sei-

[9] Ebd., S. 97 (Übersetzung PM).
[10] D. Easton, R. Hess: The Child's Political World, in: *Midwest Journal of Political Science* 6/1962, S. 229–246.
[11] »The structure of factual knowledge is erected on a foundation of feelings, assessments and opinions.« Greenstein, a.a.O., S. 35.
[12] Hess, Torney, a.a.O., S. 25.

ner Meinung dazu bei, daß Angehörige des amerikanischen Gesellschaftssystems eine enge Bindung an die Struktur des Herrschaftssystems entwickeln.[13]

Hess und Torney behaupten weiter, daß die in der Kindheit fixierten nationalen Bindungen sehr dauerhaft seien. So nehme beispielsweise auch bei zunehmendem Alter der Kinder nicht die Zustimmung zu der Meinung ab, daß Amerika »das beste Land der Welt« sei.[14]

Was den Prozeß der Parteienidentifikation angehe, so gleiche dieser der Entstehung von rassischen oder religiösen Identifikationen und Meinungsbildern. Die Kinder nannten meist von selbst die Familie als die Quelle ihrer Parteibevorzugung: wenn in der Befragung von Parteibevorzugung gesprochen wurde, geschah dies meist in der ›Wir-Form‹.[15] Überdies wurde festgestellt, daß die Parteibevorzugung der Kinder mit den demographischen Merkmalen der Bürgerschaft annäherungsweise korrelierte. Darüber hinaus zeigten sie sich verbunden mit begünstigenden Einschätzungen, was die Führer eben dieser Parteien betraf.[16]

Diese Daten, in denen insgesamt deutlich wird, wie stark nach wie vor die ideologische Befangenheit des USA-Bürgers in dem Pioniercharakter der amerikanischen ›democracy‹ und in der ›declaration of dependence‹ (die ja gerade den Armen alle Freiheiten eröffnen sollte) ist, und die mit Recht als vorkognitive, d. h. nicht national ausweisbare Bindung bezeichnet werden kann, sind in der BRD kaum mit inhaltlich vergleichbaren Ergebnissen zu konfrontieren.

An den amerikanischen Erscheinungen politischer Sozialisation zeigt sich, daß es in den USA in weit höherem Maße als in der BRD gebräuchlich ist, die positive Identifikation mit dem demokratischen Gesellschaftssystem schon bei Kleinkindern zu fördern und sie ideologisch auf ihre Rolle als national bevorzugte Menschen, nämlich als freie gleichberechtigte Bürger der USA vorzubereiten. Wie Greenstein es ausdrücken würde, findet in der BRD sicherlich erheblich weniger ›manifeste‹ politische Sozialisation statt, die die besondere Hochschätzung der Nationalsymbole und der Regierungsspitzen beinhalten würde. Was in der BRD jedoch auch schon bei Schulkindern des Primarbereichs zumindest im Ansatz vorhanden sein dürfte, sind ideologische Vorurteile gegenüber Ländern mit sozialistischer Gesellschaftsorganisation, insbesondere aber eine abwertende Grundhaltung gegenüber den Lebensbedingungen im ›totalitären‹, ›staatskapitalistischen‹, ›die menschliche

[13] »Early idealization of the president should contribute to the case with which members of the American political system develop a strong attachment to the structure of the regime.« Greenstein, a.a.O., S. 54 (zit. Easton and Hess, a.a.O.)

[14] Hess, Torney, a.a.O., S. 29.

[15] Greenstein, a.a.O., S. 73.

[16] »Children party preferences correlate appropriately with demographic patterns to partisanship [...] They also are positively associated with favorable evaluations of leaders of the same parties.« Ebd.

Freiheit ungerechtfertigt beschneidenden‹, ›kommunistisch‹ regierten Teil Deutschlands, der DDR.[17]
Greenstein konnte mit seinen empirischen Ergebnissen seine Hypothesen bestätigen, daß Kinder schon im frühen Alter begännen, sich auf ihre politischen Rollen als Erwachsene vorzubereiten und zwar in Prozessen, deren weder sie, noch diejenigen, von denen sie ihre ›attitudes‹ übernähmen, besonders bewußt seien. Gerade diese Prozesse sicherten aber die Grundlage demokratischer Beteiligung am politischen Geschehen.[17a]
Schon ab dem dritten Lebensjahr würden die Grundlagen für die Parteipräferenz, das Verhältnis zur Nation, die rassischen und religiösen Einstellungen, das Wissen um die Exekutivorgane und die Vorurteile gegenüber Systemen, die für den Bestand des eigenen Systems eine Gefahr darstellen sollen, geschaffen. In dem Maße, wie es zu den Wertorientierungen der Eltern gehöre, ihre Rolle als Staatsbürger aktiv zu begreifen und sich mit der Nation zu identifizieren, scheinen sich diese auf das Kind zu übertragen und zu politischen Sozialisationsprozessen zu führen, deren ›manifeste‹ und ›latente‹ Aspekte freilich schwer auseinanderzuhalten sind, die aber in ihrer Gesamtheit dazu führen, daß das konkrete Wissen um das politische System und seine Organe unkritisch adaptiert und verteidigt würde.
Daß schichtspezifisch unterschiedliche Autoritätseindrücke, insbesondere vom Vater, ihren Niederschlag in politischen Einstellungen und Bewertungen finden, drückt sich nach Greenstein in folgendem aus: »Kinder aus Familien hoher Schichtzugehörigkeit erleben ihren Vater auch in der Familie einflußreicher und akzeptieren ihn eher als Vermittler bürgerlicher Verhaltensregeln und Normen als Kinder aus unteren Schichten. [...] Die Einschätzungen des Vaters zeigten ausgesprochen schichtspezifisch variierende Unterschiede. Beispielsweise beurteilten Kinder aus unteren Schichten die Fähigkeit ihres Vaters, andere dazu zu bringen, zu tun, was er anordnet, als geringer als Kinder höherer sozialer Schichten.«[18]

[17] Wenn auch gegenwärtig noch keine Untersuchungen veröffentlicht wurden, die zur empirischen Absicherung dieser Annahmen dienen könnten, so weist doch die Tatsache, daß die aus der historischen Entwicklung nach dem 2. Weltkrieg im westlichen Teil folgende antikommunistische Propaganda gleichsam das ›Unterrichtsprinzip‹ politischer Sozialisation war, darauf hin, daß das daraus entstehende Vorurteilssyndrom sich so lange in primären und sekundären Sozialisationsinstanzen tradiert, als keine explizit am Abbau dieses Syndroms ausgerichtete Unterrichts- und Medieninformationsgestaltung betrieben wird.
Solche Information hätte allerdings eine Relativierung des privatwirtschaftlich organisierten monopolistischen Gesellschaftssystems zu beinhalten, eine Tendenz, an der den Instanzen, die mit der Erhaltung dieses Systems betraut sind, kaum gelegen sein kann. Vgl. dazu Rolf Schmiederer: Zwischen Affirmation und Reformismus. Politische Bildung in Westdeutschland seit 1945, Frankfurt 1972, bes. S. 71 ff.

[17a] Greenstein, a.a.O., S. 5.

[18] »Children from high status families see their fathers as more powerful in the family and as more instrumental teachers of citizen attitudes than do lower status children. [...] The ratings of the father showed pronounced social-class differences; for example lower status children rated their father lower to ability to make others do *what they tell them* than upper status children.« Ebd., S. 100.

Auch Hess und Torney kamen zu diesem Ergebnis: »Die familiale Herrschaftsstruktur beeinflußt nicht nur das Verhältnis des Kindes zum gesellschaftlichen System, sondern überträgt ebenso klassenspezifische Unterschiede auf Persönlichkeit und Grundhaltungen. Familien, in denen der Vater eine streng dominante Rolle spielt, befördern im Kind eine andere Einstellung zu Autoritäten als Familien, in denen die Mutter dominiert. Die Untersuchung von Familien, in denen der Vater über längere Zeiträume hinweg abwesend ist, erbrachte, daß erwartungsgemäß besonders bei Knaben spezifische Eigenarten auftreten [...] Spezielle Erfahrungen mit einem Herrschaftssystem (wie die Familie eines darstellt), beeinflussen das spätere Verhältnis zur Autorität der Regierung.«[19]
Freilich scheint es äußerst problematisch, diese empirischen Ergebnisse zu politischer Sozialisation im frühen Kindesalter einseitig psychoanalytisch aus dem ödipalen Konflikt, in den die familiale Herrschaftsstruktur das Kind stürzt, herleiten zu wollen. Wenn der Polizist und der Präsident auf dem Erfahrungsraster väterlicher Stärke zu lieben und zu achten gelernt werden, so handelt es sich hierbei (wie auch die signifikanten schichtspezifischen Unterschiede zeigen) nicht allein um einen aus der familialen Rollenstruktur tiefenpsychologisch zu erklärenden Mechanismus, sondern ebenso um soziale Lernprozesse bzw. um die Adaption eines manifesten Einstellungssyndroms, dem das ideologische Interesse daran vorausgeht, dem Präsidenten und Polizisten das Image einer Vaterfigur zu geben. Eltern, die in diesem System einflußreichere Positionen bekleiden, kann zudem nicht daran gelegen sein, die Organe, die dieses System stützen, kritisch oder gar negativ zu bewerten.
Während Angehörige bessergestellter Schichten die Exekutivorgane schätzen, weil sie das Privateigentum schützen und für ›Ruhe und Ordnung‹ sorgen, werden diese in materiell benachteiligten Schichten, die die Kehrseite dieser Funktionen erleben, prinzipiell skeptisch bewertet und als potentieller Gegner gemieden.
Soll also klar werden, daß die gängigen politischen Wertorientierungen und Bildungsprozesse eng mit den Legitimationsinteressen des privatwirtschaftlichen Gesellschaftssystems verknüpft sind, so darf ihre Quelle nicht in psychoanalytisch zu interpretierenden privat gesteuerten familialen Erziehungseinflüssen gesucht werden, sondern sie sind als Ergebnis der direkten Einflußnahme der bürgerlich-kapitalistischen Ideologieträger auf die Eltern wie auf die Kinder zu verfolgen. Eltern fungieren so verstanden auch in ihren psychoanalytischen Funktionen nur als

19 »The structure of family power not only influences the child's relationship to the system but also mediates class differences in personality and attitudes. Families, in which the father plays a strong dominant role encourage in the child a different attitude toward authority than mother dominated families. Investigations of families from which the father is absent for long periods of time have indicated that personality differences may be expected particularly in boys [...] Specific experiences with an authority system do affect later relationship to governmental authority.« Hess, Torney, a.a.O., S. 97.

›Medien‹, die die Herstellung des ›außengeleiteten‹ (Riesman) Sozialcharakters zu gewährleisten haben.
Greenstein bestätigt in der Vorbemerkung zu seiner empirischen Studie selbst, daß sich das System psychologischer Mechanismen, wie z. B. dem Wunsch nach einem starken Vater und bewundernswerten Vorbildern bediene, um seine ökonomischen Verwertungsinteressen ungehindert durchsetzen zu können. Greenstein geht davon aus, daß »in dem Maß, in dem Lernen stattgefunden hat, erst möglich wird, Betragen durch äußere Belohnung und Bestrafung zu beeinflussen. So ist beispielsweise politische Machtausübung eher möglich, wenn automatisch gehorcht wird, weil die Staatsbürger gelernt haben, gewisse Institutionen und Führer als rechtmäßig anzuerkennen, als wenn Sanktionen angedroht und angewendet werden müssen. Gerade Sanktionen hängen von erfolgten Lernprozessen ab, wenn sie wirken sollen. Eine Sanktion wirkt nur, wenn Menschen das Bedürfnis entwickelt haben, auf sie einzugehen.«[20]
Kritisch gewendet erweisen sich diese funktionalistischen Überlegungen als wesentlicher Bestandteil einer Analyse der Persistenzmöglichkeiten politischer Herrschaft. Greenstein bestätigt – ohne dies zu beabsichtigen – diesen Sachverhalt, wenn er bemerkt: »Da soziales Verhalten (Betragen) insofern Bestandteil der Folgen gelernter Aufnahmebereitschaft darstellt, hat das Studium, wie politische Lernprozesse stattfinden, eine Schlüsselstellung in der Analyse politischer Systeme.«[21]
Um der Klärung, inwiefern eine autoritäre und sexuell rigide familiale Erziehung, in der Regel dominiert von einem strengen, herrschsüchtigen Vater, tatsächlich Prozesse ›latenter‹ politischer Sozialisation verantwortet, die nach Hypothesen von Adorno, Frenkel-Brunswik u. a. beispielsweise entscheidend zur Erduldung und Stützung des faschistischen Hitlerregimes beigetragen haben, sei kurz auf die Ansätze jener empirischen Studie über das Verhältnis von Autorität und Vorurteilsbildung[22] eingegangen.
Damals wurde in klinischen Interviews der Beweis für die Hypothese erbracht, daß politisch autoritär eingestellte Menschen (Vorliebe für starke Führer, Verachtung für abweichende Minderheitengruppen, zwanghafte Ordnungsvorstellungen etc.) ein im Alltagsleben psychisch gestörtes Verhalten zeigten, und zwar insbesondere im Hinblick auf ihre sexuellen Äußerungsformen.
Die Annahme der Verfasser, daß das ›autoritäre Syndrom‹ sich

[20] ». . . To the degree, that learning has taken place, it becomes possible to influence behaviour by external rewards and punishments. Thus for example, political authority is likely more stable, when it is obeyed automatically because citizens have learned to accept certain institutions and leaders as legitimate than when sanctions have to be threatened and employed. And sanctions depend upon learning for their effectiveness. A sanction will work only, if people require to respond to it.« Greenstein, a.a.O., S. 2.
[21] »Since behaviour is in so large a part of the consequences of learned predispositions, the study of political learning provides the key vantage from which to analyse political systems.« Ebd.
[22] Adorno, Frenkel-Brunswick u. a., a.a.O.

bestimme durch Intoleranz gegenüber ethnischen und sozialen Minderheiten, Zwang zur Konformität, Rigidität innerhalb der Wertorientierungen und rigiden Wertinhalten sowie überdies, daß sexuell repressive Einstellungen auf politische Ansichten und Handlungsmotive Einfluß gewinnen könnten, konnte bestätigt werden. Durch die Konzeption des Untersuchungsinstrumentariums war es möglich, psychoanalytisch durch autoritäre, triebfeindliche Erziehung zu erklärende politische Einstellungen (Ergebnisse ›latenter‹ politischer Sozialisation) von durch Lernen und Meinungsübernahme entstandenen Einstellungen (Ergebnisse ›manifester‹ politischer Sozisalition) zu trennen. Freilich wurde dabei immer berücksichtigt, daß zur Übernahme und Erlernung faschistoider Einstellungen entsprechende psychische Dispositionen vorhanden sein müssen bzw. umgekehrt, daß eine autoritäre Erziehung nicht notwendig reaktionäre Grundhaltungen beim Erwachsenen fortbestehen läßt, daß also Lernprozesse die erzieherischen Dispositionen politischer Sozialisation verändern können.

Einen aktuellen Beleg für die Entstehung von Voraussetzungen, sich kritiklos und autoritär auch mit den offen brutalen und unmenschlichen Kriegszielen und Kriegsmitteln eines politischen Systems zu identifizieren, liefern die individuellen Sozialisationsbiographien amerikanischer Kriegsfreiwilliger im Vietnamkrieg, die sich unter der Bezeichnung ›Green Berets‹ aufgrund ihrer Brutalität und Grausamkeit im Kriegsgeschehen einen besonderen Namen gemacht haben.[23] David Mantell, der in einer empirischen Untersuchung die Persönlichkeitsstrukturen und die politischen Grundhaltungen von Kriegsdienstverweigerern, Eingezogenen und Freiwilligen verglich, stellte fest, daß sich die Gruppe der Kriegsdienstverweigerer sowohl von den Freiwilligen wie den Eingezogenen im Hinblick auf eher demokratische, pazifistische Grundhaltungen abhob, während die Freiwilligen und Eingezogenen sich in vielem ähnelten.[24] Besonders das Familienleben der Freiwilligen zeigte sich aber durch ein überwältigendes System konformistischer Anforderungen beherrscht. Regeln und Normen wurden hier unabhängig von den Bedürfnissen und Gefühlen schwächerer Familienmitglieder in Übereinstimmung mit traditionellen Bräuchen und persönlichen Neigungen der dominanten Erziehungspersonen etabliert und niemals in Frage gestellt.

Da Feinfühligkeit und Zärtlichkeit in diesen Familien bei Männern als Schwäche ausgelegt, daher auch unterbunden oder sogar bestraft wurden, lernten die Kriegsfreiwilligen frühzeitig, »daß Zärtlichkeit und Beachtung ihrer individuellen emotionalen Bedürfnisse eine sehr untergeordnete Rolle in ihren Familien spielen

[23] D. Mantell: Familie und Aggression. Zur Einübung von Gewalt und Gewaltlosigkeit. Eine empirische Untersuchung, Frankfurt 1972.
[24] Ebd., S. 348.

[...]«[25]. So gut wie alle Eltern erreichten ihre Erziehungsabsichten durch körperliche Strafen den Anspruch unerschütterlichen Gehorsams, und sie erreichten ihre Kontrolle hauptsächlich durch Furchteinflößung. Fast die Hälfte der Kriegsfreiwilligen hatten keine Erinnerung daran, daß ihre Eltern jemals Zärtlichkeiten ausgetauscht hätten. Die übrigen konnten sich an gelegentliche mechanische Umarmungen oder flüchtige reservierte Küsse der Eltern erinnern. »Die emotionalen Bedürfnisse der Familienmitglieder nach Liebe und Zärtlichkeit, nach persönlicher Aufmerksamkeit und Interesse wurden schwer vernachlässigt.«[26] Auffällig war andererseits die Eigenschaft dieser Familien, trotz innerer Spannung und Feindseligkeiten äußerlich zu funktionieren und intakt zu bleiben.

Das Sexualverhalten der Spezialtruppe zeigte dementsprechend pathologische Züge: es war gekennzeichnet durch »oberflächliche Gefühle, ausbeuterische Einstellungen, gelegentliche Ausbrüche von Zügellosigkeit sowie ein tiefes und wahrscheinlich unbewußtes zwangshaftes Bedürfnis, ihre Potenz zu beweisen«[27]. Überdies bestand eine ausgesprochen negative Bewertung der Onanie, die Mantell teils aus der triebfeindlichen familialen Erziehung der Kriegsfreiwilligen, teils aber daraus erklärte, daß Onanie als Zeichen der Schwäche und als Hinweis auf soziales und sexuelles Versagen interpretiert wurde.[28] Mantell sieht infolgedessen in dem sexuellen Verhalten der Green Berets »ein klares Zeichen gefühlsmäßiger Unreife oder vielleicht stärker: von gefühlsmäßiger Zurückgebliebenheit. Sie scheinen unfähig zu sein, Einfühlungsvermögen zu zeigen oder die Gefühle anderer zu schätzen, außer, wenn dies in eine berechnende Strategie einbezogen werden kann. Sie können auf den Schmerz oder die Liebe eines anderen Menschen nicht echt antworten.«[29]

Vergegenwärtigt man sich, was im Kapitel V über die schichtspezifische Ausprägung von familialen Kommunikationsmodi und über die Form der Aneignung sozialer Normen gesagt wurde, so verweisen die von Mantell herausgefundenen Persönlichkeitseigenschaften der Freiwilligen auf die familialen Sozialisationsstile und Kommunikationsmodi in den unterprivilegierten Schichten.

Im Widerspruch zu Mantells Behauptung, daß keiner der Kriegsfreiwilligen »aus einer moralisch, bildungsmäßig oder wirtschaftlich depravierten Familie«[30] stamme, weist die demographische Klassifikation der Stichprobe zwei Drittel der Freiwilligen aus Familien stammend aus, die in ländlichen Gebieten oder kleinen

[25] Ebd., S. 39.
[26] Ebd., S. 45.
[27] Ebd., S. 229.
[28] Ebd., S. 232.
[29] Ebd., S. 230.
[30] Ebd., S. 124.

Städten wohnten und in denen der Vater Hilfs- oder Facharbeiter war.[31] Von Beurteilern wurde überdies die Familienatmosphäre der Freiwilligen zu 84 Prozent als nicht-intellektuell und zu 56 Prozent als irrational bezeichnet.[32]

Ausgehend von der Überzeugung, daß kaum zu klassifizieren ist, was an der politischen Sozialisation von Kindern psychoanalytisch ›latenten‹ Einflüssen und was ›manifester‹ Beeinflussung zuzurechnen ist (sofern, was die Ausnahme darstellt, die Eltern einen dezidiert demokratischen oder gar sozialistischen politischen Standpunkt vertreten), zum andern, was an politischen Grundhaltungen von den Eltern direkt auf die Kinder übertragen wird und was sekundären Einflüssen zugerechnet werden muß, scheint es unumgänglich, empirische Ergebnisse über politische Verhaltensdispositionen nicht auf die enge Fragestellung nach familialen politischen Sozialisationsprozessen zu beschränken, sondern allgemein zu untersuchen, wie das Ausmaß affirmativer Grundhaltungen zu bewerten ist und wie politische Sozialisation allgemein empirisch erforscht wird. Das heißt der Frage nachzugehen, wie die »Fähigkeit, sich mit dem politischen System zu identifizieren« (Preuß-Lausitz), auf dem gegenwärtigen Stand politischer und wirtschaftlicher Entwicklung besonders in der BRD beschaffen ist.

Aufgrund ihres affirmativen Verständnisses von politischem Engagement ähnlich problematisch wie die amerikanischen Studien zur politischen Sozialisation von Kindern ist die Umfrage von Walter Jaide zum Demokratieverständnis und zur politischen Engagementbereitschaft bei westdeutschen Jugendlichen zwischen 15 und 19 Jahren.[33] Jaide machte zum hypothetischen Ausgangspunkt seiner Untersuchung empirische Befunde aus den Jahren 1958 bis 1962, in denen sich bei Jugendlichen ein ›Autokratiesyndrom‹ gezeigt hatte, das heißt: qualitativ einander zugeordnete Meinungen, die eine gelenkte, obrigkeitsstaatliche Demokratie bevorzugten und in denen das Übergewicht der Exekutive und die Beschränkung der staatsbürgerlichen Teilnahme auf Billigungsakte durch Wahlen positiv bewertet wurden.

Bestätigt durch Untersuchungen von v. Friedeburg und Hübner, von Bönner sowie von Lenné[34] deuteten sich für Jaide in seinen Untersuchungsergebnissen deutliche Entsprechungen zu den einzelnen Symptomen dieses Syndroms an. Das veranlaßte ihn zu der Überlegung, daß es sich um einen »zäh persistenten Meinungskomplex vielleicht nicht nur innerhalb der westdeutschen Jugendlichen«[35] handele.

Die fünf Meinungsfaktoren, auf die seine Fragenbogenkonstruk-

[31] Ebd., S. 33.
[32] Ebd., S. 37.
[33] W. Jaide: Jugend und Demokratie, München 1970.
[34] L. v. Friedeburg, P. Hübner: Das Geschichtsbild der Jugend, Berlin 1965; K. H. Bönner: Deutschlands Jugend und das Erbe ihrer Väter, Bergisch-Gladbach 1967; H. Lenné: Jugend zwischen Tradition und Demokratie, Berlin 1967.
[35] Jaide, a.a.O., S. 53.

tion ausgerichtet war, worauf also die einzelnen Items ›luden‹, waren

MF 1 immobil/konservativ
MF 2 progressiv/liberal/demokratisch
MF 3 Abrüsten und Entgegenkommen
MF 4 faschistoid/antirepräsentativ/nationalistisch
MF 5 Befürchtungen/Ängste.

In der Auswertung ergab sich eine korrelative Zweiteilung zwischen den drei Faktoren immobil/faschistoid/ – Befürchtungen, denen die zwei Faktoren progressiv/Befriedigung diametral gegenüberstanden. Durch die Variablen ›informatorische Aktivität – progressiv liberale Einstellung – extrovertierte Persönlichkeit – politisch-historisches Wissen – Bereitschaft zu politischem Engagement‹ habe sich mittels einer multiplen Regressionsanalyse eine Vorhersage über die Bereitschaft zu politischem Engagement bei Jugendlichen machen lassen. Was versteht Jaide im einzelnen darunter? Politische Engagementbereitschaft bedeutet nach seiner Meinung »für diese Altersgruppe im gegenwärtigen Systemzustand informatorische, gedankliche Teilnahme, Stellungnahme, Kompetenz und Kontrolle, mit der Bereitschaft zu Mitarbeit in Parteien und Gewerkschaften und Betrieben – kontrastiert gegen politische Apathie und gegen das Mißtrauen gegenüber dem System als ganzem. Es handelt sich im Sinn des Untersuchungsplanes um ein potentielles Engagement, das die Voraussetzung für aktive Teilnahme bildet.«[36]

Jaide konnte feststellen, daß eine überschaubare Ordnung im Meinungsraum junger Menschen besteht, womit er die These von der politischen Unreife der Jugendlichen zumindest formal als widerlegbar ansieht. Jedoch sei darauf hinzuweisen, »daß diese Ordnung eine psychologisch-empirische ist, die nur teilweise oder auf meinungsproblematische Weise mit einer politisch-systematischen übereinstimmt«[37].

Aus der empirischen Zuordnung der Reaktionen auf die Fragebogenitems folgert er, daß Meinungen auf den Meinungsfaktoren immobil/konservativ/faschistoid/antirepräsentativ/nationalistisch/Befürchtungen in höherem Maße einer naiven Stellungnahme zugeordnet werden müssen, Meinungen auf den Meinungsfaktoren progressiv/liberal/demokratisch/Abrüsten/Entgegenkommen jedoch eher einer problembewußten Stellungnahme entsprächen.[38]

Jaide entdeckte folgende empirische Zuordnungen zu den Meinungstendenzen ›immobil‹ und ›progressiv‹: die Tendenz zur politischen Immobilität sei stärker vertreten

– bei den jüngeren gegenüber den älteren Jugendlichen;
– bei den männlichen gegenüber den weiblichen Jugendlichen;

[36] Ebd., S. 93.
[37] Ebd., S. 34.
[38] Ebd., S. 61.

– bei der unteren Bildungsstufe gegenüber Schülern weiterführender Schulen;
– bei den Kindern aus dem sozialen Unterbau der Gesellschaft gegenüber Jugendlichen aus Familien der mittleren Mittelschicht und darüber, wobei sich Schichtaufbau und Schullaufbahn bzw. Berufsaspiration sehr stark decken.[39]

Zur Prüfung der Signifikanz der beiden letzten Ergebnisse sollte ein Mittelwertvergleich dienen (s. Tabelle VI/1).

*Tabelle VI/1:* Mittelwertvergleich der Verteilung der Meinungsfaktoren auf Berufsschüler (1) und Schüler weiterführender Schulen (2)

| | x 1 | x 2 | t-Wert |
|---|---|---|---|
| MF 1 | 8,71 | 6,67 | 9,901 |
| MF 2 | 13,08 | 15,08 | 9,420 |
| MF 4 | 6,76 | 6,23 | 3,621 |
| Pol. soz. Engagementbereitschaft | 12,48 | 13,35 | 3,272 |
| pol. hist. Kenntnisse | 32,64 | 43,42 | 12,889 |
| informat. Aktivitäten | 2,18 | 3,55 | 7,839 |
| Intelligenz | 7,28 | 11,38 | 16,070 |

*Quelle:* Jaide, a.a.O., S. 86

Dieser Mittelwertvergleich, in dem hauptsächlich die Durchschnittswerte für Intelligenz und Wissen (politisch-historische Kenntnisse) variieren, weist eindeutig darauf hin, daß politisches bzw. gesellschaftliches Bewußtsein eng mit der Chance und der Motivation zum Lernen zusammenhängt. Beides hat aber materielle Ursachen. Angesichts der in Kapitel V dargelegten Ursachen und Auswirkungen schichtspezifischer Zukunftsperspektiven, Lernmotivationen und Kommunikationsstrukturen für die Persönlichkeitsentwicklung mutet es geradezu zynisch an, wenn Jaide resümiert, daß es eben »ein Rest von geistiger Verelendung gegenüber der zumeist überwundenen materiellen Verelendung dieser Jugendschichten«[40] sei, der sich bei ihnen in der mangelnden Bereitschaft zu ›aktiver demokratischer Teilnahme‹ äußere und der sie »gegen den Fortschritt votieren« lasse, »obwohl er gerade ihnen Vorteile bringen würde«[41].

Die klassenspezifische Bedingtheit seiner Ergebnisse bestätigte sich in einer Umfrage Jaides unter jungen, ungelernten Arbeiterinnen, die er selbst als ›Rand- oder Extremgruppe‹ bezeichnete. Bei diesen Mädchen seien besonders häufig immobile bzw. sogar faschistoide Meinungen anzutreffen, die insgesamt als »Ausdruck ihrer Apathie und Unwissenheit gegenüber allen Bereichen des öffentlichen, gesellschaftlichen und politischen Lebens«[42] zu werten seien.

[39] Ebd., S. 85 f.
[40] Ebd., S. 86.
[41] Ebd., S. 86.
[42] Ebd., S. 87. – Jaide bezieht sich hier auf seine Studie: Junge Arbeiterinnen, München 1969.

Immerhin stellen, wie Jaide betont, die ungelernten Arbeiterinnen mit einem Anteil von 20 Prozent pro Mädchenjahrgang eine äußerst bedeutsame Gruppe innerhalb der Unterschicht und überhaupt innerhalb der Jugendpopulation dar. Daher ließen die Zusammenhänge zwischen dem Meinungsfaktor 1 und der Sozialschicht bzw. der Bildungs- und Ausbildungsstufe der Befragten berechtigte Vermutungen über die allgemeine Stärke dieses Meinungsfaktors zu.

Obwohl Jaide einerseits nur zu deutlich das Faktum sozialer Benachteiligung als bestimmend für unterschiedliche politische Engagementbereitschaft in seinem Sinne herauskristallisiert hat, stellt er in der Interpretation seiner Ergebnisse ›mangelnde Intelligenz‹ als verantwortlich dafür in den Vordergrund, daß in der westdeutschen Jugend nach wie vor ein eher reaktionäres Meinungssyndrom vorherrsche. Resigniert über das von ihm nicht anders als ›bildungsfeindlich‹ zu benennende ablehnende Verhalten der Jugendlichen gegenüber institutioneller politischer Bildung kann er sich nur damit trösten, daß eben wie allen bürgerlichen »so auch den staatsbürgerlichen Möglichkeiten Grenzen durch Intelligenzmängel gesetzt«[43] seien. Daß sich die »vielberufene Entfremdung gegenüber den mancherorts gerade erst konsolidierten und entfalteten soziopolitischen Systemen des ›Westens‹«[44] nach Ausweis der ermittelten Daten gerade bei den Jüngeren stärker nach rechts als nach links zu tendieren droht, versteht er nicht in Beziehung zu der ebenfalls bei ihm zu findenden Äußerung zu setzen, daß die »überschaubare Ordnung im Meinungsraum junger Menschen« nur »eine psychologisch-empirische«[45] ist.

Einerseits versteht er demokratisches Engagement selbst eng an die Verwirklichung demokratischer Informationsformen[46] gebunden, andererseits stimmt es ihn bedenklich, daß die Einstellungsdimension 4 (faschistoid/antirepräsentativ/nationalistisch) eine »indolente, populistische Ablehnung der Fremden und anderen (Gastarbeiter, Entwicklungsländer) und einen nationalen Isolationismus und Hegemoniewunsch (Weltmacht durch Wiedervereinigung) sowie eine Mohrenwäsche der angeblich verkannten Nazis«[47] verbindet.

Überzeugt von der im Grundgesetz festgelegten ›Meinungsfreiheit‹ im kapitalistischen Westdeutschland kann Jaide nicht die sich in der Meinungspolitik der Pressemonopole spiegelnde systemstabilisierende Funktion gerade dieser Meinungsdimension erkennen

[43] Jaide, Jugend und Demokratie, a.a.O., S. 93.
[44] Ebd., S. 41.
[45] Vgl. hier S. 232.
[46] »Die Regierungen und Parteien sollen eine demokratische Reformpolitik in einem neuen Stil rational begründen und publik machen, d. h. durchschaubar und verständlich mitteilen, damit auch und gerade die werktätige Jugend sie versteht und davon angesprochen wird. Es geht dabei um nachvollziehbare öffentliche Darlegung und nicht um Fensterreden zur Rechtfertigung, es geht um mehr Kritikoffenheit und die Institutionalisierung permanenter öffentlicher Kritik.« – Jaide, Jugend und Demokratie, a.a.O., S. 99.
[47] Ebd., S. 42.

und muß, da er das Grundgesetz nicht als politische Norm sondern als Wirklichkeit versteht, individualpsychologische Kategorien wie Begabungsunterschiede und soziale Ängste für die Erklärung von politischem Immobilismus zu Rate ziehen. Insofern bestehen nach seiner Auffassung »erwartungsgemäß Zusammenhänge zwischen sozialem und allgemeinem Immobilismus. Es bestehen mäßige Zusammenhänge zwischen Neurotismus und den Meinungsfaktoren 1 und 5 (immobil; Befürchtungen, Ängste).«[48]
Seine Reflexionen über die materiellen Grundlagen der von ihm als ›antidemokratisch‹ bezeichneten Haltung der Jugendlichen beinhalten zwar Überlegungen wie die, daß sie Ausdruck sein könnte »für das allgemeine politische Unbehagen im Jahre 1968 zur Zeit der großen Koalition und der beginnenden Krise oder als quasi zeitloser Unter-Mittelschicht-Populismus gegen Großkapital und Parteien oder als Bemühung, sich einmal wieder möglichst kontraform zu gerieren«[49], doch ist für ihn damit die Frage nicht beantwortet, »warum sich eine derartige politische Unzufriedenheit und Unselbständigkeit oder ein derart mangelhaftes Politikverständnis junger Menschen heute in Westdeutschland gerade in gewisser Stärke rechtsextrem als konsistenter Faktor artikuliert«[50]. So scheint er letzten Endes doch Zweifel über die materielle Legitimation der von ihm als faschistoid bezeichneten Grundhaltungen Jugendlicher zu haben.
Jaides eigenes Politikverständnis ist bestenfalls liberal zu nennen. Damit wird die beanspruchte Objektivität seines empirischen Instrumentariums noch vor allen Interpretationen der gewonnenen empirischen Daten entscheidend beeinträchtigt. Seine eigene politische Sozialisation scheint beispielsweise in die von ihm geäußerte Sorge einzugehen, daß die faschistoiden Einstellungen der Jugendlichen in enger Nachbarschaft zum Faktor 5: Befürchtungen (die Politiker betrügen uns, ein Mann wie Hitler kann wiederkommen, die Gastarbeiter sollte man nach Hause schicken) stünden. Sind nicht gerade diese Äußerungen für den unterprivilegierten Teil der Jugendlichen und ihre Eltern real begründet? Die als faschistoid etikettierte Meinung, daß unter Hitler nicht alles schlecht gewesen sei, kann in der im kapitalistischen Arbeiterbewußtsein fest verwurzelten Angst vor dem Verlust des Arbeitsplatzes begründet sein, antidemokratische, nach ›system-distrust‹ klingende Äußerungen können ebenso als Reflex auf die richtige Erfahrung interpretiert werden, an demokratischen Entscheidungsprozessen zwar de jure, aber nicht de facto beteiligt zu sein.
Warum gehen, wie Jaide fragt, mit der entdeckten »Krisenfurcht

[48] Ebd., S. 91.
[49] Ebd., S. 43.
[50] Ebd., S. 42.

vor sicher nicht auszuschließenden Risiken«[51] keine Gedanken zu ihrer ›Abhilfe‹ einher, sondern »Rückzugstendenzen auf restaurative, autoritäre oder faschistoide Lösungen«[52]? Die Beantwortung dieser Frage verweist wieder auf die objektiven kognitiven Grundlagen, auf die ›überschaubare psychologisch-empirische Meinungsordnung‹ der Jugendlichen.

Bacia hat in diesem Zusammenhang einmal bemerkt, die Meinungsbildung der Jugendlichen werde von dem herrschenden Votum der Gesellschaft (das in der kapitalistischen Gesellschaftsordnung ein Klassenvotum ist) direkt in Regie genommen: es werde ihm leicht gemacht, es aus Rede und Verhalten der Umwelt abzulesen. »Eine eigene Meinung zu haben, heißt in dieser Entwicklungsphase ja nur zu leicht, die Unlust der anderen auf sich zu ziehen, als Außenseiter zu gelten.«[53] So könnten groteske Beispiele entstehen wie z. B. die von L. v. Friedeberg mitgeteilte Tatsache, »daß die meisten Jugendlichen die Oder-Neiße-Grenze niemals anerkennen würden, ohne jedoch genau zu wissen, wo sie liegt«[54].

In der Schule wird einerseits die freiheitlich-demokratische Grundordnung in Absetzung von allen ›totalitären‹ Regimen als das Optimum gesellschaftlicher Organisierung gefeiert, andererseits stoßen schon die geringsten Forderungen von Lohnabhängigen und in der Ausbildung befindlichen Staatsbürger nach inhaltlicher Mitbestimmung des Produktionsablaufes oder institutioneller Reformen von seiten der Adressaten auf Widerstand.

Auf der einen Seite wird das Meinungssyndrom der Ideologie vom Sozialstaat und der Sozialen Marktwirtschaft in allen Medien und Instanzen gepflegt, zwingen die kapitalistischen Konkurrenzgesetze und Manipulationsmethoden jeden einzelnen zu wirtschaftlich mehr oder minder angepaßtem Verhalten, auf der anderen Seite soll sich eine kritische politische Einsatzbereitschaft für den bürgerlichen Rechtsstaat bei jenen herausbilden, denen ständig die Erfahrung zuteil wird, daß ein ›mündiger‹, d. h. aber kritischer Gebrauch ihrer demokratischen Rechte auf Ablehnung bzw. existenziell bedrohliche Sanktionen stößt, und die mit der Tatsache konfrontiert sind, daß sie von den ihren Interessen programmatisch verpflichteten bürgerlichen Organisationen und Instanzen keine Politik erwarten können, deren Ziel es wäre, den kapitalistischen Widersprüchen zwischen der Klasse der Lohnabhängigen und den Privateigentümern an Produktionsmitteln mit einer parteilichen Politik ein Ende zu bereiten.

Führt man sich nach diesen Überlegungen noch einmal die von Jaide entwickelten Variablen zur Bestimmung von Ausmaß und

[51] Ebd., S. 43.
[52] Ebd.
[53] H. Bacia: Erziehungs- und Bildungsprozesse zur autoritären Disposition der Bevölkerung, in: Schäfer, Nedelmann, a.a.O., Bd. II, S. 300.
[54] Ebd., Fn. 28.

Art politischer Engagementbereitschaft[55] vor Augen, so bestätigen sie in ihrer sozialstrukturellen empirischen Häufung und ihrem korrelativen Verhältnis zu den fünf auf den Fragebogenitems ›latenten‹ Meinungsdimensionen[56] eine übergroße, freilich nicht artikulationsmächtige psychische Distanz der materiell und bildungsmäßig benachteiligten Jugendlichen zu einem politischen System, dessen ökonomische, d. h. aber für ihre sozial unterprivilegierte Lage verantwortlichen Entscheidungsprozesse faktisch nicht durch demokratisches Pflichtbewußtsein und kritische Einsatzbereitschaft beeinflußt werden können und das insgesamt nicht nur den weniger privilegierten Lohnabhängigen, sondern der Gesamtgesellschaft keine langfristigen krisenfreien Perspektiven zu entwickeln gestattet.

Von ähnlichen Gedanken ausgehend weist Heide Berndt[57] darauf hin, daß amerikanische Untersuchungen zum Wahlverhalten in den sechziger Jahren bei den Befragten einen großen Abstand zum Bereich der Politik ergeben hatten, und gibt zu bedenken, ob die andererseits festgestellte ›Überanpassung‹ an das System, die sich auch in dem konsum- und modebewußten Verhalten der westdeutschen jugendlichen Lohnabhängigen zeigt und die in den USA durch die Ergebnisse der Untersuchungen zur politischen Sozialisation (die scheinbar eine so enge positive Identifikation mit den Symbolen der Nation erbrachten) bestätigt wird, in Krisenzeiten erhalten bleibt. Nach ihrer Auffassung sind die nationalen Loyalitätsbeteuerungen kaum mehr als eine formale Anpassung an gesellschaftliche Klischees, auf das echte demokratische Potential der Bevölkerung könne aus ihnen kaum geschlossen werden.

Empirische Untersuchungen des Frankfurter Instituts für Sozialforschung über das demokratische Potential in der westdeutschen Bevölkerung[58] ergaben vergleichbar dazu, daß die gänzlich Unpolitischen nicht unbedingt autoritärer eingestellt sind als politisch Interessierte; eindeutig undemokratische Urteile seien sogar seltener aufgetreten als eindeutig demokratische. Ebenso wenig als eindeutig ›demokratisch‹ einstufbar wie ›offen autoritär‹ stellte die Mehrzahl der von Schmidt und Becker befragten Personen jedoch »ein Reservoir der mehr oder minder Unpolitischen. Weder tragen ihre kritischen Äußerungen weit; sie beziehen sich konkretistisch auf Einzelheiten der Aktion, ohne daß die politische Tendenz einer Unterminierung demokratischer Grundsätze unter dem Vorwand staatlicher Interessen erkannt würde. Noch drücken ihre Affirmationen unmittelbar das Verlangen nach einer Rückkehr zum Obrigkeitsstaat aus. Vielmehr verraten sie die Unfähigkeit, an den

55 Vgl. oben S. 232.
56 Ebd.
57 H. Berndt: Politische Autorität und Apathie. In: D. Clausen u. a. (Hg.): Universität und Widerstand, Frankfurt 1968.
58 R. Schmidt, E. Becker: Reaktionen auf politische Vorgänge. Drei Meinungsstudien in der Bundesrepublik (I. Spiegel-Affäre; II. Metallarbeiterstreik in Baden-Württemberg; III. Eichmann-Prozeß), Frankfurt 1967.

Verstößen gegen die Grundrechte mehr zu sehen als zwar bedauerliche aber doch nicht allzu ernst zu nehmende ›Begleitumstände‹ und ›Randerscheinungen‹.«[59]
Für den Hauptteil der westdeutschen Bevölkerung kann als typisch gelten, daß liberale und autoritäre Vorstellungen und Grundhaltungen nebeneinander bestehen, ohne daß sich ihre Träger dieser Widersprüchlichkeiten bewußt wären. »Auf politisches Bewußtsein als inhaltlich einheitlichem, in sich strukturierten Argumentationszusammenhang, der politisches Verhalten einsichtig bestimmt, trifft man äußerst selten. Dieses Bruchstückhafte politischer Einstellungen, das auch in anderen empirischen Untersuchungen konstatiert worden ist, macht es problematisch, in der Analyse politischen Denkens das eindimensionale Kontinuum autoritär-demokratisch unbesehen zu verwenden.«[60]
Eben diese Parzellierung politischer Informationen im Bewußtsein, die widersprüchliche, sich neutralisierende Haltung zu politischen Vorgängen benötigt aber das privatwirtschaftliche Gesellschaftssystem. Toleranz und Liberalität werden gebraucht, wo es um das Erdulden der Konjunkturschwankungen zu Lasten der Lohnabhängigen, die daran geknüpften staatlichen Interventionen und private Initiativen geht, Bereitschaft zur Repressivität und Unterwerfung in Bereichen, wo es um die Einpassung der Lohnabhängigen in die unternehmerischen Gewinninteressen geht.
Auf ihre Weise bestätigte diese Resultate auch die 1966 bis 1970 durchgeführte empirische Studie über ›Industriearbeit und Arbeiterbewußtsein‹[61]. Auch sie erbrachte widersprüchliche gesellschaftliche Bewußtseinsinhalte, sich widersprechende, aber dennoch nebeneinander bestehende Einstellungen zur Gliederung der Gesellschaft, zu den politischen Institutionen und zu der Bedingtheit und den Perspektiven der eigenen sozialen Position. Persönliche konkrete Erfahrungen bildeten in der Urteilsbildung einen dominanten Bezugspunkt, andererseits wurde aber entgegen den materiellen Erfahrungen eine völlige Übereinstimmung mit den propagierten Prinzipien der marktwirtschaftlichen Gesellschaftsordnung und ihrem Überbau, dem bürgerlichen Rechtsstaat, geäußert.
Eine Bewertung gesellschaftlicher Zusammenhänge fällt, wie Kern/Schumann herausfanden, den Arbeitern nicht nur deshalb schwer, weil sie nicht intelligent genug wären, sondern weil ihnen Orientierungshilfen im Sinne eines Interpretationsrahmens ihrer eigenen Situation von den bürgerlichen Instanzen verweigert werden. Wenn folglich explizit von ›politischer Interessiertheit‹ bei den befragten Arbeitern die Rede war, so geschah dies in Übereinstimmung mit dem herrschenden System und der herrschenden Ideologie.

[59] Ebd., S. 42.
[60] Ebd., S. 43.
[61] H. Kern/M. Schumann: Industriearbeit und Arbeiterbewußtsein, I u. II, Frankfurt 1970.

Die Bereitschaft, sich über das politische Geschehen zu informieren oder gar aktiv daran teilzunehmen, impliziert häufig ein tiefes Vertrauen in positive gesellschaftliche Veränderungen auch für die Arbeiterschaft: »Der Impuls scheint bei diesen Arbeitern weniger in der kritischen Reflexion zu liegen, im Bewußtsein notwendiger Veränderungen, die es durch persönliche Teilnahme und Mitarbeit durchzusetzen gilt, denn umgekehrt in dem Gefühl, angesprochen zu werden, indem man an sozialen Verbesserungen beteiligt wird. Die optimistischen Erwartungen in bezug auf den technischen Wandel müssen deswegen vor allem als Ausdruck dieser Haltung interpretiert werden, die sich als politisch interessiert zeigt, weil sie sich integriert fühlt in das politisch-gesellschaftliche System.«[62]
Solche Ergebnisse verdeutlichen gewollt oder ungewollt, wie gründlich sich ›latente‹ und ›manifeste‹ Anpassungsprozesse trotz der scheinbaren Liberalisierung des politischen Systems in krisenärmeren Phasen des Monopolkapitalismus vollziehen, lassen aber ohne weitere Informationen kaum Aufschluß darüber zu, inwiefern die Zuspitzung der kapitalistischen Widersprüche das kritische politische Potential, die Bereitschaft zum parteilichen Widerstand und zur Wahrung der demokratischen Rechte in der Bevölkerung anwachsen lassen wird.[63] Die damit verbundenen Bewußtwerdungsprozesse lassen sich aus den dargestellten Untersuchungen über politische Engagementbereitschaft und politisches Interesse in keiner Weise prognostizieren.
Das liegt nicht zuletzt an der Konzeption der Fragebogenitems und dem Untersuchungsziel. Zum Beweis dafür, daß unumwundene Fragen nach der Meinung zu kapitalistischen Ausbeutungs- und Verwertungsmethoden auch deutliche Antworten ergeben, seien einige Umfrageergebnisse des Wuppertaler Instituts für Kommunikationsforschung angeführt, in denen durch direkte Fragen zum Vertrauens- und Achtungsverhältnis der Lohnabhängigen zum Unternehmer deutliche Bewußtwerdungsprozesse – hier freilich mit Besorgnis – aufgedeckt wurden.
So zeigte sich, daß sich der Anteil derjenigen, die den Unternehmer für sozial halten, von 59 Prozent (1968) bis auf 18 Prozent (1972) vermindert hat. Die Stimmen, die den Unternehmer für unsozial halten, stiegen von 6 Prozent auf 25 Prozent. Ferner waren 1968 noch 61 Prozent der Auffassung, daß der Unternehmer sich demokratisch verhalte, 1972 nurmehr 13 Prozent der Befragten. Nein sagten damals zu diesem Item 4 Prozent, 1972 aber schon 16 Prozent.
Als Vorbild betrachten 1972 den Unternehmer nur noch 3 Prozent gegenüber 48 Prozent vor vier Jahren. Die Zahl der Unentschiedenen stieg in diesem Zeitraum von 43 Prozent auf 84 Prozent an.

[62] Ebd., S. 273 f.
[63] Vgl. dazu: F. Deppe u. a.: Das Bewußtsein der Arbeiter. Studien zur politischen Soziologie des Arbeiterbewußtseins, Köln 1971; S. Herkommer: Gesellschaftsbild und politisches Bewußtsein, in: *Das Argument* 50/1969 (Kritik der bürgerlichen Sozialwissenschaften), S. 208–222.

Bescheidenheit billigten 1972 nur 4 Prozent dem Unternehmer zu, während 1968 noch 50 Prozent dieser Überzeugung waren. Für unbescheiden halten ihn jetzt 21 Prozent gegenüber 4 Prozent vor vier Jahren. Der Prozentsatz der Unentschiedenen erhöhte sich von 43 Prozent auf 75 Prozent.[64]
Solche Daten lassen mehr als pauschale Antworten zum Demokratieverständnis und politischer Loyalität und Pflichterfüllungsbereitschaft darauf schließen, inwiefern die krisenhafte ökonomische Entwicklung die kritische Distanz gegenüber der privatwirtschaftlichen Organisation der Gesellschaft wachsen läßt und durch die ständige sinnliche Erfahrung von Preissteigerungen, Steuererhöhungen, Mittelstreichungen und Konjunkturschwankungen die Skepsis gegenüber der herrschenden Ideologie sich verstärkt.

[64] B. Kalusche: Das Image des Unternehmers hat sich verschlechtert (Auswertung einer Meinungsanalyse des Wuppertaler Instituts für Kommunikationsforschung, die Repräsentativität beanspruchte), in: *PR* (Erste Zeitschrift für Public Relations), 3/1972, S. 4f.

# VII. Folgerungen zu den Widersprüchen zwischen privater familialer Sozialisation und der Entwicklung gesellschaftlichen Bewußtseins in der kapitalistischen Gesellschaft

*Vorbemerkung:* Der Kontrast zwischen dem Bildungsbegriff in *der institutionellen politischen Bildung und den Dimensionen von Klassenbewußtsein.*

Befragt man Begriffe wie ›Mündigkeit‹, ›Autonomie‹, ›Kritikfähigkeit‹ und ›Interessiertheit‹, die die pädagogischen Konzepte institutioneller politischer Bildung normativ bestimmen und auch den empirischen Begriff politischer Sozialisation lenken (vgl. Kap. VII.2., S. 220ff.), auf ihre materiellen Verwirklichungsbedingungen wie auf die Nachfrage des politischen Systems nach diesen Qualitäten, so entschlüsseln sie sich als Persönlichkeitsmerkmale, die zwar Ausdruck einer sozial reifen, verantwortungsbewußten Staatsbürgerschaft sein sollen, im Rahmen der gegebenen Klassenstruktur aber faktisch zum Signum einer privilegierten Schicht werden.
Wie Strzelewicz richtig bemerkt, bedeutet Bildung in ihrer dem klassischen humanistischen Menschenideal entsprechenden rein geistigen oder ästhetischen Stilisierung kaum mehr als ›Freiheit der Innerlichkeit‹. Als solche stelle sie aber gegenwärtig entweder »die Freiheit gegenüber den Zwängen dar, denen die unteren Stufen der gesellschaftlichen Hierarchie ausgesetzt sind, oder Trost an den Werten des reinen Herzens gegenüber diesen Druckverhältnissen und diesen Lasten in den unteren Positionen der Gesellschaft«[1]. War in vorbürgerlichen Gesellschaftsformen Bildung das deklarierte Erkennungszeichen einer besonderen Schicht, repräsentiert durch die Angehörigen des Adels oder des Klerus, so wird sie nach der bürgerlichen Revolution zu einer Charakternorm umformuliert, deren Entfaltung von erzieherischen Bemühungen der entsprechenden Instanzen abhängig sei, prinzipiell aber eher von individueller Bemühung als von gesellschaftlichen Bedingungen bestimmt werde.
Die Auffassung, die soziale Privilegiertheit eng mit Bildung verknüpft sieht, gilt zwar immer noch, ihre entscheidende Färbung erhält sie aber nun dadurch, daß sie die darin enthaltene Kausalität umkehrt: nicht soziale Privilegierung ermöglicht ›Bildung‹, sondern Bildung gilt als Aufstiegsbedingung. Damit wird indessen die Verantwortung für die Initiierung von Bildungsinteressen individuellen Motivationen zugeordnet und in den Bereich des Privaten verlagert.

[1] Strzelewicz u. a., a.a.O., S. 30.

Soll nun der Anspruch geprüft werden, daß mit der Institutionalisierung der bürgerlichen Gleichheitsrechte allen Individuen der Weg für volle berufliche Entfaltung gesellschaftlich geebnet sei, so stellt sich die Frage, ob Bildung und Ausbildung ihren Statuscharakter wirklich verlieren konnten. Das führt notwendig zu einer Kritik der ›quasi-ständischen‹ Hierarchisierung der bürgerlichen Gesellschaft, wie sie sich beispielsweise in der überkommenen Dreigliedrigkeit des Schulsystems und der erst allmählich problematisierten Trennung von Lehrerbildungsanstalten und Universitäten offenbart. Verbunden mit dieser Hierarchisierung ist ein Bildungsbegriff, der für die unterprivilegierten Schichten zur sogenannten Herzensbildung, nämlich Tugendhaftigkeit, Rechtschaffenheit und Unterwerfungsbereitschaft, umformuliert ist.

Auf der Grundlage einer Kritik dieses Bildungsbegriffes, in der von der Entfaltung des Bewußtseins von der faktischen historisch-ökonomischen Abhängigkeit aller sozialen Prozesse auszugehen ist, müssen politische Bildungsprozesse, wie sie sich in den öffentlichen Sozialisationsinstanzen und in der Familie abspielen, als affirmative von emanzipatorischen geschieden werden.

Affirmativen Bildungsintentionen liegt die Überzeugung zugrunde, daß in der gegebenen Gesellschaftsordnung die Voraussetzungen für individuelle Entfaltung geschaffen oder zumindest schaffbar seien. Dahinter steckt der Glaube daran, daß es für jeden prinzipiell möglich sein muß, wirtschaftlich erfolgreich zu sein und die politische Willensbildung anteilig zu lenken. Die vom Individuum dafür einzubringenden Eigenschaften seien freilich Tatkraft und Zielstrebigkeit sowie demokratisches staatsbürgerliches Engagement. Insbesondere der Familie und der Schule fällt nun die Aufgabe zu, diese ›an sich‹ wertvollen Tugenden zu fördern. Ob die Praktizierung dieser Tugenden später mit den entsprechenden Erfolgen verbunden sein wird, erscheint als individuelles Problem: Sache von Strebsamkeit, Glück oder Zufall.

Kritisch-emanzipatorische Bildungsprozesse orientieren sich im Gegensatz dazu vordringlich an den materiellen Widerständen, die die beanspruchte Durchlässigkeit der sozialen Schichtung in Frage stellen. Sie sind an der politischen und ökonomischen Entschleierung einer Ideologie ausgerichtet, derzufolge sich die Gesellschaft lediglich in ›Kluge‹ und ›Dumme‹, in von Natur aus zum Herrschen und zum Gehorchen bestimmte Individuen teilt; ihr Ziel ist es, die Ursachen politischer Entscheidungsprozesse aufzuzeigen und über die ökonomischen Ursprünge von Herrschaftsstrukturen aufzuklären. Insofern eine solche Bildung aber »im Dienste einer besseren Zukunft die bestehenden Verhältnisse analysiert und Mythen, Vorurteile und Verschleierung aufdeckt, gerät sie in Kollision mit den herrschenden Interessen«[2].

[2] R. Schmiederer: Zur Theorie der politischen Bildung, in: *Das Argument* 43/1967, S. 117.

Affirmative politische Bildungsprozesse, deren Zielsetzungen sich in Sozial- und Gemeinschaftskundebüchern in der Regel als Tugendlehre niederschlagen, konzentrieren sich demgemäß auf die Vermittlung von Institutionenwissen, historischen und aktuellen innen- und außenpolitischen Fakten und Ereignissen und politisch loyalen, partnerschaftlichen Verhaltensregeln, während die kritische Auseinandersetzung mit der gegebenen Gesellschaftsform und ihren demokratischen Möglichkeiten auf das Verständnis der strukturellen Prägung aller gesellschaftlichen Vorgänge und Gegebenheiten durch den wirtschaftlichen Prozeß bzw. die Funktionen und Positionen der Privateigentümer an Produktionsmitteln als herrschender gesellschaftlicher Klasse abzielt. Damit besteht ihr Hauptinteresse darin, zu zeigen, wie sich die partikularen Interessen der Kapitaleigentümer im ›demokratischen Willensbildungsprozeß‹ behaupten und die sie antreibenden Gesetzmäßigkeiten kapitalistischer Verwertung sich in den privatesten Bezügen formbestimmend niederschlagen.

Allgemein läßt sich der Prozeß institutioneller politischer Sozialisation nach zwei Aspekten betrachten, von denen im Rahmen der vorliegenden Fragestellung der zweite wesentlich ist:

(1) Wo politische Bildung als Rechtfertigungslehre Informationsvermittlung über die politische und wirtschaftliche Beschaffenheit des Gesellschaftssystems wie über die Pflichten und Rechte seiner Mitglieder anstrebt, äußert sich das ihr zugrunde liegende Verhältnis von Individuum und Gesellschaft in einem inhaltlich und didaktisch geplanten Konzept. Bildungsprozesse dieser Art sind intendierte Legitimationen.

(2) Vollzieht sich politische Bewußtseinsbildung als ›Beiprodukt‹ unreflektierter sozialer Anpassung aus dem Bild, das sich die Individuen in ihrer materiellen und intellektuellen Auseinandersetzung mit den für sie wesentlichen gesellschaftlichen Institutionen machen müssen, so ist politische Sozialisation als indirektes Resultat gesellschaftlicher Funktionszusammenhänge bzw. politisch-ökonomischer Widersprüche zu begreifen. Als solches führt sie unterschwellig zu den benötigten systemkonformen Verhaltensformen.

Ob politische Urteile und gesellschaftliche Einstellungen den Sachverhalten, auf die sie sich beziehen, angemessen sind, darf nicht – wie es die Theoretiker der ›latenten‹ politischen Sozialisation versuchen – aus der »isolierten Psychologie« derer interpretiert werden, die sie äußern; »vielmehr davon, inwieweit Informationen, ohne die einsichtige politische Verhaltensweisen nicht zu denken sind, bereits kanalisiert, kontrolliert und beschnitten wurden, ehe sie die Menschen überhaupt erreichen«[3].

Politische Urteilsbildung, die auf den beschriebenen Bildungs- und Adaptionsprozessen gründet, kennzeichnet sich dadurch, daß in

[3] Schmidt, Becker, a.a.O., S. 13.

privaten Bezügen erlernte und erprobte ›Lebensweisheiten‹ auf politische Sinnzusammenhänge übertragen werden und diese Übertragung dann in der Terminologie gesellschaftlichen Interesses rationalisiert wird. Individueller Sinn und politische Bedeutung des so erworbenen Interpretationsgerüstes fallen aufgrund der antagonistischen Klassenverhältnisse des entfalteten kapitalistischen Gesellschaftssystems zwar auseinander, erscheinen aber, gestützt von der scheinbaren Plausibilität der bürgerlich-demokratischen Grundordnung, als identisch.
Prozesse der Analogiebildung und falschen Verallgemeinerung, die solche Urteilsübertragungen aus dem Privaten in das Politische darstellen und innerhalb denen intendierte, institutionalisierte politische Bildung kaum mehr als Komplementärfunktionen erfüllt, erzeugen motivationale politische Grundhaltungen, die zur fraglosen Hinnahme des politischen Auftrags loyaler Staatsbürgerschaft führen. In der parlamentarischen Demokratie ist damit Erfüllung der Wahlpflicht im Glauben an die freie Konkurrenz zwischen Regierung und Opposition und damit nominelle Bestätigung der Klassengesellschaft gemeint, in der Diktatur innere Ergebenheit gegenüber der charismatischen Führung des ›Volksganzen‹, in jedem privatwirtschaftlich organisierten Gesellschaftssystem Wohlverhalten und Treue gegenüber einem Recht, das das Privateigentum an Produktionsmitteln schützt, ohne daß den Lohnabhängigen ohne weitere Anleitung politisch wirksame Konsequenzen aus ihrer Frage in den Sinn kämen, wem dieses Recht letztlich zugute kommt, und wer die materiellen Voraussetzungen für die Akkumulation und Konzentration gesellschaftlichen Reichtums liefert.
Der Auffassung entsprechend, daß die Bewußtseinsinhalte und die Denkstruktur der Menschen eine Widerspiegelung ihrer jeweiligen gesellschaftlichen Praxis sind, zu welcher der Erscheinung nach aber auch die familiale Lebensform gerechnet werden muß, muß diese unter Reproduktionsbedingungen, die dem Menschen die Erfahrung seiner Gesellschaftlichkeit verzerren, als bewußtseinsbestimmender Faktor in die Analyse von Politisierungsbedingungen einbezogen werden. Setzt sich doch die Klasse der Lohnabhängigen aus Individuen zusammen, die, in familialen Verbänden naturwüchsig zusammengeschlossen, eben dort die ihrem Wesen entfremdeten Reproduktionsbedingungen psychisch bewältigen und diese ›Lebenserfahrung‹ in ihre Erziehungsabsichten mit einbeziehen.
Die isolierte private Lebensform in der Kleinfamilie bestätigt in einer dem Bedürfnishaushalt des Menschen einseitig Rechnung tragenden Weise den partikularen, entfremdeten Charakter seiner Existenzsicherung im Austausch von Arbeitskraft gegen Lohn.
Da der Sinn, die eine Sache oder Tätigkeit für den Menschen gewinnt, von dem Motiv abhängt, unter dem er mit ihr in Beziehung

tritt, muß der Lohnabhängige unter kapitalistischen Reproduktionsbedingungen ein gleichgültiges Verhältnis zu seinem konkreten Arbeitsvollzug bekommen, arbeitet er doch, um Geld zu verdienen – nicht, um ein Produkt oder einen Gebrauchswert zu erstellen, sondern um mit seiner Arbeitsfähigkeit sich selbst zu regenerieren.

Das Selbstbewußtsein der arbeitenden Individuen muß sich unter solchen Produktionsbedingungen als eine Form personeller Identität definieren, die sich nur in kämpferischer Beziehung zu ihren Konkurrenten verwirklichen kann. Dieser Individuierungsprozeß, der als ›Kampf um Anerkennung‹ (Hegel) im ökonomischen Konkurrenzdruck gründet und in negativer Weise von der gesellschaftlichen Abhängigkeit des Individuums kündet, wird nur im Rahmen einer an der Aufhebung der gegebenen widersprüchlichen Reproduktionsbedingungen orientierten politischen Praxis sinnlich erfahrbar – einer Praxis, die den kapitalistischen Produktionsprozeß als eine gesellschaftlicher Entfaltung langfristig widersprechende Form der Organisation gesellschaftlicher Arbeitsteilung durchsichtig macht.

Erst in kollektiv-solidarischen Aktionen eröffnet sich den Lohnabhängigen die Chance, Individualität nicht als privat gegen andere zu erkämpfende zu verstehen, sondern das menschliche Wesen »im Dasein des Menschen für den anderen und des anderen für ihn [...] als Lebenselement menschlicher Wirklichkeit« (Marx) und nicht nur wie bisher als Prinzip familialer Integration zu begreifen.

Wesentliche Grundlage parteilicher, klassenbewußter politischer Bildung ist also das Wissen um die historisch wie systematisch zu fassende Gesellschaftlichkeit und Produktivität des menschlichen Wesens.

Produktionsverhältnisse, die dem Menschen seine sozialen Beziehungen als mehr oder minder zufällige oder schicksalhafte vorspiegeln und die das Verhältnis der Produzenten zu dem Kaufmittel ihrer Lebenssicherung, dem Geld, als existentiell wesentlich erscheinen lassen, verbergen dem Menschen notwendig seine wahre Wesensbestimmung. Er versteht sich zufällig in einen Gesellschaftszustand hineingeboren, »in dem die Menschen einerseits in ständig steigendem Maße die bloß ›naturwüchsigen‹, die irrationell-faktischen, Bindungen zersprengen, ablösen, hinter sich lassen, andererseits aber in dieser selbstgeschaffenen, selbsterzeugten Wirklichkeit eine Art zweiter Natur um sich errichten, deren Ablauf ihnen mit derselben unerbittlichen Gesetzmäßigkeit entgegentritt, wie es früher die irrationellen Naturmächte (pünktlicher: die in dieser Form erscheinenden gesellschaftlichen Verhältnisse) getan haben«[4].

*Klassenbewußtsein*, das um die zu erkämpfende Humanisierung der menschlichen Lebensbedingung, d. h. um die Notwendigkeit,

[4] Lukács, a.a.O., S. 141 f.

der Vergesellschaftung der Arbeit die Vergesellschaftung der Produktionsmittel folgen zu lassen, weiß, kann folglich nur ›gegen den Strich‹ unter konsequenter Problematisierung alles in den institutionellen Agenturen des privatwirtschaftlichen Gesellschaftssystems vermittelten Wissens über das Verhältnis des Individuums zu der Gesellschaft und zu seinen eigenen Bedürfnissen geschaffen werden. Es handelt sich hier um einen langwierigen Prozeß, der weder individuell noch nur theoretisch bewältigt werden kann. Die Dispositionen für gesellschaftliches Bewußtsein, d. h. aber klassenbewußtes Engagement im Interesse der lohnabhängigen Bevölkerung sind objektiv an einen bestimmten Stand der Entfaltung des Widerspruchs zwischen Lohnarbeit und Kapital gebunden.

Das Einverständnis darüber, daß Klassenbewußtsein kein metaphysischer Kollektivgeist einer ›Klasse für sich‹ ist, setzt voraus, die Klasse der Lohnabhängigen als aus Individuen unterschiedlicher Schichtzugehörigkeit und zivilisatorisch wie kulturell unterschiedlicher Lebensgewohnheiten zu begreifen. Andererseits darf Klassenbewußtsein aber nicht auf eine psychologische Kategorie reduziert werden, wodurch dann psychotherapeutische oder ›kompensatorische‹ Praktiken die Funktion politischer Praxis bekommen könnten.

Davon ausgehend, daß Klassenbewußtsein etwas qualitativ anderes ist als die Aufsummierung fortschrittlicher Denkinhalte, deutet es sich als ein von der Entfaltung der Klassenwidersprüche abhängiger Prozeß kollektiver Bewußtwerdung an: Das Wissen der Lohnabhängigen um die historischen Bestimmungsgründe ihrer Lebens- und Arbeitsbedingungen wird durch die krisenhafte Zuspitzung des kapitalistischen Widerspruchs zwischen gesellschaftlicher Produktion und privater, monopolistischer Verfügung über die erstellten Produkte auf neue Stufen von Informationswilligkeit und kritischem politischem Interesse gehoben.

Auf den zunehmenden Verfall kapitalistischer Macht (die sich in der Erschwerung der Akkumulationsbedingungen, in imperialistischen Konflikten wie Währungskrisen und zunehmenden Staatseingriffen äußert) trifft die wachsende parteilich und gewerkschaftlich organisierte Klassensolidarität der Lohnabhängigen gegen die Übergriffe wirtschaftlicher und politischer Formierungsinteressen auf ihre demokratischen Rechte.

Wissensmäßige Basis für Klassenbewußtsein ist die Dialektik zwischen Akkumulation und Enteignung, zwischen Selbstverwirklichung und Selbstentwirklichung. Das Wissen um diesen Sachverhalt ist gegenwärtig den Lohnabhängigen in der Regel aber noch verborgen. Es besteht vorerst in den unteren Schichten noch in der defensiven Abgrenzung gegen die übergeordneten sozialen Schichten (Wertschätzung der Primärbeziehungen in der Unterschicht, gruppenorientierter, normativer Kommunikationsstil).

Bei der Mehrheit der Lohnabhängigen steht die positive Identifikation mit ihrer Klasse in Form eines parteilichen Orientierungsbedürfnisses noch aus.
Nicht zuletzt die partikularistische Reproduktionsform in der Familie verhindert bzw. hemmt jenen notwendigen Bewußtwerdungsprozeß und trägt damit dazu bei, die anonyme Herrschaft kapitalistischer Verwertungszwänge zu befestigen.
Von der individuellen Bewußtseinsentfaltung betrachtet hat Klassenbewußtsein sowohl eine kognitive bzw. intellektuelle wie auch eine affektive oder emotionale Dimension. Die kognitive Dimension ließe sich charakterisieren als Fähigkeit zu einer materialistischen Selbstdistanz, die – ursprünglich eine sozialisationstheoretische Kategorie – formal auch die Voraussetzung für die Fähigkeit bildet, die falsche Abstraktheit der bürgerlich-kapitalistischen Produktionsverhältnisse analytisch zu durchdringen.
Die Fähigkeit, politische Herrschaftsstrukturen zu erfassen, hinter den demokratischen Erscheinungsformen der bürgerlichen Gesellschaftsordnung die ökonomische Klassenwirklichkeit aufzudekken, sich von eigenen Vorurteilen zu distanzieren und die Manipulationsmechanismen zu durchschauen, mittels deren die Klassenherrschaft materiell und ideologisch stabilisiert wird, setzt eine gewisse Vertrautheit im Umgang mit politisch-ökonomischen, d. h. aber wissenschaftlichen Begriffen voraus. Freilich ist, im Gegensatz zur Meinung der gängigen Sozialisationstheorie, diese Fähigkeit nicht abhängig von der Teilhabe an Bildungsprivilegien der bessergestellten sozialen Schichten, sondern kann im Rahmen emanzipatorischer politischer Praxis, angeleitet von qualifizierten Erziehern, in einem emotional stabilisierenden Rahmen erworben werden.
Hinter dieser Aussage steckt die Überzeugung, daß der Vorsprung, den der Angehörige sozial privilegierter Schichten durch ›induktive‹ Erziehungsstile (orientiert im Idealfall als Rollendistanz, Ambivalenztoleranz und Selbstrepräsentation) für seine intellektuelle Entfaltung gewonnen hat, für die Entfaltung von Klassenbewußtsein in der Arbeiterklasse keinen gravierenden Mangel darstellt.
Wenn auch die Sozialisationseinflüsse in den Familien unterprivilegierter Schichten kaum dem bürgerlichen Ideal von Ich-Entwicklung entsprechen, daher auch kaum die bürgerliche Norm von Ich-Stärke erreicht werden kann, so beinhalten sie doch die politisch wesentliche Voraussetzung für die Entfaltung von Klassenbewußtsein, nämlich die Erfahrung, daß sich die Lebensbedingungen in den unteren Schichten der Gesellschaft individuell nicht ändern lassen. Allerdings müssen sich diese Erfahrungen destruktiv äußern, solange es keine Informationen über ihre organisatorische Umsetzbarkeit gibt. Die entsprechenden Verhaltensformen reichen von der Überbetonung von Männlichkeit zur

Kompensation dieser Erfahrung durch Drogenkonsum und kriminelle Tendenzen.
Klassenbewußtes Engagement ist folglich als kollektive, d. h. bewußt praktizierte Negation der für den Arbeiter in der bürgerlichen Gesellschaft negierte Chance seiner Individuierung und Entfaltung. Die dafür notwendigen Lern- und Anpassungsprozesse können einerseits an den bestehenden Erfahrungen der Lohnabhängigen anknüpfen, setzen aber andererseits eine wissenschaftliche Interpretation dieser Erfahrungen und das Aufzeigen von Wegen praktischer Umsetzung dieses Wissens voraus.
Die für Klassenbewußtsein bestimmende Ich-Stärke bemißt sich dementsprechend an der Fähigkeit, den Zwang zum Mitagieren in der kapitalistischen Dialektik von ökonomischer Herrschaft und Anpassung reflexiv zu durchdringen, das heißt aber, Mißerfolgserlebnisse aus individueller Aufstiegs- und Interessenorientierung als politisch bedingt zu erkennen und sich kollektiv und organisiert gegen die verantwortlichen Widerstände zur Wehr setzen zu lernen.

## 1. Strukturell affirmative Züge familialer Bewusstseinsbildung im kapitalistischen Gesellschaftssystem

Trotz aller Spannungen und Frustrationen, die aus dem Familienleben nicht nur dann erwachsen, wenn Wohnraum, Geld und Zeit füreinander knapp bemessen sind, wird die Familie von ihren Angehörigen als ein Schutzraum aufgefaßt, in dem es möglich ist, emotionalen Bedürfnissen zu ihrem Recht zu verhelfen und anderswo angestaute Aggressivität zu entladen. Allein die Familienzelle bietet ja die Möglichkeit, die ständige psychische und physische Anspannung, die die Form der materiellen Existenzsicherung fordert, aggressiv abzuwehren und kompensierend zu bewältigen, ohne daß dafür existenzbedrohende Sanktionen zu erwarten wären.
Leidtragende der Tatsache, daß die besonders aus der Erwerbstätigkeit in den unteren beruflichen Positionen folgenden Frustrationserfahrungen in aggressive Kommunikations- und Herrschaftsstrukturen umgesetzt werden, sind vor allem die noch wehrlosen Kinder, freilich auch die Eltern selbst. Nichtsdestoweniger besteht bei Erwachsenen wie bei Kindern in unteren sozialen Schichten eine hohe Wertschätzung familialer Bindungen.
65 Prozent der von Spandl befragten werktätigen Jugendlichen verbringen ihre Freizeit zu großen Teilen zu Hause, 30 Prozent außerhalb der Wohnung, wobei als Gründe Streitigkeiten zwischen den Eltern, Langeweile und enger Wohnraum angegeben wurden. 50 Prozent der Jugendlichen bekundeten ein reges Interesse am

Familienleben, da »aber die familiäre Geselligkeit ihnen zu gering, zu unzeitgemäß und eintönig erscheint, geben sie ihren Enttäuschungen offen Ausdruck. 35 Prozent der Befragten, die sich im Hinblick auf ihre Einstellung zur Familie negativ äußern, wünschen sich ein besseres Familienleben.«[5]

Gerade dort läßt sich die Wertschätzung der Familie an Verhaltensformen von Angehörigen unterprivilegierter und privilegierterer Schichten deutlich erkennen, wo kein ›gesichertes‹ Familienleben vorzuweisen ist: beispielsweise das Kind aus erster Ehe, das sich in der neueingegangenen Beziehung unwillkommen fühlt, oder das Kind, das sich durch die Trunksucht eines Elternteiles sozial diskriminiert fühlen muß. Eben diese Wertschätzung der Familie, die aus ihrer psychischen Bedeutung im Vergleich zu den anderen gesellschaftlichen Instanzen resultiert, verhindert auch bei jenen, die die »erzwungene Familienlosigkeit des Proletariers« (Marx) am härtesten erfahren, Konsequenzen andersartiger sozialer Organisierung zu ziehen.[6]

So wie die Familienideologie gegenwärtig im Bewußtsein der Individuen verankert ist, trennt sie nach Hoernle die Massen, »spaltet das Proletariat, entfremdet die Kollegen der Werkbank, entzweit die Nachbarn in der Mietskaserne, hemmt die Entwicklung im Klassenbewußtsein und zur Klassensolidarität, an deren Stelle sie die kleinbürgerlichen Familienideale des individuellen Fortkommens und des privaten Erwerbs stellt. [...] Sie atomisiert die Arbeiterschaft, sie zerlegt die kompakte, durch die gemeinsam im Produktionsprozeß verbundene proletarische Masse in eine Unzahl sich selbständig dünkende und kleinbürgerlich empfindende Individuen.«[7]

Aus gegebenen Gründen kann geschlossen werden, daß es sich bei den Primärbeziehungen in den unteren sozialen Schichten um partikularistisch-solidarische Beziehungen handelt, die ihren Zusammenhalt eher negativ an der feindlichen und abschätzig eingestellten ›besseren‹ sozialen Umwelt definieren als positiv am präzisierten Interesse der Familienangehörigen an familialer Kommunikation.

Als Monopol auf soziale Kontakte hat die Familie der Lohnabhängigen ihre entscheidende ökonomische und politische Funktion darin, für die psychische Stabilisierung, damit aber auch Neutralisierung ihrer Angehörigen am Arbeitsplatz zu sorgen. »Mit der psychischen Stabilisierung leistet sie jedoch gleichzeitig die Stabilisierung der gesellschaftlichen Verhältnisse, die jene erst notwendig machen.«[8]

[5] Spandl, a.a.O., S. 50.
[6] Der Kampf Westberliner Heimzöglinge und Trebegänger um das von ihnen besetzte Georg-von-Rauch-Haus mit dem Ziel eines kollektiven Wohnprojektes in selbständiger Organisation bestätigt als experimentelle Ausnahme die Regel des Wunsches nach familialer Geborgenheit.
[7] Hoernle, a.a.O., S. 59.
[8] Sozialisation und kompensatorische Erziehung, a.a.O., S. 104.

Um der wechselseitigen Stabilisierung und der Aufrechterhaltung eines Minimums an sozialen Kontaktwillen figurieren die Angehörigen im Familienverband nicht als Individuen, sondern als Gruppenmitglieder, zwischen denen Solidarität, Verbundenheit und Treue normativ bindend ist, auftretende Konflikte aber nicht rational zur Sprache gebracht und zu bewältigen versucht werden. Die Identität des Individuums bestimmt sich in den unteren sozialen Schichten durch seine Konformität mit der Gruppe, gefördert durch rigide Rollenerwartungen in der Familie, die in ihrer Statusorientierung eine einheitliche Definition der sozialen Realität und ihres Verständnisses ermöglichen. So ist die Eltern-Kind-Beziehung weniger auf die individuelle Persönlichkeitsentwicklung des Kindes gerichtet, eher auf die Wahrung der internen Stabilität in der Familie, eines äußerlich reibungslosen Ablaufes des Familienalltages.

Vergegenwärtigt man sich noch einmal, daß die kollektiv orientierten Handlungsmuster in den Primärbeziehungen der unteren Schichten Teil eines Abwehrsystems gegen die Übermacht einer feindlichen sozialen Realität sind, so wird begreiflich, daß Solidarität nicht aus politischer Überzeugung heraus, sondern mehr oder weniger blind praktiziert werden muß, um eine von außen ständig bedrohte psychosoziale Komplementarität zu erhalten.

Ihr bürgerlich-individualistisches Selbstverständnis zwingt die unpolitischen unteren Lohnabhängigen dazu, den objektiven Klassencharakter ihrer sozialen Lage abzuwehren, da sonst unter dem Kontext der äußeren Lebensbedingungen, die keine sicheren Handlungsalternativen bieten, das mühsam erworbene Abwehrsystem gestört und psychische Krisen hervorgerufen würden.

Dem Gesamtsystem entspricht der partikularistisch-solidarische Charakter der Primärbeziehungen deshalb, weil sie in ihrer Komplementärfunktion als Auffangnetz der bei Verfolgung individueller Aufstiegsorientierung entstehenden Enttäuschungen dienen und so eine etwaige Rebellion gegen die kapitalistischen Arbeitsbedingungen hemmen.

Wilhelm Reich schrieb 1936 im Rahmen seiner Überlegungen zu den psychologischen Entstehungsbedingungen des Faschismus, die Einstellung der Jugend für oder gegen die herrschende Ordnung stehe in einem hohen Grad in einem proportionalen Verhältnis zu ihrer Einstellung für oder gegen die Familie. Dementsprechend sei es kein Zufall, »daß die konservative und reaktionäre Jugend im Großen und Ganzen von Einzelfällen einmal abgesehen, familienanhänglich und familienerhaltend, die revolutionäre Jugend dagegen familienfeindlich und -zerstörend ist und sich aus dem Familienverband mehr oder weniger vollständig löst«[9]. Eine seiner Grundannahmen zur Klärung der Bedingungen von Politi-

[9] W. Reich: Die sexuelle Revolution (Kopenhagen 1936), Frankfurt 1966, S. 106.

sierung war, daß die Familie nicht nur durch direkte Beeinflussung, sondern schon durch ihre Struktur bestätigende Einstellungen zur bestehenden Gesellschaftsordnung fördert, und zwar weil sie »insbesondere durch die sexuelle Struktur, der sie entspringt und die sie weiterpflanzt, unmittelbaren Einfluß auf die sexuelle Struktur des Kindes in konservativem Sinne nimmt«[10].

Wenn die von Reich angenommene exkludierende Beziehung zwischen familialem Privatleben und revolutionärem Engagement auch zu gefährlicher Verabsolutierung eines abgeleiteten Aspektes affirmativen, autoritären Bewußtseins verleitet (dies geschah in der antiautoritären Studentenbewegung der sechziger Jahre, wo häufig die Auflehnung gegen die eigene Familie – als der Versinnbildlichung gesellschaftlicher Herrschaftsstrukturen – als revolutionäres Handeln mißverstanden und kollektive Wohnformen als progressive politische Alternative entgegengesetzt wurden), so deutete Reich dennoch Wesentliches über die Widersprüche zwischen der Verteidigung isolierter familialer Lebensführung und der Entfaltung gesellschaftlichen Engagements oder Klassenbewußtseins an.

Freilich ist nicht der repressive Einfluß der ödipalen Dreiecksituation in der Kleinfamilie auf die Triebstruktur des Menschen, sondern allgemein der Widerspruch zwischen Privatsphäre und Öffentlichkeit im kapitalistischen Gesellschaftssystem dafür verantwortlich zu machen, wenn der isolierten familialen Lebensführung und der familialen Sozialisation ein entpolitisierender Effekt unterstellt werden muß.

Nach den Ausführungen über die subjektive Fixierung entfremdeter Reproduktionsbedingungen durch die familiale Lebensform und die familialen Erziehungsfunktionen[11] erweist sich die bürgerliche Ausprägung der menschlichen Trieb- und Bedürfnisstruktur nur als Konsequenz des dem menschlichen Wesen entfremdeten Verhältnisses von Familienleben und Berufsleben, Arbeit und Freizeit, das aus dem Widerspruch zwischen gesellschaftlicher Produktion und privater Aneignung resultiert.

Hier war davon ausgegangen worden, daß die familiale Verkehrsform noch *vor* jeder erzieherischen Einwirkung der Eltern Einfluß auf die sinnliche Verankerung von Konkurrenzverhalten und individualistischem Leistungsstreben nimmt, damit aber das verkehrte Bewußtsein des Menschen von seiner gesellschaftlichen Abhängigkeit entscheidend beeinflußt.

Die psychoanalytischen Kategorien lieferten *eine* Begründungsmöglichkeit für die Art und Weise, in der die Persönlichkeitsentwicklung in der Kleinfamilie vor sich geht, halfen sie doch, die Beziehungen zwischen affektiven Ambivalenzkonflikten, die aus den

[10] Ebd.
[11] Vgl. Kapitel IV, S. 130.

reduzierten und geschlechtlich polarisierten Identifikations- und Imitationschancen des Kindes bei seinen Eltern erwachsen und den späteren Formen, in denen es nach sozialer Anerkennung streben wird (individualistisches Leistungs- und Konkurrenzverhalten, Absetzungsbedürfnisse, Trennungsängste, Unterwerfungswünsche) zu erhellen.
Bereits mit den primären Aufzuchtspraktiken wird dementsprechend der Mechanismus politischer Sozialisation, d. h. aber die Ausbildung klassenspezifisch vom System geforderter Denk- und Motivationsstrukturen in Gang gesetzt.
In enger Wechselbeziehung mit den sozialen Werten und erzieherischen Normen, die die Denkstruktur des Kindes ideologisch einschleifen, tragen die in der Familie erworbenen Bewältigungsstrategien psychischer Konflikte, die Abwehrmechanismen, zur Sicherung der gegebenen Herrschaftsverhältnisse bei, stellen sie doch eine wichtige Voraussetzung für die Übernahme von und das starre Festhalten an sozialen und politischen Normen und Vorurteilen dar. Durch Vorurteile, verstanden als Bestandteile einer Umweltorientierung, die einer ›naiven Begriffsbildung‹ entstammt, arrangiert sich die Persönlichkeitsstruktur einerseits mit den eigenen Triebbedürfnissen, andererseits mit dem Herrschaftsstil der sozialen Umgebung, paßt also ihr Gewissen der sozialen Kontrolle an.
Besonders solche Kinder, die »in einem Erziehungs- und Familienklima aufwachsen, das ihre Unsicherheit bestärkt, das sie ängstigt, ihnen zuviel Schuldgefühle aufladt, neigen stark zur Ausbildung und zum Beibehalten von Vorurteilen; wo jeder Nonkonformismus mit Strafe bedroht wird, wagt das Kind nicht mehr, sich selbständig denkend in der Welt zu orientieren, sondern strebt danach, sich den Vorurteilen und Einstellungen der Majorität anzugleichen. Kinder, die unter dem Druck von Angst aufwachsen, wagen weder ihr Spielzeug noch ihre Gedanken in einzelne Teile zu zerlegen, um nachzusehen, wie es im einzelnen darinnen aussieht; später bleiben ihnen fast nur noch die *vorgefertigten Gedanken* zur Weltbewältigung, vor denen ihre kritische Potenz versagt.«[12]
Für die Schuldgefühle, die das Kind in der ödipalen Situation der Kleinfamilie aus Angst vor seinen Triebansprüchen und vor seinen Aggressionen gegen die elterlichen Verbote entwickelt, stehen politische ›Sündenböcke‹ bereit, an denen diese Aggressionen später projektiv abreagiert werden können. »Sehr deutlich läßt sich das an der Aktualisierung der Minderheitenproblematik in zahlreichen zeitgenössischen Gesellschaften betrachten. Es besteht die Tendenz, Minoritäten, die eine gewisse unersetzliche Funktion in der Gesellschaft ausüben, in Gettos zu isolieren, d. h. sie auszusto-

[12] P. Brückner: Analyse des Vorurteils. Begriff, Genese, soziale und politische Bedeutung, in: A. Silenius (Hg.), Vorurteile in der Gegenwart, Frankfurt 1966, S. 23 f.

ßen, und sie zugleich zu einem für die innere Ökonomie der Mehrheit außerordentlich wichtigen Haßobjekt zu stempeln.«[13]
Vorurteile haben besonders wegen ihres prognostischen Gehaltes stabilisierende Funktionen für die bestehenden Herrschaftsverhältnisse. Die Erwartungen an das Verhalten sozialer Gruppen und Individuen, die Vorurteile beinhalten, können bei bestimmter Strukturierung des sozialen Feldes, hier: des Klassencharakters des Gesellschaftssystems, die Randgruppen und unteren Schichten unter dem Druck des Vorurteils tatsächlich das erwartete Verhalten entwickeln und bestätigen lassen, womit sie geeignete Objekte für die Umleitung politischer Aggressionen gegen die Ausbeutungsbedingungen werden.
Gerade die Angehörigen materiell und bildungsmäßig benachteiligter Schichten, deren Ich-Funktionen und Selbst-Bewußtsein aufgrund nachteiliger Sozialisationseinflüsse schwach ausgebildet sind, dürfen psychische und soziale Sachverhalte, die die Realität ihres Daseins entschleiern würden, nicht berücksichtigen, da diese affektiv als zu auswegslos belastet sind und jegliches Nachdenken darüber das mühsam erworbene und ohnehin brüchige Abwehrsystem stören würde. Solche Strukturierung des Bewußtseins und des Denkens verlangt eine Verengung sozialer Zusammenhänge auf ein stereotypes Interpretationsschema der sozialen Wirklichkeit.
Die mangelhaften Chancen der Ausbildung intellektueller Fähigkeiten und der konformistische Zwang zu gruppenorientierten Handlungsmustern produzieren in den unteren sozialen Schichten ein Denken in Klischees und Vorurteilen, das dazu zwingt, die politischen und wirtschaftlichen Erscheinungen für das Wesen gesellschaftlicher Zusammenhänge zu nehmen. Schon die primären familialen Sozialisationseinflüsse sind, wie auch die Lerntheorie bestätigt, deshalb so integrativ, weil die menschlichen Reifungs- und Lernbedingungen beinhalten, daß soziale Normen und Werte ein festes Gerüst der individuellen Bedürfnis- und Denkstruktur bilden. Da nämlich »die Verhaltensweisen, mit denen die Bedürfnisse der Menschen befriedigt werden, gesellschaftlicher Normierung unterliegen und gelernt werden müssen, und da es ferner für Menschen kennzeichnend ist, sekundäre Bedürfnisse zu entwikkeln, werden die ursprünglichen vitalen emotionalen Reaktionen notwendigerweise in das neuaufgebaute System des bedürfnis- und normgerechten Verhaltens einbezogen. Wenn z. B. in einer Kultur vom aufwachsenden Kind ein ängstliches oder aggressives Verhalten gewünscht wird, dann muß dieses das unerwünschte Verhalten zu unterdrücken lernen. [...] Dergestalt können die zwar zunächst diffusen, aber potentiell mannigfaltigen Gefühle

[13] A. Mitscherlich: Aggression und Anpassung, in: H. Marcuse, A. Rapoport, K. Horn, A. Mitscherlich, D. Senghaas, M. Marcović: Aggression und Anpassung in der Industriegesellschaft, Frankfurt 1968.

des kleinen Kindes normgerecht spezialisiert und in bestimmte Bahnen gelenkt, kanalisiert werden. So wird in einem langen Prozeß über die Steuerung des Verhaltens auch die Gefühlsstruktur des Heranwachsenden verändert.«[14]
Solange den Menschen, die sich in einem kapitalistischenGesellschaftssystem als Lohnabhängige reproduzieren müssen, erklärende Informationen über den entfremdeten Charakter ihrer partikularen Lebensform vorenthalten werden, neigen sie als privat, d. h. aber primär naturwüchsig sozialisierte dazu, gemäß den beschriebenen Lern- und Wahrnehmungsmechanismen dieVorgänge in den außerfamilialen, insbesondere ökonomischen Sektoren nach dem Muster ihrer klassenspezifisch gefilterten Erfahrungen in und außerhalb der Familie zu deuten.
Insgesamt befähigen die familialen Sozialisationsleistungen, da sie zur Entfaltung der physischen, geistigen und moralischen Eigenschaften des Kindes beitragen, das Kind zwar, sich seinen vorgegebenen schichtspezifisch unterschiedenen Existenzbedingungen ›instrumentell‹ zu nähern, es lernt aber nicht, die antagonistische Klassenstruktur des Gesellschaftssystems zu erfassen und den Einfluß der kapitalitischen Formbestimmtheit gesellschaftlicher Reproduktion auf seine individuellen Entfaltungschancen zu begreifen.
Schon die Familien*gründung* erweist sich in dieser Perspektive als affirmativer Akt. Die Partner gehen mit ihr eine auf scheinbar freiwilliger Entscheidung beruhende Konstellation ein, mit der sie zum Instrument systemstabilisierender Politik gemacht werden. Zur Vergegenwärtigung dieses Zusammenhanges sei noch einmal auf das wesentliche Verhältnis der Abhängigkeit verwiesen, in dem die Sphäre des Familienkreises mit der Sphäre der Arbeit und des Warenverkehrs steht, wenn sie sich auch selbst »als unabhängig, als von den gesellschaftlichen Bezügen losgelöst, als Bereich der reinen Menschlichkeit wahrhaben möchte«[15]. Noch das Bewußtsein der Unabhängigkeit lasse sich jedoch aus der tatsächlichen Abhängigkeit jenes intimen Bereiches von dem privaten des Marktes begreifen. Die scheinbar vom gesellschaftlichen Zwang gelöste Intimität der Familie ist »das Siegel auf die Wahrheit einer im Wettbewerb geübten Privatautonomie«[16].
Wenn Angehörige des kapitalistischen Gesellschaftssystems folglich nicht realisieren können, daß gesellschaftliche Unterschiede als Konflikte objektiv entgegengesetzter Interessengruppen interpretiert werden müssen, die durch ihr klassenspezifisches Verhältnis zum Privateigentum zu ökonomischen, damit aber zu politischen Kontrahenten werden, und daß sie nicht als Folge der Summierung unterschiedlicher individueller Leistung oder

[14] Hiebsch, Vorwerg, a.a.O., S. 66.
[15] J. Habermas: Strukturwandel der Öffentlichkeit, Neuwied 1962, S. 60.
[16] Ebd.

auch Willkür (böswilliger Unternehmer) bzw. andererseits als unangreifbare Sachzwänge angesehen werden dürfen, so gründet dies entscheidend auch in den Formen und Mustern, mit denen sie sich in ihrem familialen Bezugsrahmen emotional und intellektuell zu behaupten gelernt haben. Horkheimer wies in diesem Sinn einmal darauf hin: »Wenn das geschichtliche Handeln der Menschen durch Erkenntnis motiviert wäre, brauchte der Historiker nicht auf psychologische Erklärungen zurückzugreifen; je weniger das Handeln aber der Einsicht in die Wirklichkeit entspringt, ja dieser Einsicht widerspricht, desto notwendiger ist es, die irrationalen, zwangsmäßig die Menschen bestimmenden Mächte psychologisch aufzudecken.«[17]

Von der wissenschaftlichen Bedeutsamkeit dieser Schlußfolgerung überzeugt, waren im Rahmen der vorliegenden Fragestellung zu den politischen Konsequenzen familialer Sozialisation *zwei* strukturell und genetisch engverflochtene Aspekte des Verhältnisses familialer Sozialisation und politischer Anpassung verfolgt worden. Dabei war berücksichtigt worden, daß die familiale Sozialisation einen psychischen Rückkoppelungseffekt für die kapitalistisch funktionale Bedürfnisentwicklung besitzt sowie, daß die objektiven Polarisierungsprozesse zwischen der Klasse der Lohnabhängigen und der Klasse der Kapitaleigentümer ihr psychologisch zu fassendes Korrelat in den klassenspezifischen familialen Kommunikations- und Erziehungsformen finden.

Zusammenfassend kann zu den zwei Aspekten, die Inhalt und Vorgehensweise des Beitrages bestimmten, gesagt werden:

1. Die Spaltung zwischen instrumenteller und emotionaler Tätigkeit, die sowohl aus der Trennung von geistiger und körperlicher Tätigkeit (historischer Prozeß der gesellschaftlichen Arbeitsteilung) wie aus der Trennung von Konsumtions- und Produktionssphäre (politisch-ökonomische Formbestimmung des kapitalistischen Produktionsprozesses durch den Widerspruch zwischen privater Aneignung und gesellschaftlicher Produktion) folgt, wirkt tief auch in die affektive Grundstruktur des Eltern-Kind-Verhältnisses ein. Das hängt damit zusammen, daß sich nach Leontjew die Isolierung der geistigen Tätigkeit in den Köpfen der Menschen widerspiegelt. Die Menschen betrachten die geistige und auch die sinnliche Tätigkeit »nicht als historisch entstandene Erscheinungsform des einheitlichen realen Lebensprozesses, sondern als Äußerung eines besonderen geistigen Prinzips, das einer besonderen Welt des Bewußtseins angehört und der Welt der Materie, des Raums und der Zeit gegenübersteht«[18].

Ähnlich ergeht es dem Verhältnis, das die Menschen zu ihren emotionalen Bedürfnissen, ihren sozialen Gefühlen entwickeln.

[17] M. Horkheimer: Geschichte und Psychologie, in: Kritische Theorie der Gesellschaft I (Raubdruck), Frankfurt 1968, S. 20.
[18] Leontjew, a.a.O., S. 197.

Gemäß der kapitalistischen Trennung von Bedürfnisbefriedigung und Leistung, die ihre historische und systematische Wurzel in der Bestimmung gesellschaftlich nützlicher Produkte als Waren mit einem Gebrauchswert und einem Tauschwert hat, ist eine emotionale Überfrachtung der Privatsphäre zu verzeichnen, die einen von der kollektiven Auseinandersetzung des Menschen mit der Natur, der praktischen, tätig-sinnlichen Seite seines Wesens völlig abgehobenen Liebesbegriff beinhaltet.
In diesem Liebesbegriff ist die Geschlechtlichkeit überakzentuiert. In der Liebe zu den Kindern spiegelt sich überdies die Tatsache, daß sie als letzte sinnlich manifeste ›Produkte arbeitsteiliger Kooperation‹, die privater Verfügung überlassen bleiben, zu Objekten des Bedürfnisses nach Bestätigung der elterlichen Identität werden.
Die sexuellen Bedürfnisse der Kinder, die in einer solcherart emotional überladenen Erziehungsatmosphäre besonders tiefgreifend und auch ängstigend erlebt werden, werden andererseits aber strategisch unterdrückt, da sie gemäß den entsprechenden Normen (Inzesttabu) nicht befriedigt werden dürfen. Mit der Verleugnung der infantilen Sexualität verstellen sich die Erwachsenen der Tatsache, daß sich in dem Verhalten der Kinder ihre eigene gesellschaftliche Entfremdung spiegelt, die sie zur Übersteigerung ihrer eigenen emotionalen Bedürfnisse im privaten Bereich und damit der Konzentration auf den Geschlechtspartner und die Kinder als wesentlichen Liebesobjekten zwingt.
Aufgrund der Widersprüchlichkeit überbetonter elterlicher Intimität einerseits und familialer Bedürfnisversagungen andererseits lernt das Kind, seine geschlechtlichen, affektiven Bedürfnisse überzubewerten, und damit ist es dafür disponiert, ihre Befriedigung durch die Schaffung einer scheinbar harmonischen dualen Liebesbeziehung vor die Befriedigungsmöglichkeiten zu stellen, die mit der Vermenschlichung der Produktionsformen zu erkämpfen wären. Eben darum werden auch die in Zweierbeziehungen auftretenden Konflikte so tiefgreifend erlebt und stellen den wesentlichen Gegenstand der literarischen Verarbeitung bürgerlicher Alltäglichkeit dar.
Die beschriebene Diskrepanz zwischen der sinnlichen Überfrachtung des Privatlebens, die die Sozialisationsatmosphäre in der Kleinfamilie bestimmt, und den Schranken, die die isolierte familiale Lebensform den menschlichen Befriedigungs- und Bestätigungsmöglichkeiten setzt, stellt *eine* Komponente dar, die für die Entwicklung dependenter, zum Gehorchen wie zum Herrschen gleichermaßen disponierter, politisch ignoranter Persönlichkeitsstrukturen verantwortlich zu machen ist.
Dementsprechend zeigt sich, wie Horn es formuliert, »moralische – und das heißt auf höherem Abstraktionsniveau auch politische – Apathie [...] in allen großen bürokratisierten gesellschaftlichen Zusammenhängen, während Moral auf den engen Kreis der Fami-

lie und auf politisch irrelevante Sachverhalte zurückfällt; die Individuen können nur noch in irrelevanten Bereichen rudimentär jene Spontaneität entfalten, die ihnen das Gefühl vermittelt, in der Tat auch verantwortlich zu sein, d. h. verändernden Einfluß ausüben zu können.«[19]

2. Nicht nur die sich in faktischer Triebfeindlichkeit äußernde Widersprüchlichkeit zwischen unbewußter Überakzentuierung und erzieherischer Unterdrückung sexueller Bedürfnisse zwischen Eltern und Kindern in der ödipalen Dreieckssituation der isolierten Kleinfamilie, sondern auch die familiale Herrschafts- und Rollenstruktur wirkt sich auf die Persönlichkeitsentwicklung des Kindes im Sinne politischer Anpassung aus.

Die kapitalistischen Produktionsverhältnisse, die die Produzenten von ihren Produktionsmitteln trennt und ihnen ihre Produkte in Form von Kapital als fremde Macht im Besitz der Kapitaleigentümer gegenüberstellt, erzeugen auf seiten der Lohnabhängigen eine Unterwerfungsbereitschaft unter scheinbare ökonomische ›Sachzwänge‹, deren Respektierung freilich durch die hierarchischen Aufsichtsstrukturen in Produktionssphäre, Zirkulationssphäre und Administrationssphäre kontrolliert wird. Marx schreibt dazu: »Im Fortgang der kapitalistischen Produktion entwickelt sich eine Arbeiterklasse, die aus Erziehung, Tradition, Gewohnheit, die Anforderungen jener Produktionsweise als selbstverständliche Naturgesetze anerkennt. Die Organisation des ausgebildeten kapitalistischen Produktionsprozesses bricht jeden Widerstand, die beständige Erzeugung einer relativen Überbevölkerung hält das Gesetz von Zufuhr und Nachfrage nach Arbeit und daher den Arbeitslohn, in einem den Verwertungsbedürfnissen des Kapitals entsprechenden Gleise, der stumme Zwang der ökonomischen Verhältnisse besiegelt die Herrschaft des Kapitalisten über den Arbeiter.«[20]

Der Zwang zur Unterordnung unter die partikularen Verwertungsinteressen wird dort als Charakterqualität weitervermittelt, wo den Lohnabhängigen die Herrscherrolle zugeschrieben ist: in der Familie, in der Schule, in den Aufsichtspositionen, im Produktionsprozeß und der Berufsausbildung.

Mit Herrschaft und Unterwerfungszwang als familialen Erziehungsmerkmalen, die aus der personellen Abhängigkeit der Kinder und in der Regel immer noch der Ehefrau ihre Durchsetzbarkeit erhalten, ist die *zweite* Komponente der psychischen Sedimentierung kapitalistischer Herrschaftsstrukturen, damit aber der individuellen Bejahung gesellschaftlicher Entfremdung benannt.

Als wichtige Voraussetzung für die affektive Verankerung dieser

[19] K. Horn: Über den Zusammenhang zwischen Angst und politischer Apathie, in: Marcuse, Rapoport u. a., a.a.O., S. 76.
[20] Marx: Kapital, Bd. I, a.a.O., S. 765.

Herrschaftsstrukturen schon im Kleinkind stellte sich die naturwüchsige Arbeitsteilung in der Familie heraus, die sich in geschlechtsspezifischem Rollenverhalten der Eltern zueinander und zu den Kindern niederschlägt. Während, wie gezeigt wurde, die Frau die Rolle der emotionalen Führerin im Familienleben, der Verwalterin des ›Sonderbereichs des Privaten‹ übernimmt, hat sich der Mann um der materiellen Reproduktion der Familie willen in den wirtschaftlichen Sektoren, im Berufsleben, zu verausgaben. Daß er für den Unterhalt der Familie zu sorgen hat, rechtfertigt ihm und auch seinen Familienangehörigen seine familiale Dominanz.

Deutet sich gegenwärtig auch bereichsweise eine Verwischung der Tätigkeitszuordnungen innerhalb familialer und öffentlicher Arbeitsteilung zwischen Mann und Frau an (die Vergesellschaftung der Kindererziehung und die zunehmende Erwerbstätigkeit der Frauen sind wichtige Anzeichen dafür), so resultiert daraus nur in Ausnahmefällen eine Relativierung geschlechtsspezifischen Rollenverhaltens. Der Vate verhält sich in der Regel nach wie vor strenger, leistungsbetonter und fordernder, während die Mutter auf die affektiven Bedürfnisse der Kinder und des Mannes einzugehen hat und sich völlig mit ihrer ›natürlichen‹ Aufgabe identifiziert, Obhut, Wärme und Opferbereitschaft für emotionale Probleme zu vermitteln. Im Selbstverständnis der Mehrzahl der Ehepartner hat nach wie vor der Mann die Führungsrolle zu beanspruchen, selbst dort, wo technische und organisatorische Umstrukturierungen der familialen Arbeitsteilung die äußeren Bedingungen für ein partnerschaftliches Verhältnis bieten würden.

Das von den Eltern vorgelebte Geschlechtsrollenverhalten wird in der Kindererziehung noch bestärkt durch die unterschiedlichen Leistungs- und Tapferkeitsanforderungen wie auch Spielangebote für Knaben und Mädchen. Es liegt auf der Hand, daß das auf Imitation und Identifikation beruhende Geschlechtsrollenlernen der Kinder schon in dieser Phase die späteren Dispositionen zu aktivem und passivem Verhalten schafft und sich schon bei Kleinkindern ein Gespür für die Hierarchie der geschlechtsspezifischen Funktionszuordnungen mit den damit verbundenen Konsequenzen für das soziale Selbstbewußtsein entwickelt.[21]

In dem Maße, in dem die Familie äußerlich dazu tendiert, sich in ein ›partnerschaftliches‹ Gefüge zu verwandeln (äußerer Anlaß dafür sind der objektive Autoritätsverlust des lohnabhängigen Mannes und der partielle Autoritätszuwachs der erwerbstätigen Frau, die zunehmend dafür kämpft, daß ihre ökonomische Gleichbeanspruchung auch zu materieller und rechtlicher Gleichsetzung mit dem Manne führt), scheint den Familienmitgliedern die Chance eröffnet, durch ›demokratische‹ Entschlüsse auf den Stil des Fami-

[21] Vgl. dazu die Erörterungen von G. Brandt, J. Kootz u. G. Steppke: Chancen der Frauenemanzipation im entfalteten Kapitalismus, Frankfurt 1973.

lienlebens Einfluß zu nehmen und ›feste partnerschaftliche Gewohnheiten‹ zu entwickeln, was von der institutionellen politischen Bildung als politischer Fortschritt gewertet und zu relevanten demokratischen Verhaltensweisen hochstilisiert wird. Gelingt es doch, daran anknüpfend, das Bild von der Gesellschaft als einem partnerschaftlichen, sachlich gegliedertem Funktions- und Kommunikationsgefüge zu festigen, innerhalb dessen die verbliebenen Machtstrukturen technologischer Rationalität geschuldet oder als anachronistisches Verhalten von in ›human relations‹ ungeschulten wirtschaftlichen und politischen Führungskräften zu vernachlässigen sind. Politisch verantwortliches Handeln von seiten der Staatsbürger bestimmt sich im Sinne dieser Ideologie bestenfalls danach, mit systemkonformen Verbesserungsvorschlägen die staatlichen Schranken einer vernünftigen gesellschaftlichen Planung zu kaschieren und mit Selbsthilfeaktionen (›Bürgerinitiativen‹) die staatlichen Gremien davon zu entlasten, verfassungsgerechte Konsequenzen aus ihrer faktischen Konformität mit den partikularen Gewinninteressen der unternehmerischen Macht zu ziehen.

In seiner Gesamtheit zeugt der Verlauf kindlicher Reifung und kindlichen Rollenlernens in der Familie des bürgerlich-kapitalistischen Gesellschaftssystems in pathologischer Form von der gesellschaftlichen Determiniertheit des menschlichen Wesens.

Die Sozialisationsfunktionen der Familie bewirken, daß die psychischen Dispositionen der Individuen in autoritäreren und liberaleren Phasen gesellschaftlicher Entwicklung mit sekundären institutionellen Sozialisationseinflüssen harmonieren. Politisch gesehen erfüllen sie die Aufgabe, die Ideologie bürgerlicher Gleichheit und Freiheit zu tradieren und die Lohnabhängigen zu veranlassen, in dem hierarchisch abgestuften Unterwerfungszwang, der ihre jeweilige Klassenlage kennzeichnet, noch die Chance des Aufstiegs zu sehen.

Familial erzogene und an einer eigenen Familiengründung, d. h. an der privaten Aufzucht von Kindern interessierte Bürger des kapitalistischen Gesellschaftssystems adaptieren freilich die Ideologie von der freiheitlich-demokratischen Grundordnung ihrer marktwirtschaftlich organisierten Gesellschaft nicht nur kritiklos, weil sie die Autorität der erziehenden und industriellen Instanzen akzeptieren, sondern weil der Schein von Autonomie, der auch die materielle Eigenverantwortung der familialen Lebensform noch umgibt, sie an der Hoffnung auf Selbstbestimmung und individuelle Entfaltung festhalten läßt.

Nach allem sollte deutlich geworden sein, daß es unmaterialistisch und damit verkehrt wäre, eine Kritik an der Familie als die Kritik einer losgelösten Instanz oder als die Kritik an der personellen Unfähigkeit von Eltern, ihren Kindern ein adäquates Bild von der Gesellschaftlichkeit des menschlichen Wesens vermitteln zu können,

zu formulieren. Vielmehr sollte gezeigt werden, daß die Grenzen, die familiale Erziehung gesellschaftlicher Bewußtwerdung und klassenbewußtem Engagement setzen, in historischem und systematischem Zusammenhang mit der Formbestimmtheit des gesellschaftlichen Reproduktionsprozesses als kapitalistischem stehen und daher das kapitalistische Gesellschaftssystem in seiner unmenschlichen ›Verwertung‹ sinnlicher Bedürfnisse und Dispositionen (wie Sicherheit, Kommunikation und sozialer Bestätigung), nicht aber die klassenspezifische Borniertheit von Eltern und Erziehern anzugreifen ist.
Wäre ohne jene Disponierung zur Unterordnung unter technologische Sachzwänge und marktwirtschaftliche Spielregeln, wie sie schon in der Familie vermittelt werden, die Verankerung der Selbstverständlichkeit bürgerlicher Klassenherrschaft innerhalb sozialer Beziehungen auch kaum denkbar, so darf andererseits nicht daraus geschlossen werden, daß durch ›antiautoritäre‹ Versuche zur Negierung dieser Prinzipien schon ein wesentlicher Schritt in der demokratischen Revolutionierung der gegebenen Herrschaftsverhältnisse getan wäre.
Die Produktionsverhältnisse durch bewußtseinsverändernde pädagogische Konzepte menschlicher gestalten zu wollen, ist ein idealistisches Unterfangen, das das kapitalistische Gesellschaftssystem eher entlastet als angreift.

## 2. Vermutungen über die Entwicklungsbedingungen von klassenbewusstem Engagement auf der Basis affirmativer institutioneller Sozialisationsprozesse

1. Nur das Selbstbewußtsein, das seine historisch-gesellschaftliche Determiniertheit bis in seine Gefühlsstruktur hinein akzeptiert und begreift, kann als gesellschaftliches Bewußtsein bezeichnet werden.
2. Unter antagonistischen Produktionsverhältnissen, die die Gesellschaftlichkeit des menschlichen Wesens dadurch verschleiern, daß die gesellschaftlich produzierten Subsistenzmittel und Produktionsmittel privat von der Klasse der Kapitaleigentümer angeeignet werden, muß gesellschaftliches Bewußtsein der produktiven Klasse, der werktätigen Bevölkerung, die Form von Klassenbewußtsein annehmen.
Nur die arbeitende Klasse bestätigt funktionell und materiell das gesellschaftlich-produktive Wesen des Menschen.
Die Anhäufung gesellschaftlichen Reichtums in privater Hand beweist lediglich, daß die Klasse der Lohnabhängigen unter gegebenen historischen Verhältnissen über ihre eigenen Lebensmittel hinaus auch die Existenzbedingungen der Privateigentümer an

Produktionsmitteln produziert, beweist damit aber, daß es nicht in der Natur gesellschaftlicher Existenz, sondern in der Formbestimmung des kapitalistischen Produktionsprozesses durch den Widerspruch von gesellschaftlicher Produktion und privater Aneignung liegt, wenn sich Knappheit und Überfluß wechselseitig bedingen.

3. Als politisches Handlungsmotiv hat Klassenbewußtsein eine kognitive wie eine affektive Dimension:

a) Die Tatsache, daß nur wissenschaftliche Begriffsbildung, d. h. Begriffsbildung, die das Wesen gesellschaftlicher Erscheinungen zu erfassen vermag, Wissen um die Vorgänge in der Geschichte und um die Gesetzmäßigkeiten von Naturprozessen voraussetzt, zeigt, daß Klassenbewußtsein an Information und Schulung gebunden ist; die Annahme, Klassenbewußtsein könne spontan durch ›sinnliche Erfahrungen‹ entstehen, widerspricht dem Menschen als in seiner bewußtseinsmäßigen Entfaltung einem von Lernprozessen und rationaler Einsicht abhängigem Wesen. Bewußtsein ist eine Funktion von der Verbindung alltäglicher empirischer Erfahrung und wissenschaftlicher Analyse.

b) Die Tatsache, daß der sich in lohnabhängiger Stellung privat reproduzierende Mensch in seiner familialen Lebensform und der scheinbar freiwillig eingehbaren geschlechtlichen Partnerschaft die wesentlichen sozialen Beziehungen sehen muß, fordert ein Angebot alternativer, dem gesellschaftlichen Charakter der kapitalistischen Stufe gesellschaftlicher Arbeitsteilung entsprechender Organisationsangebote, wenn Klassenbewußtsein in politisches Engagement verwandelt werden soll.

Die partikularen Einflüsse privater Primärsozialisation zu korrigieren heißt, Erwachsenen die faktische Macht ihres ökonomischen Status durch gewerkschaftliche und parteiliche Organisierungsangebote nahezubringen, heißt überdies, durch die Institutionalisierung vergesellschafteter Kleinkinderziehung schon Kindern die soziale Abhängigkeit ihrer Existenz sinnlich manifest und zum individuellen Bedürfnis werden zu lassen.

4. Die gesellschaftspolitischen Widerstände, die dabei überwunden werden müssen, haben ihren Grund zum einen in den objektiven Herrschaftsinteressen der herrschenden Klasse wie aber auch in der psychischen Sedimentierung partikularistischer, entfremdeter Reproduktionsformen durch die affirmativen primären und sekundären Sozialisationsprozesse.

a) Die Privateigentümer an gewerblichen Produktionsmitteln, die Klasse der Unternehmer und der Staat als öffentlicher Sachwalter kapitalistischen Krisenmanagements suchen die Formierung der lohnabhängigen Bevölkerung zu einer selbstbewußten, kampfbereiten Klasse mit allen Mitteln zu verhindern. Durchaus der Gefahr gewärtig, daß die Lohnabhängigen die bestehenden gewerkschaftlichen Interessenvertretungen politisch nutzen und in einer

Klassenpartei ihrem Klassenbewußtsein allmählich wieder nachdrücklicher Ausdruck verleihen könnten, bekämpfen sie alle demokratischen und sozialistischen Informations-, Schulungs- und Organisationsbestrebungen durch Befestigung ständischer Unterschiede zwischen den einzelnen Berufsgruppen, Kontrolle der öffentlichen Erziehungsinstanzen, Formierung der Ausbildungs- und Studiengänge, durch ideologische Verschleierung der Widersprüche des Wirtschaftssystems – beispielsweise indem die Krisenanfälligkeit und Unfähigkeit langfristiger Planung auf die im Aufbau begriffenen Übergangsgesellschaften projiziert wird.
b) Die in bürgerlich-kapitalistischen Reproduktionsverhältnissen sozialisierten Individuen nehmen, wie im vorliegenden Beitrag differenziert nachzuweisen versucht wurde, die gegebene Erscheinungsform materieller Reproduktion: den Austausch ihrer Arbeitskraft gegen die Mittel zu ihrer Erhaltung – mit all ihren Begleiterscheinungen wie der Trennung von Familie und Beruf, Arbeit und Freizeit, Produktion und Konsumtion, insgesamt der Spaltung gesellschaftlichen Lebens in Privatsphäre und Öffentlichkeit, als das individueller Sinngebung offene Wesen menschlicher Existenz.
Die private Planung und ›Produktion‹ von Nachwuchs sowie dessen Aufzucht spielt hierbei als Mittel menschlicher Entfaltung und auch sozialer Bestätigung eine entscheidende Rolle, freilich für Mann und Frau mit unterschiedlicher Bedeutung. Ein wesentliches Symptom für die Formbestimmtheit der elterlichen Liebe zu ihren Kindern unter den gegebenen Produktionsverhältnissen scheint die Zunahme der Wertschätzung familialer Bindungen und der prinzipiellen Kinderfreundlichkeit in sozial extrem benachteiligten Schichten (Obdachlose) zu sein.
Trotz der oben bezeichneten Widerstände gegen eine politische Solidarisierung sind dennoch im Rahmen einer durch Konkurrenz, Leistungsdruck und Arbeitsplatzgefährdung gekennzeichneten Tätigkeit im Produktionsprozeß aufgrund des kooperativen, gesellschaftlichen Charakters industrieller Arbeitsorganisation Bedingungen für die Entstehung und Konsolidierung gesellschaftlichen Bewußtseins bzw. solidarischer Verbundenheit zwischen den (männlichen und weiblichen) Lohnabhängigen gegeben, die ihre bewußtseinsformende Wirkung in dem Maß entfalten werden, in dem für die wirtschaftliche Gleichstellung der Frau am Arbeitsplatz gekämpft, gemeinsame Schritte gegen die Verschlechterung der Lebens- und Arbeitsbedingungen (Disqualifizierung individuellen Arbeitsvermögens, Rationalisierungen, Preissteigerungen, Umweltverschmutzung, Mietwucher) und für die Vergesellschaftung der Kleinkinderziehung in Kinderkrippen, Kindergärten, Vorschulen und Ganztagsschulen unternommen werden.
Auf der Grundlage dieser Überlegungen füllt sich mit Inhalt, was Marx in der 3. Feuerbachthese damit meinte, »daß die Umstände

von den Menschen verändert und der Erzieher selbst erzogen werden muß«[22].
Die Chancen einer Korrektur privater familialer Lebensbedingungen durch institutionelle Veränderungen, die den Sozialisationseinfluß der isolierten Kleinfamiliensituation relativieren könnten, müssen nämlich, da sie vornehmlich von den Interessen fortschrittlicherer Kapitalgruppen an der Freisetzung weiblicher Arbeitskraft und zielgerechterer Qualifizierung, weniger von dem Ziel der konsequenten Humanisierung kapitalistischer Lebensbedingungen gesteuert sind, durch aktive demokratische Beteiligung der Betroffenen daran gemessen werden, ob sie im Sinn der bürgerlichen Grundrechte tatsächlich auf eine ökonomische Gleichberechtigung der Frauen und auf eine öffentliche Kindererziehung, die mehr als Disziplinier- und Bewahrfunktionen erfüllt, hinauslaufen können. Allein durch ›praktisch-kritische Tätigkeit‹ (Marx) wird das Ändern der Umstände, der menschlichen Tätigkeit und der Selbstveränderung zusammenfallen können.

[22] Marx: Deutsche Ideologie (3. These über Feuerbach), a.a.O., S. 340 (MEW 3, S. 6).

# VIII. Literatur

Adler, Max: Neue Menschen (Berlin 1926), in: Wolff, R., v. Werder, L.: Soll Erziehung politisch sein? Darmstadt 1970

Adorno, Theodor W.: Zum Verhältnis von Soziologie und Psychologie, in: Sociologica I. Aufsätze, Max Horkheimer zum 50. Geburtstag, Frankfurt 1955

ders. und Max Horkheimer: Gesellschaft (1956), in: Soziologische Exkurse, Bd. 4 der Frankfurter Beiträge zur Soziologie (hg. v. T. W. Adorno und W. Dirks), Frankfurt 1956

dies.: Individuum (1956), ebd.

dies.: Familie (1956), ebd.

Adorno, T. W.: Fernsehen und Bildung (1963), in: Erziehung zur Mündigkeit. Vorträge und Gespräche mit Helmut Becker 1959–1969, Frankfurt 1970

ders.: Soziologie und empirische Forschung. In: Ernst Topitsch (Hg.), Logik der Sozialwissenschaften, Köln/Berlin 1967

ders. und E. Frenkel-Brunswik, D. J. Levinson, and R. N. Sanfort: The Authoritarian Personality, New York 1964

Bacia, Hubert: Erziehungs- und Bildungsprozesse. Zur autoritären Disposition der Bevölkerung, in: Gert Schäfer u. Carl Nedelmann (Hg.), Der CDU-Staat. Analysen zur Verfassungswirklichkeit der Bundesrepublik, Bd. 2, Frankfurt 1969

Bahrdt, Hans Paul: Die Angestellten, in: H. P. Bahrdt, W. Dirks u. a.: Gibt es noch ein Proletariat? Frankfurt 1962

Bandura, S., und R. H. Walters: Adolescent Aggression, New York 1959

Bateson, G., D. D. Jackson, J. Haley u. a.: Schizophrenie und Familie, Frankfurt 1969

Baumert, Gerhard: Einige Beobachtungen zur Wandlung der familialen Stellung des Kindes in Deutschland, in: L. v. Friedeburg (Hg.), Jugend in der modernen Gesellschaft, Köln/Berlin 1967, S. 309ff.

Becker, W. C.: Consequences of Different Kinds of Parental Discipline, in: Reviews in Child Development Research, 1964, S. 169ff.

Berndt, Heide: Politische Autorität und Apathie, in: Detlev Clausen u. a. (Hg.), Universität und Widerstand, Frankfurt 1968

dies.: Zur Soziogenese psychiatrischer Erkrankungen, in: *Soziale Welt* 19/1968

Bernstein, Basil: Sprache und Lernen im Sozialprozeß, in: ders., Aufsätze 1958–1970, Amsterdam 1970

ders.: Sozio-kulturelle Determinanten des Lernens, in: ders., Aufsätze 1958–1970, Amsterdam 1970

ders.: Der Unfug mit der kompensatorischen Erziehung, in: B. Bernstein, U. Oevermann, R. Reichwein, H. Roth, Lernen und soziale Struktur. Aufsätze 1965–1970, Amsterdam 1970

ders.: Ein soziolinguistischer Ansatz zur Sozialisation mit einigen Bezügen

zur Erziehbarkeit, in: ders., Studien zur sprachlichen Sozialisation, Düsseldorf 1972
Bischoff, Gaussmann, Kümmel, Löhlein: Mystifikation und Klassenbewußtsein. Eine Replik zu der Kritik von Hübner, Pilch und Riehm, in: *Sozialistische Politik* 8/1970
Bleuel, Hans Peter: Kinder in Deutschland, München 1971
Bloch, Ernst: Das Prinzip Hoffnung I, Frankfurt 1967
Bönner, K. H.: Deutschlands Jugend und das Erbe ihrer Väter, Bergisch Gladbach 1967
Brandt, Gisela, Jo Kootz, Gisela Steppke: Chancen der Frauenemanzipation im entfalteten Kapitalismus, Frankfurt 1973
Bronfenbrenner, U.: Wandel der amerikanischen Kindererziehung, in: L. v. Friedeburg (Hg.), Jugend in der modernen Gesellschaft, Köln/Berlin 1967
Brückner, Peter: Freiheit, Gleichheit, Sicherheit, Frankfurt 1966
ders.: Analyse des Vorurteils: Begriff, Genese und politische Bedeutung, in: Axel Silenius (Hg.), Vorurteile in der Gegenwart, Frankfurt 1966
ders.: Zur Pathologie des Gehorsams, in: Pädagogisches Sehen und Denken, München 1967
ders.: Zur Sozialpsychologie des Kapitalismus I, Frankfurt 1972
Bürgerliches Gesetzbuch. Textausgabe, 13. Auflage, München 1970
Bundesregierung: Bericht der B. zur Lage der Familien in der BRD, Bundesdrucksache V/2523, Bonn/Bad Godesberg 1968
dies.: Dritter Jugendbericht. Der Bundesminister für Jugend, Familie und Gesundheit (Hg.), Bonn 1972 (brosch.)
dies.: Bericht der B. über die Maßnahmen zur Verbesserung der Situation der Frau, Bundesdrucksache VI/3689, Bonn 1972
Caesar, Beatrice: Autorität in der Familie, Frankfurt 1972
Claessens, Dieter: Familie und Wertsystem, 3. (überarbeitete und erweiterte) Auflage, Berlin 1972
ders. und Maria Neumann-Schönwetter: Vorlesung zur Einführung in die Sozialisation, FU Berlin SS 1969 (hektographiertes Manuskript)
Clausen, J. A., und M. L. Kohn: Social Isolation and Schizophrenia, in: *Americ. Soc. Rev.* 1955, Vol. 20, S. 265ff.
dies.: Schiozophrenia and the Social Structure of a Small Town, in: Public Health Report 72, New York 1957, S. 578ff.
Cohen, A. K., and H. M. Hodges jr.: Characteristics of the Lower Blue-Collar-Class, in: *Social Problems* 10/1963, S. 303–334
Dahmer, Helmut: Psychoanalyse und Historischer Materialismus, in: Psychoanalyse als Sozialwissenschaft (mit Beiträgen von A. Lorenzer, H. Dahmer, K. Horn, K. Brede, E. Schwanenberg), Frankfurt 1971
Deppe, Frank u. a.: Das Bewußtsein der Arbeiter. Studien zur politischen Soziologie des Arbeiterbewußtseins, Köln 1971
Dörner, Klaus: Bürger und Irre, Frankfurt 1969
Dollard, J., C. W. Doob, N. E. Miller u. a.: Frustration und Aggression, Weinheim/Berlin/Basel 1971
Easton, D., and R. Hess: The Child's Political World, in: *Midwest Journal of Political Science* 6/1962, S. 229–246
Eisermann, Gottfried: Die soziologischen Beziehungen der Tiefenpsychologie (1949), in: Psychoanalyse, Marxismus, Sozialwissenschaften, rotdruck Band 10, s'Gravenhage 1971, S. 215–243
Endleman, R.: Moral Perspectives of Blue-Collar-Workers, in: A. B.

Shostak and W. Gomberg (Hg.), Blue Collar World: Studies of the American Worker, Englewood-Cliffs, N. J., 1964, S. 308–316
Engels, Friedrich: Über den Ursprung der Familie, des Privateigentums und des Staates, in: Marx/Engels, Ausgewählte Schriften Bd. II, Berlin (DDR) 1964
Erikson, Erik H.: Kindheit und Gesellschaft, Stuttgart 1965
Feger, Gottfried: Die unvollständige Familie und ihr Einfluß auf die Jugendkriminalität, Stuttgart 1969
Feidel-Mertz, Hilde: Zur Ideologie der Arbeiterbildung, Frankfurt 1972
Fenichel, Otto: Ich-Stärke und Ich-Schwäche (1938), in: ders., Aufsätze, Raubdruck, Frankfurt 1972
Ferenczi, Sandor: Psychoanalyse und Pädagogik. Vortrag auf dem 1. Psychoanalytischen Kongreß in Salzburg 1908, in: ders., Bausteine zur Psychoanalyse, Bd. III, Bern 1964
Fernsehen und Kind. Titelbericht in: *Der Spiegel* 41/1972
Feuerbach, Ludwig: Anthropologischer Materialismus, in: Alfred Schmidt (Hg.), Ausgewählte Schriften I und II, Frankfurt 1967
Foucault, Michel: Wahnsinn und Gesellschaft, Frankfurt 1965
Fraiberg, Selma: Die magischen Jahre in der Persönlichkeitsentwicklung des Vorschulkindes, Reinbek b. Hamburg 1972
Frauen – Berufstätige zweiter Klasse. Internationale empirische Studie. Für die Bundesrepublik im Auftrag der Frauenzeitschrift *Brigitte* unter Leitung von Helge Pross, Gießen, Heft 19/1972, S. 106
Frauenenquete der Bundesregierung, 1966
Freeman, T., J. L. Cameron, A. McGhie: Studie zur chronischen Schizophrenie, Frankfurt 1970
Freud, Sigmund: Aus den Anfängen der Psychoanalyse. Briefe an Wilhelm Fließ, Frankfurt 1962
ders.: Die ›kulturelle‹ Sexualmoral und die moderne Nervosität, Gesammelte Werke VII, Frankfurt [5]1972
ders.: Zur Geschichte der psychoanalytischen Bewegung, Gesammelte Werke X, Frankfurt [5]1969
ders.: Das Ich und das Es, Gesammelte Werke XIII, Frankfurt [7]1972
ders.: Massenpsychologie und Ich-Analyse, Gesammelte Werke XIII, Frankfurt [7]1972
ders.: Neurose und Psychose, Gesammelte Werke XIII, Frankfurt [7] 1972
ders.: Hemmung, Symptom und Angst, Gesammelte Werke XIV, Frankfurt [5]1972
ders.: Die Zukunft einer Illusion, Gesammelte Werke XIV, Frankfurt [5]1972
ders.: Neue Folge der Vorlesungen zur Einführung in die Psychoanalyse, Gesammelte Werke XV, Frankfurt [6]1973; darin: XXXV. Vorlesung ›Über eine Weltanschauung‹
Friedeburg, Ludwig v.: Jugend und Gesellschaft heute, in: ders. (Hg.), Jugend in der modernen Gesellschaft, Köln 1967
Fromm, Erich: Theoretischer Vorspann zu ›Autorität und Familie‹. Sozialpsychologischer Teil (Paris 1936), Raubdruck o. J.
Gerlach, Ulla: Zur Kritik der psychoanalytischen Sozialpsychologie. Der Antagonismus zwischen Individuum und Gesellschaft bei Klaus Horn, Diplomarbeit an der FU Berlin 1969
Geschichte der Erziehung. Autorenkollektiv, Berlin (DDR) 1968
Gilgenmann, Klaus: Zur gesellschaftlichen Formbestimmtheit von Erzie-

hung und Ausbildung, in: G. Szell (Hg.), Privilegierung und Nichtprivilegierung im Bildungssystem, München 1972
Göring, Hans-Joachim: Das Recht des Kindes und der Eltern, München 1969
Gottschalch, Wilfried: Kind und Familie heute, in: *Das Argument* 29/1964
ders., Marina Neumann-Schönwetter, Gunter Soukup: Sozialisationsforschung. Materialien, Probleme, Kritik, Frankfurt [6]1973
Greenberg, E. S.: Consensus and Dissent. Trends in Political Sozialization, in: ders. (Hg.), Political Sozialization, New York 1970, S. 1
Greenstein, F.: Children and Politics, New Haven and London, Yale University Press 1965
Grimm, S.: Die Bildungsabstinenz der Arbeiter, München 1966
Habermas, Jürgen: Strukturwandel der Öffentlichkeit, Neuwied 1962
ders.: Arbeit und Interaktion. Bemerkungen zu Hegels Jenenser Philosophie des Geistes, in: ders.: Technik und Wissenschaft als Ideologie, Frankfurt 1968
ders.: Theorie der Sozialisation, Vorlesung an der J.-W.-Goethe-Universität 1968 (hektographiertes Mauskript)
ders.: Erkenntnis und Interesse, Frankfurt 1968
ders. und Hans Blumenberg (Hg.): Psychoanalyse und Marxismus. Dokumentation einer Kontroverse, Frankfurt 1970
Hack, Lothar, und Hartmut Neuendorff: Zur Vermittlung von gesellschaftlichem Sein und Bewußtsein, FU Berlin, Oktober 1969 (unveröffentlichtes Manuskript)
Hack, Lothar: Klassenspezifische Erfahrungen und Verarbeitungsformen der gesellschaftlichen Realität als Grundlagen für politisch relevantes Verhalten und politisches Bewußtsein, FU Berlin 1969/70 (unveröffentlichtes Manuskript)
Haensch, Dietrich: Repressive Familienpolitik. Sexualunterdrückung als Mittel der Politik, Reinbek b. Hamburg 1969
Haseloff, Otto W.: Zur Soziologie psychoanalytischen Wissens, in: Psychoanalyse, Marxismus, Sozialwissenschaften, s'Gravenhage 1971
Hegel, G. W. F.: Grundlinien der Philosophie des Rechts, Fischer Studienausgabe, Frankfurt 1968
Herkommer, Sebastian: Gesellschaftsbild und politisches Bewußtsein, in: *Das Argument* 50/1969 (Kritik der bürgerlichen Sozialwissenschaften)
Hess, R., und J. Torney: The Development of Political Attitudes in Children, Chicago 1968
Hiebsch, Hans, und Manfred Vorwerg: Einführung in die marxistische Sozialpsychologie, Berlin (DDR) 1968
Hollingshead, A. B., and F. C. Redlich: Social Stratification and Schizophrenia, in: *Americ. Soc. Rev.*, Vol. 19/3
dies.: Social Class and Mental Illness, New York 1958
Hoernle, Edwin: Die Grundfragen der proletarischen Erziehung, Berlin 1929, in: ders., Grundfragen proletarischer Erziehung, hg. v. Lutz von Werder und Reinhart Wolff, Darmstadt 1969
Hoffmann, Michael: Power Assertion by Parents and its Impacts on the Child, in: *Child Development* 31/1960, S. 129
Horkheimer, Max, und Theodor W. Adorno: Dialektik der Aufklärung, Amsterdam 1947
Horkheimer, Max: Theoretischer Vorspann zu ›Autorität und Familie‹ (Allgemeiner Teil), Paris 1936

ders.: Geschichte und Psychologie, in: Kritische Theorie der Gesellschaft I, Raubdruck, Frankfurt 1968
Horn, Klaus: Über den Zusammenhang zwischen Angst und politischer Apathie, in: H. Marcuse, K. Horn, A. Mitscherlich, D. Senghaas, M. Marcović, Aggression und Anpassung in der Industriegesellschaft, Frankfurt 1968
ders.: Dressur oder Erziehung. Schlagrituale und ihre gesellschaftliche Funktion, Frankfurt 1967, erw. Auflage 1970
ders.: Zur Formulierung der Innerlichkeit. Demokratie als psychologisches Problem, in: Gert Schäfer und Carl Nedelmann (Hg.), Der CDU-Staat. Analysen zur Verfassungswirklichkeit der Bundesrepublik, Bd. 2, Frankfurt 1969
ders.: Psychoanalyse – Anpassungslehre oder kritische Theorie des Subjekts? In: Hans-Peter Gente (Hg.), Marxismus, Psychoanalyse, Sexpol II, Frankfurt 1972, S. 143 ff.
Jahresbericht des Bundesministeriums für Jugend, Familie und Gesundheit, Vorwort von Käthe Strobel, Bonn/Bad Godesberg 1969
Jaide, W.: Junge Arbeiterinnen, München 1969
Jaide, W.: Jugend und Demokratie. Politische Einstellungen der westdeutschen Jugend, München 1970
Jochimsen, Luc (Hg.): § 218. Dokumentation eines Elends, Reinbek b. Hamburg 1971
Kalusche, Bruno: Das Image des Unternehmers hat sich verschlechtert (Auswertung einer repräsentativen Meinungsanalyse des Wuppertaler Instituts für Kommunikationsforschung), in: *PR* (Erste Zeitschrift für Public Relations) 3/1972, S. 4
Kasakos, Gerda: Zeitperspektive, Planungsverhalten und Schichtzugehörigkeit. Überblick über internationale Forschungsergebnisse, München 1971
Kern, Horst, und Michael Schumann: Industriearbeit und Arbeiterbewußtsein, Teil I, Frankfurt 1970
Kohn, M. L.: Social Class and Parental Values, in: *Amer. J. of Soc.*, Vol. 64/1959, S. 337
ders.: Social Class and Parental Relationship. An Interpretation, in: *Amer. J. of Soc.*, Vol. 68/1963
Kosmale, Arno: Aktuelle Aufgabe der Abteilung Familie im Bundesministerium für Jugend, Familie und Gesundheit, in: Aktuelle Aufgaben und langfristige Reformen, Bundesministerium für Jugend, Familie und Gesundheit (Hg.), Bonn 1971
Kulischer, Joachim: Allgemeine Wirtschaftsgeschichte des Mittelalters und der Neuzeit, Bd. II, Darmstadt 1971
Larenz, Karl: Einführung in das BGB, in: Bürgerliches Gesetzbuch, Textausgabe, 13. Auflage, München 1970
Lenné, H.: Jugend zwischen Tradition und Demokratie, Berlin 1967
Leontjew, A. N.: Probleme der Entwicklung des Psychischen, Berlin (DDR) 1971
Leshan, L. L.: Time Orientation and Social Class, in: *Journal Abn. of Soc. and Psych.*, Vol. 47, 1952, S. 589–592
Liermann, Lutz, und Klaus Müller: Imitation und Bekräftigung. Lernpsychologische Modelle und Kooperationslernen, in: *betrifft: erziehung* 5/1971
Lipset, S. M.: The Political Man. The Social Basis of Politics, New York 1960

Lipsitz, L.: Working class Authoritarianism: A Re-Evaluation, in: *Amer. Soc. Rev.* 30/1965, S. 103–109
Livson, N., und P. H. Mussen: Das Verhältnis von Ichkontrolle zu offener Aggression und Abhängigkeit (1957), in: Hans Thomae (Hg.), Die Motivation menschlichen Handelns, Köln/Berlin 1970
Lorenzer, Alfred: Sprachzerstörung und Rekonstruktion. Vorarbeiten zu einer Metatheorie der Psychoanalyse, Reihe Literatur der Psychoanalyse (hg. von Alexander Mitscherlich), Frankfurt 1970
ders.: Symbol, Interaktion und Praxis, in: Psychoanalyse als Sozialwissenschaft (mit Beiträgen von A. Lorenzer, H. Dahmer, K. Horn, K. Brede, E. Schwanenberg), Frankfurt 1971
Lukács, Georg: Geschichte und Klassenbewußtsein, Berlin 1923; darin: Klassenbewußtsein, S. 57ff, Die Verdinglichung und das Bewußtsein des Proletariats, S. 94ff
Malinowski, B.: Geschlecht und Verdrängung in primitiven Gesellschaften, Hamburg 1962
Mantell, David: Familie und Aggression, Frankfurt 1972
Marcuse, Herbert: Veralten der Psychoanalyse, in: ders., Kultur und Gesellschaft II, Frankfurt 1967
ders.: Vernunft und Revolution, Neuwied 1962
ders.: Der eindimensionale Mensch, Neuwied 1967
Marx, Karl: Nationalökonomie und Philosophie (1844), in: S. Landshut (Hg.), Karl Marx – Die Frühschriften, Stuttgart 1964
ders.: Deutsche Ideologie (1844/45), in: S. Landshut (Hg.), Karl Marx – Die Frühschriften, Stuttgart 1964, bzw. in: MEW 3, Berlin (DDR) 1969
ders.: Kommunistisches Manifest (1848), in: Marx/Engels, Ausgewählte Schriften I, Berlin (DDR) 1964, S. 25ff
ders.: Grundrisse der Kritik der politischen Ökonomie, Berlin (DDR) 1953
ders.: Das Kapital, Bd. I, in: MEW 23, Berlin (DDR) 1965
ders.: Das Kapital, Bd. III, in: MEW 25, Berlin (DDR) 1965
ders. und Friedrich Engels: Ausgewählte Briefe, Berlin (DDR) 1953
McIntyre, A. C.: Das Unbewußte. Eine Begriffsanalyse, Frankfurt 1968
Merfeld, Mechthild: Die Emanzipation der Frau in der sozialistischen Theorie und Praxis, Hamburg 1972
Metzger, W.: Politische Bildung aus der Sicht des Psychologen. Schriftenreihe der Niedersächsischen Landeszentrale für Politische Bildung, Heft 3, Lüneburg 1969
Mikrozensus, Zusatzbefragung zum M. 1970: Die Betreuung der Kinder von berufstätigen Müttern, in: *Wirtschaft und Statistik* 3/1971, S. 161ff.
Miller, D. R., and G. E. Swanson: Inner Conflict and Defense, New York 1966
Miller, W. B.: Lower Class Culture as a Generating Milieu of Gang Delinquency, in: *J. Soc. Issues* 14/1958
Mitscherlich, Alexander: Aggression und Anpassung, in: H. Marcuse, K. Horn, A. Mitscherlich, D. Senghaas, M. Marcović, Aggression und Anpassung in der Industriegesellschaft, Frankfurt 1968
Mollenhauer, Klaus: Sozialisation und Schulerfolg, in: Begabung und Lernen. Gutachten und Studien der Bildungskommission, Bd. 4, Stuttgart 1969
Müller-Lyer, Friedrich: Die Familie, Hamburg 1926

Myers, J. K., and B. H. Roberts: Family and Class. Dynamics in Mental Illness, New York 1959
Myers, J. K., and L. L. Bean: A Decade Later: A Follow-Up of Social Class and Mental Illness, New York 1968
Negt, Oskar: Soziologische Phantasie und exemplarisches Lernen, überarbeitete Neuausgabe Frankfurt 1971
Neidhardt, Friedhelm: Die Familie in Deutschland, Reihe B der Beiträge zur Sozialkunde, Bd. 5, Opladen 1970
Neumann-Schönwetter, Marina: Zur Bedeutung familialer Objektbeziehungen für die Genese der Schizophrenie, Inaugural-Dissertation an der Freien Universität Berlin 1972
Niepold, Wulf: Sprache und soziale Schicht, Berlin 1970
Nunberg, Hermann: Ichstärke und Ichschwäche, in: *Internationale Zeitschrift für Psychoanalyse*, 24. Band, 1939
Nyssen, Friedhelm: Kinder und Politik. Überlegungen und empirische Ergebnisse zum Problem der politischen Sozialisation, in: *betrifft: erziehung* 1/1970
Oevermann, Ulrich: Schichtenspezifische Formen des Sprachverhaltens und ihr Einfluß auf die kognitiven Prozesse, in: Begabung und Lernen. Gutachten und Studien der Bildungskommission, Bd. 4, Stuttgart 1969
ders.: Sprache und soziale Herkunft, Inaugural-Dissertation, Frankfurt 1967
ders. und Lothar Krappmann, Kurt Kreppner: Projektvorschlag: Elternhaus und Schule (unveröffentlichtes Manuskript), Berlin 1969
Offe, Claus: Politische Herrschaft und Klassenstrukturen, in: Spätkapitalismus oder Industriegesellschaft? Verhandlungen des 16. Deutschen Soziologentages, hg. v. Theodor W. Adorno, Stuttgart 1968
Pearlin, L. I., and M. L. Kohn: Social Class, Occupation and Parental Values: A Cross National Study (1958), in: *Amer. Soc. Rev.*, Vol. 31, 1966, Nr. 4, S. 466–479
Pentzlin, Kurt: Firma geht vor Familie, in: *Frankfurter Allgemeine* vom 16. 10. 1971
Pfeil, Elisabeth: Die Familie im Gefüge der Großstadt. Zur Sozialtopographie der Stadt, Hamburg 1965
Piaget, Jean: Psychologie der Intelligenz (in frz. Sprache), Neuchâtel 1936
ders.: Das Erwachen der Intelligenz, Stuttgart 1969
Plack, Arno: Die Gesellschaft und das Böse, München 1969
Plat, Wolfgang: Die Familie in der DDR, Frankfurt 1972
Preuß-Lausitz, Ulf: Vom Schwinden der ›Fähigkeit‹, sich mit dem politischen System zu identifizieren. Zur Kritik der sogenannten ›politischen Sozialisation‹, 1. Teil, in: *betrifft: erziehung* 2/1973
Rainwater, L., and G. Handel: Changing Family Roles in the Working Class, in: A. B. Shostak, W. Gomberg (eds.), Blue Collar World: Studies of the American Worker, New Jersey 1964
Raspe, Jan: Die soziale Lage des Arbeiterkindes, Berlin 1971
Rehberg, R. A., J. Sinclair and E. Schafer: Adolescent Achievement Behavior, Family Authority Structure and Parental Socialization Practices, in: *Amer. J. of Soc.*, Vol. 75/6, 1969/70, S. 1012–1034
Reich, Wilhelm: Charakteranalyse (Kopenhagen 1933), Raubdruck o. J.
ders.: Massenpsychologie des Faschismus, Zürich 1934
ders.: Die sexuelle Revolution (Kopenhagen 1936), Frankfurt 1966
Revers, Wilhelm Josef: Über das Problem der Autoritätsbeziehung und der

institutionellen Orientierung der Jugend, in: Erich E. Geißler (Hg.), Autorität und Erziehung, Bad Heilbrunn/Obb. 1969
Richter, Horst-Eberhard: Eltern – Kind – Neurose, Reinbek b. Hamburg 1969
ders.: Patient Familie, Reinbek b. Hamburg 1970
ders.: Die Gruppe, Reinbek b. Hamburg 1972
Riesman, David: Die einsame Masse, München 1958
Roazen, Paul: Politik und Gesellschaft bei Sigmund Freud, Frankfurt 1971
Robert, Marthe: Die Revolution der Psychoanalyse, Frankfurt 1970
Rokeach, M.: The Open and the Closed Mind, New York 1960
Rolff, Hans G.: Sozialisation und Auslese durch die Schule. Gesellschaft und Erziehung, Band 4, Heidelberg 1967
Rosen, B. C., and R. D. Andrade: The Psychological Origins of Achievement Motivation, in: *Sociometry* 22/1959, S. 185–218
Rottenecker, Heribert: Strukturwandel der Familie im industriellen Zeitalter und Jugenddelinquenz, in: Familie und Jugendkriminalität, Bd. 1, Stuttgart 1969
Rubinstein, S. L.: Sein und Bewußtsein. Die Stellung des Psychischen im allgemeinen Zusammenhang der Erscheinungen in der materiellen Welt, Rotdruck 17, 2. Auflage, s'Gravenhage 1971
Rühle, Otto: Zur Psychologie des proletarischen Kindes (Dresden 1925), Darmstadt 1969
ders.: Die Sozialisierung der Frau, in: Zur Sexualethik des Kommunismus, Raubdruck o. J.
Runge, Erika: Frauen, Frankfurt 1970
Schmidt, Alfred: Der Begriff der Natur in der Lehre von Karl Marx. Frankfurter Beiträge zur Soziologie, Band 11, Frankfurt 1967
Schmidt, Gunter, und Volkmar Sigusch: Arbeiter-Sexualität. Eine empirische Untersuchung an jungen Industriearbeitern, Neuwied und Berlin 1971
Schmidt, Regina, und Egon Becher: Reaktionen auf politische Ereignisse, Frankfurt 1967
Schmidt, Vera: Die Entwicklung des Wißtriebes beim Kinde, Moskau 1924, in: Zentralratsbroschüre der sozialistischen Kinderläden, Nr. 1, Berlin 1969
Schmiederer, Rolf: Zur Theorie politischer Bildung, in: *Das Argument* 43/1967
Schneider, L., and S. Lysgaard: The Deferred Gratification Pattern. A Preliminary Study, in: *Amer. Soc. Rev.* 18, S. 142–149
Sears, R. R., E. E. Macoby and H. Levin: Patterns of Child Rearing, Evanstone 1957
Sengling, Dieter: Materialien zur Kleinkinderziehung, 1970, in: Dokumentation des Deutschen Jugendhilfetags, Nürnberg 1970
Sozialisation und kompensatorische Erziehung. Ein soziologisches Seminar an der Freien Universität Berlin als hochschuldidaktisches Experiment SS 1968, WS 1968/89, Berlin 1969 (Red.: Beate Brüggemann u. a.)
Soziologisches Forschungsinstitut Göttingen: Materialien zur Lebens- und Arbeitssituation der Industriearbeiter in der BRD (Zwischenbericht), Göttingen 1972
Spandl, Oskar Peter: Die Einstellung des werktätigen Jugendlichen zu seiner Familie, Meisenheim am Glan 1966
Spitz, René: Hospitalism. The Psychoanalytic Study of the Child I, 1945, S. 53–74

Statistisches Jahrbuch der BRD. Statistisches Bundesamt (Hg.), Bonn 1972
Stoufferer, S. A.: Communism, Conformity and Civil Liberties, New York 1955
Strzlewicz, W., H. D. Raaphe und W. Schulenberg: Bildung und gesellschaftliches Bewußtsein. Eine mehrstufige soziologische Untersuchung in Westdeutschland, Stuttgart 1966
Stückrath, Fritz, und Georg Schottmayer: Fernsehen und Großstadtjugend, Hamburg 1967
Teschner, Manfred: Politik und Gesellschaft im Unterricht, Frankfurt 1968
Tjaden, K. H.: Politische Bildung als Affirmation und Kritik, in: *Das Argument* 40/1966
Tomberg, Friedrich: Autoritäre Erziehung unter dem Mantel der Freiheit, in: *Das Argument* 31/1964
Ussel, Jos van: Sexualunterdrückung. Geschichte der Sexualfeindschaft, Reinbek b. Hamburg 1970
Wasby, Stephan L.: The Impact of the Family on Politics. An Essay and Review of the Literature, University of Oregon Press 1966
Weakland, J. H.: Double-Bind-Hypothese und Dreierbeziehung, in: G. Bateson, D. D. Jackson u. a., Schizophrenie und Familie, Frankfurt 1969
Weber, Max: Die Protestantische Ethik und der Geist des Kapitalismus, Tübingen 1920
Winterbottom: The Relations of Need for Achievements to Learning Experience and Mastery, in: J. Atkinson (ed.), Motives in Fantasy Action and Society, Princeton 1958
Wofür die Deutschen ihr Geld ausgeben, in: *stern* 37/1972, S. 128f.
Wolff, Renate, und Klaus Hartung: Totale Institution und Klassencharakter der Psychiatrie, in: *Kursbuch* 28/1972, Das Elend mit der Psyche I (Psychiatrie), H. M. Enzensberger (Hg.)
Wulff, Erich: Probleme transkultureller Psychiatrie, in: *Das Argument* 50/1969 (Sonderband)